임동석중국사상100

몽구

蒙求

李瀚 撰・徐子光 註 / 林東錫 譯註

"상아, 물소 뿔, 진주, 옥. 진괴한 이런 물건들은 사람의 이목은 즐겁게 하지만 쓰임에는 적절하지 않다. 그런가 하면 금석이나 초목, 실, 삼베, 오곡, 육재는 쓰임에는 적절하나 이를 사용하면 닳아지고 취하면 고갈된다. 그렇다면 사람의 이목을 즐겁게 하면서 이를 사용하기에도 적절하며, 써도 닳지 아니하고 취하여도 고갈되지 않고, 똑똑한 자나 불초한 자라도 그를 통해 얻는 바가 각기 그 자신의 재능에 따라주고, 어진 사람이나 지혜로운 사람이나 그를 통해 보는 바가 각기 그 자신의 분수에 따라주되 무엇이든지 구하여 얻지 못할 것이 없는 것은 오직 책뿐이로다!"

《소동파전집》(34) 〈이씨산방장서기〉에서 구당(丘堂) 여원구(呂元九) 선생의 글씨

책머리에

이제껏 많은 중국 고전을 역주해 왔지만 이 《몽구》처럼 유용한 책이 있을까 한다. 물론 책마다 고전의 가치를 충분히 가지고 있지만 우선 중국 고전에 입문하기 위해서는 이 책이 가장 쉽고 흥미를 감소하지 않도록 하는 데 도움이 되는 내용을 엮어 놓고 있다고 여기게 되었다. 이름 그대로 "어리고 몽매한 청년들에게 일러주기 위한 내용"이라 하지만 실제 어른으로서 더 핍절하게 알고 있어야 할 지식과 지혜를 담고 있다. 무려 296개의 주제에 592개의 성어, 581개의 고사는 그동안 피상적으로 듣고 알고, 그러려니 했던 주옥같은 일화와 명구들이 그 구체적인 출전과 명확한 원문 제시로 인해 근거를 가지고 말할 수 있도록 해 주고 있다. 나아가 이 책은 우리나라 조선시대에 이미 번역과 연구서가 있었음에도 근래 일본을 통해 다시 들어와 소개되고 번역된 점은 아쉽기도 하고 우리가 옛사람만 같지 못하지 않을까 안타까움도 자아내고 있다.

그러나 나는 이 책을 역주하면서 큰 소득을 얻었다. 바로 이제껏 50여 종 넘게 역주한 내용의 정화精華를 언젠가는 초략鈔略하여 고전 입문자를 위해 정리해야겠다고 계획을 세워왔었는데 이미 당대唐代 이한李瀚이라는 사람이 내가 원하던 작업을 그대로 해 놓았음을 그대로 인정하게 되었다는 점이다. 어린 시절 이 책을 읽으면서 그저 재미있는 이야기를 모아 쉽게 기억할 수 있도록 한 유서類書 정도로 여겼는데 막상 구절마다 역주를 하고, 원전을 일일이 찾아 대조해 보았더니 새삼 피상적인 독서가 위험하고 저급한 욕망을 발동시킨다는 것을 알게 되었다. 그리고 나아가 이 역주작업에서 또 얻은 것이 있다면 이번 기회에 사기로부터 《한서》, 《후한서》, 《삼국지》, 《진서》,

《남사》, 《북사》까지 구석구석 빠짐없이 들여다볼 강제적 기회가 주어졌음에
대한 기쁨이다. 공구서로서의 정사正史가 아니라 읽어야 할 사서史書로써
내 곁에 더욱 가까워진 것이다. 이에 본《몽구》에 제시된 구절의 원전을
다시 찾아 모두「참고 및 관련자료」란에 그대로 전재하여 보았더니 앞뒤
생략된 내용이 그대로 드러나고 숨겨진 의미가 훤히 나타나는 것이었다.
고전 역주란 한문 원문의 문장을 얼마나 해독할 수 있는 능력이 있는가에
있지 아니하고 이면에 바탕을 이루고 있는 시공時空의 역사와 지리적 내용을
얼마나 충분히 숙지하고 있느냐에 달려있다고 늘 원칙으로 삼아왔다. 그러한
원칙이 이처럼 검증되는 경우를 만났으니 즐거울 수밖에 없었다.

    시대의 변화와 발전에 따라 고전은 그저 연구자의 몫으로 치부되기
시작한 것이 아닌가 안타깝다. 그러나 옛사람들이 왜 그러한 기록을 남겼고
어찌하여 그러한 내용을 금과옥조처럼 되뇌며 긴 역사를 이어왔는가를
생각한다면 지난날과 미래가 균형을 이루어야 한다. 상식과 수양이 없이
옛것은 저버린 채 미래만을 향해 내닫는다면 성공과 성취를 이루었다 해도
허망함에 빠지고 말 것이다. 사람이 일생을 살면서 가치는 물질에만 있지
아니하고 정신세계에도 있으며 그 정신적 가치가 더 중시될 때나 적어도
균형을 이룰 때 비로소 삶의 행복감을 느낄 수 있을 것이다. 그런데 우선
물질에 대한 욕구부터 채운 다음 나중에 정신적 가치를 찾겠다고 미루었다
가는 자칫 때를 놓치지 않을까 한다. 옛사람의 지혜를 통해 지금 살아가는
과정마다 그 가치를 찾으며 병행해야 한다. 그러한 도구로써 이 책을 강하게
추천하고 싶다. 부담 없이 낱개의 고사나 일화를 읽어보고 되새기며 마음
다짐을 하는 것도 무용한 시간 낭비는 아닐 것임을 확신한다. 그리고 나아가

더 깊이 그 맛을 느끼고자 한다면 「참고 및 관련자료」란의 원문이나 방증
자료를 섭렵하여 떨어진 이삭을 주워도 그 값은 충분히 얻을 것이라 여긴다.

　이 《몽구》 한 권만 알뜰히 읽어도 중국 고사 반 이상은 저절로 알게 될
것이며 중국 역사 흐름과 각 시대의 가치, 그리고 문물제도와 일상생활 입에
오르내리는 인물들은 줄줄 외울 수 있을 것이다. 나아가 내용을 통해 내
삶을 풍요롭게 하고, 살아 있음에 대한 가치를 확연히 느끼게 될 것이다.
또한 지금처럼 표피의 가치에 집착하던 내가 다시 참 가치의 깊은 연못 속에
아름답게 잠겨 들어감을 고맙게 여기게 될 것이다. 지도자는 지도자대로
소시민은 소시민대로 존재 가치를 아름답게 보며 세상 만물에 대하여
어느 것 하나 소중하지 아니한 것이 없음을 발견하게 될 것임을 확신한다.
나로서는 세상에 태어나 이러한 책을 만나게 된 것을 행복하게 여기고 있다.
인류는 과거나 현재, 미래에도, 영원을 두고 아름다움을 추구하며 살아갈
존재라는 사실에 믿음이 선다.

사포莎浦 임동석林東錫이 부곽재負郭齋에서 적다.

일러두기

1. 이 책은 《몽구집주蒙求集註》(四庫全書본, 子部 11 類書類. 臺灣商務印書館, 인본 1983)와 〈학진토원學津討原〉본 《몽구집주蒙求集註》(臺灣 藝文印書館 인본), 〈기보총서畿輔叢書〉본 《몽구蒙求》(臺灣 藝文印書館 인본)를 일일이 대조하여 완역한 것이다.

2. 그 외 〈속수사고전서續修四庫全書〉본(子部, 類書類. 上海古籍出版社 인본), 그리고 《몽구蒙求》(桂湖村 講. 漢籍國字解全書 第45卷. 인본 1989. 9. 20. 高麗書林, 서울) 및 《몽구蒙求》(田興甫, 補註蒙求國字解, 久保得二先生校訂, 編者 久保天隨. 博文館藏版 大正(1913) 2年 8월 30일 博文館 東京)와 《몽구蒙求》(上中下. 竹內松治 補註. 印本 1975. 4. 景仁文化社. 서울) 등도 낱낱이 대조, 참고하였다.

3. 국내 번역본도 자세히 살펴 참고하였으며 중국어 참고본 《몽구주석 蒙求注釋》(顏維材·黎邦元 山西敎育出版社 1991. 6. 中國 山西 太原)도 대조하여 교감하였다.

4. 원 책의 본문 298장에 매 장마다 일련번호를 부여하고 다시 두 개씩의 고사를 ①, ②로 나누어 구분하였으며 한 개의 고사가 한 장으로 이루어진 11개는 구분하지 아니하고 그대로 실었다.

5. 각 장은 원문을 그대로 제목으로 삼았고, 세부 목차는 제목의 뜻을 번역하여 간단히 제시하였다.

6. 집주 부분(실제 본문에 해당)을 빠짐없이 번역하였으며 해석은 가능한 한 직역을 위주로 하였으나 일부 의역한 곳도 있다.

7. 한글 번역을 먼저 싣고 원문을 제시하였으며 원문의 문장 부호는 중국 현대 표점 방법을 따랐다.

8. 주석은 인명, 지명, 사건명, 역사 내용, 주요 어휘 등을 위주로 하되 매 장마다 기왕의 주도 다시 실어 이해에 도움이 되도록 하였다.

9. 매 장마다 「참고 및 관련자료」란을 마련하여 관련 사항이나 출전의 원문을 일일이 찾아 전재하되 역시 표점 처리하여 대조 및 연구에 도움이 되도록 하였다.

10. 부록으로 서발序跋과 관련 자료의 원문을 실어 이 방면의 연구자에게 도움이 되도록 하였다.

11. 이 책을 역주함에 참고한 주요 문헌은 아래와 같다.

✸ 참고문헌

1. 《蒙求集註》(上下) 唐, 李瀚(撰), 宋, 徐子光(註) 四庫全書(文淵閣) 子部 11. 類書類

2. 《蒙求集註》(上下) 唐, 李瀚(撰), 宋, 徐子光(補註) 〈學津討原〉본. 原刻景印 〈百部叢書集成〉(嚴一萍 選輯) 藝文印書館(印本) 臺灣

3. 《蒙求》(上下) 唐, 李瀚(撰) 〈畿輔叢書〉본. 原刻景印 〈百部叢書集成〉(嚴一萍 選輯) 藝文印書館(印本) 臺灣

4. 《蒙求注釋》顏維材·黎邦元 山西敎育出版社 1991. 6. 中國 山西 太原

5. 《蒙求》(三卷) 唐, 李瀚(撰) 續修四庫全書 子部, 類書類(山西省 應縣 佛宮寺 文物保管所藏 遼刻本 影印: 原書: 版框: 高146mm, 寬260mm) 上海古籍出版社

6. 《蒙求》桂湖村(講) 漢籍國字解全書 第45卷. 인본 1989. 9. 20. 高麗書林. 서울

7. 《蒙求》田興甫(補註蒙求國字解, 久保得二先生校訂, 編者 久保天隨) 博文館藏版 大正(1913) 2年 8월 30일 博文館 東京

8. 《蒙求》(上中下) 竹內松治(補註) 印本 1975. 4. 景仁文化社. 서울

9. 《譯註蒙求》柳在泳·崔瑞任(共譯) 이화문화사 2004. 12. 서울

10. 《蒙求》(上下, 原本) 林鍾旭(譯註) 도서출판 보고사. 1995. 11. 서울

11. 《文字蒙求》淸, 王筠 華聯出版社(印本) 1974. 臺灣 臺北

12. 《文字蒙求廣義》陳義 藝文印書館(印本) 1988. 臺灣 臺北

13. 〈十三經注疏〉(藝文印書館本), 〈二十五史〉(鼎文書局 活字本), 《史記》, 《漢書》, 《後漢書》, 《三國志》, 《晉書》, 《南史》, 《北史》, 《十八史略》, 《世說新語》, 《晏子春秋》, 《新序》, 《說苑》, 《西京雜記》, 《韓詩外傳》, 《潛夫論》, 《顔氏家訓》, 《孔子家語》, 《列女傳》, 《神仙傳》, 《列仙傳》, 《高士傳》, 《搜神記》, 《博物志》, 《列子》, 《老子》, 《莊子》, 《六韜》, 《詩品》, 《戰國策》, 《國語》, 《幼學瓊林》, 《陶淵明集》, 《千字文》, 《三字經》, 《百家姓》, 《墨子》, 《韓非子》, 《呂氏春秋》, 《論衡》, 《抱朴子》, 《新書》, 《小學》, 《唐宋文擧要》, 《古詩源》, 《四書集註》, 《文選》, 《初學記》, 《樂府詩集》, 《藝文類聚》, 《太平御覽》, 《太平廣記》, 《北堂書鈔》, 《資治通鑑》, 《百子全書》, 《金樓子》, 《三才圖會》, 《新編諸子集成》, 《竹林七賢研究》, 《二十五史述要》, 《中國歷史紀年表》 등. 그 밖의 工具書와 中國通史類 등은 기재를 생략함.

해제

1. 책이름과 내용 및 체제

《주역周易》 네 번째 괘인 몽괘蒙卦의 괘사卦辭에 "몽은 형통하다. 내가 동몽에서 구하는 것이 아니라 동몽이 나에게 구한다"(蒙, 亨. 匪我求童蒙, 童蒙求我)라 하였다. 그리고 단사彖辭에는 "내가 동몽에게 구하는 것이 아니라 동몽이 나에게 구한다는 것은 뜻이 응하는 것"(匪我求童蒙, 童蒙求我, 志應也)이라 하였다. 원의는 매우 심오한 의미를 함축하고 있지만 쉽게 풀이하여 "어리고 몽매한 아이들이 지식욕과 기본으로 익혀야 할 덕목 등을 나에게 요구한다"는 뜻쯤으로 보아도 될 것이다.

이에 그들에게 일러 주고 가르치며 깨우쳐 주어야 할 내용물을 교재로 만들어 그 이름을 《몽구蒙求》라 명명한 것이다. 그렇다면 어떻게 내용을 정리하여 아동들에게 알기 쉽고 실천하기 쉽도록 할 것인가 하는 문제에 대해 고민할 수밖에 없을 것이다. 내용물을 그대로 나열하거나 추형雛形의 가짓수만 제공한다고 해서 아무것도 모르는 몽폐蒙蔽 상태의 어린아이가 소화해 낼 수 있는 것은 아니기 때문이다. 교육과정으로 보아도 단계, 순차, 난이도, 심천, 층위는 물론 철학관과 우주관, 역사관을 적절히 배합하고, 그 학습 방법도 염두에 두어야 한다. 이에 중국 전통적인 운韻을 사용하고 외우기 쉽도록 정리하였으며 청각인상을 매끄럽게 하고 기억에 도움이 되도록 압축하여 4언 2구씩 제시하였던 것이다. 중국어는 기본적으로 운이 발달한 언어로써 《시경詩經》이래 4언체의 운대韻對 형식은 아동들에게도 쉽게 입에 외워지게 되어 있다. 그 때문에 동東운, 즉 [ㅎ/ㅎ]을 시작으로 하여 첫 구절이 (1)王戎簡要, 裴楷清通 (2)孔明臥龍, 呂望非熊

(3)楊震關西, 丁寬易東 (4)謝安高潔, 王導公忠으로 제8자의 끝자인 통通, 웅熊, 동東, 충忠을 압운하였으며, 그 앞에는 각기 인명을 내세워 익히기 쉽도록 한 것이다. 그 다음의 호戶, 호虎, 호扈, 부簿도 역시 [ㅗ/ㅜ]의 우운 虞韻으로 이어져 총 4장 8구 32자씩 묶어 전편 298구 모두 4조組씩으로 하여 조구造句한 것이다. 이에 순서대로 운을 분석하여 보면 다음과 같다.

東, 虞, 歐, 泰, 支, 陌, 刪, 薺, 魚, 翰, 陽, 沃, 尤, 語, 先, 宥, 微, 質, 蕭, 皓, 齊, 隊, 元, 職, 靑, 馬, 冬, 眞, 佳, 屑, 侵, 銑, 支, 卦, 虞, 覺, 寒, 紙, 眞, 敬, 麻, 緝, 灰, 紙, 遇, 屋, 庚, 有, 霽, 葉, 虞, 養, 號, 藥, 豪, 寢, 眞, 陌, 支, 哿, 御, 合, 先, 梗, 阮, 月, 江, 紙, 嘯, 藥, 蒸, 潛, 遇, 錫, 先.

이러한 체재는 일찍이 남조南朝 양梁나라 때 주흥사周興嗣의 《천자문 千字文》에서 이미 시작되었다. 그리하여 이량李良의 〈천몽구표薦蒙求表〉에도 "근세 주흥사의 《천자문》이 천하에 널리 퍼져 있지만 이 《몽구》에 미칠 수 있겠습니까?"(近代周興嗣撰《千字文》, 亦頒行天下, 豈若《蒙求》哉!) 하였던 것 이다.(부록 참조)

그리고 내용에 있어서도 4언 2구가 서로 유사성이 있는 고사나 일화를 하나로 묶음으로써 연상법을 활용하여 쉽게 기억하도록 하였다. 이를테면 "왕융은 간요하고, 배해는 청통하다"라거나, "제갈공명은 누워있는 용이요, 문왕이 사냥 나가 얻을 것은 곰이 아니라 강태공" 등으로 하였다. 따라서 억지로 운을 맞추느라 일부 순통하지 못한 조구도 더러 보인다.

　　전체를 통계로 보면 본문은 4언 2구(총 8자)씩 298개 묶음으로 모두 2,384자이다. 그중 마지막 2구(297, 298) 16자는 이한 자신의 부언附言으로 고사와 관련이 없다. 또한 285구는 각기 2가지씩으로 고사나 일화를 묶어 짝을 이루었으나 11개(017, 025, 040, 121, 155, 170, 173, 175, 176, 189, 273)는 하나의 내용이면서 8자로 표현하여 실제 고사는 581개이다.

　　내용의 채록은 대체로 상고시대 고사 몇 개와 주대周代, 선진先秦의 춘추 전국을 거쳐 주로 서한西漢과 동한東漢, 삼국三國, 진晉의 역사와 인물, 일화가 주를 이루고 있으며 그 외 남조와 북조의 이야기를 일부 싣고 있다. 따라서 인용된 책은 정사正史 위주이며 이에 따라 《사기史記》, 《한서漢書》, 《후한서 後漢書》, 《삼국지三國志》, 《진서晉書》, 《남사南史》, 《북사北史》에서 그 원전을 찾을 수 있다. 그렇다고 해서 그 소재의 채록을 정사에 그친 것은 아니다. 《시詩》, 《서書》, 《예禮》, 《논어論語》, 《맹자孟子》 등 유가儒家의 13경經은 물론, 《열자列子》, 《장자莊子》, 《묵자墨子》, 《한비자韓非子》, 《여씨춘추呂氏春秋》, 《논형論衡》, 《회남자淮南子》, 《안자춘추晏子春秋》와 《국어國語》, 《전국책戰國策》, 그리고 《신서新序》, 《설원說苑》, 《서경잡기西京雜記》, 《한시외전韓詩外傳》, 《신서 新書》, 《잠부론潛夫論》, 《세설신어世說新語》, 《공자가어孔子家語》, 《풍속통風俗通》, 《열녀전列女傳》, 《박물지博物志》, 《수신기搜神記》, 《신선전神仙傳》, 《도연명집 陶淵明集》, 《열선전列仙傳》, 《고사전高士傳》, 《육도六韜》, 《신어新語》 등 이루 헤아릴 수 없다. 게다가 《초국선현전楚國先賢傳》, 《삼보결록三輔決錄》, 왕은王隱 《진서晉書》, 사승謝承 《후한서後漢書》, 《진한춘추晉漢春秋》, 《진양추晉陽秋》 및 각 《보서譜序》 등 일서와 경사자집經史子集 등에 고루 분포되어 있다.

　　지금 전하는 《몽구》는 대체로 〈일존총서佚存叢書〉본, 〈기보총서畿輔叢書〉
본이 있으며, 〈총서집서초편叢書集成初編〉본은 〈학진토원學津討原〉본을 근거로
배인排印한 것으로, 〈사고전서四庫全書〉본도 이와 같다. 그리고 〈속수사고전서
續修四庫全書〉(唐 李翰撰으로 되어 있음)에도 실려 있다.

2. 찬자撰者와 주자註者

《몽구》는 당唐나라 때 이한李瀚이 지었다. 그는 지금 전하는 그대로 298구, 2384자의 본문을 운문 형식으로 짓고 그에 맞게 각 구절마다 주를 붙였다. 따라서 책의 원제목은 사실 《몽구집주蒙求集註》가 맞을 것이다. 그 뒤 송나라 때 이르러 서자광徐子光이 그 주의 오류를 바로잡고 보충하여 《몽구보주蒙求補注》를 낸 것이다. 이한은 그 사적이 제대로 알려져 있지 않다. 다만 동시대 이화李華의 서문과 같은 고을의 요주자사饒州刺史 이량李良이 당 천보天寶 5년(746)에 올린 〈몽구를 추천하는 표문〉(薦蒙求表)을 통해 일부를 엿볼 수 있을 뿐이다. 그 기록에 의하면 이한은 안평(安平. 지금의 河北 饒陽, 당시 饒州의 屬縣) 사람으로 신주信州의 사창참군(司倉參軍. 일부본에는 司馬倉參軍으로 되어 있음)을 지냈으며, 학예에 엄통淹通하고 이식理識에 정미한 인물로써 옛 사람의 장적狀跡을 음운별로 묶고 사류별로 대對를 이루어 3천여 언을 지어 구절마다 주를 붙여 만여 가지 일을 정리하여 《몽구》라는 책을 지었는데, 서너 살의 어린아이도 쉽게 외우고 익혀 사람들을 놀라게 하였다고 한다.(부록 참조)

그러나 〈사고전서총목제요四庫全書總目提要〉에는 이한을 진(晉: 오대의 後晉. 936~946)나라 때 인물로 이광예李匡乂의 《자가집資暇集》을 근거로 이광예의 종인宗人이며 이면지李勉之의 친족이라 하였다. 그리고 나아가 《신오대사新五代史》(29) 상유한桑維翰전을 근거로 "처음 이한이 한림학사가 되어 술을 좋아하였으며, 술로 인한 과실이 많아 후진 고조 석경당石敬瑭이 부박浮薄한 인물로 여겼는데 그 사람이 바로 이한이다"(初, 李瀚爲翰林學士, 好飮而多酒過. 晉高祖以爲浮薄, 當卽其人也)라 하였다. 그러나 상유한전의 이 구절은 상유한의 직위인 한림학사 제도의 존폐에 대한 간단한 설명을 곁들이기 위해 이한이라는 자의 행적을 부기한 것에 불과한 것이며 당나라 때 《몽구》를 지은이한과는 다른 인물이다. 즉 문장의 앞뒤를 보면 "乃出延廣於河南, 拜維翰中書令, 復爲樞密使, 封魏國公, 事無巨細, 一以委之. 數月之間, 百度寖理. 初, 李瀚爲翰林學士, 好飮而多酒過, 高祖以爲浮薄. 天福五年九月, 詔廢翰林學士, 按《唐六典》歸其職於中書舍人, 而端明殿學士·樞密院學士皆廢. 及維翰爲樞密使, 復奏置學士, 而悉用親舊爲之"라 하여 한림학사 제도에 대한 설명이며 이한에 대한 내용은 아니다. 그럼에도 《중국역대인명대사전中國歷代人名大辭典》(上海古籍出版社, 1999)에는 이를 그대로 옮겨 적어 "李瀚: 五代時人, 仕後晉, 官翰林學士, 好飮而多酒過, 石敬瑭以爲浮薄. 有《蒙求集註》"라 하였고, 《간명중국고적사전簡明中國古籍辭典》(吉林文史出版社 1987)에도 "蒙求集註: 宋徐子光注. 二卷. 書前冠以後晉李瀚撰《蒙求》原文, 後以每二句八字爲一節, 分別取正史紀傳, 注出人物故實, 雖入選人物較多, 但所記頗爲精賅. 個別有傳疑失檢之處"라 하여 역시 오류를 범하고 있으며, 나아가 같은 페이지에 "蒙求: 兒童讀物, 唐李瀚撰. 三卷"이라 하여 모순을 일으키고 있다. 이한을 후진의 이한으로보는 것은 오류이다. 우선 책 출현 당시 서문을 쓴 이화(?~767)와 시대적으로맞지 않을 뿐 아니라 천표薦表에 나타난 관직 사창참군司倉參軍, 그리고 표를올린 천보 5년(746)과도 현격하게 차이가 나기 때문이다.

한편 《몽구》의 작자를 이한李翰으로 보는 견해이다. 조공무晁公武의 《군재독서지郡齋讀書志》 주에 의하면 주중부周中孚와 황정감黃廷鑑 등은 이화의종인宗人 이한李翰이 지은 것이라 하였다. 이 이한은 《구당서舊唐書》(190)

문원전(文苑傳, 下)과 《신당서新唐書》(203) 문예전文藝傳 이화李華의 부록으로
실려 있으며 《전당문全唐文》(430)에도 그 이름이 보인다. 그러나 이름이
비슷할 뿐 전혀 다른 인물이다.

　　다음으로 서문을 쓴 이화는 당 조주趙州 찬황贊皇 사람으로 자는 하숙遐叔,
현종玄宗 천보(天寶: 742~755) 연간에 감찰어사監察御史를 거쳐 시어사侍御史에
올랐으며 예부禮部와 이부吏部의 원외랑員外郞을 거쳤다. 그리고 뒤에 관직을
버리고 산양山陽에 은거하며 당시 명사 소영지蕭穎之와 교유하며 불교에 심취
하였던 인물이다. 그러면서 평소 선비 추천에 힘을 쏟아 명망을 얻고 있었
으며, 이때에 안평 사람 이한의 《몽구》를 보고 서문을 써준 것이다. 그의
사적은 《구당서》(190) 문원전과 《신당서》(203) 문예전文藝傳에 실려 있으며
《당시기사唐詩紀事》(21)에도 기록이 보이며 《이하숙문집李遐叔文集》을 남기
기도 하였다. 특히 《고문진보古文眞寶》에 실린 〈조고전장문弔古戰場文〉을
통해 우리에게도 널리 알려진 인물이다.

　　이어서 〈천표薦表〉를 쓴 이량李良은 당 종실의 후예로써 단양공丹楊公에
봉해졌으며 현종 개원(開元: 713~741) 연간에 태자중윤太子中允을 거쳐 천보
연간에 요주자사饒州刺史에 올랐고 그때 이 〈천몽구표薦蒙求表〉(746)를 올린
것이다. 그는 대종代宗 때에는 계주자사桂州刺史에 옮겨가 대력大曆 2년(767)
산료山獠의 반란 때 계주가 함락되자 성을 버리고 도망친 인물이기도 하다.

이한의 《몽구집주》는 송宋나라 때 서자광徐子光이 보충하고 주를 교정하여 오늘에 전하게 되었다. 그러나 서자광의 사적에 대해서는 역시 제대로 알려진 것이 없다. 다만 일부본에 그의 직함을 "광록대부행우산기시랑光祿大夫行右散騎侍郎"이라 하였고, 특히 우리나라 조선朝鮮시대 간본에 《표제서장원보주몽구標題徐狀元補注蒙求》라 하여 그가 진사과에 장원을 하였던 인물임을 일러주는 단서를 제공하고 있을 뿐이다.

서자광은 〈몽구보주서蒙求補注序〉에서 이렇게 말하였다.

"이한의 주는 근본을 궁구함이 적고 사류의 엇갈림이 많으며 오류가 있어 학자들이 불편을 겪게 되었다. 그러나 이것이 어찌 이한 자신이 그러한 오류를 범한 것이겠는가? 아마 후세 계속 전해오는 과정에서 그러한 오류가 답습된 것이 아닌가 한다. 이에 나는 이러한 이한의 용의를 가상히 여겼으나 그 미비함을 안타깝게 여겨 사전史傳을 섭렵하고 백가百家의 책을 방증으로 삼아 본원을 궁구하여 그 꽃을 줍고 그 열매를 맛보게 되었다."(然鮮究本根, 類多舛訛, 賢者病焉. 豈瀚之所載然歟? 抑亦後世傳襲之誤也. 予嘗嘉其用意, 而惜其未備. 於是漁獵史傳, 旁求百家, 窮本探源, 摭華食實. 부록 참조)

그러면서 그 날짜를 "己酉年仲冬辛卯吉日"이라 밝혔으나 안타깝게도 연호年號를 쓰지 않아 구체적으로 어느 해인지 알 수 없게 되고 말았다. 혹 남송南宋 효종孝宗 순희淳熙 16년 기유己酉 즉 1189년이 아닌가 하나 확증을 지을 수는 없다.

3. 《몽구》의 영향과 전래

　당나라 때 《몽구》가 선하先河를 이루자, 뒤이어 같은 몽학蒙學 계열의 책이
쏟아져 나왔다. 아예 책이름도 《몽구》를 그대로 사용하여 역사, 인문, 제도,
문자, 수신, 경서, 교학 등 이루 말할 수 없는 분야별 특징을 그대로 옮겨
담아 아동용으로, 혹은 초보적 학습서로써 구성을 이루어 정리하였던 것
이다. 이러한 풍조에 의해 찬집된 수많은 책은 이 《몽구》가 얼마나 이상적인
구성을 이룬 것인지를 나타내는 반증이기도 하다. 이에 이들 서명을 나열
해 보면 다음과 같다. 우선 중국 내에서 역대 이래 30여 종이 훨씬 넘게
출현하였다.

元好問(宋) 《十七史蒙求》	王逢源(宋) 《十七史蒙求》
王令 《十七史蒙求》	王洙 《次韻蒙求》
方逢辰(宋) 《名物蒙求》	徐伯益(宋) 《訓女蒙求》
黎獻(宋) 《事類蒙求》	舒津(宋) 《續蒙求》
王舜俞(宋) 《左氏蒙求》	劉班(宋) 《兩漢蒙求》
范鎭(宋) 《本朝蒙求》	程俱(宋) 《南北史蒙求》
程俱(宋) 《班左蒙求》	孫應符(宋) 《家塾蒙求》
孫應符(宋) 《宗室蒙求》	雷壽之(宋) 《漢臣蒙求》
李伉(宋) 《系蒙求》	鄭氏(宋) 《歷代蒙求》
邵箇(宋) 《孝悌蒙求》	吳逢道(宋) 《六言蒙求》
葉子老(宋) 《和李翰蒙求》	柳正夫(宋) 《西漢蒙求》
胡宏(宋) 《叙古蒙求》	釋志明(金) 《禪苑蒙求》
胡炳文(元) 《純正蒙求》	李廷機(明) 《新蒙求》
吳化龍(明) 《左氏蒙求》	羅澤南(淸) 《養正蒙求》

王筠(淸)《文字蒙求》　　　　　釋靈操《釋氏蒙求》
康基淵《家塾蒙求》

　한편 일본에서는 족리足利(1300년대 후반부터 1400년대 초)시대에 이미 한반도를 통해 들어간 이래 유행하기 시작한 것으로 보고 있다. 특히 일본의 《삼대실록三代實錄》 원경元慶 2년(1538) 8월 條에 貞保親王飛香舍가 처음으로 《몽구》를 읽었다는 기사가 있으며, 《부상집扶桑集》에는 都良香이 처음 《몽구》의 시 한 수를 언급한 내용이 있으나 그 이전에 이미 수입된 것으로 보고 있다. 그러다가 덕천德川(1600년대 초반)시대에는 《십팔사략十八史略》, 《소학小學》과 더불어 동몽서童蒙書로써 극성을 이루어 최고의 지위를 누리기도 하였다. 특히 당시 최고 통행본으로는 조선에서 간행된 《표제서장원보주몽구標題徐狀元補注蒙求》였음이 일본의 《몽구국자해蒙求國字解》(桂湖村 講 漢籍國字解全書 第45卷. 인본)에 자세히 실려 있다. 그런데 이 조선 간본은 지금 우리나라에는 전하지 아니하고 도리어 그 책을 가져간 일본에서 강백적岡白駒이 전주箋註를 달아 출간한 《표제서장원몽구교본標題徐狀元蒙求校本》(上中下)이 들어와 소장되어 있다.

　좌우간 일본은 덕천시대부터 명치시대에 이르면서 《몽구》에 대한 주석과 연구 및 아류의 찬집이 유행하여 《일본몽구日本蒙求》(恩田仲任), 《석서몽구釋書蒙求》(釋祖寬), 《몽구속소蒙求續紹》(菅亨), 《본조몽구本朝蒙求》(菅亨), 《몽구습유蒙求拾遺》(大江廣保), 《부상몽구扶桑蒙求》(岸鳳), 《예림몽구藝林蒙求》(松田順之), 《상화몽구桑華蒙求》(木下公定), 《화한효자몽구和漢孝子蒙求》(加藤熙), 《자경몽구自警蒙求》(藤澤恒), 《본조수신몽구本朝修身蒙求》(林研心), 《황조몽구皇朝蒙求》(山下直溫), 《일본몽구속편日本蒙求續編》(堤正勝), 《서수몽구瑞穗蒙求》(田澤抱一),

《유동교훈몽구幼童教訓蒙求》(村井淸), 《동서몽구東西蒙求》(山賀新太郎), 《세계몽구世界蒙求》(平井正等), 《속몽구교본續蒙求校本》(黑神正臣), 《국자몽구國字蒙求》(伊東有鄰) 등이 쏟아져 나왔다.

그런가 하면 우리나라 조선시대에도 미암眉巖 유희춘(柳希春: 1513~1577)이 《속몽구續蒙求》를 지었으며, 이규경(李圭景: 1788~?)은 《십삼경몽구十三經蒙求》를 짓다가 완성하지 못하였다는 기록이 보이고 있다. 그리고 이미 《표제서장원보주몽구標題徐狀元補注蒙求》를 출간하였으며, 홍익주(洪翼周: 純祖~憲宗 때 인물)가 《몽구주해蒙求註解》를 내었던 것이 1책 56장으로 장서각(藏書閣. 1-201)에 소장되어 있다. 이 판본은 주해소인註解小引에 "梧樓漫題"라 하였으며 발문跋文에 "先君子積學累工, 蒐集抄述, 各自成書者多. 蒙求註解其一也. ……手書一冊, ……閱覽焉. ……入于火倖湯, 此篇拾灰燼之餘而…… 己亥(1839)首次男(洪)祐慶泣識"라 하여 그 아들 홍우경이 화재 속에서 겨우 찾아내었다고 기록되어 있어 지금은 그 원래 모습을 볼 수가 없다.

한편 앞서 말한 대로 《표제서장원보주몽구標題徐狀元補注蒙求》는 일본으로 건너가 일본의 《몽구》 붐을 일으킨 통행본이었으나, 도리어 일본 강백적岡白駒의 전주본箋註本이 역수입되어 국립도서관(國立圖書館: 古 2520-32)에 소장되어 있으니 실로 안타까운 일이다.

4. 《몽구》 원문 ·························· 李瀚

　　이상으로 보아 《몽구》 원래 초기 모습은 지금의 제목에 해당하는 것이
곧 원문이었으며, 일련번호를 부여하여 제시하면 다음과 같다.

《蒙求》(上)

001. 王戎簡要, 裴楷淸通	002. 孔明臥龍, 呂望非熊
003. 楊震關西, 丁寬易東	004. 謝安高潔, 王導公忠
005. 匡衡鑿壁, 孫敬閉戶	006. 郅都蒼鷹, 甯成乳虎
007. 周嵩狼抗, 梁冀跋扈	008. 郗超髥參, 王珣短簿
009. 伏波標柱, 博望尋河	010. 李陵初詩, 田橫悲歌
011. 武仲不休, 士衡患多	012. 桓譚非讖, 王商止訛
013. 秇呂命駕, 程孔傾蓋	014. 劇孟一敵, 周處三害
015. 胡廣補闕, 袁安倚賴	016. 黃霸政殊, 梁習治最
017. 墨子悲絲, 楊朱泣岐	018. 朱博烏集, 蕭芝雉隨
019. 杜后生齒, 靈王出髭	020. 賈誼忌鵩, 莊周畏犧
021. 燕昭築臺, 鄭莊置驛	022. 瓘靖二妙, 岳湛連璧
023. 郤詵一枝, 戴憑重席	024. 鄒陽長裾, 王符縫掖
025. 鳴鶴日下, 士龍雲閒	026. 晉宣狼顧, 漢祖龍顔
027. 鮑靚記井, 羊祜識環	028. 仲容青雲, 叔夜玉山
029. 毛義奉檄, 子路負米	030. 江革巨孝, 王覽友弟
031. 蕭何定律, 叔孫制禮	032. 葛豐刺擧, 息躬歷詆
033. 管寧割席, 和嶠專車	034. 時苗留犢, 羊續懸魚
035. 樊噲排闥, 辛毗引裾	036. 孫楚漱石, 郝隆曬書

037. 枚皋詣闕，充國自贊	038. 王衍風鑒，許劭月旦
039. 賀循儒宗，孫綽才冠	040. 太叔辯給，摯仲辭翰
041. 山濤識量，毛玠公方	042. 袁盎卻坐，衛瓘撫牀
043. 于公高門，曹參趣裝	044. 庶女振風，鄒衍降霜
045. 范冉生塵，晏嬰脫粟	046. 詰汾興魏，黿令王蜀
047. 不疑誣金，卞和泣玉	048. 檀卿沐猴，謝尙鴝鵒
049. 太初日月，季野陽秋	050. 荀陳德星，李郭仙舟
051. 王恂綉被，張氏銅鉤	052. 丁公遭戮，雍齒先侯
053. 陳雷膠漆，范張鷄黍	054. 周侯山嶷，會稽霞舉
055. 季布一諾，阮瞻三語	056. 郭文遊山，袁宏泊渚
057. 黃琬對日，秦宓論天	058. 孟軻養素，揚雄草玄
059. 向秀聞笛，伯牙絶絃	060. 郭槐自屈，南康猶憐
061. 魯恭馴雉，宋均去獸	062. 廣客蛇影，殷師牛鬬
063. 元禮模楷，季彦領袖	064. 魯褒錢神，崔烈銅臭
065. 梁竦廟食，趙溫雄飛	066. 枚乘蒲輪，鄭均白衣
067. 陵母伏劍，軻親斷機	068. 齊后破環，謝女解圍
069. 鑿齒尺牘，荀勗音律	070. 胡威推縑，陸績懷橘
071. 羅含吞鳥，江淹夢筆	072. 李廞淸貞，劉驎高率
073. 蔣詡三逕，許由一瓢	074. 楊僕移關，杜預建橋
075. 壽王議鼎，杜林駁堯	076. 西施捧心，孫壽折腰
077. 靈輒扶輪，魏顆結草	078. 逸少傾寫，平子絶倒
079. 澹臺毀璧，子罕辭寶	080. 東平爲善，司馬稱好
081. 公超霧市，魯般雲梯	082. 田單火牛，江逌爇雞

083. 蔡裔隕盜, 張遼止啼　　084. 陳平多轍, 李廣成蹊

085. 陳遵投轄, 山簡倒載　　086. 淵客泣珠, 交甫解佩

087. 龔勝不屈, 孫寶自劾　　088. 呂安題鳳, 子猷尋戴

089. 董宣彊項, 翟璜直言　　090. 紀昌貫虱, 養由號猨

091. 馮衍歸里, 張昭塞門　　092. 蘇韶鬼靈, 盧充幽婚

093. 震畏四知, 秉去三惑　　094. 柳下直道, 叔敖陰德

095. 張湯巧詆, 杜周深刻　　096. 三王尹京, 二鮑糾慝

097. 孫康映雪, 車胤聚螢　　098. 李充四部, 井春五經

099. 谷永筆札, 顧愷丹青　　100. 戴逵破琴, 謝敷應星

101. 阮宣杖頭, 畢卓甕下　　102. 文伯羞鼈, 孟宗寄鮓

103. 史丹青蒲, 張湛白馬　　104. 隱之感隣, 王脩輟社

105. 阮放八雋, 江泉四凶　　106. 華歆忤旨, 陳群懾容

107. 王濬懸刀, 丁固生松　　108. 姜維膽斗, 盧植音鐘

109. 桓溫奇骨, 鄧艾大志　　110. 楊脩捷對, 羅友黙記

111. 杜康造酒, 蒼頡制字　　112. 樗里智囊, 邊韶經笥

113. 滕公佳城, 王果石崖　　114. 買妻恥醮, 澤室犯齋

115. 馬后大練, 孟光荊釵　　116. 顏叔秉燭, 宋弘不諧

117. 鄧通銅山, 郭況金穴　　118. 秦彭攀轅, 侯霸臥轍

119. 淳于炙輠, 彥國吐屑　　120. 太眞玉臺, 武子金埒

121. 巫馬戴星, 宓賤彈琴　　122. 郝廉留錢, 雷義送金

123. 逢萌挂冠, 胡昭投簪　　124. 王喬雙鳧, 華佗五禽

125. 程邈隸書, 史籀大篆　　126. 王承魚盜, 丙吉牛喘

127. 賈琮褰帷, 郭賀露冕　　128. 馮媛當熊, 班女辭輦

129. 王充閱市，董生下帷　　130. 平叔傅紛，弘治凝脂

131. 楊寶黃雀，毛寶白龜　　132. 宿瘤採桑，漆室憂葵

133. 韋賢滿籝，夏侯拾芥　　134. 阮簡曠達，袁耽俊邁

135. 蘇武持節，鄭衆不拜　　136. 郭巨將坑，董永自賣

137. 仲連蹈海，范蠡泛湖　　138. 文寶緝柳，溫舒截蒲

139. 伯道無兒，嵇紹不孤　　140. 綠珠墜樓，文君當壚

《蒙求》(下)

141. 伊尹負鼎，甯戚扣角　　142. 趙壹坎壈，顏駟蹇剝

143. 龔遂勸農，文翁興學　　144. 晏御揚揚，五鹿嶽嶽

145. 蕭朱結綬，王貢彈冠　　146. 龐統展驥，仇覽棲鸞

147. 諸葛顧廬，韓信升壇　　148. 王裒柏慘，閔損衣單

149. 蒙恬製筆，蔡倫造紙　　150. 孔伋縕袍，祭遵布被

151. 周公握髮，蔡邕倒屣　　152. 王敦傾室，紀瞻出妓

153. 暴勝持斧，張綱埋輪　　154. 靈運曲笠，林宗折巾

155. 屈原澤畔，漁父江濱　　156. 魏勃掃門，潘岳望塵

157. 京房推律，翼奉觀性　　158. 甘寧奢侈，陸凱貴盛

159. 干木當義，於陵辭聘　　160. 元凱傳癖，伯英草聖

161. 馮異大樹，千秋小車　　162. 漂母進食，孫鍾設瓜

163. 壺公謫天，薊訓歷家　　164. 劉玄刮席，晉惠聞蟆

165. 伊籍一拜，酈生長揖　　166. 馬安四至，應璩三入

167. 郭解借交，朱家脫急　　168. 虞延刻期，盛吉垂泣

169. 豫讓吞炭, 鉏麑觸槐　　170. 阮孚蠟屐, 祖約好財
171. 初平起石, 左慈擲杯　　172. 武陵桃源, 劉阮天台
173. 王儉墜車, 褚淵落水　　174. 季倫錦障, 春申珠履
175. 甄后出拜, 劉楨平視　　176. 胡嬪爭樗, 晉武傷指
177. 石慶數馬, 孔光溫樹　　178. 翟湯隱操, 許詢勝具
179. 優旃滑稽, 落下歷數　　180. 曼容自免, 子平畢娶
181. 師曠清耳, 離婁明目　　182. 仲文照鏡, 臨江折軸
183. 欒巴噀酒, 偃師舞木　　184. 德潤傭書, 君平賣卜
185. 叔寶玉潤, 彥輔冰清　　186. 衛后髮鬒, 飛燕體輕
187. 玄石沈湎, 劉伶解酲　　188. 趙勝謝躄, 楚莊絕纓
189. 惡來多力, 飛廉善走　　190. 趙孟疕面, 田駢天口
191. 張憑理窟, 裴頠談藪　　192. 仲宣獨步, 子建八斗
193. 廣漢鉤距, 弘羊心計　　194. 衛青拜幕, 去病辭第
195. 酈寄賣友, 紀信詐帝　　196. 濟叔不癡, 周兄無慧
197. 虞卿擔簦, 蘇章負笈　　198. 南風擲孕, 商受斮涉
199. 廣德從橋, 君章拒獵　　200. 應奉五行, 安世三篋
201. 相如題柱, 終軍棄繻　　202. 孫晨藁席, 原憲桑樞
203. 端木辭金, 鍾離委珠　　204. 季札挂劍, 徐穉置芻
205. 朱雲折檻, 申屠斷鞅　　206. 衛玠羊車, 王恭鶴氅
207. 管仲隨馬, 倉舒稱象　　208. 丁蘭刻木, 伯瑜泣杖
209. 陳遠豪爽, 田方簡傲　　210. 黃向訪主, 陳寔遺盜
211. 龐儉鑿井, 陰方祀竈　　212. 韓壽竊香, 王濛市帽
213. 勾踐投醪, 陸抗嘗藥　　214. 孔愉放龜, 張顥墮鵲

261. 廉頗負荊, 須賈擢髮　　262. 孔翊絶書, 申嘉私謁
263. 淵明把菊, 眞長望月　　264. 子房取履, 釋之結襪
265. 郭丹約關, 祖逖誓江　　266. 賈逵問事, 許愼無雙
267. 婁敬和親, 白起坑降　　268. 簫史鳳臺, 宋宗鷄窓
269. 王陽囊衣, 馬援薏苡　　270. 劉整交質, 五倫十起
271. 張敞畫眉, 謝鯤折齒　　272. 盛彦感螬, 姜詩躍鯉
273. 宗資主諾, 成瑨坐嘯　　274. 伯成辭耕, 嚴陵去釣
275. 董遇三餘, 譙周獨笑　　276. 將閭仰天, 王凌呼廟
277. 二疏散金, 陸賈分橐　　278. 慈明八龍, 禰衡一鶚
279. 不占殞車, 子雲投閣　　280. 魏舒堂堂, 周舍鄂鄂
281. 無鹽如漆, 姑射若氷　　282. 邾子投火, 王思怒蠅
283. 苻朗皂白, 易牙淄澠　　284. 周勃織薄, 灌嬰販繒
285. 馬良白眉, 阮籍靑眼　　286. 黥布開關, 張良燒棧
287. 陳遺飯感, 陶侃酒限　　288. 楚昭萍實, 束哲竹簡
289. 曼倩三冬, 陳思七步　　290. 劉寵一錢, 廉范五袴
291. 氾毓字孤, 郗鑒吐哺　　292. 苟弟轉酷, 嚴母掃墓
293. 洪喬擲水, 陳泰挂壁　　294. 王述忿狷, 荀粲惑溺
295. 宋女愈謹, 敬姜猶績　　296. 鮑照篇翰, 陳琳書檄
297: 浩浩萬古, 不可備甄.　　298: 芟煩摭華, 爾曹勉旃

蒙求集註卷上

　　　　唐　李瀚　撰

　　　　宋　徐子光　註

王戎簡要　裴楷清通

晉書王戎字濬冲琅琊臨沂人幼而穎悟神彩秀徹

視日不眩裴楷見而目之曰戎眼爛爛如巖下電阮

籍素與戎父渾為友戎年十五隨渾在郎舍少籍二

十歲籍與之交籍適渾俄頃輒去過視戎良久然後

出謂渾曰濬冲清賞非卿倫也共卿言不如共阿戎

談歷官至司徒　晉裴楷字叔則河東聞喜人明悟

有識量少與戎齊名鍾會薦於文帝辟相國掾及吏

部郎缺帝問會會曰裴楷清通王戎簡要皆其選也

於是用楷楷風神高邁容儀俊爽博涉羣書特精理

義時謂之玉人又稱見叔則如近玉山映照人也轉

中書郎出入官省見者肅然改容武帝登阼探策以

卜世數多少既而得一不悅羣臣失色楷曰臣聞天

得一以清地得一以寧王侯得一以為天下貞帝大

悅累遷中書令侍中

孔明臥龍　呂望非熊

蜀志諸葛亮琅琊陽都人躬耕隴畝好為梁父吟每

自比管仲樂毅時人莫之許惟崔州平徐庶與亮友

善謂為信然時先主屯新野徐庶見之謂曰諸葛孔

明臥龍也將軍豈願見之乎此人可就見不可屈致

宜枉駕顧之先主遂詣亮凡三往反乃見因屏人與

語大悅於是情好日密關公張公等不悅先主曰孤

之有孔明猶魚之有水也願勿復言及稱尊位以亮

為丞相漢晉春秋曰亮家南陽鄧縣襄陽城西號曰

隆中　六韜曰文王將田史編布卜曰田于渭陽將

有得焉非龍非彲非虎非羆兆得公侯天遺汝師以

之佐襄施及三王文王乃齋三日田于渭陽卒見太

公坐茅以漁文王勞而問之乃載與歸立為師舊本

作非熊非羆疑流俗承誤後世莫知是正耳按後漢

蒙求集註卷上

晉　李瀚　撰
朱　徐子光　補註
昭文　張海鵬　校

王戎簡要裴楷清通

[晉書]王戎字濬沖琅邪臨沂人幼而穎悟神彩秀徹視日不眩裴楷見而目之曰戎眼爛爛如嚴下電阮素與戎父渾交籍爲友每適戎年十五隨渾在郎舍戎少十歲渾曰濬沖清賞非卿倫也共卿言不如共阿戎談歷官至司徒○[晉]裴楷字叔則河東聞喜人識量少與戎齊名鍾會薦楷於文帝相國掾及相國郎陜帝問會會曰裴楷清通王戎簡要皆其選也照顗閟於

蒙求集註卷上

是用楷風神高邁容儀俊爽博涉羣書特精理義時謂之玉人又稱見叔則如近玉山映照人也轉中書郎出入官省見者肅然改容武帝登祚採策以卜世數多少既而得一羣臣失色楷曰臣聞天得一以清地得一以寧侯王得一以爲天下貞帝大悅累遷中書令侍中

孔明臥龍呂望非熊

[蜀志]諸葛亮琅邪陽都人躬耕隴畝好爲梁父吟每自比管仲樂毅時人莫之許惟崔州平徐庶與亮友善謂爲信然時先主屯新野徐庶見之謂曰諸葛孔明臥龍也將軍豈願見之乎此人可就見不可屈致宜枉駕顧之先主遂詣亮凡三往乃見因屏人曰計事有孔明於是情好日密關羽張飛等不悅先主曰孤之有孔明猶魚之有水也願勿復言及稱尊號以亮爲丞相○[漢晉春秋]曰亮家南陽鄧縣襄陽城西曰隆中○[六韜]文王將田史編布卜曰田於渭陽將大得焉非龍非彲非虎非羆兆得公侯天遺汝師以

學津討原본 《蒙求集註》(上下) 臺灣 藝文印書館에서 百部叢書集成으로 영인 출간한 것이다.

蒙求卷之上　畿輔叢書

唐安平李瀚撰註

王戎簡要

晉王戎字大仲琅琊人裴楷字叔則時吏部闕文帝問其人於鍾會會曰裴楷清通王戎簡要皆其選也於是用楷及武帝登祚探策以卜世數既而得一不悅楷曰天得一以清地得一以寧王侯得一以爲天下正帝大悅後累遷中書令

裴楷清通

事見上註

孔明臥龍

蜀志諸葛亮字孔明漢末往襄州刺史徐庶見之謂先主曰諸葛孔明臥龍也將軍願見之乎先主凡三往乃見因與計事善之關羽等不悅先主曰孤有孔明猶魚之得水也後以爲相

呂望非熊

六韜文王將田史編卜曰將大獲焉非龍非彲非虎非熊兆得公侯天遺汝師以之佐昌施及三王文王乃齋三日田於渭陽見太公坐石以漁王乃載與俱歸立爲師補註舊本作非熊非羆疑俗承誤莫知正爾

기보총서본 《蒙求》 上下 2권으로 되어 있으며 臺灣 藝文印書館에서 百部叢書集成으로 影印 出刊한 것이다.

蒙求

〔上缺〕

（上欄）

燕昭築臺　郤詵一枝　馮鷸歸下　鮑靚記井　毛義捧檄　蕭何定律　管寧割席　樊噲排闥　救卑詣闕　賀循儒宗　∥　山濤識量　于公高門　范丹生塵　不疑誣金　秦初日月　王恬繡被　阮宣照隣　季布一諾　黄琬對日　向秀聞笛

班靖二妙　戴憑重席　士龍雲閒　羊祜識環　子路負米　叔孫制禮　和嶠專車　辛毗引裾　充國自誇　孫綽才思　∥　十叔辨洽　袁安却座　庶女振風　許詢興魁　曹爽趨裝　晏嬰脫粟　卞和泣玉　李野陽秋　張氏銅鈎　范張雞黍　阮瞻三語　蔡密論天　伯牙絕絃

荷蓧連鑣　晉宣狼顧　漢祖龍顏　叔夜玉山　王覽友悌　息躬歷詆　羊續懸魚　葛豐刺舉　時苗留犢　塾仲詞翰　∥　衛瓘撫牀　鄒衍降霜　鹽令王國　謝尚鴝鵒　雍齒先侯　丁公遽戮　荀陳德星　檀卿沐猴　李郭仙舟　周侯山嶷　郭文遊山　孟軻養素　楊雄草玄　袁宏泊渚　南郡猶賢　郭槐自屈

（下欄）

宋均去獸　李彦領袖　元禮模楷　梁竦廟食　陵母伏劍　鑿齒尺牘　郃合吞鳥　蔣詡三逕　壽王議鼎　鍾輅扶輪　澹臺毀璧　∥　公超霧市　蔡荀殉盜　陳遵投轄　龔勝不屈　董宣強項　蔣衍歸里　震怛四知　張湯巧詆　孫康映雪　谷永筆札

廣容軸影　魯褒錢神　枚乘蒲輪　趙溫雄飛　軻親斷機　荀勖音律　江淹夢筆　許由一瓢　杜林駭草　魏顆結草　子罕辭寶　∥　魯般雲梯　張逖止帝　山簡倒載　孫寶自期　住座直言　張招襄門　秦去三惑　杜周深刻　車胤聚螢　擽訊丹青

殷師牛鬥　崔列銅臭　郅惲自哀　謝女解圍　陸績懷橘　平子絕倒　杜稻建橋　孫壽折腰　李廞佯貞　楊僕移關　西施捧心　逸少傾寫　東平為善　∥　田單火牛　陳平多轍　呂安題鳳　甘蠅貫蝨　蘇韶鬼靈　柳下直道　三王尹京　李充四部　戴逵破琴

〔最下段〕…… 交甫解珮　子猷哭戴　盧充幽婚　叔敫陰德　藝由燒檻　二鮑刘㡣　井春五經　謝敷應星

《續修 四庫全書》子部 類書類 (3권) 唐李翰으로 되어 있다. 앞부분이 脫落되어 있다.

上海古籍出版社 印本

標題徐狀元補注蒙求校本卷上　岡白駒箋註

王戎簡要　裴楷清通

晉書。王戎字濬沖，琅邪臨沂人。幼而穎悟，神彩秀徹。視日不眩，裴楷見而目之曰，戎眼爛爛，如巖下電。阮籍素與戎父渾為友。戎年十五，隨渾在郎舍。籍每適渾，去報過視戎良久，然後出謂渾曰，濬沖清賞。非卿倫也，共卿言不如共阿戎談。歷官至司徒。

晉裴楷字叔則，河東聞喜人。明悟有識量。量度智識少與戎齊。名鍾會薦於文帝。辟相國掾。帝問鍾會曰，裴。

箋註蒙求校本　卷之二

楷清通，清而能通，王戎簡要，有要，皆其選也。於是用楷。楷風神高邁。邁，過也，風采容儀俊爽，博涉群書，特精理義。時謂之王人，又稱見叔則，如近玉山照映，見者蕭然改容。武帝登祚，人也轉中書，即出入官省。見者蕭然政容，失色楷曰，臣闕天得，以清地得，不悅，以寧王侯得，以愛。天下貞。帝大悅，累遷中書令侍中。

孔明臥龍　呂望非熊

蜀志諸葛亮字孔明，琅邪陽都人。躬耕隴畝，好為梁父吟。每自比管仲樂毅，時人莫之許，惟崔州平徐庶與亮。

補註蒙求國字解卷之一

東湖　田興甫　註解
平安　松正槙　删訂

●王戎簡要　裴楷清通

晉書、王戎、字は濬沖、瑯邪臨沂の人、幼にして穎悟、神彩秀徹、日を視て眩がず、裴楷見て、之を目して曰く、戎が眼、爛爛たること、巖下の電の如しと、阮籍、素より戎が父渾と友たり、戎年十五、渾に隨つて郎舍に在り、籍より少きこと二十歳、籍之と交る、籍、渾に適いて去る毎に、輒ち過ぎて戎を視、良や久うして然る後に出づ、渾に謂つて曰く、濬沖の清賞、卿が倫に非ず、卿と共に言ふは、阿戎と談ずるに如かずと、官を歷て司徒に至る◉晉の裴楷、字は叔則、河東聞喜の人、明悟にして識量あり、少うして戎と名を齊しうず、鍾會、文帝に薦め、相國の掾さろ、吏部郎缺くるに及び、帝、鍾會に問ふ、會曰く、裴楷は清通、王戎は簡要、皆其選なりと、こゝに於て楷を用ふ、楷、風神高邁、容儀俊爽、博く群書に涉り、特に理義に精し、時に之を玉人と謂ふ、又稱す、叔則を見れば、玉山に近くが如く、人を照映すと、中書郎に轉じ、官眷に出入するに、見る者、蕭然として容を改む、群臣色を失ふ、楷曰く、臣聞く、天は一を得て以て清く、地は一を得て以て寧く、王侯は一を得て以て天下の貞たりと、帝大に悅ぶ、中書令侍中に累遷す、

●晉書　列傳十三　王戎。字濬沖。瑯邪臨沂人。幼而穎悟。

穎悟八、知惠ノハシ　カクサトキヲ云フ

神彩秀徹。　彩神八、心バヘ　ノ文彩アルナ

《補注蒙求國字解》田興甫(日) 大正2년(1913) 博文館(東京)

王戎簡要　裴楷清通

晉書王戎字濬沖、瑯邪臨沂人、幼而穎悟、神彩秀徹、視日不眩、裴楷見而目之曰、戎眼爛爛、如巖下電、阮籍素與戎父渾為友、戎年十五、隨渾在郎舍、少籍二十歲、籍與之交、籍每適渾去、輒過視戎、良久然後出、謂渾曰、濬沖清賞、非卿倫也、共卿言、不如共阿戎談、歷官至司徒。

晉裴楷字叔則、河東聞喜人、明悟有識量、少與戎齊名、鍾會薦於文帝、辟相國掾、及吏部郎、帝問鍾會曰、裴楷清通、王戎簡要、皆其選也、於是用楷、風神高邁、容儀俊爽、博涉羣書、特精理義、時謂之玉人、又稱見叔則、如近玉山、照映人也、轉中書郎、出入官省、見者肅然改容、武帝登祚、探策以卜世數多少、既而得一、不悅、楷曰、臣聞天得一以清、地得一以寧、王侯得一以為天下貞、帝大悅、累遷中書令侍中、

孔明臥龍　呂望非熊

蜀志諸葛亮字孔明、瑯邪陽都人、躬耕隴畝、好為梁父吟、每自比管仲樂毅、時人莫之許、惟崔州平、徐庶與亮友善、謂為信然、時先主屯新野、徐庶見之、謂曰、諸

ねあやまりうそ 多ければ、覽るもの これをうれへり、豈翰の
記載する所古よりしてかゝるか、さて亦後世此の書を傳へつ
ぐ際に自然に誤るに至りしか、予は嘗て翰の川意の周到なる
を慕みして其の未だ十分に備はらざるを惜む、是に於てひろ
く史傳をわたりみ、あまねく百家の書を求めみて、根本を推
し究め、源を探り知り、其のよき所をとり要所を咀嚼して之
れを補へり、舊註にて 大抵傳記に見ることなき記事にて、其
の語淺薄あやまりみだらなるものは 就て訂正を加へたり、又
書籍の中にてま、古き事實の概略を舉げ傳ふ可き者あれば、
其一一 大なるものをとりて附け加へり、此れによりて、
庶幾くは明なること日や星の 天につらなり 美しくかゞやき
てみるべきが如きものあらん、名づけて補註と曰ふ、將にこ
れを以て遺忘を檢索するの用に備へ 討論の助となさんとす、
加之是れ亦文詞の手本のちかみちたるものに非ずや、時に淳
熙十六年己酉十一月辛卯の吉き日に徐子光序す、

卷上

王戎簡要　裴楷清通

晉書、王戎字濬仲、瑯邪臨沂人、幼にして
穎悟、神彩秀徹、視日不眩、裴楷見而

目之曰、戎眼爛爛如巖下電、阮籍素
與戎父渾爲友、戎年十五、隨渾在郎
舍、少籍二十歳、籍與之交、籍毎適渾
去、報過視戎良久然後出、謂渾曰、濬
仲清賞非卿倫也、共卿言不如共阿
戎談、歷官至司徒、

【字解】（瑯邪）郡の名、（臨沂）縣の名、（穎悟）すぐれてかしこくさと
し、（神彩）風儀なり、（秀徹）すきとほる如くすぐれて美し、（眩）めま
ひす、くらむ、（目之）見て品評す、（爛爛）明に光るさま、（巖下電）岩
の下の暗き所にひかる電光、特に明に光り見ゆるよりいふ、（素）平
素なり、（郎舍）郎官の官舍、（良久）稍久し、（清賞）精神風儀清淨にし
て尊びあがむべきこと、賞はほめあがむること、（卿倫）卿は同輩を呼
ぶ語、あなた、倫は輩に同じ、ともがら、（阿戎）阿は人を呼ぶとき冠ら
す語助の字.

【義解】晉書に曰く、王戎は字を濬仲といひ、瑯邪郡臨沂縣
の人なり、幼にしてすぐれてかしこくさとく、風儀はすきと
ほるやうにすぐれて美しく、眸子かゞやき清き故日の光をみ
てくらまず、裴楷見て之れを品評して曰く、戎が眼は尋常な
らず、明に光りかゞやきて恰も巖下のくらき所に光る電光の
如しとほめたり、阮籍は平素より 戎が父渾と友として親交あ

《蒙求》漢籍國字解全書(45)　桂湖村(講)(日)　高麗書林(印本) 1989. 서울

文字蒙求卷一　以下二卷列字率以類聚

象形

易曰，百官以治，萬民以察，知文字為記事而作，如今之帳簿而已。有實字而後世之虛字，皆借實字為之也。字因事造而事由物起。牛羊物也，牟半則事也。艸木物也，出毛乘卥皆事也。故班書藝文志曰，六書謂象形、象事、象意、象聲、轉注、假借，其次第最尤。說文及周禮鄭注皆不及也。鐘鼎象形字皆畫成其物，隨體詰屈，李斯變為小篆，欲其大小齊同，不能無所伸縮，遂有不象者，炎茲兼采古文以便初學。

日 ⊙ 日中有黑影，初無定在，即所謂三足烏者也。

月 ☾ 月圓時少闕時多，且讓日，日中有黑影也。中一筆本是地影，詞藻家所謂顧兔桂樹也。故作上下弦時形也。

雲 云 ○ 雲與煙同形，下一象天，一則地气上騰也。再加雨為雲，遂成形聲字。細上大倒轉○字即是云字。

雨 地气上騰也，冂則天气下降也，陰陽和而後雨，點則雨形。

申 電之古文也。電光閃爍，有長有短，字形象之。說文電下云從申，虹下云申電也，皆可證。籀文作昴，小篆作卯，不復成為象形。

气 此雲气之正字。經典作乞而訓為求，本是假借，借用既久，遂以气代气氣。乃餼之古字，又作既槩。論語不使勝食氣，中庸既稟稱事。

淸　王筠의 《文學蒙求》《蒙求》이후 쏟아져 나온 蒙求類의 一例

文字蒙求廣義卷一　以下二卷列
字率以類聚列

安邱王筠原本

象形易曰百官以治萬民以察知文字爲記事而作如
今之帳簿字因事造而已有實字無虛字起後世之虛字皆借如
實字爲之也字出毛詩造商皆事山物起牛羊物也牟羊皆借
事也艸木物也象意象商皆非也故班書藝文志曰六則借
書謂象形象聲轉注假借其次第最允說文
及周禮鄭注皆不及也鐘鼎象形字皆畫成其物隨體
詰屈李斯變爲小篆欲其齊同不能無所
仲緝遂有不象者矣茲兼采古文以便初學

部首

日　者也　實也日實疊韻此古聲訓之法
日中有黑影初無定在卽所謂三足烏
聲相近者詁相通也太陽之精不虧故從〇一以象形
中央之一古文乙字之變陽中有陰故日中有黑影如
離卦然又君象也尚書大傳注日君象也月臣象也

部首

月　月圓時少闕時多且讓日故作上下弦
時形也中一筆本是地影詞藻家所謂
闕也日形正圓月闕其牛以十五稍減
故日闕也外象上下弦時形內象地影卽靈憲所謂兔
蛤也京房易說月與星至陰也故月爲太陰之精

部首

雲云　山川气也象雲回轉形小篆從雨作雲
遂成形聲字　雲與煙同形下細上大倒轉
之字卽是云字再加雨爲雲

爲形聲然雲雨同類而不同物卿雲鬵雲則不雨之雲
且先雲而后雨雨不當爲雲所從因云爲借義所專故
加雨以別耳詩昏姻孔云傳云旋也釋名云眾盛意也
又運也運行也皆引申義自用爲云爲字而本義廢矣

部首

雨雨　一象天一則地气上騰也门
雨點則雨形　水從雲下也一象天门象雲水需其後
也水水也石鼓文作雨一不出门今分上去二音凡自
上而下曰雨乃動靜字動卽引申也

部首

申　電之古文也電光閃爍有長有短字形
電之說文電下云從申虹下云申古文
電乃後起之分別文申自其回屈言電自其申引言今
皆可證籀文作昌小篆作申不復成爲象形　申古文
之訓申爲引者實由電引申叚借也虹下云虹爲古電文之證
昌籀文申電也虹似之取以會意是申爲古電文之證

气气　此雲氣之正字經典作乞而訓爲求本
雨部電下　是叚借借用既久遂以氣代气氣乃像

《文學蒙求廣義》 王筠의 《文學蒙求》를 淸代 陳義가 廣義를 붙인 것.
臺灣 藝文印書館 印本(1988) 《몽구》류 출간의 예

차례

◈ 책머리에
◈ 일러두기
◈ 해제
  1. 책이름과 내용 및 체제
  2. 찬자撰者와 주자註者
  3.《몽구》의 영향과 전래
  4.《몽구》원문

蒙求 下

蒙求 上

⊕ 부록

몽구 蒙求

(181~240)

181. 師曠淸耳, 離婁明目

181-① 師曠淸耳
음률 변별에 뛰어난 귀를 가진 사광

《여씨춘추呂氏春秋》에 실려 있다.

진晉 평공平公이 큰 종을 만들어 악공에게 이 소리를 들어보도록 하였더니 모두가 음이 잘 조화를 이룬다고 여겼다. 그러나 사광師曠만은 이렇게 말하였다.

"음이 맞지 않습니다. 청컨대 다시 만들어야 할 것입니다."

평공이 말하였다.

"악공들이 모두 맞는다고 합니다."

사광이 말하였다.

"후세에 음을 아는 자가 있으면, 이 종의 음이 맞지 않는다는 것을 알게 될 것입니다. 제가 생각하기에 그때는 임금에게 치욕이 될 것입니다."

사연師涓 때에 이르러 과연 종의 음이 맞지 않음을 알게 되었다.

사광이 종의 음을 잘 맞추고자 한 것은, 후세에 음을 아는 자가 있을 것이라 여겼기 때문이다.

《呂氏春秋》曰: 晉平公鑄爲大鐘, 使工聽之, 皆以爲調.

師曠曰:「不調, 請更鑄之.」

平公曰:「工皆以爲調矣.」

師曠曰:「後世有知音者, 將知不調. 臣竊爲君恥之.」

至師涓果知鐘之不調. 是師曠欲善調鐘, 以爲後之知音也.

【淸耳】음률을 잘 알아듣고 분별하는 귀.
【呂氏春秋】秦나라의 呂不韋가 門客들을 동원해 만든 책.
【晉平公】춘추시대 진나라 군주. B.C.557~B.C.532년까지 26년간 재위함.
【師曠】진 평공 때의 樂師이며 이름은 曠, 字는 野. 音律에 뛰어난 재능을
 가졌으며 이를 정치에 활용하기도 하였던 인물.
【師涓】衛나라 靈公 때의 樂人. 역시 음률에 대하여 정통했던 樂師.

1.《呂氏春秋》長見篇
晉平公鑄爲大鐘, 使工聽之, 皆以爲調矣. 師曠曰:「不調, 請更鑄之.」平公曰:
「工皆以爲調矣.」師曠曰:「後世有知音者, 將知鐘之不調也, 臣竊爲君恥之.」
至於師涓, 而果知鐘之不調也. 是師曠欲善調鐘, 以爲後世之知音者也.
2.《國語》晉語에도 비슷한 이야기가 실려 있음.

181-② 離婁明目
눈이 밝은 이루

《신자愼子》에 실려 있다.

"이주離朱의 눈밝기는 백 보 밖에서도 가는 털끝을 살필 수 있을 정도
였지만, 물깊이는 알지 못하여 깊고 얕음은 헤아리지 못하였다. 이는 눈이
밝지 않아서가 아니라 그 형세가 눈으로 보기 어렵기 때문이다."

《愼子》曰:「離朱之明, 察毫末於百步之外, 不水尺, 不能見淺深. 非目不明其勢難覩也.」

【愼子】戰國時代 愼到의 저술.
【離朱】시력이 뛰어났던 인물. 朱는 離婁의 이름. 黃帝 때 사람. 《孟子》〈離婁章〉에 "孟子曰:「離婁之明, 公輸子之巧, 不以規矩, 不能成方員; 師曠之聰, 不以六律, 不能正五音; 堯舜之道, 不以仁政, 不能平治天下"라 함.

참고 및 관련 자료

1.《蒙求集註》〈四庫全書〉
〈四庫全書〉의 이 부분은 매우 다름. 전문은 다음과 같음.
莊子曰:「黃帝遊乎赤水之北, 而遺其玄珠, 使離朱索之. 卽離婁也.」《愼子》曰:「離朱之明, 察毫末於百步之外.」
2.《愼子》佚文
離朱之明, 察秋毫之末於百步之外, 下於水尺, 而不能見淺深, 非目不明也, 其勢難睹也.

182. 仲文照鏡, 臨江折軸

182-① 仲文照鏡
자신의 모습을 거울에 비춰 본 은중문

《진서晉書》에 실려 있다.

은중문殷仲文은 진군陳郡 사람으로 여러 벼슬을 거쳐 상서尚書에 올랐다. 평소 명망이 있어 스스로 틀림없이 조정의 큰 지위에 오를 것이라 자신을 가지고 있었던 터에, 사곤謝琨의 무리들로서 옛날부터 가볍게 여겼던 이들이 함께 그와 어깨를 나란히 관직을 차지하고 있는 것이었다. 이에 항상 불쾌한 마음을 품고 생각대로 뜻을 이루지 못하고 있었다. 그런데 갑자기 낙양태수洛陽太守로 좌천되자 불만이 더욱 커졌다. 뒤에 그는 결국 모반을 기도하다가 죽음을 당하고 말았다.

은중문이 어느 날, 거울에 자신을 비춰 보았더니 얼굴이 나타나지 않는 것이었다. 그로부터 며칠 뒤 결국 재앙을 만나고 말았다.

《晉書》: 殷仲文陳郡人. 轉尚書, 素有名望, 自謂必當朝政. 又謝琨之徒疇昔所輕者, 並皆比肩. 常怏怏不得志, 忽遷洛陽太守, 意彌不平, 後謀反伏誅.

仲文時照鏡不見其面. 數日而遇禍.

【殷仲文】자는 仲文(?~407). 殷顗의 아우이며 桓玄의 姊夫. 諮議參軍, 侍中, 尚書, 東陽太守 등의 벼슬을 역임함. 뒤에 모반으로 주살됨. 《晉書》(99)에 전이 있음.

【謝琨】本傳에는 謝鯤으로 되어 있음. 자는 幼興(280~322). 謝豫章으로 불림.
謝衡의 아들이며 謝尙의 아버지. 老莊과 《易》에 밝았으며 豫章太守를 지냄.
東海王(司馬越)에게 발탁되어 掾을 거쳐 參軍을 지냄. 뒤에 다시 王敦에게
발탁되었으며, 왕돈이 난을 일으키자 이를 극구 간언하였음. 《晉書》(49)에
전이 있음. '謝鯤折齒'[271] 및 '謝尙鴝鵒'[048] 참조.
【洛陽】本傳과 《世說新語》에는 '東陽'으로 되어 있음.

참고 및 관련 자료

1. 《晉書》(99) 殷仲文傳

殷仲文, 南蠻校尉覬之弟也. …… 仲文素有名望, 自謂必當朝政. 又謝琨之徒
疇昔所輕者, 並皆比肩. 常怏怏不得志, 忽遷爲東陽太守, 意彌不平. …… 義熙
三年, 又以仲文與駱球等謀反, 及其弟南蠻校尉叔文並伏誅. 仲文時照鏡不見
其面. 數日而遇禍.

2. 《世說新語》黜免篇

殷仲文旣素有名望, 自謂必當阿衡朝政, 忽作東陽太守, 意甚不平. 及之郡, 至
富陽, 慨然歎曰:「看此山川形勢, 當復出一孫伯符!」

182-② 臨江折軸
수레 축이 부러진 임강왕 유영

전한前漢의 임강민왕臨江閔王 유영劉榮은 경제景帝의 아들이다. 태자로
책립되었으나 폐위되어 임강왕이 되었다. 부임한 지 3년 종묘 담장 안의
빈터에 궁궐을 지었다는 죄에 걸려 임금이 유영을 불렀다. 유영은 떠나면서

강릉江陵의 북문에서 조전祖餞의 잔치를 열었는데, 이윽고 그가 수레에 오르자, 수레 축이 부러져 수레가 망가져 버렸다. 강릉의 부로들은 눈물을 흘리며 몰래 이렇게 수군거렸다.

"우리 임금께서는 다시는 돌아오지 못할 것이다!"

유영이 궁궐에 이르러 중위부中尉府에 가서 수사기록의 문서에 죄상을 인정하게 되었다. 당시 중위 질도郅都가 문서에 의해 꾸짖으며 민왕을 신문하자, 민왕은 두려워 자살해 버렸다. 그리하여 남전藍田에 장례를 치렀다. 그런데 제비 수만 마리가 흙을 물고 와서 그 무덤 위를 덮는 것이었다. 백성들은 이를 보고 가련하게 여겼다.

前漢, 臨江閔王榮, 景帝子. 立爲太子, 廢爲臨江王. 三歲坐侵廟壖地爲宮. 上徵榮, 榮行, 祖於江陵北門. 旣上車, 軸折車廢.

江陵父老流涕竊言曰:「吾王不反矣!」

榮至, 詣中尉府對簿. 中尉郅都簿責訊王, 王恐自殺, 葬藍田. 燕數萬銜土置冢上, 百姓憐之.

【臨江閔王榮】劉榮. 원래 경제의 태자였으며 임강왕으로 폐위됨. 시호는 閔. 《漢書》景十三王傳에 실려 있음.

【景帝】西漢 4대 황제. 劉啓. B.C.156~B.C.141년까지 16년간 재위함. 文帝의 아들이며 梁孝王(劉武)의 형. 文景之治를 이루어 한나라 기반을 다짐.

【壖地】종묘의 안쪽 담과 바깥 담 사이에 있는 空地.

【祖】祖餞과 같음. 餞別. 고대 黃帝의 아들 유조(纍祖)가 먼 길을 떠나 도중에 죽자, 사람들이 그를 '路神'으로 여겨 길 떠나는 자를 보호해 달라는 뜻으로 제를 올리기 시작한 것에서 유래되었다 함.(《四民月令》)

【郅都】西漢 景帝 때의 酷吏.《史記》酷吏傳 참조. '郅都蒼鷹'[006] 참조.

1. 《漢書》 景十三王傳

臨江閔王榮以孝景前四年爲皇太子, 四歲廢爲臨江王. 三歲, 坐侵廟壖地爲宮, 上徵榮. 榮行, 祖於江陵北門, 旣上車, 軸折車廢. 江陵父老流涕竊言曰:「吾王不反矣!」榮至, 詣中尉府對簿. 中尉郅都簿責訊王, 王恐, 自殺. 葬藍田, 燕數萬衘土置冢上. 百姓憐之. 榮最長, 亡子, 國除. 地入于漢, 爲南郡.

183. 欒巴噀酒, 偃師舞木

183-① 欒巴噀酒
술을 뿜어 화재를 소멸시킨 난파

《신선전神仙傳》에 실려 있다.

난파欒巴는 촉군蜀郡 사람이다. 한漢나라 황제皇帝가 불러 상서尙書로 삼았다. 정월 초하루 큰 조회에 난파만이 유독 늦게 도착하여 게다가 자못 술취한 기색이었다. 그리고 다시 술을 머금더니 서남쪽을 바라보며 이를 뿜어대는 것이었다. 유사有司가 참다못해 상주하였다.

"난파는 크게 불경한 짓을 하고 있습니다."

임금이 조칙으로 난파를 문책하자 난파는 이렇게 대답하는 것이었다.

"저의 향리에서는 제가 능히 마귀들린 병을 고친다고 해서 저를 위해 사당을 지어놓았습니다. 오늘 아침 기로耆老들이 모두 그 사당으로 찾아와 음식을 바쳤기에 그 까닭으로 늦은 것입니다. 그런데 지금 마침 저의 본현本縣 성도成都시에 화재가 발생하여 제가 술을 머금어 비를 만들어 뿜어 화재를 소멸시킨 것입니다."

황제는 죄의 원인을 알아보기 위해 즉시 사신을 성도로 파견하여 그의 말을 증험해 보도록 하였다. 그러자 다녀온 자가 이렇게 말하는 것이었다.

"정월 초하루 아침에 불이 났는데 한 식경食頃 쯤 지나 큰비가 내렸다는 것입니다. 동북쪽으로부터 내려 불이 꺼졌습니다. 그런데 빗물이 모두 술 냄새가 났다는 것입니다."

그로부터 하루 뒤 큰바람이 불어 안개가 자욱하더니 난파는 사라져 그 소재를 알 수 없었다. 수소문하여 알아보았더니 그날 성도로 돌아와 친척들과 이별하고 승천하여 사라졌다는 것이다. 난파는 자가 숙원叔元이다. 《후한서後漢書》를 보라.

《神仙傳》: 欒巴蜀郡人. 漢帝召爲尙書. 正朝大會, 巴獨後到, 頗有醉色. 又飮酒, 望西南噀之.

有司奏:「巴大不敬.」

詔問巴, 巴對曰:「臣鄕里以臣能治鬼護病, 爲臣立廟. 今旦耆老皆入廟致饗, 是以來遲. 適臣本縣成都市失火, 臣噀酒爲雨, 以滅火災.」

詔原罪, 卽遣使往驗其言.

答云:「正旦失火, 食時有大雨, 從東北來, 火乃息. 雨皆酒氣.」

後一日, 大風天霧暗, 失巴所在. 尋問之, 其日還成都, 與親戚別去而昇天矣.

巴字叔元, 見《後漢書》.

【欒巴】後漢 順帝 때 蜀 땅 사람으로 도술에 능하였음.《神仙傳》및《後漢書》참조.

【皇帝】後漢 順帝를 가리킴. 후한 제8대 황제로 이름은 劉保. 126~144년 재위함.

【有司】그 일을 맡은 담당관.

【成都】蜀郡의 치소. 지금의 四川省 成都市.

【耆老】노인. 60세를 ‘耆’, 70세를 ‘老’라 함. 노인을 말함.

【噀酒爲雨】술이나 물을 입으로 뿜어 비를 내리게 하여 鎭火함.

【從東北來】수도인 長安은 成都의 동북쪽에 위치함.

> 참고 및 관련 자료

1.《神仙傳》(5)

欒巴, 蜀人也. 太守請爲功曹, 以師事之, 請試術, 乃平生入壁中去, 壁外人叫虎狼, 還乃巴也. 遷豫章太守, 有廟神, 能与人言語, 巴到, 推社稷, 問其踪由, 乃老往齊爲書生, 太守以女妻之, 生一男. 巴往齊, 勅一道符, 乃化爲狸. 巴爲尙書,正旦, 會羣臣, 飲酒. 巴乃含酒起望西南噀之, 奏云:「臣本鄉成都市失火, 故爲救之.」帝馳驛往問之, 云:「正旦失火時, 有雨自東北來, 滅火, 雨皆作酒氣也.」故終日不違如愚, 若無所得而愚, 是乃物之塊然者也. 士大夫學道者多矣, 然所謂八段錦·六字氣, 特導引吐納而已, 不知氣血寓於身而不可擾, 貴於自然流通, 世豈復知此哉! 雖日宴坐, 而心騖於外, 營營然如飛蛾之赴霄燭, 蒼蠅之觸曉牕, 知往而不知返, 知就利而不知避害. 海魚有以蝦爲目者, 人皆笑之, 而不知其故. 晝非日不能馳, 夕非火不能鑒, 故學道者, 須令物不能遷其性. 冶容曼色, 吾視之與嫫母同; 大夏華屋, 吾視之與茅茨同. 澄心清淨, 湛然而無思時, 導其氣卽百骸皆通, 抱純白養太玄, 然後不入其機, 則知神之所爲, 氣之所生, 精之所復, 何行而不至哉! 所著百章發明道秘, 要眇深切, 迷途之指南也.

2.《後漢書》樂巴

樂巴字叔元, 魏郡內黃人也. [好道]. 順帝世, 以宦者給事掖庭, 補黃門令, 非其好也. 性質直, 學覽經典, 雖在中官, 不與諸常侍交接. 後陽氣通暢, 白上乞退, 擢拜郎中, 四遷桂楊太守. 以郡處南垂, 不閑典訓, 爲吏人定婚姻喪紀之禮, 興立(校)學[校], 以獎進之. 雖幹吏卑末, 皆課令習讀, 程試殿最, 隨能升授. 政事明察. 視事七年, 以病乞骸骨. 荊州刺史李固薦巴治迹, 徵拜議郎, 守光祿大夫, 與杜喬·周擧等八人徇行州郡. 巴使徐州還, 再遷豫章太守. 郡土多山川鬼怪, 小人常破貲產以祈禱. 巴素有道術, 能役鬼神, 乃悉毀壞房祀, 翦理姦巫, 於是妖異自消. 百姓始頗爲懼, 終皆安之. 遷沛相. 所在有績, 徵拜尙書. 會帝崩, 營起憲陵. 陵左右或有小人墳冢, 主者欲有所侵毀, 巴連上書苦諫. 時梁太后臨朝, 詔詰巴曰:「大行皇帝晏駕有日, 卜擇陵園, 務從省約, 塋域所極, 裁二十頃, 而巴虛言主者壞人冢墓. 事旣非實, 寢不報下, 巴猶固遂其愚, 復上誹謗. 苟肆狂瞽, 益不可長.」巴坐下獄, 抵罪, 禁錮還家. 二十餘年, 靈帝卽位, 大將軍竇武·太傅陳蕃輔政, 徵拜議郎. 蕃·武被誅, 巴以其黨, 復讁爲永昌太守. 以功自劾, 辭病不行, 上書極諫, 理陳·竇之冤. 帝怒, 下詔切責, 收付廷尉. 巴自殺. 子賀, 官至雲中太守.

3.《太平廣記》(11) 樂巴

樂巴者, 蜀郡成都人也. 少而好道, 不修俗事. 時太守躬詣巴, 請屈爲功曹, 待以師友之禮. 巴到, 太守曰:「聞功曹有道. 寧可試見一奇乎?」巴曰:「唯」卽平坐, 却入壁中去, 冉冉如雲氣之狀. 須臾, 失巴所在. 壁外人見化成一虎, 人並驚. 虎徑還功曹舍. 人往視虎, 虎乃巴成也. 後擧孝廉, 除郎中. 遷豫章太守. 廬山廟有神, 能於帳中共外人語. 飲酒, 空中投杯. 人往乞福, 能使江湖之中, 分風擧帆, 行各相逢. 巴至郡, 往廟中, 便失神所在. 巴曰:「廟鬼詐爲天官, 損百姓日久.

罪當治之. 以事付功曹, 巴自行捕逐, 若不時討, 恐其後遊行天下. 所在血食, 枉病良民, 責以重禱.」乃下所在, 推問山川社稷, 求鬼踪跡. 此鬼於是走至齊郡, 化爲書生, 善談五經. 太守卽以女妻之. 巴知其所在, 上表請解郡守往捕. 其鬼不出, 巴謂太守:「賢壻非人也. 是老鬼詐爲廟神. 今走至此, 故來取之」太守召之不出. 巴曰:「出之甚易. 請太守筆硯設案.」巴乃作符, 符成長嘯. 空中忽有人將符去, 亦不見人形. 一坐皆驚. 符至, 書生向婦涕泣曰:「去必死矣.」須臾, 書生自齎符來至庭, 見巴不敢前. 巴叱曰:「老鬼何不復爾形?」應聲卽便爲一狸, 叩頭乞活. 巴勑殺之, 皆見空中刀下, 狸頭墮地. 太守女已生一兒, 復化爲狸, 亦殺之. 巴去還豫章. 郡多鬼, 又多獨足鬼, 爲百姓病. 巴到後, 更無此患, 妖邪一時消滅. 後徵爲尚書郎, 正旦大會. 巴後到, 有酒容. 賜百官酒, 又不飲而西南向噀之. 有司奏巴不敬. 詔問巴, 巴曰:「臣鄉里以臣能治鬼護病, 生爲臣立廟. 今旦有耆老, 皆來臣廟中享. 臣不能早飲之, 是以有酒容. 臣適見成都市上火, 臣故漱酒爲爾救之, 非敢不敬. 當請詔問, 虛詔抵罪.」乃發驛書問成都, 已奏言, 正旦食後失火. 須臾, 有大雨三陣, 從東北來, 火乃止. 雨著人皆作酒氣. 後一旦, 忽大風雨, 天地晦冥, 對坐不相見. 因失巴所在, 尋聞巴還成都. 與親故別, 稱不更還. 老幼皆於廟中送之, 云:「去時亦風雨晦冥, 莫知去處也.」

4.《藝文類聚》(2)

神仙傳曰: 欒巴爲尚書, 忽一旦天大霧, 對坐不相見, 失巴所在. 尋問之, 云其日還成都. 親故別, 時亦風雨晦冥.

5.《藝文類聚》(78)

欒巴者, 蜀郡人也. 正朝大會, 巴獨後到, 又不飲而南噀, 有司奏巴大不敬, 有詔問巴. 巴頓首謝曰:「臣鄉里以臣能治鬼護病, 爲臣生立廟. 今旦耆老皆入臣廟, 不可委之. 是以頗有酒色, 臣適來, 本縣成都市上失火. 臣故噀酒爲雨以滅火, 非敢不敬. 罪當可坐, 詔原復坐. 卽驛書問成都.」成都答言:「正旦失火. 食時有大雨從東北來. 火乃息. 雨皆作酒臭.」

6.《藝文類聚》(80)

神仙傳曰: 欒巴爲尚書. 正旦會, 得酒, 西南漱, 云成都市失火, 漱酒作雨. 驛至, 果如其言.

183-② 偃師舞木
나무로 만든 인형을 춤추게 한 언사

《열자列子》에 실려 있다.

주周 목왕穆王이 서쪽을 순시할 때 길에서, 어떤 사람이 제작에 뛰어난 공인工人을 바쳤는데, 이름을 언사偃師라 하였다. 왕이 물었다.

"너는 어떤 것에 능한가?"

그가 말하였다.

"제가 만든 것을 왕께서 한번 보아 주시기를 바랍니다."

이튿날 그가 왕을 알현하고자 나타나자 왕이 물었다.

"그대와 함께 온 자들은 누구인가?"

그가 대답하였다.

"제가 만든 것으로써 능히 배우 역할을 하는 것들입니다."

왕이 살펴보았더니 뛰고 걷고 내려다보고 쳐다보는 행동이 진실로 사람 그대로였다. 너무나 교묘하여 그 턱을 움직이면 노래가 흘러나와 음률에 맞았고, 손을 치면 그 춤이 박자에 맞아 천변만화를 연출하여 뜻하는 바 대로 움직이는 것이었다. 왕은 이를 실제 사람으로 여겨 성희盛姬와 내어 內御 등을 데리고 관람하였다. 그런데 기예가 장차 마무리되어 갈 때 배우가 그 눈을 깜박이면서 왕 좌우의 시첩을 부르며 유혹하는 것이었다. 왕은 크게 노하여 언사를 죽이고자 하였다. 그러자 언사는 즉시 그 배우 들을 해부하여 왕에게 보여 주었는데, 모두가 가죽과 나무를 붙여 모아 이를 흑백, 단청색으로 아교와 옻칠을 하여 만든 것이었다.

《列子》曰: 周穆王西巡狩. 道有獻工人, 名偃師.

王問曰:「若有何能?」

曰:「臣有所造, 願王觀之.」

越日謁見王, 王曰: 「若與偕來者何人邪?」

對曰: 「臣之所造能倡者」

王視之, 趣步俯仰信人也. 巧夫頜其頤, 則歌合律, 捧其手, 則舞應節, 千變萬化, 唯意所適. 王以爲實人也, 與盛姬內御竝觀之. 技將終, 倡者瞬其目而招王之左右侍妾, 王怒欲誅偃師. 偃師立剖散倡者, 以示王, 皆傅會革木, 膠漆白黑丹靑之所爲.

【穆王】周나라 군주. 穆天子로 널리 알려져 있으며 많은 신화와 전설을 낳음. 그의 행적과 일화를 기록한 《穆天子傳》이 널리 알려졌음.
【偃師】당시의 최고 장인. 기이한 기계나 물건을 잘 만들었던 인물.
【盛姬】많은 미인들. 그러나 혹 穆王의 미인이라도 함.

참고 및 관련 자료

1. 《列子》湯問篇

周穆王西巡狩, 越崑崙, 不至弇山. 反還, 未及中國, 道有獻工人名偃師, 穆王薦之, 問曰: 「若有何能?」偃師曰: 「臣唯命所試. 然臣已有所造, 願王先觀之」穆王曰: 「日以俱來, 吾與若俱觀之」越日偃師謁見王. 王薦之, 曰: 「若與偕來者何人邪?」對曰: 「臣之所造能倡者」穆王驚視之, 趣步俯仰, 信人也. 巧夫鎖其頤, 則歌合律; 捧其手, 則舞應節. 千變萬化, 惟意所適. 王以爲實人也, 與盛姬內御並觀之. 技將終, 倡者瞬其目而招王之左右侍妾. 王大怒, 立欲誅偃師. 偃師大懾, 立剖散倡者以示王, 皆傅會革·木·膠·漆·白·黑·丹·靑之所爲. 王諦料之, 內則·肝·膽·心·肺·脾·腎·腸·胃, 外則筋骨·支節·皮毛·齒髮, 皆假物也, 而無不畢具者. 合會復如初見. 王試廢其心, 則口不能言; 廢其肝, 則目不能視; 廢其腎, 則足不能步. 穆王始悅而歎曰: 「人之巧乃可與造化者同功乎?」詔貳車載之以歸. 夫班輸之雲梯, 墨翟之飛鳶, 自謂能之極也. 弟子東門賈禽滑釐聞偃師之巧以告二子, 二子終身不敢語藝, 而時執規矩.

2. 《金樓子》志怪篇

有人以優師獻周穆王, 甚巧, 能作木人. 趨走俯仰如人, 鎖其頤則可語, 捧其手則

可舞. 王與盛姬共觀, 木人瞋其目, 招王左右侍者. 王大怒, 欲誅優師, 優師大怖,
乃剖木以示王, 皆附會革木所爲, 五臟完具. 王大悅, 乃廢其肝, 則目不能瞋;
廢其心, 則口不能語; 廢其脾, 則手不能運. 王厚賜之.

184. 德潤傭書, 君平賣卜

184-① 德潤傭書
고용살이로 책을 빌려 공부한 덕윤

《오지吳志》에 실려 있다.

함택闞澤은 자가 덕윤德潤이며 회계會稽 사람이다. 집안 대대로 농사를 지었으며, 함택에 이르러 배움을 좋아하게 되었으나 가난하여 재산도 없는 터였다. 이에 그는 항상 남에게 고용되어 글을 대신 써주고 그 대가로 종이와 붓을 구해 공부하였다. 그는 그때 남에게 글을 다 베껴 주고는 그것을 외우고 읽어 역시 두루 알게 되었다. 그리하여 스승을 좇아 강론을 벌였으며, 이에 많은 전적을 섭렵하여 역수歷數까지도 겸통하게 되었다. 이로써 이름이 드날려 손권孫權에게 봉사하여 중서령中書令, 시중侍中, 태자태부太子太傅를 역임하였다. 매번 조정에서 큰 논의가 벌어지거나, 경전經典에서 의심나는 부분이 있으면 문득 그를 찾아 자문하곤 하였다. 유학儒學을 부지런히 연구하여 도향후都鄕侯에 봉해졌다.

《吳志》: 闞澤字德潤, 會稽人. 家世農夫, 至澤好學, 居貧無資. 常爲人傭書, 以供紙筆. 所寫旣畢, 誦讀亦遍. 追師論講, 究覽群籍, 兼通歷數. 由是顯名, 仕孫權爲中書令·侍中·太子太傅.

每朝大議, 經典所疑, 輒諮訪之. 以儒學勤勞, 封都鄕侯.

【闞澤】삼국시대 뭇나라 인물. 孫權을 도와 버슬하였음. 都鄕侯에 봉해짐.
【傭書】문서를 베끼는 筆耕士로 고용되었음을 말함.

【孫權】 자는 仲謀(182~252). 삼국 吳나라 大帝. 仲謀. 江東에 손씨 집안이
이루어 놓은 세력을 바탕으로, 강동 6군을 점거하고 222년에 吳王으로 책봉을
받은 다음 229년에 자립하여 帝를 칭하며 국호를 吳라 하였으며, 즉시 武昌
에서 建業으로 수도를 옮겨 삼국시대를 열었음. 재위 23년 만에 죽어 그 아들
孫亮이 뒤를 이음. 《三國志》(47)에 전이 있음.

1. 《三國志》(53) 吳志 闞澤傳

闞澤字德潤, 會稽山陰人也. 家世農夫, 至澤好學, 居貧無資. 常爲人傭書, 以供
紙筆. 所寫既畢, 誦讀亦遍. 追師論講, 究覽群籍, 兼通歷數. 由是顯名.

184-② 君平賣卜
점쳐 주는 일로 생계를 삼은 엄군평

전한前漢의 엄준嚴遵은 자가 군평君平이며 촉군蜀郡 사람이다. 몸을 수양
하여 스스로 보호를 삼아 자신이 만든 옷이 아니면 입지 않았고, 자신이
마련한 음식이 아니면 먹지 않았다. 성도成都의 저잣거리에서 남에게 점을
쳐 주는 일을 하였는데, 점치는 일이란 천한 직업이기는 하나 많은 사람들
에게 혜택을 줄 수 있다고 여겼다. 사람들이 혹 사악하거나 정당하지 않은
일을 질문하면, 시구蓍龜에 의거하여 이해득실을 설명하여 주되 아들 된
자라면 효를 근거로 풀어 주고, 아우 된 자라면 유순해야 할 것임을 근거로

풀이해 주며, 신하 된 자에게는 충성으로써 해결해야 할 것이라 풀어 주는 등 각기 그 형세와 도리에 의거하여 착한 일을 하도록 유도하였다. 하루에 겨우 몇 명의 점만 보아 주되, 백 전 정도를 벌면 가게 문을 닫고 발을 내리고는 《노자老子》를 가르쳤다. 그는 널리 익혀 통하지 않는 것이 없었다. 그리하여 〈노장老莊〉의 요지를 책으로 저술하였는데 10만 언言이나 되었다.

 양웅揚雄도 어릴 때 그에게 찾아와 공부하였으며 이윽고 뒤에 경사京師로 가서 벼슬하게 된 것이며 자주 조정의 높은 자리에 있는 어진 자들에게 엄준의 덕을 칭송하곤 하였다. 엄준은 나이 아흔이 넘어 세상을 떠났다.

 前漢, 嚴遵字君平, 蜀郡人. 脩身自保, 非其服弗服, 非其食弗食. 卜筮於成都市, 以爲卜筮者賤業, 而可以惠衆. 人有邪惡非正之問, 則依蓍龜爲言利害, 與人子言依於孝, 與人弟言依於順, 與人臣言依於忠, 各因勢道之以善.

 裁日閱數人, 得百錢足自養, 則閉肆下廉而授老子. 博覽亡不通, 依〈老莊〉之指著書十餘萬言. 揚雄少時從游學, 已而仕京師, 數爲朝廷在位賢者稱平德, 年九十餘終.

【嚴遵】 전한 때 인물로 자는 君平. 방술과 점술에 뛰어났음.
【蓍龜】 시초와 거북 껍데기. 점을 치는 데 사용함. 蓍草는 一本多莖 多年草의 풀 이름. 《博物志》에 "蓍一千歲而三百莖同本, 以老, 故知吉凶. 蓍末大於本 爲上吉, 筮必沐浴齋潔燒香, 每朔望浴蓍, 必五浴之. 浴龜亦然. 〈明夷〉曰: 「昔夏后筮乘飛龍而登於天, 而枚占皐陶, 曰: 『吉』. 昔夏啓果徙九鼎, 啓果徙之」"라 함.
【老莊之指】 老子와 長子의 학설. '指'는 '旨'와 같음.
【揚雄】 자는 子雲(B.C.53~A.D.18). '楊雄'으로도 쓰며 蜀郡 成都 사람. 西漢때 賦家, 哲學家. 〈甘泉賦〉, 〈羽獵賦〉 등과 《太玄經》, 《方言》 등의 저술이 있음. 《漢書》 揚雄傳 참조.

1.《漢書》王貢兩龔鮑傳

其後谷口有鄭子眞, 蜀有嚴君平, 皆修身自保, 非其服弗服, 非其食弗食. 成帝時, 元舅大將軍王鳳以禮聘子眞, 子眞遂不詘而終. 君平卜筮於成都市, 以爲「卜筮者賤業, 而可以惠衆人. 有邪惡非正之問, 則依蓍龜爲言利害. 與人子言依於孝, 與人弟言依於順, 與人臣言依於忠, 各因勢導之以善, 從吾言者, 已過半矣.」裁日閱數人, 得百錢足自養, 則閉肆下簾而授《老子》. 博覽亡不通, 依老子·嚴周之指著書十餘萬言, 楊雄少時從遊學, 以而仕京師顯名, 數爲朝廷在位賢者稱君平德. 杜陵李彊素善雄, 久之爲益州牧, 喜謂雄曰:「吾眞得嚴君平矣.」雄曰:「君備禮以待之, 彼人可見而不可得詘也.」彊心以爲不然. 及至蜀, 致禮與相見, 卒不敢言以爲從事, 乃歎曰:「楊子雲誠知人!」君平年九十餘, 遂以其業終, 蜀人愛敬, 至今稱焉. 及雄著書言當世士, 稱此二人. 其論曰:「或問: 君子疾沒世而名不稱, 盍勢諸? 名, 卿可幾. 曰: 君子德名爲幾. 梁·齊·楚·趙之君非不當且貴也, 惡虖成其名! 谷口鄭子眞不詘其志, 耕於嚴石之下, 名震於京師, 豈其卿? 豈其卿? 楚兩龔之絜, 其清矣乎! 蜀嚴湛冥, 不作苟見, 不治苟得, 久幽而不改其操, 雖隨·和何以加諸? 舉茲以旂, 不亦寶乎!」

185. 叔寶玉潤, 彦輔水清

185-① 叔寶玉潤
옥에 윤기를 더한 듯한 위개

《진서晉書》에 실려 있다.

위개衛玠는 자가 숙보叔寶이다. 다섯 살 때 이미 풍모가 빼어나고 재능이 뛰어났다. 조부 위관衛瓘이 이렇게 말하였다.

"이 아이는 남과 다른 특이한 점이 있다. 내 이미 나이가 들어 그의 성장한 모습을 볼 수 없겠구나!"

위개의 외삼촌 표기장군驃騎將軍 왕제王濟는 자신도 준상雋爽하여 풍모를 갖추고 있었지만, 매번 위개를 볼 때마다 문득 이렇게 감탄하였다.

"주옥이 곁에 있어, 내가 때 묻은 존재임을 일깨워 주는구나."

그리고 일찍이 사람들에게 이렇게 말한 적이 있다.

"위개와 함께 나서면 뚜렷하기가 마치 명주明珠가 곁에 있어 환히 사람을 비추는 것 같다."

위개의 장인 악광樂廣은 해내에 그 이름이 널리 퍼진 인물이었다. 그래서 세상에서는 이렇게 말하였다.

"장인은 맑기가 얼음이요, 사위는 윤기가 옥이로다."

《晉書》: 衛玠字叔寶. 五歲風神秀發.

祖父瓘曰:「此兒有異於衆. 顧吾年老不見其成長耳!」

玠舅驃騎將軍王濟, 雋爽有風姿, 每見玠輒歎曰:「珠玉在側, 覺我形穢.」

又嘗語人曰:「與玠同遊, 宛若明珠之在其側, 朗然照人.」
玠妻父樂廣有海內重名, 議者以爲:「婦公冰淸, 女婿玉潤.」

【衛玠】 자는 叔寶(287~313). 어릴 때는 虎라 부름. 衛瓘의 손자이며 衛恒의 아들. 《老莊》에 조예가 깊었음. 어려서 王澄, 王玄, 王濟와 함께 이름을 날려 "王家三子, 不如衛家一兒"라 하였음. 中原大亂 때 남으로 피난하여 王敦에게 발탁됨. 太子洗馬를 지냈으며 王承과 더불어 '中興第一名士'로 불림. 《晉書》(36)에 전이 있음. '衛玠羊車'[206] 및 '平子絶倒'[078] 참조.
【祖父瓘】 衛瓘(220~291)을 가리킴. 자는 伯玉. 衛恒의 아버지이며 衛玠의 조부. 晉初 人物. 약관에 이미 尙書郞을 거쳐 通事郞, 中書郞, 散騎常侍, 侍中, 廷尉卿 등을 지냄. 鄧艾와 鍾會를 따라 蜀을 벌하였으며 다시 등애와 종회의 반란을 평정하여 關中의 여러 군사를 관할하는 도독이 됨. 鎭西將軍, 鎭東將軍을 거쳐 晉나라가 들어서자 侍中, 司空이 됨. 汝南王(司馬亮)을 돕다가 賈后와 틈이 벌어져 죽음을 당함. 草書에도 능하여 張芝의 풍을 이어받았다는 평을 받았음. 《晉書》(36)에 전이 있음. '衛瓘撫牀'[042] 참조.
【王濟】 자는 武子(240?~285?). 王渾의 아들. 《易》과 《老莊》에 밝아 裴楷와 이름을 날렸으며 武帝의 딸 常山公主의 남편. 侍中을 역임함. 말에 대해서 잘 알았다고 함. 王愷와 사치와 호기를 다툰 일로도 유명함. 中書郞, 驍騎將軍, 侍中 등을 역임함. 《晉書》(42)에 전이 있음. 왕제는 太原 晉陽 출신이었음. '武子金埒'[120] 및 '濟叔不癡'[196] 참조.
【樂廣】 자는 彦輔(?~304). 王衍과 같은 시대 인물로 당시 청담 풍조에 이름을 날렸음. 여러 관직을 거쳐 王戎을 이어 尙書令이 됨. 그 때문에 흔히 '樂令'으로도 불림. 두 딸이 있어 하나는 衛玠에게, 하나는 成都王(司馬穎)에게 시집을 보냈으나 마침 사마영과 長沙王(司馬乂)의 싸움이 심해지자 근심을 품고 죽음. 《晉書》(43)에 전이 있음. 단 '樂'은 성씨의 경우 '악'(yue)으로 읽으나(예 樂毅) 《世說新語辭典》(1992, 四川)에서는 '락'(le)의 항목에 실려 있어 '락광'으로 되어 있음. '彦輔冰淸'[185] 및 '廣客蛇影'[062] 참조.

1.《晉書》(36) 衛玠傳

衛玠字叔寶, 年五歲, 風神秀異. 祖父瓘曰:「此兒有異於衆, 顧吾年老, 不見其成長耳!」總角乘羊車入市, 見者皆以爲玉人, 觀之者傾都. 驃騎將軍王濟, 玠之舅也, 儁爽有風姿, 每見玠, 輒歎曰:「珠玉在側, 覺我形穢.」又嘗於人曰:「與玠同遊, 冏若明珠之在側, 朗然照人.」及長, 好言玄理. 其後多病體羸, 母恒禁其語. 遇有勝日, 親友時請一言, 無不咨嗟, 以爲入微. 琅邪王澄有高名, 少所推服. 每聞玠言, 輒歎息絶倒. 故時人爲之語曰:「衛玠談道, 平子絶倒.」澄及王玄‧王濟並有盛名, 皆出玠下. 世云:「王家三子, 不如衛家一兒.」玠妻父樂廣, 有海內重名, 議者以爲「婦公冰淸, 女壻玉潤」.

2.《世說新語》識鑑篇

衛玠年五歲, 神衿可愛; 祖太保曰:「此兒有異; 顧吾老, 不見其大耳!」

3.《衛玠別傳》

玠穎識通達, 天韻標令, 陳郡謝幼輿敬以亞父之禮. 論者以爲出王眉子, 平子, 武子之右. 世咸謂:「謂王三子, 不如衛家一兒.」娶樂廣女. 裴叔道曰:「妻女有冰淸之姿, 壻有璧潤之望; 所謂秦晉之匹也.」爲太子洗馬. 永嘉四年, 南至江夏, 與兄別於梁里澗, 謂曰:「在三之義, 人之所重, 今日忠臣致身之運, 可不勉乎?」行至豫章, 乃卒.

185-②　彦輔冰淸
얼음처럼 맑은 악광

　　진晉나라 악광樂廣은 자가 언보彦輔이다. 나이 여덟에 하후현夏侯玄이 그를 보고는 그의 아버지에게 이렇게 말하였다.

　　"정신이 넓고 모습이 명랑하고 투철하니 마땅히 명사名士가 될 것이오.

학문에만 전념할 수 있도록 해 주시오. 틀림없이 그대의 가문을 일으키게
될 것이오.”

　한편 위관衛瓘도 그를 보고 기이하게 여겨, 자신의 자제들에게 명하여
그를 찾아가 사귀도록 하면서 이렇게 말하였다.

　“이는 사람으로서의 맑은 물거울이다. 들여다보면 빛나는 모습이, 마치
운무雲霧가 걷히고 난 다음 푸른 하늘을 보는 것과 같다.”

　왕연王衍도 스스로 이렇게 말하였다.

　“나는 남과 말을 나눌 때 아주 간결하게 한다. 그런데 악광을 보고 나니
내가 이전에 너무 번거롭게 많은 말을 한 것임을 깨닫게 되었다.”

　그는 식자들로부터 찬탄을 자아내기가 이와 같았다.

　晉, 樂廣字彦輔. 年八歲, 夏侯玄見之, 謂其父曰:「廣神姿朗徹,
當爲名士. 可令專學, 必能興卿門戶」

　衛瓘見而奇之, 命諸子造焉, 曰:「此人之水鏡. 見之瑩然若,
披雲霧而觀靑天也.」

　王衍自言:「與人語甚簡, 及見廣, 便覺已之煩.」

　其爲識者歎美如此.

【樂廣】 자는 彦輔(?~304). 王衍과 같은 시대 인물로 당시 청담 풍조에 이름을
　날렸음. 여러 관직을 거쳐 王戎을 이어 尙書令이 됨. 그 때문에 흔히 ‘樂令’
　으로도 불림. 두 딸이 있어 하나는 衛玠에게, 하나는 成都王(司馬穎)에게
　시집을 보냈으나 마침 사마영과 長沙王(司馬乂)의 싸움이 심해지자 근심을
　품고 죽음. 《晉書》(43)에 전이 있음.
【夏侯玄】 자는 泰初(太初, 209~254). 夏侯尙의 아들로 일찍이 능력을 인정받아
　약관에 散騎黃門侍郎이 되었음. 曹爽을 보좌하여 中護軍이 되어 인재를 선발
　하였음. 뒤에 征西將軍이 되어 司馬氏가 曹爽을 주벌하여 정권을 쥐자,
　大鴻臚가 되었다가 太常에 올랐으나 李豐, 張緝 등이 司馬師를 없애고

하후현을 세우려는 모의가 발각되어 하후현도 이에 함께 주살됨. 淸言과 玄風에 뛰어나 당시 玄學의 영수로 추앙받았음. 저술에 〈樂毅論〉, 〈張良論〉, 〈本無肉刑論〉 등이 유명함. 《三國志》(9)에 전이 있음. '太初日月'[049] 참조.

【衛瓘】자는 伯玉(220~291)을 가리킴. 衛恒의 아버지이며 衛玠의 조부. 晉初 人物. 약관에 이미 尙書郎을 거쳐 通事郎, 中書郎, 散騎常侍, 侍中, 廷尉卿 등을 지냄. 鄧艾와 鍾會를 따라 蜀을 벌하였으며 다시 등애와 종회의 반란을 평정하여 關中의 여러 군사를 관할하는 도독이 됨. 鎭西將軍, 鎭東將軍을 거쳐 晉나라가 들어서자 侍中, 司空이 됨. 汝南王(司馬亮)을 돕다가 賈后와 틈이 벌어져 죽음을 당함. 草書에도 능하여 張芝의 풍을 이어받았다는 평을 받았음. 《晉書》(36)에 전이 있음.

【王衍】자는 夷甫(256~311). 죽림칠현의 하나인 王戎의 從弟. 太尉를 지냄. 《晉書》(43)에 전이 있음. '王衍風鑒'[038] 참조.

참고 및 관련 자료

1. 《晉書》(43) 樂廣傳

樂廣字彦輔, 南陽淯陽人也. 父方, 參魏征西將軍夏侯玄軍事. 廣時年八歲, 玄常見廣在路, 因呼與語, 還謂方曰:「向見廣神姿朗徹, 當爲名士. 卿家雖貧, 可令專學, 必能興卿門戶」……尙書令衛瓘, 朝之耆舊, 逮與魏正始中諸名士談論, 見廣而奇之, 曰:「自昔諸賢旣沒, 常恐微言將絶, 而今乃復聞斯言於君矣.」命諸子造焉, 曰:「此人之水鏡. 見之瑩然, 若披雲霧而覩靑天也.」王衍自言:「與人語甚簡至, 及見廣, 便覺己之煩.」其爲識者所歎美如此.

2. 《世說》賞譽篇

衛伯玉爲尙書令, 見樂廣與中朝名士談議, 奇之曰:「自昔諸人沒已來, 常恐微言將絶, 今乃復聞斯言於君矣!」命子弟造之, 曰:「此人, 人之水鏡也; 見之, 若披雲霧覩靑天!」

3. 《晉書》王隱

衛瓘有名理, 及與何晏. 鄧颺等數共談講, 見廣奇之曰:「每見此人, 則瑩然猶廓雲霧, 而覩靑天也.」

186. 衛后髮鬒, 飛燕體輕

186-① 衛后髮鬒
위후의 아름다운 머리카락

장형張衡의 〈서경부西京賦〉에 "위후衛后는 머리카락이 아름다워 사랑받았고, 조비연趙飛燕은 몸이 가벼워 총애를 입었다"라 하였다.

위후는 전한前漢 효무제孝武帝의 황후로서 자는 자부子夫이며 그 집안은 위씨衛氏, 평양후平陽侯의 읍邑 출신이다.

그는 본래 평양공주平陽公主 집에서 노래를 부르던 가희歌姬였다. 무제가 파수霸水 가에서 재앙을 막는 제사를 지내고 돌아오는 길에, 누이 평양공주의 집에 들르게 되었는데, 이윽고 가희들이 들어오자 무제는 유독 자부에게 눈길을 주는 것이었다. 무제가 떠나면서 옷을 갈아입을 때 자부가 모시게 되었으며, 그 수레 안에서 사랑을 받았다. 공주는 이를 알고, 자부를 임금에게 바쳐 궁으로 보내져 들어가게 된 것이었다. 그가 떠나고자 수레에 오르자, 공주는 그의 등을 두드려 주며 이렇게 당부하였다. "잘 가세요. 억지로라도 밥 많이 먹고 건강하세요. 나중에 귀한 신분이 되어도 서로 잊지 맙시다!"

뒤에 그는 아들 유거劉據를 낳았고, 드디어 황후의 지위에 올랐으며, 그가 낳은 아들이 태자가 되었다. 그러나 무고巫蠱 사건을 만나, 강충江充의 간계에 빠져 태자와 황후가 함께 강충을 죽이려다 그만 태자는 패하여 도망하고 태후는 자살하고 말았다.

張衡〈西京賦〉曰:「衛后興於鬒髮, 飛燕寵於體輕.」衛后前漢孝武帝皇后也. 字子夫, 其家號曰衛氏, 出平陽侯邑.

初爲平陽公主謳者. 武帝祓霸上, 還過主, 旣飮謳者進, 帝獨說
子夫. 帝起更衣, 子夫侍尙衣, 軒中得幸.

主因奏子夫, 送入宮. 子夫上車, 主拊其背曰:「行矣. 强飯勉之.
卽貴願無相忘!」

後生男據, 遂立爲皇后, 而男爲太子. 遭巫蠱事起, 江充爲姦, 太子
與后共誅充, 太子敗亡, 后自殺.

【張衡】 후한(後漢) 때 사람. 字는 平子. 〈二京賦〉를 지음. 시문에 뛰어나서
班固의 〈兩都賦〉를 모방하여 〈兩京賦〉를 지음.

【衛后】 전한 武帝 劉徹의 황후. 그 출생과 작은 아버지 衛靑과의 고사는
'衛靑拜幕'[194]을 참조할 것.

【趙飛燕】 ?~B.C.1. 長安人으로 원래 몸이 나는 제비처럼 가볍다하여 飛燕
이라 하였으며, 成帝의 눈에 띄어 총애를 입어 皇后의 지위에까지 올랐음.
그 동생 合德 역시 성제에게 불려가 昭儀가 됨.《漢書》外戚傳 및《西京
雜記》참조.

【孝武帝】 武帝. 西漢 5대 황제 劉徹. 景帝(劉啓)의 아들이며 B.C.140~B.C.87년
까지 54년간 재위함. 대내외적으로 학술, 강역, 문학 등 여러 방면에 걸쳐
많은 치적을 남겨 강력한 帝國을 건설함.

【平陽公主】 武帝의 누이 陽信長公主. 平陽侯 曹壽에게 시집갔음.

【太子】 戾太子. 劉據. 태자에 올랐으나 왕이 되지 못하고 그 아우 劉弗陵이
昭帝에 올랐음. 그리고 劉據의 아들 史皇孫(劉進)이 낳은 劉詢이 昭帝의
뒤를 이어 제위에 올랐으며 기가 宣帝임.

【劉據】 衛皇后가 낳은 아들. 그의 아들이 사황손이며 사황손의 아들이
劉詢(宣帝)임.

【江充爲姦】 태자와 사이가 좋지 않았던 강충은, 태자 등이 巫蠱를 써서 황제를
죽이려 한다고 거짓으로 아뢰어 태자를 모함하였음. '丙吉牛喘'[126] 참조.

1. 《文選》(2) 〈西京賦〉

有憑虛公子者, 心奓體忲, 雅好博古, 學乎舊史氏, 是以多識前代之載. 言於安處先生曰:「夫人在陽時則舒, 在陰時則慘, 此牽乎天者也. 處沃土則逸, 處瘠土則勞, 此繫乎地者也. 慘則尠於驩, 勞則褊於惠, 能違之者寡矣. 小必有之, 大亦宜然. 故帝者因天地以致化, 兆人承上敎以成俗. 化俗之本, 有與推移. 何以覈諸? 秦據雍而彊, 周卽豫而弱. 高祖都西而泰, 光武處東而約. 政之興衰, 恒由此作. 先生獨不見西京之事歟? 請爲吾子陳之.」……衛后興於鬒髮, 飛燕寵於體輕. 鑒戒唐詩, 他人是媮. 自君作故, 何禮之拘? 增昭儀於婕妤, 賢旣公而又侯. 許趙氏以無上, 思致董於有虞. 王閎爭於坐側, 漢載安而不渝.

2. 《文選》〈衛后·飛燕〉 李善 注

善曰:《漢書》曰:「孝武衛皇后, 字子夫.」《漢武故事》曰:「子夫得幸, 頭解, 上見其美髮, 悅之.」《毛詩》云:「鬒髮如雲. 之忍切.」荀悅《漢紀》曰:「趙氏善舞, 號曰飛燕, 上說之. 事由體輕而封皇后也.」

186-② 飛燕體輕
제비처럼 가벼운 몸매의 조비연

전한前漢의 비연飛燕은 효성제孝成帝의 조황후趙皇后이다. 본래 장안궁長安宮의 궁인이었다. 그가 태어났을 때 부모가 거두어들이지 않았는데 사흘이 되도록 죽지 않아 드디어 거두어 길렀다.

자라서 양아공주陽阿公主의 집에 맡겨져, 노래와 춤을 학습하고 있었으며 호를 비연이라 하였다. 성제가 한번은 미복微服으로 갈아입고 나서서 공주의 집에 들르게 되었다. 그때 음악이 연주되었는데 성제가 보고 반하여 궁궐로 불러들였다. 그리하여 크게 총애를 받자, 그 여동생도 다시 들어와 자매가 함께 첩여健伃가 되었다. 그의 귀함은 후궁을 압도할 정도였으며, 결국 황후皇后로 책립된 것이다. 뒤에 총애가 점차 시들어 갔고 대신 그 동생 합덕合德은 절대적인 총애를 받아 소의昭儀가 되었다. 이렇게 자매가 총애를 독차지하기가 10여 년이었지만, 둘 모두 아들을 낳지 못하였다. 그러다가 성제가 갑자기 죽자, 민간에서는 그 죄를 소의에게 물었다. 소의는 자살하고 말았다. 애제哀帝가 즉위하자, 황후 조비연을 존중하여 황태후皇太后로 삼았다.

《서경잡기西京雜記》에는 이렇게 기록하였다.

"비연이 황후가 되었고 여동생은 소양전昭陽殿에 기거하였다. 조비연은 몸이 가볍고 허리가 가늘어 보행과 진퇴가 아름다웠으며, 소의는 그에 미치지 못하였다. 다만 약골에 피부만 풍성하였고 특히 웃음거리를 잘 만들어 내었다. 두 사람은 함께 얼굴색이 홍옥紅玉과 같았으며 당시 제일의 미인이었다.

前漢, 飛燕, 孝成帝趙皇后也. 本長安宮人. 初生, 父母不擧, 三日 不死, 遂收養之. 及壯屬陽阿主家學歌舞. 號曰飛燕.

帝嘗微行出, 過主, 作樂, 見而說之, 召入宮, 大幸.

女弟復入, 俱爲健伃. 貴傾後宮, 立爲皇后.

後寵少衰, 而弟絶幸, 爲昭儀. 姉弟頡寵十餘年, 皆無子. 及帝暴崩, 民間歸罪昭儀, 昭儀自殺. 哀帝立, 尊后爲皇太后.

《西京雜記》曰: 飛燕爲皇后, 女弟在昭陽殿. 后體輕腰弱, 善行 步進退, 昭儀不能及. 但弱骨豐肌 尤工笑語. 二人竝色如紅玉, 爲當時第一.

【趙飛燕】 ?~B.C.1. 長安人으로 원래 몸이 나는 제비처럼 가볍다하여 飛燕이라 하였으며 成帝의 눈에 띄어 총애를 입어 皇后의 지위에까지 올랐음. 그 동생 合德 역시 성제에게 불려가 昭儀가 됨.《漢書》外戚傳 및《西京雜記》참조. 앞장의 주를 볼 것.

【成帝】 西漢의 제9대 황제 劉驁. 孝成皇帝. 元帝 劉奭의 아들. B.C.32~B.C.7년 재위. 趙飛燕과의 연애 고사로 유명함.

【陽阿主】 陽阿公主. 成帝의 누이.

【倢伃·昭儀】 漢나라 後宮의 계급. '倢伃'는 '婕妤'로도 표기함.

【貴傾後宮】 조비연과 合德 자매가 총애를 독차지함을 말함.

【西京雜記】 한나라 때 劉歆이 찬집하고 晉나라 때 葛洪이 편집한 것으로 보이는 逸史集. 西漢 때의 도읍 長安(西京)에서 있었던 일을 잡다하게 모은 것.

【哀帝】 西漢 제10대 황제. 이름은 劉欣. 元帝(劉奭)의 둘째 아들 劉康의 아들로 제위에 오름. B.C.32~B.C.1년 재위함.

1.《西京雜記》(1)

趙飛鷰女弟居昭陽殿, 中庭彤朱, 而殿上丹漆, 砌皆銅沓黃金塗, 白玉階, 壁帶往往爲黃金釭, 含藍田璧, 明珠·翠羽飾之. 上設九金龍, 皆銜九子金鈴, 五色流蘇. 帶以綠文紫綬, 金銀花鑷. 每好風日, 幡旄光影, 照耀一殿; 鈴鑷之聲, 驚動左右. 中設木畫屏風, 文如蜘蛛絲縷. 玉几玉床, 白象牙簟, 綠熊席. 席毛長二尺餘, 人眠而擁毛自蔽, 望之不能見, 坐則沒膝, 其中雜熏諸香, 一坐此席, 餘香百日不歇. 有四玉鎮, 皆達照無瑕缺. 窗扉多是綠琉璃, 亦皆達照, 毛髮不得藏焉. 椽桷皆刻作龍蛇, 縈繞其間, 鱗甲分明, 見者莫不兢慄. 匠人丁緩·李菊, 巧爲天下第一, 締構旣成, 向其姊子樊延年說之, 而外人稀知, 莫能傳者.

2.《漢書》卷97(下) 外戚傳(下) 孝成趙皇后

皇后旣立, 後寵少衰, 而弟絶幸, 爲昭儀. 居昭陽舍, 其中庭彤朱, 而殿上髹漆, 切皆銅沓黃金塗, 白玉階, 壁帶往往爲黃金釭, 函藍田璧, 明珠, 翠羽飾之, 自後宮未嘗有焉. 姊弟顓寵十餘年, 卒皆無子.

3.《初學記》卷25

昭陽殿木畫屏風, 如蜘蛛絲縷.

4.《十八史略》(2)

立皇后趙氏, 名飛燕, 女弟合德爲婕好.

立皇后趙氏, 名飛燕, 女弟合德爲婕好.

187. 玄石沈湎, 劉伶解醒

187-① 玄石沈湎
술에 취해 천일 뒤에 깨어난 유현석

《박물지博物志》에 실려 있다.

옛날 유현석劉玄石이 중산中山의 술집에서 술을 샀다. 술집에서는 그에게 천일주千日酒를 주었는데, 주인은 그만 마시는 양의 절도를 깜빡 잊고 일러주지 않았다. 그가 집에 돌아와 당연히 취하였고, 가족들은 그 사실을 알지 못한 채 그가 죽은 것으로 여겼다. 그리하여 관에 넣어 그를 장례를 치르고 말았다. 술집 주인은 이미 천 일이 되었음을 계산해 보고 이에 유현석이 옛날 사 간 술을 마셔 취하였다면 깨어날 때가 되었음을 기억해 내었다. 그리하여 찾아가 보았더니 그 집에서는 이렇게 말하는 것이었다.

"현석은 죽어 장례를 치른 지 이미 3년이나 되었소."

이에 관을 열어 보았더니 취기가 비로소 깨어나는 것이었다.

이에 민간에서는 이렇게 말하곤 한다.

"현석이 술을 마시고 한 번 취하여 천 일이나 흘렀다."

《博物志》曰: 昔劉玄石於中山酒家酤酒. 酒家與千日酒, 忘言其節度. 歸至家當醉, 而家人不知, 以爲死也, 權葬之.

酒家計千日滿, 乃憶玄石前日酤酒醉向醒耳. 往視之.

云: 「玄石之死三年已葬」

於是開棺, 醉始醒.

俗云: 「玄石飮酒, 一醉千日」

【劉玄石】中山 사람. 千日酒를 마시고 깨어나지 못했던 인물.
【酒家】《搜神記》에는 ‘狄布’라 하였고, 勾道興의 《搜神記》에서는 ‘劉義狄’
이라 함.
【權葬之】‘權’은 ‘棺’의 오기임.

1.《博物志》(10)

昔劉玄石於中山酒家酤酒, 酒家與千日酒, 忘言其節度. 歸至家大醉, 不醒數日,
而家人不知, 以爲死也, 具棺殮葬之. 酒家至千日滿, 乃憶玄石前來酤酒, 醉當
醒矣. 往視之, 云:「玄石亡來三年, 已葬」於是開棺, 醉始醒. 俗云:「玄石飲酒,
一醉千日.」

2.《搜神記》(19) 千日酒

狄希, 中山人也. 能造千日酒, 食之千日醉. 時有州人姓劉, 名玄石, 好飲酒, 往求之.
希曰:「我酒發來未定, 不敢飲君」石曰:「縱未熟, 且與一杯, 得否?」希聞此語,
不免飲之. 復索曰:「美哉! 可更與之」希曰:「且歸, 別日當來, 只此一杯, 可眠
千日也.」石別, 似有怍色. 至家, 醉死. 家人不之疑, 哭而葬之. 經三年, 希曰:
「玄石必應酒醒, 宜往問之.」旣往石家. 語曰:「石在家否?」家人皆怪之, 曰:
「玄石亡來, 服以闋矣.」希驚曰:「酒之美矣, 而致醉眠千日, 今合醒矣.」乃命其
家人, 鑿塚破棺看之, 塚上汗氣徹天, 遂命發塚. 方見開目張口, 引聲而言曰:
「快哉! 醉我也.」因問希曰:「爾作何物也, 令我 一杯大醉, 今日方醒? 日高幾許?」
墓上人皆笑之, 被石酒氣衝入鼻中, 亦各醉臥三月.

3.《太平廣記》(233)

昔有人名玄石, 從中山酒家酤酒, 酒家與千日酒, 忘於其節. 至家醉臥, 不醒數日,
家人不知, 以爲死也, 具棺殮葬之. 酒家至千日, 乃憶玄石前來沽酒, 醉當醒矣.
遂往索玄石家而問之, 云:「石亡已三年, 今服闋矣」於是與家人至玄石墓, 掘塚
開視. 玄始醒, 起于棺中.

4.《太平御覽》(4970)

又曰: 昔有人名玄石, 從中山酒家酤酒, 酒家與千日酒, 不語其節度, 至家而醉,
家以爲死, 而葬之. 酒家計滿千日, 乃憶之, 往索玄石, 玄石家云:「亡來三年,
服已闋矣.」乃至家掘而問之. 玄石起於棺中.

5 《太平御覽》(485)

博物志曰: 劉玄石, 曾中山酒家沽酒, 酒家與千日酒, 飮之至家大醉, 其家不知,
以爲死, 葬之. 後酒家計向千日, 往視之, 云已葬. 於是開棺, 醉始醒. 俗云玄石
飮酒一醉千日.

187-② 劉伶解醒
숙취에서 깨어난 유령

《진서晉書》에 실려 있다.

유령劉伶은 자가 백륜伯倫이며 패국沛國 사람이다. 제멋대로 뜻을 풀어
놓고 뜻하는 대로 행동하였다. 늘 우주宇宙도 작은 것으로 여기며, 만물과
함께하는 것을 자신의 마음으로 삼았다. 그는 항상 녹거鹿車를 타고 거기에
술 한 주전자를 싣고 사람으로 하여금 삽을 매고 자신을 따르도록 하였다.
그러면서 이렇게 말하곤 하였다.

"내 죽는 곳 그곳에 묻어다오."

그는 자신의 육신을 버리기를 이와 같이 하였던 것이다. 일찍이 심히
갈증을 느끼자, 아내에게 술을 구해 오도록 하였다. 그 아내는 술그릇을
집어던지면서 이렇게 울며 간하였다.

"그대는 술을 너무 많이 마시십니다. 이는 섭생攝生의 도가 아닙니다.
마땅히 끊으셔야 합니다."

그러자 유령은 이렇게 말하였다.

"좋소! 그러나 내 스스로 끊을 수 없으니, 마땅히 귀신에게 빌어 스스로
맹세하겠소. 술과 고기를 준비하시오."

그의 아내가 이에 따랐다. 유령은 무릎을 꿇고 이렇게 빌었다.

"하늘이 유령을 내리심에는 술로써 이름을 삼고자 하신 것입니다. 한 번 마셨다 하면 한 곡斛은 마셔야 하고, 다섯 말을 마셔야 이튿날 술에서 깨어납니다. 부인의 말은 삼가 듣지 말아 주십시오."

그리고 술을 끌어당기고 고기를 입에 문 채 흐드러지도록 다시 취하였다.

또 한 번은 그가 세속 사람과 다툼이 벌어진 적이 있었다. 그러자 상대가 소매를 걷어붙이며 주먹을 불끈 쥐고 다가왔다. 이에 유령은 느린 말투로 이렇게 말하였다.

"나는 닭갈비와 같은 약한 몸이어서 그대의 주먹에 안전할 수가 없습니다."

그러자 그 사람은 웃으며 중지하고 말았다.

유령은 문장을 짓겠다는 데에 뜻을 둔 적이 없었다. 그는 〈주덕송酒德頌〉이라는 글 한 편을 남겼을 뿐이다. 그는 건위참군建威參軍을 지낸 적이 있다. 태시太始 초년에 대책문對策文을 썼을 때, 그는 도가의 무위지화無爲之化의 논리를 지나치게 주장하였다. 당시 같은 연배들은 모두 높은 점수로 배치를 받았으나, 유령만은 아무런 쓸모가 없는 사람이라 여겨져 그 근처에 가지도 못하였다. 그는 끝내 천수를 누리고 생을 마쳤다.

《晉書》: 劉伶字伯倫, 沛國人. 放情肆志, 常以細宇宙齊萬物爲心. 常乘鹿車, 攜一壺酒, 使人荷鋤隨之, 謂曰:「死便埋我.」

其遺形骸如此.

嘗渴甚, 求酒於妻, 妻捐酒毁器, 涕泣諫曰:「君飮酒太過, 非攝生之道, 宜斷之.」

伶曰:「善! 吾不能自禁, 當祝鬼神自誓, 可具酒肉.」

妻從之, 伶跪祝曰:「天生劉伶, 以酒爲名. 一飮一斛, 五斗解酲. 婦人之言, 愼不可聽.」

仍引酒銜肉, 頹然復醉.

嘗醉與俗人相忤, 其人攘袂奮拳而往.

伶徐曰:「雞肋不足以安尊拳」

其人笑而止. 伶未嘗留意文翰.

著〈酒德頌〉一篇. 嘗爲建威參軍.

太始初對策, 盛言無爲之化. 時輩皆高第得調, 伶獨以無用罷, 竟以壽終.

【劉伶】 자는 伯倫. 용모가 못생겼었다 하며, 魏末 司馬氏가 정권을 휘두르자 自然으로 돌아가 老莊을 신봉하여 無爲而治를 주장하면서 음주로 세월을 보냄. 죽림칠현의 하나. 〈酒德頌〉을 남김. 〈任誕〉편 참조. 《晉書》(49)에 전이 있음. 唐 이전에는 〈劉靈〉으로 표기하였음. 그는 죽림칠현 중 술로 제일 이름이 나 있으며, 늘 종자를 시켜 삽을 차고 다니게 하며 술 취해 쓰러져 죽는 그 자리를 파서 묻어 달라고 할 정도였다 함.

【鹿車】 사슴 한 마리가 끌 정도로 작은 수레.

【荷鋤】 荷는 '어깨에 메다'의 뜻이며 '鋤'는 호미. 그러나 뜻으로 보아 삽이 타당하며 《晉書》에는 '鍤'으로 되어 있음. 풀이는 《진서》를 따름.

【鷄肋】 여기서는 몸이 약함을 말함. '楊脩捷對'[110]에서는 쓸모는 없지만 버리기에는 아깝다는 뜻으로 사용하였음.

【酒德頌】《文選》(47)과 《古文眞寶》 등에 수록되어 있음.

【太始】 西晉 첫 황제 武帝 司馬炎의 연호. 265~274년까지 10년간.

【無爲之化】 無爲而治의 교화. 老莊의 사상. 《論語》에 "子曰:「無爲而治者, 其舜也與」라 하였으며, 《老子》에는 "爲無爲則無不治"라 함.

1. 《晉書》(49) 劉伶傳

劉伶字伯倫, 沛國人也. 身長六尺, 容貌甚陋. 放情肆志, 常以細宇宙齊萬物爲心. 澹默少言, 不妄交游, 與阮籍·嵇康相遇, 欣然神解, 攜手入林. 初不以家産有無介意. 常乘鹿車, 攜一壺酒, 使人荷鍤隨之, 謂曰:「死便埋我.」其遺形骸如此. 嘗渴甚, 求酒於妻, 妻捐酒毀器, 涕泣諫曰:「君酒太過, 非攝生之道, 必宜斷之.」

伶曰:「善! 吾不能自禁, 惟當祝鬼神自誓耳. 便可具酒肉.」妻從之, 伶跪祝曰:
「天生劉伶, 以酒爲名. 一飮一斛, 五斗解醒. 婦人之言, 愼不可聽.」仍引酒御肉,
隗然復醉. 嘗醉與俗人相忤, 其人攘袂奮拳而往. 伶徐曰:「雞肋不足以安尊拳.」
其人笑而止. 伶雖陶兀昏放, 而機應不差. 未嘗厝意文翰, 惟著〈酒德頌〉一篇.
……嘗爲建威參軍. 泰始初對策, 盛言無爲之化. 時輩皆高第得調, 伶獨以無用罷,
竟以壽終.

2.《世說新語》文學篇

劉伶著〈酒德頌〉, 意氣所寄.

3.《世說新語》任誕篇

劉伶病酒渴甚, 從婦求酒, 婦捐酒毀器, 涕泣諫曰:「君飮太過, 非攝生之道,
必宜斷之!」伶曰:「甚善. 我不能自禁, 唯當祝鬼神自誓斷之耳, 便可具酒肉.」
婦曰:「敬聞命.」供酒肉於神前, 請伶祝誓. 伶跪而祝曰:「天生劉伶, 以酒爲名;
一飮一斛, 五斗解醒. 婦人之言, 愼不可聽.」便引酒進肉, 隗然已醉矣.

4.《名士傳》

伶字伯倫, 沛郡人. 肆意放蕩, 以宇宙爲狹. 常乘鹿車, 攜一壺酒, 使人荷鍤隨之.
云:「死便掘地以埋.」土木形骸, 遨遊一世.

5.《竹林七賢論》

伶處天地間, 悠悠蕩蕩, 無所用心. 嘗與俗士相遻, 其人攘袂而起, 欲必築之.
伶和其色曰:「鷄助豈足以當尊拳!」其人不覺廢然而返. 未嘗措意文章, 終其世,
凡著酒德頌一篇而已. 其辭曰:「有大人先生者, 以天地爲一朝, 萬朞爲須臾,
日月爲扃牖, 八荒爲庭衢. 行無轍迹, 居無室廬, 幕天席地, 縱意所如. 止則操巵
執觚, 動則絜榼提壺, 唯酒是務, 焉知其餘. 有貴介公子, 縉紳處士, 聞吾風聲,
議其所以; 乃奮袂攘襟, 怒目切齒, 陳說禮法, 是非鋒起. 先生於是放捧罌承槽,
銜杯漱醪, 奮髯箕踞, 枕麴藉糟, 無思無慮, 其樂陶陶; 兀然而醉, 慌爾而醒,
靜聽不聞雷霆之聲, 熟視不見太山之形, 不覺寒暑之切肌, 利欲之感情. 俯觀
萬物之擾擾, 如江漢之載浮萍; 二豪侍側焉, 如蜾蠃之與螟蛉.

6.〈酒德頌〉

有大人先生, 以天地爲一朝; 萬期爲須臾. 日月爲扃牖, 八荒爲庭衢. 行無轍跡,
居無室廬, 幕天席地, 縱意所如. 止則操巵執觚, 動則挈榼提壺. 唯酒是務, 焉知
其餘? 有貴介公子, 搢紳處士, 聞吾風聲, 議其所以, 乃奮袂攘衿, 怒目切齒,
陳說禮法, 是非鋒起. 先生於是, 方捧罌承槽, 銜盃漱醪, 奮髯箕踞, 枕麴藉糟,

無思無慮. 其樂陶陶, 兀然而醉, 恍爾而醒, 靜聽不聞雷霆之聲; 熟視不見泰山之形. 不覺寒署之切肌, 慾之感情, 俯觀萬物擾擾焉, 如江漢之浮萍. 二豪侍側焉, 如蜾之與螟.

188.　趙勝謝躄, 楚莊絶纓

188-① 趙勝謝躄
절름발이에게 사죄한 평원군 조승

《사기史記》에 실려 있다.

평원군平原君 조승趙勝은 조趙나라 여러 공자公子 중의 하나였다. 빈객을 좋아하여 그에게 이른 빈객이 수천 명이나 되었다. 조趙나라 혜문왕惠文王 및 효성왕孝成王을 도와 재상이 되었으며, 재상에서 세 번 쫓겨났다가 세 번 복직하였다. 그의 집 누각은 민가에 가까이 있었는데 어떤 다리 저는 자가 찔뚝찔뚝 걸어 물을 길어오는 자가 있었는데, 평원군의 미인 하나가 누각에서 이를 보고는 크게 웃었다. 이튿날 다리 저는 자가 그 문 앞에 이르러 이렇게 청하였다.

“선비로서 천리를 멀다하지 아니하고 찾아오는 것은, 바로 그대가 능히 선비는 귀히 여기고 첩 따위는 천하게 여긴다고 믿기 때문일 것입니다. 저는 불행하게도 다리 붓는 병에 걸려 찔뚝거립니다. 그런데 그대의 후궁이 저를 비웃었습니다. 원컨대 저를 보고 비웃었던 그 자의 머리를 건네주십시오.”

조승은 웃으면서 응답하였다.

“좋다.”

그러고는 끝내 그 여자를 죽이지는 않았다. 그런데 세밑이 되어 점차 빈객들이 하나씩 서로 이끌고 사라지더니 반을 넘어서는 것이었다. 조승이 괴이히 여기자, 식객 하나가 이렇게 말하였다.

“그대께서 다리 저는 자를 비웃은 자를 죽이지 않은 것으로써, 선비들은 그대는 색은 아끼고 선비는 천하게 여긴다고 여깁니다. 그래서 떠난 것일 뿐입니다.”

조승은 이에 비웃었던 여자를 참수하고 스스로 다리 저는 자의 문으로
찾아가 사죄하였다. 그러자 집을 떠났던 식객들이 다시 모여들었다.

《史記》: 平原君趙勝, 趙之諸公子. 喜賓客, 賓客至者數千人.
相趙惠文王及孝成王, 三去相, 三復位.
  家樓臨民家, 有躄者, 槃散行汲, 美人居樓上見大笑之.
  明日躄者至門, 請曰:「士之不遠千里而來者, 以君能貴士而賤妾.
臣不幸有罷癃之病, 而君之後宮笑臣. 願得笑臣者頭.」
  勝笑應曰:「諾.」
  終不殺. 歲餘賓客稍稍引去者過半.
  勝怪之, 客曰:「以君不殺笑躄者, 以爲愛色而賤士, 卽去耳.」
  勝乃斬笑者頭, 自造躄者門謝焉. 後乃復來.

【趙勝】趙나라 惠文王의 아우. 戰國四公子인 平原君.《史記》平原君列傳 참조.
【惠文王】전국시대 趙나라 군주. B.C.298~B.C.266년까지 33년간 재위함.
【孝成王】趙나라 惠文王의 아들로 B.C.265~B.C.245년까지 21년간 재위함.
【槃散】절뚝거리며 걷는 모양. '蹣跚'과 같음. 疊韻連綿語.
【罷癃】허리가 굽고 등이 높게 되는 병. 꼽추.

참고 및 관련 자료

1.《史記》平原君虞卿列傳
平原君趙勝者, 趙之諸公子也. 諸子中勝最賢, 喜賓客, 賓客蓋至者數千人. 平原
君相趙惠文王及孝成王, 三去相, 三復位, 封於東武城. 平原君家樓臨民家. 民家
有躄者, 槃散行汲. 平原君美人居樓上, 臨見, 大笑之. 明日, 躄者至平原君門,
請曰:「臣聞君之喜士, 士不遠千里而至者, 以君能貴士而賤妾也. 臣不幸有罷癃
之病, 而君之後宮臨而笑臣, 臣願得笑臣者頭.」平原君笑應曰:「諾.」躄者去,

平原君笑曰:「觀此豎子, 乃欲以一笑之故殺吾美人, 不亦甚乎!」終不殺. 居歲餘,
賓客門下舍人稍稍引去者過半. 平原君怪之, 曰:「勝所以待諸君者未嘗敢失禮,
而去者何多也?」門下一人前對曰:「以君之不殺笑躄者, 以君爲愛色而賤士, 士卽
去耳.」於是平原君乃斬笑躄者美人頭, 自造門進躄者, 因謝焉. 其後門下乃復
稍稍來. 是時齊有孟嘗, 魏有信陵, 楚有春申, 故爭相傾以待士.

188-② 楚莊絶纓
갓끈을 끊도록 한 초장왕

《설원說苑》에 실려 있다.

초楚 장왕莊王이 여러 신하들과 술자리를 마련하였다. 날이 저물고 한창
술기운이 올랐을 때 그만 촛불이 꺼지고 말았다. 그때 어떤 자가 미인
美人의 옷을 끌어당겼다. 미인은 얼른 그자의 갓끈을 당겨 끊어버린 다음
왕에게 이렇게 고하였다.

"어서 불을 밝히시거든 갓끈 끊어진 자를 찾아주십시오."

그러자 왕은 이렇게 말하였다.

"내가 술을 내려줌으로 인해 그자로 하여금 예를 잃게 한 것이다. 어찌
부인의 절의를 드러내기 위하여 선비에게 욕을 먹일 수 있겠는가?"

그리고 좌우에게 이렇게 명하였다.

"오늘 나와 술을 마시면서 갓끈을 끊지 않는 자는 이 자리를 즐겁게
여기지 않은 자이다."

신하 백여 명이 모두가 갓끈을 끊은 다음 불을 밝혔으며, 모두가 즐거
움을 다한 뒤 잔치가 파하였다.

뒤에 진晉나라와 초나라가 전투가 벌어졌는데, 어떤 한 신하가 항상 앞서 나가며 다섯 번 전투에 다섯 번 적의 머리를 잘라오는 것이었다. 이리하여 적을 물리치고 마침내 진나라를 이겨낼 수 있었다. 장왕이 괴이히 여겨 물어 보았더니, 바로 지난날 갓끈이 끊겼던 자로서, 왕에게 보답을 드러낸 것이었다.

《說苑》曰: 楚莊王賜群臣酒. 日暮酒酣, 燈燭滅, 有引美人之衣者. 美人援絶其冠纓, 告王:「趣火來上, 視絶纓者」

王曰:「賜人酒, 使醉失禮, 奈何欲顯婦人之節, 而辱士乎?」

乃命左右曰:「今日與寡人飮, 不絶冠纓者不懽」

群臣百餘人, 皆絶去其冠纓而上火, 盡懽而罷.

後晉與楚戰, 有一臣常在前, 五合五獲首, 卻敵, 卒勝晉人. 莊王怪問, 乃夜絶纓者顯報王也.

【說苑】漢나라 劉向이 편찬한 일화집. 교훈적인 일화를 모아 君道, 臣術 등을 20편으로 나누어 정리되어 있음.
【楚莊王】춘추시대 楚나라의 영명한 군주. 이름은 侶. 春秋五霸의 하나. B.C.613~B.C.591년까지 23년간 재위함.
【晉與楚戰】〈韓詩外傳〉(7)에 상세하게 기록되어 있으며 楚나라와 吳나라의 싸움으로 되어 있음.

1.《說苑》復恩篇

楚莊王賜羣臣酒, 日暮酒酣, 燈燭滅, 乃有人引美人之衣者, 美人援絶其冠纓, 告王曰:「今者燭滅, 有引妾衣者, 妾援得其冠纓持之, 趣火來, 上視絶纓者.」

王曰:「賜酒, 使醉失禮, 奈何欲顯婦人之節而辱士乎?」乃命左右曰:「今日與寡人飲, 不絶冠纓者, 不懽」羣臣百有餘人, 皆節去其冠纓而上火, 卒盡懽而罷.
居三年, 晉與楚戰, 有一臣常在前, 五合五奮, 首却敵, 卒得勝之, 莊王怪而問曰:
「寡人德薄, 又未嘗異子, 子何故出死不疑如是?」對曰:「臣當死, 往者醉失禮,
王隱忍不加誅也; 臣終不敢以蔭蔽之德而不顯報王也, 常願肝腦塗地, 用頸血
濺敵久矣, 臣乃夜絶纓者也.」遂敗晉軍, 楚得以强, 此有陰德者, 必有陽報也.

2《韓詩外傳》(7)

楚莊王賜其群臣酒. 日暮酒酣, 左右皆醉. 殿上燭滅, 有牽王后衣者. 后挖冠纓而
絶之, 言於王曰:「今燭滅, 有牽妾衣者, 妾挖其纓而絶之. 願趣火視絶纓者.」
王曰:「止!」立出令曰:「與寡人飲, 不絶冠纓者不爲樂也.」於是冠纓無完者,
不知王后所絶冠纓者誰. 於是王遂與群臣歡飲, 乃罷. 後吳興師攻楚, 有人常爲
應行合戰者, 五陷陣却敵, 遂取大軍之首而獻之. 王怪而問之曰:「寡人未嘗有
異於子, 子何爲於寡人厚也?」對曰:「臣先殿上絶纓者也. 當時宜以肝膽塗地,
負日久矣, 未有所效. 今幸得用於臣之義, 尚可爲王破吳而强楚.」詩曰:『有淮
者淵, 雚葦淠淠.』言大者無不容也.

3.《古類書》(敦煌寫本) 報恩篇

楚莊王夜與群臣飲酒, 火滅, 有人引美人, 美人絶其冠纓, 告王曰:「燭滅, 引妾衣,
斷得其纓. 促上火而照之.」王曰:「賜人酒使醉, 失禮, 奈何欲顯婦人之意而辱
士乎?」王曰:「今與寡人飲者, 盡絶其纓, 不絶者不歡.」居二年, 晉與楚戰, 有一
臣常在王前, 五合五獲, 却敵, 卒得勝之, 王怪而問之. 曰:「臣往者醉而失禮,
王隱忍不暴而誅. 臣常願肝腦塗地, 以報大王. 臣乃夜絶纓者是也.」

4.《初學記》(25) 司馬彪《戰略》

楚莊王賜群臣酒, 日暮, 燭滅, 有人引美人者, 美人援絶其冠纓, 告王. 王曰:
「人醉失禮, 奈何欲顯婦人之節而辱士乎?」乃命曰:「群臣皆絶去冠纓, 然後上燭」

189. 惡來多力, 飛廉善走

힘센 악래와 잘 달리는 비렴

《사기史記》에 실려 있다.

비렴飛廉이 악래惡來를 낳았다. 악래는 힘이 세었고, 비렴은 달리기를 잘하였다. 부자가 함께 그 재능과 힘으로 폭군 주紂를 섬겼다. 악래는 제후들을 헐뜯고 비방하기에 뛰어났다. 무왕武王이 주를 치면서 악래도 함께 죽여 버렸다. 이때에 비렴은 주임금을 위해 북방에서 석관石棺을 만들고 있었던 중이었다.

《안자춘추晏子春秋》에는 이렇게 말하였다.

"악래는 손으로 호시虎兕를 찢을 정도였다."

그리고 황보밀皇甫謐은 이렇게 말하였다.

"북방에서 석곽石槨을 만들고 있었다."

《史記》: 飛廉生惡來. 惡來有力, 飛廉善走. 父子俱以材力事紂, 惡來善毀讒諸侯. 武王伐紂, 幷殺惡來. 是時飛廉爲紂石北方.

《晏子春秋》曰: 「惡來手裂虎兕」

皇甫謐曰: 「作石槨於北方」

【飛廉, 惡來】고대 역사이며 달리기를 잘하던 인물. '飛廉'은 '蜚廉'으로도 표기함.

【紂】殷나라 末王으로 학정을 자행했던 임금. '商受斮涉'[198] 참조.

【武王】周나라 姬發. 文王(姬昌)의 아들이며 殷의 末王 紂를 쳐 없애고 주나라를 건국함. 고대 儒家의 성인으로 추앙됨.

【爲紂石北方】紂임금이 죽은 뒤 화려한 무덤 만드는 일에 종사하고 있어, 무왕으로부터의 죽음을 면하게 되었음.

【晏子春秋】춘추시대 제나라 晏嬰의 언행을 후세 사람이 편하여 저술한 책.

【皇甫謐】晉나라의 학자.《高士傳》,《逸士傳》,《列女傳》 등이 있음.

1.《史記》秦本紀

其玄孫曰中潏, 在西戎, 保西垂. 生蜚廉. 蜚廉生惡來. 惡來有力, 蜚廉善走, 父子俱以材力事殷紂. 周武王之伐紂, 幷殺惡來. 是時蜚廉爲紂石北方, 還, 無所報, 爲壇霍太山而報, 得石棺, 銘曰「帝令處父不與殷亂, 賜爾石棺以華氏」. 死, 遂葬於霍太山. 蜚廉復有子曰季勝.

2.《晏子春秋》內篇 諫上

昔夏之衰也, 有推侈·大戲; 殷之衰也, 有費仲·惡來. 足走千里, 手裂兕虎, 任之以力, 凌轢天下, 威戮無罪, 崇尙勇力, 不顧義理. 是以桀·紂以滅; 殷·夏以衰.

190-① 趙孟疵面
얼굴에 흉터가 난 조맹

구주舊注에 말하였다.

진晉나라 조맹趙孟은 자가 장서長舒로써 상서령사尚書令史의 벼슬을 하고 있었으며, 청담淸談에 능하였다. 그의 얼굴에는 흠집 흉터가 있어 당시 사람들은 이렇게 말하였다.

"무슨 일이든 해결이 나지 않는 것이라면, 얼굴에 흠집 흉터 있는 그에게 물어 보라."

舊注云: 晉趙孟字長舒, 爲尚書令史. 善淸談, 面有疵點.
時人曰:「諸事不決問疵面.」

【趙孟】 자는 長舒. 晉나라 때 인물. 尚書令史를 지냈으며 淸談에 능하였음.
【淸談】 魏晉시대에 현학으로 隱士들이 老莊과 불교 교리 등을 깊이 있게 논하는 담론.

190-② 田騈天口
천재적 달변가 전병

《칠략七略》에 실려 있다.
전병田騈은 제齊나라 사람으로 담론을 좋아하였다. 이에 당시 사람들은 그를 '천구변天口騈'이라 불렀다. 이는 그의 언변이 천하에 궁함이 없음을 말한 것이다.

《七略》曰:「田騈齊人. 好談論, 時號曰天口騈. 言其口如天不可窮也.

【七略】漢나라 劉歆이 아버지 劉向의 뒤를 이어 당시까지 전해지던 秘府의 도서를 교열하고 輯略, 六藝略, 諸子略, 詩賦略, 兵書略, 術數略, 方技略 등 7가지로 나누어 간략히 정리한 책. 이는 지금 전하지 않으며 《漢書》 藝文志의 기본 자료가 되었음.
【田騈】'전변'으로도 읽으며, 전국시대 변론가로 道家, 名家, 陰陽家, 法家 등에 두루 그 이름이 오르내리는 학자이며 詭辯論者였음.

참고 및 관련 자료

1.《史記》田敬仲完世家
自騶衍與齊之稷下先生, 如淳于髡·愼到·環淵·接子·田騈·騶奭之徒, 各著書言治亂之事, 以干世主, 豈可勝道哉!

2.《史記》孟荀列傳
愼到, 趙人. 田騈·接子, 齊人. 環淵, 楚人. 皆學黃老道德之術, 因發明序其指意. 故愼到著十二論, 環淵著上下篇, 而田騈·接子皆有所論焉.

191. 張憑理窟, 裴頠談藪

191-① 張憑理窟
이치의 소굴 장빙

《진서晉書》에 실려 있다.

장빙張憑은 자가 장종長宗이며 오군吳郡 사람이다. 지기志氣가 있어 향려鄕閭에서 칭송을 받았다. 효렴과孝廉科에 천거되자, 자신의 재능을 과시하며 스스로 반드시 당시의 명사들의 반열에 참여할 것이라 말하곤 하였다.

그리하여 처음 유담劉惔을 찾아가려 하자, 향리鄕里와 함께 천거되었던 자들이 모두 비웃었다. 이윽고 그를 찾아가자, 유담은 그에게 자리를 내어 주며 앉도록 하였지만, 속뜻을 주고받지는 못하였다. 장빙은 스스로를 드러 내고 싶었지만 단서를 찾지 못하고 있었다. 마침 왕몽王濛이 유담과 청언清言을 나누고 있었는데, 서로 통하지 못하는 바가 있었다. 장빙은 말석에 앉아 있다가 이를 해결에 주었는데, 그 말과 요지가 심원하여 족히 서로의 의혹을 시원하게 풀어 줄 만하였다. 그러자 그 자리에 있던 모든 이들이 놀랐고, 유담은 그를 끌어 상좌上坐에 앉히고는 해가 다하도록 청언을 나누며, 그를 머물러 묵게 하며 아침이 되어서야 보내 주었다.

장빙이 이윽고 자신의 배로 돌아오자, 잠깐 뒤에 유담은 전교傳敎를 보내어 장빙이 타고 있던 배를 찾아 불러서는 함께 수레를 타고 드디어 간문제簡文帝에게 추천하였다. 간문제가 그를 불러 함께 말을 나누어 보고 이렇게 탄복하였다.

"장빙의 여유 있는 논리는 이치의 굴을 가지고 있어 모든 논리를 그 굴 속에 모아둔 것 같구나."

뒤에 그는 어사중승御史中丞의 관직에 올랐다.

《晉書》: 張憑字長宗, 吳郡人. 有志氣, 爲鄉閭所稱. 擧孝廉, 負其才, 自謂必參時彦.

初, 欲詣劉惔, 鄉里及同擧者共笑之. 旣至, 惔處之下坐, 神意不接. 憑欲自發而無端. 會王濛就惔淸言, 有所不通. 憑於末坐判之, 言旨深遠, 足暢彼我之懷, 一坐皆驚. 惔延之上坐, 淸言彌日, 留宿至旦遣之. 憑旣還船, 須臾, 惔遣傳敎覓張孝廉船, 召與同載, 遂言之於簡文帝.

帝召與語, 歎曰:「張憑勃窣爲理窟.」

官至御史中丞.

【張憑】 자는 長宗. 太常博士, 吏部郎, 御史中丞 등을 지냄. 《晉書》(75)에 전이 있음.

【鄉閭】 '鄉'은 大邑. 1만 2천5백 戶의 마을. '閭'는 里·里門.

【孝廉】 漢나라 때부터 있었던 인재선발의 한 제도. 孝悌스럽고 廉潔한 자를 추천받아 관직을 수여함.

【劉惔】 劉惔. 字는 眞長. 劉宏의 손자로 沛國 相 땅 출신. 明帝(323~326 재위)의 廬陵長公主에게 장가들어 駙馬가 됨. 司從左長史. 侍中. 丹陽尹 등을 지냄. 36세에 죽어 孫綽이 "居官無官官之事, 處事無事事之心"이라 誄文을 지어 명언이라 하였음. 《晉書》(75)에 전이 있음. 丹陽尹을 역임함. '眞長望月'[263] 및 '劉惔傾釀[224] 참조.

【王濛】 王長史. 자는 仲祖(309?~347?). 《晉書》(93)에 전이 있음. '王濛市帽'[212] 참조.

【簡文帝】 晉나라 제8대 황제 司馬昱. 字는 道萬. 中宗의 少子. 穆帝가 어려서 撫軍으로 보필, 뒤에 桓溫이 海西公을 폐하고 이를 세워 皇帝에 오름. 재위 2년(371~372). 흔히 '晉簡文', '簡文', '簡文帝', '簡文皇帝', '相王', '撫軍', '會稽王' 등으로 칭함. 《晉書》(9)에 紀가 있음.

【勃窣】 拔萃의 다른 표현. 매우 훌륭하고 조리가 있음.

【理窟】 道理·條理가 모여 있는 굴이라는 뜻.

1. 《晉書》(75) 張憑傳

張憑字長宗. 祖鎭, 蒼梧太守. 憑年數歲, 鎭謂其父曰:「我不如汝有佳兒.」憑曰:「我翁豈宜以子戲父邪!」及長, 有志氣, 爲鄕閭所稱. 擧孝廉, 負其才, 自謂必參時彦. 初, 欲詣劉恢, 鄕里及同擧者共笑之. 旣至, 恢處之下坐, 神意不接. 憑欲自發而無端. 會王濛就恢淸言, 有所不通. 憑於末坐判之, 言旨深遠, 足暢彼我之懷, 一坐皆驚. 恢延之上坐, 淸言彌日, 留宿至旦遣之. 憑旣還船, 須臾, 恢遣傳教覓張孝廉船, 便召與同載, 遂言之於簡文帝. 帝召與語, 歎曰:「張憑勃窣爲理窟.」官至吏部郎·御史中丞.

2. 《世說新語》文學篇

張憑擧孝廉出都, 負其才氣, 謂必參時彦; 欲詣劉尹, 鄕里及同擧者共笑之. 張遂詣劉; 劉洗濯料事, 處之下坐, 唯通寒暑, 神意不接. 張欲自發, 無端; 頃之, 長史諸賢來淸言, 客主有不通處, 張乃遙於末坐判之; 言約旨遠, 足暢彼我之懷. 一坐皆驚. 眞長延之上坐, 淸言彌日, 因留宿至曉. 張退, 劉曰:「卿且去, 正當取卿共詣撫軍.」張還船, 同侶問何處宿? 張笑而不答. 須臾, 眞長遣傳教覓張孝廉船, 同侶惋愕. 卽同載詣撫軍. 至門, 劉前進謂撫軍曰:「下官今日爲公得一太常博士妙選!」旣前, 撫軍與之話言, 咨嗟稱善曰:「張憑勃窣爲理窟!」卽用爲太常博士.

191-② 裴頠談藪
온갖 담론에 뛰어난 배위

《진서晉書》에 실려 있다.

배위裴頠는 자가 일민逸民이며 사공司空 배수裴秀의 아들이었다. 넓은 아량에 원대한 식견이 있었으며, 박학하고 옛 고사를 널리 알아 어려서부터 그 이름이 알려졌다.

중승中丞 주필周弼이 그를 보고 이렇게 감탄하였다.

"배위는 무기고의 무기를 종횡으로 사용하는 것과 같아 한 시대의 걸물이로다."

악광樂廣이 일찍이 배위와 청언淸言을 나누면서 이론으로 그를 굴복시키려 하였지만, 배위의 사어辭語가 풍부하고 박식하여 악광은 결국 웃으면서 더 이상 말을 하지 못하였다.

당시 사람들은 배위를 언담言談의 임수林藪라 불렀다.

여러 차례 승진하여 좌복야左僕射에 올랐으며, 뒤에 조왕趙王 사마륜司馬倫에게 죽음을 당하였다.

《晉書》: 裴頠字逸民, 司空秀之子. 弘雅有遠識, 博學稽古, 少知名.

中丞周弼見而歎曰:「頠若武庫兵縱橫, 一時之傑也.」

樂廣嘗與頠淸言, 欲以理服之, 而頠辭語豐博, 廣笑而不言.

時人謂頠爲言談之林藪.

累遷左僕射, 爲趙王倫所害.

【裴頠】자는 逸民(267~300). 司空 裴秀의 막내아들. 학문이 넓고 의술에도 밝았다 함. 〈崇有論〉으로 유명함. 尚書左僕射를 지냈으며 趙王(司馬倫)에게 피살됨. 시호는 成. 《晉書》(35)에 전이 있음.

【司空秀】裴秀를 가리킴. 자는 季彦(224~271). 晉나라 때 인물. 裴潛의 아들. 司空에까지 올랐으며 《禹貢地域圖》 18편이 있어 지리학의 기초를 다짐. (지금은 서문만 전함.) 《晉書》(35)에 전이 있음. '季彦領袖'[063] 참조.

【周弼】당시 中丞 벼슬을 지냈던 인물.

【樂廣】자는 彦輔(?~304). 王衍과 같은 시대 인물로 당시 청담 풍조에 이름을 날렸음. 여러 관직을 거쳐 王戎을 이어 尚書令이 됨. 그 때문에 흔히 '樂令'으로도 불림. 두 딸이 있어 하나는 衛玠에게, 하나는 成都王(司馬穎)에게 시집을 보냈으나, 마침 사마영과 長沙王(司馬乂)의 싸움이 심해지자 근심을 품고 죽음. 《晉書》(43)에 전이 있음. 단 '樂'은 성씨의 경우 '악'(yue)으로

읽으나(예 : 樂毅) 《世說新語辭典》(1992, 四川)에서는 '락'(le)의 항목에 실려
있어 '락광'으로 되어 있음. '彦輔氷淸'[185] 및 '廣客蛇影'[062] 참조.
【言談之林藪】'林藪'는 나무숲이나 풀숲. 폭넓은 언론을 뜻하며 '담수(談藪)'
라고도 함.
【趙王倫】宣帝 桓夫人 소생으로 趙王에 봉해진 司馬倫. 자는 子彛. 벼슬이
相國에 이름. '趙倫瘤怪'[240] 참조.

참고 및 관련 자료

1. 《晉書》(35) 裴秀傳(裴頠)

裴頠字逸民, 弘雅有遠識, 博學稽古, 自少知名. 御史中丞周弼見而嘆曰:「頠若
武庫, 五兵縱橫, 一時之傑也.」賈充卽頠從母夫也, 表「秀有佐命之勳, 不幸嫡
長喪亡, 遺孤稚弱. 頠才德英茂, 足以興隆國嗣」. 詔爲襲爵, 頠固讓, 不許. 太康
二年, 徵爲太子中庶子, 遷散騎常侍. 惠帝卽位, 轉國子祭酒, 兼右軍將軍. ……
樂廣嘗與頠淸言, 欲以理服之, 而頠辭語豐博, 廣笑而不言. 時人謂頠爲言談之
林藪. ……初, 趙王倫諂事賈后, 頠甚惡之. 倫數求官, 頠與張華復固執不許,
由是深爲倫所怨. 倫又漸懷纂逆, 欲先除祖望, 因廢賈后之際遂誅之, 是年
三十四. …惠帝反正, 追復頠本官, 改葬以卿禮, 謚曰成.

2. 《世說新語》賞譽篇

裴僕射, 時人謂爲言談之林藪.

3. 《十八史略》(3)

初魏時, 何晏等立論, 以天地萬物, 皆以無爲本. 衍等愛重之, 裴頠者崇有論,
不能救.

192. 仲宣獨步, 子建八斗

192-① 仲宣獨步
독보적 존재 왕찬

《위지魏志》에 실려 있다.

왕찬王粲은 자가 중선仲宣이며 산양山陽 고평高平 사람이다. 황문시랑黃門侍郞이 되었으나, 서경西京이 요란하자 부임하지 아니하고, 이에 형주荊州로 가서 그곳의 유표劉表에게 몸을 맡겼다. 유표는 왕찬이 못생긴데다가 체구까지 작아 진퇴에 그를 매우 중시하지는 아니하였다. 이에 그는 다시 태조太祖 조조에게 가서 벼슬을 거쳐 시중侍中에 올랐다. 조식曹植이 양수楊脩에게 보낸 편지에 이렇게 말하였다.

"지금 세상에 작자로써 대략 논한다면, 옛날 왕찬이 한남漢南에서 독보적인 존재였고, 공장孔璋은 하삭河朔 지역에서 매가 날아오르듯 떨쳤으며, 위장偉長은 청주青州에서 이름을 날렸고, 공간公幹은 해우海隅에서 이름이 진동했으며, 덕련德璉은 대위大魏에서 흔적을 펼쳐 보였다. 그리고 그대 양수는 상경上京에서 세상을 내려다보았지요. 이때에는 사람마다 스스로 영사靈蛇의 구슬을 쥐고 있다고 자신하고 있으며, 작가마다 형산荊山의 옥을 품고 있는 변화라고 자부하고 있지요."

여기서 공장은 진림陳琳의 자이며, 위장은 서간徐幹의 자, 그리고 공간公幹은 유정劉楨의 자, 그리고 덕련德璉은 응창應瑒의 자이다.

《魏志》: 王粲字仲宣, 山陽高平人. 除黃門侍郞, 以西京擾亂不就, 乃之荊州, 依劉表. 表以粲貌寢而體弱, 進退不甚重也, 歸太祖, 累拜侍中.

曹植與楊脩書曰:「今世作者可略而言, 昔仲宣獨步於漢南, 孔璋鷹揚於河朔, 偉長擅名於青土, 公幹振藻於海隅, 德璉發迹於大魏, 足下高視於上京. 當此之時, 人人自謂握靈蛇之珠, 家家自謂抱荊山之玉也.」

孔璋陳琳字, 偉長徐幹字, 公幹劉楨字, 德璉應瑒字也.

【王粲】 자는 仲宣(177~217). 어려서 蔡邕의 칭찬을 받아 17세에 司徒辟, 黃門侍郎을 지냈으며, 西京에 난이 일자 荊州로 가서 劉表에게 의탁함. 그러나 유표는 왕찬이 못생긴 것을 두고 중히 여기지 않음. 왕찬은 유표의 아들 劉琮을 曹操에게 항복하도록 권하였다. 이로써 조조에게 발탁되어 丞相掾이 되었으며 關內侯에 봉해짐. 魏나라가 들어서자 왕찬은 나라의 제도와 문물을 제정하였으며, 建安七子 중의 하나가 됨. 王弼의 조부이며 문장에도 뛰어나 60여 편의 글이 있으며 그 중 〈七哀詩〉와 〈登樓賦〉가 가장 유명함. 《三國志》(21)에 전이 있음. '王粲覆棊'[235] 및 '蔡邕倒屣'[151] 참조.

【西京擾亂】 獻帝가 董卓에게 속아 洛陽에서 長安으로 수도를 옮긴 사건을 말함.

【曹植】 자는 子建(192~232). 曹操의 셋째 아들이며 曹丕의 아우. 문학과 시문에 뛰어났으며 형으로부터 심한 질투와 미움을 받음. 東阿王에 봉해졌음. 시문 80여 수를 남겼으며, 죽은 뒤 陳王에 봉해졌고 시호를 思라 하여 흔히 陳思王으로도 불림. 《曹子建集》 10권이 전하며 《三國志》(19)에 전이 있음.

【劉表】 자는 景升. 三國時代 인물. 이름은 表. 鎭南將軍과 荊州刺史를 지냄.

【太祖】 魏나라 曹操(155~220). 자는 孟德. 어릴 때는 阿瞞으로 불렸음. 沛國 출신으로 기지와 변화는 물론 문장에도 뛰어났으며 曹丕의 아버지로 한말 세력을 키워 魏나라를 건립하는 기초를 세움. 아들 조비가 獻帝로부터 선양받아 武帝로 추존함. 《孫子略解》,《兵書接要》,《曹操集》 등이 있음. 《三國志》(1)에 紀가 있음.

【楊脩】 자는 德祖(175~219). 혹 楊修로도 표기함. 楊彪의 아들이며 楊準의 조부. 민첩하고 재능이 있어 曹操(武帝)를 도와 많은 책략을 세워 丞相까지

올랐으나 뒤에 미움을 받아 주살됨.《後漢書》(44)에 전이 있음. '楊脩捷對'
[110] 참조. 이 편지는《文選》(42)에 실려 있는 〈曹子建與楊德祖書〉임.

【漢南】漢水 남쪽, 荊州.

【河朔】孔璋은 廣陵 사람이었으나 하삭(冀州)으로 난을 피해서 袁紹에게 의탁
하여 그를 위해 문장 짓는 일을 하였음. '陳琳書檄'[296] 참조.

【偉長】徐幹. 建安七子의 하나. 王粲·陳琳·徐幹·劉楨·應瑒, 孔融·阮瑀 등을
建安七子라 하였으며 후한 말 건안 때 문장으로 이름이 높았음.

【靑土】靑州. 지금의 山東 북부지역.

【公幹】劉楨(?~215). 문장가이며 建安七子의 하나. 東平 寧陽 사람. 자는 公幹.
《三國志》魏書(21)에 전이 있음. '劉楨平視'[175] 참조. 齊나라와 가깝고 제나라
는 東海에 근접해 있어 그 때문에 海隅라 한 것임.

【德璉】應瑒의 자. 南頓 사람.

【高視於上京】楊脩는 太尉인 楊震·楊秉의 자손으로 수도에서 가까운 華陰에
있었음. 그 때문에 '上京'이라 한 것임.

【靈蛇之珠】隨侯가 상처를 입은 뱀을 치료해주고 얻은 구슬. '靈蛇之珠', '隨侯
之珠'라 함.《搜神記》(20)에 "隋縣溠水側, 有「斷蛇丘」. 隋侯出行, 見大蛇, 被傷
中斷, 疑其靈異, 使人以藥封之, 蛇乃能走. 因號其處「斷蛇丘」. 歲餘, 蛇銜明珠
以報之. 珠盈徑寸, 純白, 而夜有光明, 如月之照, 可以燭室. 故謂之「隋侯珠」,
亦曰「靈蛇珠」, 又曰「明月珠」. 丘南有隋季梁大夫池"라 함.

【荊山之玉】和氏之璧을 말함. '卞和泣玉'[047] 참조.

1.《三國志》(21) 魏志 王粲傳

王粲字仲宣, 山陽高平人也. ……年十七, 司徒辟, 詔除黃門侍郞, 以西京擾亂,
皆不就, 乃之荊州, 依劉表. 表以粲貌寢而體弱, 進退不甚重也. 表卒, 粲勸表
子琮, 令歸太祖. 太祖辟爲丞相掾, 賜爵關內侯. ……魏國旣建, 拜侍中. 博物
多識, 問無不對. 時舊儀廢弛. 興造制度, 粲恆典之.

2.《文選》(42) 〈曹子建與楊德祖書〉

植白: 數日不見, 思子爲勞, 想同之也. 僕少小好爲文章, 迄至于今, 二十有五年矣.
然今世作者, 可略而言也. 昔仲宣獨步於漢南, 孔璋鷹揚於河朔, 偉長擅名於靑土,

公幹振藻於海隅, 德璉發跡於此魏, 足下高視於上京, 當此之時, 人人自謂握靈蛇之珠, 家家自謂抱荊山之玉. 吾王於是設天網以該之, 頓八紘以掩之, 今悉集茲國矣. 然此數子, 猶復不能飛軒絕跡, 一舉千里. 以孔璋之才, 不閑於辭賦, 而多自謂能與司馬長卿同風, 譬畫虎不成, 反爲狗也. 前書嘲之, 反作論盛道僕讚其文. 夫鍾期不失聽, 于今稱之. 吾亦不能忘嘆者, 畏後世之嗤余也. 世人之著述, 不能無病. 僕常好人譏彈其文, 有不善者, 應時改定. 昔丁敬禮常作小文, 使僕潤飾之, 僕自以才不過若人, 辭不爲也. 敬禮謂僕: 卿何所疑難, 文之佳惡, 吾自得之, 後世誰相知定吾文者邪? 吾常歎此達言, 以爲美談. 昔尼父之文辭, 與人通流, 至於制春秋, 游夏之徒乃不能措一辭. 過此而言不病者, 吾未之見也. 蓋有南威之容, 乃可以論其淑媛: 有龍泉之利, 乃可以議其斷割. 劉季緒才不能逮於作者, 而好詆訶文章, 掎摭利病. 昔田巴毀五帝, 罪三王, 呰(紫)五霸於稷下, 一旦而服千人, 魯連一說, 使終身杜口. 劉生之辯, 未若田氏, 今之仲連, 求之不難, 可無息乎! 人各有好尙, 蘭茝蓀蕙之芳, 眾人所好, 而海畔有逐臭之夫; 咸池六莖之發, 眾人所共樂, 而墨翟有非之之論, 豈可同哉! 今往僕少小所著辭賦一通相與. 夫街談巷說, 必有可采, 擊轅之歌, 有應風雅, 匹夫之思, 未易輕棄也. 辭賦小道, 固未足以揄揚大義, 彰示來世也. 昔楊子雲先朝執戟之臣耳, 猶稱壯夫不爲也. 吾雖德薄, 位爲蕃侯, 猶庶幾戮力上國, 流惠下民, 建永世之業, 留金石之功, 豈徒以翰墨爲勳績, 辭賦爲君子哉! 若吾志未果, 吾道不行, 則將采庶官之實錄, 辯時俗之得失, 定仁義之衷, 成一家之言. 雖未能藏之於名山, 將以傳之於同好, 非要之皓首, 豈今日之論乎! 其言之不慚, 恃惠子之知我也. 明早相迎, 書不盡懷. 植白.

192-② 子建八斗
천하 문장 한 섬 중에 여덟 말을 차지한 조자건

《위지魏志》에 실려 있다.

진사왕陳思王 조식曹植은 자가 자건子建이다. 나이 열 살 남짓 되어 시론詩論과 사부辭賦 등 수십만 언言을 읽고 외웠으며 문장에도 뛰어났다. 태조太祖 조조가 일찍이 그의 문장을 보고 이렇게 물었다.

"남의 힘을 빌린 것이냐?"

그러자 조식은 이렇게 말하였다.

"말로 표현하면 논論이 되고, 붓으로 써 내리면 문장이 되는데, 어찌 남의 힘을 빌리겠습니까?"

당시 동작대銅爵臺가 새롭게 낙성되었다. 태조는 이에 여러 아들들을 모두 데리고, 그 누대에 올라 각기 부賦를 짓도록 하였다. 그러자 조식은 붓을 들자마자 완성하였는데, 볼 만한 작품이었다. 태조는 심히 기이하게 여겼다.

그리하여 매번 어려운 문제를 물으면, 조식은 말이 떨어지기 무섭게 대답하여 특별한 총애를 한 몸에 받곤 하였다.

문제文帝가 즉위하자 여러 작위를 거쳐 진왕陳王에 봉해졌다.

구주舊注에 사령운謝靈運의 말을 인용하여 이렇게 말하였다.

"천하의 재능을 함께 모아 한 섬石이 된다면, 그 중 자건은 여덟 말斗은 될 것이며, 나는 그 중 한 말 정도가 될 것이요, 예로부터 지금의 사람들은 그 나머지 한 말 정도 되리라. 이처럼 기이한 재능과 뛰어난 민첩함을 어떻게 하면 이어받을 수 있을까?"

《魏志》: 陳思王曹植字子建. 年十歲餘, 誦讀詩論及辭賦數十萬言, 善屬文. 太祖嘗視其文曰:「汝倩人邪?」

植曰:「言出爲論, 下筆成章, 奈何倩人?」

時銅爵臺新成. 太祖悉將諸子登臺, 使各爲賦, 植援筆立成, 可觀, 太祖甚異之. 每進見難問, 應聲而對, 特見寵愛. 文帝卽位, 累封陳王.

舊注引謝靈運云:「天下才共有一石, 子建獨得八斗, 我得一斗. 自古及今同用一斗. 奇才博敏, 安有繼之?」

【陳思王】曹植. 魏나라 太和 6년(232년) 陳思縣에 曹植이 봉해져 陳思라 부름. '陳思七步'[289] 참조.

【太祖】魏나라 曹操(155~220). 자는 孟德. 어릴 때는 阿瞞으로 불렸음. 沛國 출신으로 기지와 변화는 물론 문장에도 뛰어났으며, 曹丕의 아버지로 한말 세력을 키워 魏나라를 건립하는 기초를 세움. 아들 조비가 獻帝로부터 선양받아 武帝로 추존함. 《孫子略解》, 《兵書接要》, 《曹操集》 등이 있음. 《三國志》(1)에 紀가 있음.

【銅爵臺】後漢 建安 15년에 曹操가 鄴城에 지은 누대. '爵'은 '雀'과 같으며 옥상에 구리로 만든 봉황을 장식하여 그 이름이 유래됨.

【文帝】曹丕. 魏文帝(187~226). 자는 子桓. 曹操의 둘째 아들. 아버지 曹操가 죽고 魏王을 습봉하여 漢나라 丞相이 됨. 延康 元年(220)에 禪讓받아 황제가 되었으며, 연호를 黃初로 바꾸고 국호를 魏나라로, 洛陽을 도읍으로 정함. 재위 7년에 죽었으며 시호는 文皇帝. 문장에도 뛰어나 《典論》을 지었으며, 그 중 〈論文〉은 문학 이론과 비평의 유명한 글로 평가받고 있음. 그 외에 〈燕歌行〉은 현존 최초의 7언시로 알려짐. 《三國志》(2)에 紀가 있음. 《魏志》에 "帝諱丕. 字子桓, 受漢禪"이라 함. '魏儲南館'[245] 참조.

【謝靈運】385~433. 劉宋 시대의 大文豪로 山水詩의 대가. 謝玄의 손자 康樂公을 습봉받아 謝康樂이라고도 칭함. 永嘉太守 등 여러 벼슬을 거쳐 물러난 뒤 王弘之 등과 山水를 찾아다니며 詩를 씀. 〈撰征賦〉, 〈山居賦〉《宋書》(67)와 《南史》(19)에 傳이 있음.

1. 《三國志》(19) 魏志 陳思王(植)

陳思王植, 字子建, 文帝同母弟也. 年十餘歲, 誦詩論及辭賦數萬言. 善屬文, 太祖嘗視其文曰:「汝倩人耶?」植跪曰:「出言爲論, 下筆成章; 顧當面試, 奈何倩人?」時鄴銅雀臺新成, 太祖悉將諸子登之, 使各爲賦. 植援筆立成, 可觀. 性簡易, 不治威儀, 輿馬服飾, 不尙華麗. 每見難問, 應聲而答: 太祖寵愛之, 幾爲太子者數矣. 文帝卽位, 封鄄城侯, 後徙雍丘, 復封爲東阿. 植每求試, 不得, 而國亟遷易, 汲及無懽. 年四十一薨.

2. 《幼學瓊林》

多才之士, 才儲八斗; 博學之儒, 學富五車.

3. 《南史》謝靈運傳

天下才共有一石, 曹子建獨得八斗, 我得一斗, 自古及今同用一斗. 奇才敏捷, 安有繼之?

193. 廣漢鉤距, 弘羊心計

193-① 廣漢鉤距
사선 심문에 구거법을 사용한 광한

　전한前漢의 조광한趙廣漢은 자가 자도子都이며 탁군涿郡 여오蠡吾 사람이다. 경조윤京兆尹이 되어 그 위엄과 명성이 널리 퍼졌다. 그는 간악한 자를 적발해 내고, 숨은 자를 찾아내는 데에 마치 귀신과 같았다. 그의 행정은 맑아 관리와 백성들은 그를 칭찬하면서 구설수는 용납하지 않았다. 한漢나라가 들어선 이후로 경조를 다스린 자로서 누구도 그에 미치지 못하였다. 그는 사람됨이 강인하고 힘이 있었으며, 천성天性이 관리의 직책에 맞았다. 더구나 구거鉤距에 뛰어나 이로써 실정을 정확히 파악하였다. 구거란 만약 말 값을 알고자 하면 먼저 개 값을 묻고, 이미 양 값을 물었다면 다시 소 값을 물으며, 그런 다음에 말 값을 언급하여 다섯 가지의 값을 참고하고, 같은 방법으로 유추하여 기준을 비교하면 말의 값이 비싼지 싼지를 알 수 있으며, 그 실상을 놓치지 않는다는 것이다. 이러한 방법은 오직 조광한만이 능히 정밀하게 해낼 수 있었으며, 다른 사람들은 그를 흉내내고자 해도 따를 수가 없었다.

　그리하여 군의 도적이나 마을의 경박한 임협任俠들이 뿌리를 박고 소굴로 삼고 있는 소재와 관리들이 다른 사람의 청탁을 받는 일 등에 대하여 털끝만큼의 미세한 비행도 모두 알고 있는 것이었다. 뒤에 그는 승상 위상魏相의 사건을 상소하였는데 그만 사실과 다른 내용이었다. 선제宣帝는 이를 불쾌히 여겨 조광한을 옥리에게 넘겨 버렸다. 그리고 무고한 자를 도적으로 몰아 살해한 사건도 여러 차례 있었음이 죄상으로 드러났다. 그럼에도 관리와 백성들 중에 대궐을 지키며 그를 위해 울부짖는 자가 수만 명에 이르렀으며, 혹 어떤 자는 그를 대신하여 죽음을 당하겠노라 나서는 자도 있었다.

그러나 그는 끝내 요참형要斬刑에 처해지고 말았으며, 백성들은 그를 추모하여 부르던 노래가 지금까지 이어오고 있다.

前漢, 趙廣漢字子都, 涿郡蠡吾人也. 遷京兆尹, 威名流聞. 其發奸摘伏如神. 政淸, 吏民稱之不容口. 自漢與治京兆者, 莫能及. 爲人强力, 天性精於吏職. 尤善爲鉤距, 以得事情. 鉤距者, 設欲知馬賈, 則先問狗, 已問羊, 又問牛, 然後及馬, 參伍其賈, 以類相準, 則知馬之貴賤, 不失實矣. 唯廣漢至精能行之, 它人效者莫能及.

郡中盜賊, 閭里輕俠, 其根株窟穴所在及吏受取請求, 銖兩之姦, 皆知之. 後上書告丞相魏相事, 失實, 宣帝惡之下廣漢延尉獄. 又坐賊殺不辜數罪. 吏民守闕號泣者數萬人, 或願代死竟坐要斬. 百姓追思, 歌之至今.

【趙廣漢】前漢의 행정가. 자는 子都. 京兆尹을 지냈음.《漢書》에 전이 있음.
【宣帝】西漢 7대 황제. 이름은 劉詢. B.C.73~B.C.49년 재위함. 武帝의 증손자. 衛太子의 손자.
【參伍】錯綜과 같음. 뒤섞인 모양, 이것저것 섞어서 비교하거나 잘 짜는 것.
【銖兩】아주 적은 양을 말함. '銖'는 侖의 12분의 1. 侖은 검은 기장 1,200 알.
【魏相事】魏相의 집 하녀가 목을 매어 죽자, 廣漢은 이를 듣고 자신의 부인이 질투하여 죽였다고 잘못 보고한 것임.

참고 및 관련 자료

1.《漢書》趙廣漢

趙廣漢字子都, 涿郡蠡吾人也, 故屬河間. 少爲郡吏·州從事, 以廉絜通敏下士爲名. 擧茂材, 平準令. 察廉爲陽翟令. 以治行尤異, 遷京輔都尉, 守京兆尹. 會昭帝崩, 而新豐杜建爲京兆掾, 護作平陵方上. 建素豪俠, 賓客爲姦利, 廣漢聞之, 先風告. 建不改, 於是收案致法. 中貴人豪長者爲請無不至, 終無所聽. 宗族賓客謀欲篡取, 廣漢盡知其計議主名起居, 使吏告曰:「若計如此, 且幷滅家.」令數吏將建棄市, 莫敢近者. 京師稱之. 是時, 昌邑王徵卽位, 行淫亂, 大將軍霍光與羣臣共廢王, 尊立宣帝. 廣漢以與議定策, 賜爵關內侯. 廣漢爲人彊力, 天性精於吏職. 見吏民, 或夜不寢至旦. 尤善爲鉤距, 以得事情. 鉤距者, 設欲知馬賈, 則先問狗, 已問羊, 又問牛, 然後及馬, 參伍其賈, 以類相準, 則知馬之貴賤不失實矣. 唯廣漢至精能行之, 它人效者莫能及也. 郡中盜賊, 閭里輕俠, 其根株窟穴所在, 及吏受取請求銖兩之姦, 皆知之. 長安少年數人會窮里空舍謀共劫人, 坐語未訖, 廣漢使吏捕治具服. 富人蘇回爲郎, 二人劫之. 有頃, 廣漢將吏到家, 自立庭下, 使長安丞龔奢叩堂戶曉賊, 曰:「京兆尹趙君謝兩卿, 無得殺質, 此宿衛臣也. 釋質, 束手, 得善相遇, 幸逢赦令, 或時解脫.」二人驚愕, 又素聞廣漢名, 卽開戶出, 下堂叩頭, 廣漢跪謝曰:「幸全活郎, 甚厚!」送獄, 敕吏謹遇, 給酒肉. 至冬當出死, 豫爲調棺, 給斂葬具, 告語之, 皆曰:「死無所恨!」初, 廣漢客私酤酒長安市, 丞相(史)[吏]逐去(客). 客疑男子蘇賢言之, 以語廣漢. 廣漢使長安丞按賢, 尉史禹故劾賢爲騎士屯霸上, 不詣屯所, 乏軍興. 賢父上書訟罪, 告廣漢, 事下有司覆治. 禹坐要斬, 請逮捕廣漢. 有詔卽訊, 辭服, 會赦, 貶秩一等. 廣漢疑其邑子榮畜教令, 後以它法論殺畜. 人上書言之, 事何丞相御史, 案驗甚急. 廣漢使所親信長安人爲丞相府門卒, 令微司丞相門內不法事. 地節三年七月中, 丞相傅婢有過, 自絞死. 廣漢聞之, 疑丞相夫人妒殺之府舍. 而丞相奉齋酎入廟祠, 廣漢得此, 使中郎趙奉壽風曉丞相, 欲以脅之, 毋令窮正己事. 丞相不聽, 按驗愈急. 廣漢欲告之, 先問太史知星氣者, 言今年當有戮死大臣, 廣漢卽上書告丞相罪. 制曰:「下京兆尹治.」廣漢知事迫切, 遂自將吏卒突入丞相府, 召其夫人跪庭下受辭, 收奴婢十餘人去, 責以殺婢事. 丞相魏相上書自陳:「妻實不殺婢. 廣漢數犯罪法不伏辜, 以詐巧迫脅臣相, 幸臣相寬不奏. 願下明使者治廣漢所驗臣相家事」事下廷尉治(罪), 實丞相自以過譴笞傅婢, 出至外弟乃死, 不如廣漢言. 司直蕭望之劾奏:「廣漢摧辱大臣, 欲以劫持奉公, 逆節傷化, 不道.」宣帝惡之, 下廣漢廷尉獄, 又坐賊殺不辜, 鞠獄故不以實, 擅斥除騎士乏軍興數罪. 天子可其奏. 吏民守闕號泣者數萬人, 或言「臣生無益縣官, 願代趙京兆死, 使得收養小民.」廣漢竟坐要斬. 廣漢雖坐法誅, 爲京兆尹廉明, 威制豪彊, 小民得職. 百姓追思, 歌之至今.

2. 《十八史略》(2)

元康元年, 殺京兆尹趙廣漢. 初廣漢爲潁川太守, 潁川俗, 豪傑相朋黨. 廣漢爲
缿筩, 受吏民投書, 使相告訐, 姦黨散落, 盜賊不得發. 由是入爲京兆尹. 尤善
爲鉤距, 以得其情. 閭里銖兩之姦皆知, 發姦擿伏如神, 京兆政淸. 長老傳:
「自漢興, 治京兆者, 莫能及.」至是人上書言:「廣漢以私怨論殺人.」下廷尉, 吏民
守闕號泣者數萬人, 竟坐要斬. 廣漢廉明威制豪强, 小民得職, 百姓追思歌之.

193-② 弘羊心計
국가 재정을 마음속으로 헤아린 상홍양

전한前漢의 상홍양桑弘羊은 낙양雒陽 장사꾼의 아들이다. 무제武帝 때 그는
암산에 뛰어나 일을 처리하는 능력을 인정받아 나이 열셋에 시중侍中이
되었다. 그는 대농승大農丞 동곽함양東郭咸陽, 공근孔僅 등과 더불어 세
사람이 조정의 재정에 관한 일을 추호의 세밀한 것까지 분석하였다고 한다.
어사대부御史大夫를 제수받았으며, 소제昭帝 때에 그는 모반을 꾀하다가
죽음을 당하고 말았다.

前漢, 桑弘羊雒陽賈人子. 武帝時, 以心計用事, 年十三爲侍中.
與大農丞東郭咸陽·孔僅三人者, 言利事析秋毫. 拜御史大夫,
昭帝時, 謀反伏誅.

【桑弘羊】한나라 武帝 때의 인물.《漢書》車千秋傳 및 食貨志(下)에 기재되어 있음.

【雒陽】洛陽과 같음.《博物志》(6)에 "舊洛陽字作水邊各. 漢, 火行也, 忌水, 故去 水而加隹. 又魏於行次爲土, 水得土而流, 上得水而柔, 故復去隹加水, 變雒爲 洛焉"라 함.

【武帝】西漢 5대 황제 劉徹. 景帝(劉啓)의 아들이며 B.C.140~B.C.87년까지 54년간 재위함. 대내외적으로 학술, 강역, 문학 등 여러 방면에 걸쳐 많은 치적을 남겨 강력한 帝國을 건설함.

【心計】주판 따위를 쓰지 않고 암산으로 계산하는 것.

【大農】秦나라의 治粟內史를 漢나라 景帝 때에 大農令으로 개칭하였으며, 武帝 때에는 다시 大司農으로 바꾸었음.

【東郭咸陽】인명. 東郭은 복성, 咸陽은 이름. 당시 大司農을 맡고 있었음.

【孔僅】인명.

【昭帝】西漢의 제6대 황제 劉弗陵. B.C.86~B.C.74년까지 재위함.

【謀反伏誅】이 사건은《漢書》蘇武傳에 기록되어 있음.

참고 및 관련 자료

1.《漢書》車千秋傳

桑弘羊爲御史大夫八年, 自以爲國家興権筮之利, 伐其功, 欲爲子弟得官, 怨望 霍光, 與上官桀等謀反, 遂誅滅.

194. 衛靑拜幕, 去病辭第

194-① 衛靑拜幕
막부에서 임명을 받은 위청

전한前漢의 위청衛靑은 자가 중경仲卿, 그의 아버지는 정계鄭季이며 하동河東 평양平陽 사람이다. 현의 관리로서 평양후平陽侯의 집 급사노릇을 하고 있었다. 평양후 조수曹壽는 무제武帝의 누나 양신장공주陽信長公主에게 장가들어 있었다. 정계는 그 집 비녀인 위온衛媼과 사통하여 위청을 낳았던 것이다. 위청은 어머니와 배가 같은 형 위장군衛長君과 누이 자부子夫가 있었다. 자부는 평양공주의 집에 있다가 무제의 총애를 입어 후궁으로 들어가게 되었다. 위청은 정씨鄭氏 성을 버리고 위씨衛氏 성을 택하게 된 것이다. 그리하여 건장궁建章宮에서 급사給事의 일을 하다가 뒤에 거기장군車騎將軍에 발탁되어 흉노匈奴를 토벌하게 되었으며, 그 공으로 장평후長平侯에 봉해지게 된 것이다.

원삭元朔 연간에 그는 3만의 기마병을 거느리고 고궐高闕로 출병하여 흉노 우현왕右賢王을 추격, 우현왕을 보필하던 비왕裨王 10여 명과 남녀 무리 1만 5천여 명, 가축 수백 만을 노획하여 병사들을 이끌고 변방 국경으로 돌아왔다. 천자는 사자로 하여금 대장군大將軍의 직인을 가지고 가서 군중에서 위청을 대장군으로 발탁하도록 하였다. 그리하여 나머지 여러 장수들은 모두가 그의 관할 아래에 두도록 하여 대장군 명칭을 세운 다음 귀국하였다.

〈이광전李廣傳〉의 주注에는 "위청이 흉노를 정벌하러 나서서 그 큰 사막을 끊어 크게 승리한 다음 많은 노획물을 얻어왔다. 그러자 황제가 그를 막중幕中의 부府에서 대장군으로 임명하여 그 때문에 대장군의 부서를 막부幕府라 한다"라 하였다.

前漢, 衛青字仲卿, 其父鄭季, 河東平陽人. 以縣吏給事侯家. 平陽侯曹壽尚武帝姊陽信長公主, 季與主家僮衛媼通生青. 青有同母兄衛長君及姊子夫, 子夫自平陽公主家得幸武帝, 故青冒姓衛氏. 給事建章, 後拜車騎將軍, 擊匈奴, 以功封長平侯.

元朔中, 將三萬騎出高闕, 追匈奴右賢王, 得其裨王十餘人, 衆男女萬五千餘人, 畜數十百萬, 引兵還至塞. 天子使使者持大將軍印, 卽軍中拜青爲大將軍. 諸將皆次兵屬, 立號而歸.

〈李廣傳〉注:「衛青征匈奴, 絶大漠大克獲. 帝就拜大將軍於幕中府, 故曰幕府.」

【衛靑】자는 仲卿(?~B.C.106). 河東 平陽 출신으로 衛皇后의 아우이며 이름난 장군. 漢 武帝에게 重用되어 大將軍에 올랐으며 長平侯에 봉해짐. 元朔 2년(B.C.127) 흉노를 정벌하고 다시 元狩 4년(B.C.119) 霍去病과 함께 흉노의 주력부대를 격파함. 그의 아들 衛伉, 衛不疑, 衛登도 공을 세워 이름을 날림. 《史記》와 《漢書》에 모두 전이 있음.

【曹壽】武帝의 누이 信陽長公主의 남편. 平陽侯에 봉해짐.

【武帝】西漢 5대 황제 劉徹. 景帝(劉啓)의 아들이며 B.C.140~B.C.87년까지 54년간 재위함. 대내외적으로 학술, 강역, 문학 등 여러 방면에 걸쳐 많은 치적을 남겨 강력한 帝國을 건설함.

【長公主】天子의 姊妹. 여기서는 武帝의 누이인 信陽公主를 가리킴.

【衛媼】'媼'은 부인의 통칭.

【子夫】武帝의 총애를 받아 공주의 집에서 궁중으로 들어가 황후가 된 일은 '衛后鬢髮'[186]을 참조할 것.

【建章】建章宮. 上林苑 안에 있던 궁궐 이름.

【元朔】한 무제 때의 연호. B.C.218~B.C.123년까지 6년간임.

【高闕】요새, 혹 산 이름이라고도 함.

【李廣】(?~B.C.119). 西漢 때의 유명한 장군. 李陵의 조부. 文帝 때 武騎常侍를 지냈으며 武帝 때 右北平太守가 되어 匈奴를 격파함. '漢飛將軍'으로 불림. 《史記》와 《漢書》에 傳이 있음.

【幕府】 '幕'은 陣營의 임시 막사. '府'는 업무를 처리하는 곳. 장군이 있는 곳을 '막부'라 함.

1. 《史記》 衛將軍驃騎列傳

大將軍衛靑者, 平陽人也. 其父鄭季, 爲吏, 給事平陽侯家, 與侯妾衛媼通, 生靑. 靑同母兄衛長子, 而姊衛子夫自平陽公主家得幸天子, 故冒姓爲衛氏. 字仲卿. 長子更字長君. 長君母號爲衛媼. 媼長女衛孺, 次女少兒, 次女卽子夫. 後子夫男弟步·廣皆冒衛氏. 靑爲侯家人, 少時歸其父, 其父使牧羊. 先母之子皆奴畜之, 不以爲兄弟數. 靑嘗從入至甘泉居室, 有一鉗徒相靑曰:「貴人也, 官至封侯.」靑笑曰:「人奴之生, 得毋笞罵卽足矣, 安得封侯事乎!」靑壯, 爲侯家騎, 從平陽主. 建元二年春, 靑姊子夫得入宮幸上. 皇后, 堂邑大長公主女也, 無子, 妬. 大長公主聞衛子夫幸, 有身, 妬之, 乃使人捕靑. 靑時給事建章, 未知名. 大長公主執囚靑, 欲殺之. 其友騎郎公孫敖與壯士往篡取之, 以故得不死. 上聞, 乃召靑爲建章監, 侍中, 及同母昆弟貴, 賞賜數日閒累千金. 孺爲太僕公孫賀妻. 少兒故與陳掌通, 上召貴掌. 公孫敖由此益貴. 子夫爲夫人. 靑爲大中大夫. 元光五年, 靑爲車騎將軍, 擊匈奴, 出上谷; 太僕公孫賀爲輕車將軍, 出雲中; 大中大夫公孫敖爲騎將軍, 出代郡; 衛尉李廣爲驍騎將軍, 出雁門: 軍各萬騎. 靑至蘢城, 斬首虜數百. 騎將軍敖亡七千騎; 衛尉李廣爲虜所得, 得脫歸: 皆當斬, 贖爲庶人. 賀亦無功. 元朔元年春, 衛夫人有男, 立爲皇后. 其秋, 靑爲車騎將軍, 出雁門, 三萬騎擊匈奴, 斬首虜數千人. 明年, 匈奴入殺遼西太守, 虜略漁陽二千餘人, 敗韓將軍軍. 漢令將軍李息擊之, 出代; 令車騎將軍靑出雲中以西至高闕. 遂略河南地, 至于隴西, 捕首虜數千, 畜數十萬, 走白羊·樓煩王. 遂以河南地爲朔方郡. 以三千八百戶封靑爲長平侯. 靑校尉蘇建有功, 以千一百戶封建爲平陵侯. 使建築朔方城. 靑校尉張次公有功, 封爲岸頭侯. 天子曰:「匈奴逆天理, 亂人倫, 暴長虐老, 以盜竊爲務, 行詐諸蠻夷, 造謀藉兵, 數爲邊害, 故興師遣將, 以征厥罪.《詩》不云乎, 『薄伐玁狁, 至于太原』, 『出車彭彭, 城彼朔方』. 今車騎將軍靑度西河至高闕, 獲首虜二千三百級, 車輜畜産畢收爲鹵, 已封爲列侯, 遂西定河南地, 按楡谿舊塞, 絕梓領, 梁北河, 討蒲泥, 破符離, 斬輕銳之卒, 捕伏聽者三千七十一級, 執訊獲醜, 驅馬牛羊百有餘萬, 全甲兵而還, 益封靑三千戶.」

其明年, 匈奴入殺代郡太守友, 入略鴈門千餘人. 其明年, 匈奴大入代·定襄·上郡,
殺略漢數千人.

2. 《漢書》衛靑霍去病傳

衛靑字仲卿. 其父鄭季, 河東平陽人也, 以縣吏給事侯家. 平陽侯曹壽尙武帝
姊陽信長公主. 季與主家僮衛媼通, 生靑. 靑有同母兄衛長君及姊子夫, 子夫自
平陽公主家得幸武帝, 故靑冒姓爲衛氏. 衛媼長女君孺, 次女少兒, 次女則子夫.
子夫男弟步廣, 皆冒衛氏. 靑爲侯家人, 少時歸其父, 父使牧羊. 民母之子皆奴
畜之, 不以爲兄弟數. 靑嘗從人至甘泉居室, 有一鉗徒相靑曰:「貴人也, 官至
封侯.」靑笑曰:「人奴之生, 得無笞罵卽足矣, 安得封侯事乎!」靑壯, 爲侯家騎,
從平陽主. 建元二年春, 靑姊子夫得入宮幸上. 皇后, 大長公主女也, 無子, 妒.
大長公主聞衛子夫幸, 有身, 妒之, 乃使人捕靑. 靑時給事建章, 未知名. 大長
公主執囚靑, 欲殺之. 其友騎郞公孫敖與壯士往篡之, 故得不死. 上聞, 乃召靑
爲建章監, 侍中. 及母昆弟貴, 賞賜數日間累千金. 君孺爲太僕公孫賀妻. 少兒
故與陳掌通, 上召貴掌. 公孫敖由此益顯. 子夫爲夫人. 靑爲太中大夫.

3. 《十八史略》(2)

元朔元年, 主父偃上書, 諫伐匈奴. 嚴安亦上書, 及徐樂亦上書云:「陛下何威而
不成? 何征而不服?」書奏, 上召見曰:「公等皆安在? 何相見之晚也?」皆拜郞中.
是秋匈奴入寇. 二年, 又入寇, 遣衛靑等擊之, 遂取河南地, 置朔方郡. 匈奴寇
朔方, 遣衛靑率六將軍擊之. 還, 以靑爲大將軍.

194-② 去病辭第
저택을 사절한 곽거병

전한前漢의 곽거병霍去病은 대장군 위청衛靑 누이 소아小兒의 아들이다.
그 아버지 곽중유霍仲孺가 이에 앞서 소아와 사통하여 곽거병을 낳은 것
이다. 그가 위황후衛皇后의 높은 지위에 오르자, 곽거병은 황후의 언니

아들이라는 이유로 나이 18세에 시중侍中이 되었다. 그는 대장군 위청을 따라 흉노匈奴 정벌에 나서서, 공을 세워 관군후冠軍侯에 봉해져 표기장군驃騎將軍이 되었다. 뒤에 대사마大司馬라는 자리를 설치하게 되자, 곽거병은 그 직위에 올라 질록秩祿이 모두 위청과 대등하게 되었다. 곽거병은 사람됨이 말이 적고 어떤 사실을 발설하지도 않았으며, 기개가 있고 어떤 일이든 감히 실천하는 사람이었다. 임금께서 일찍이 《오자吳子》와 《손자孫子》 병법 가르치기를 요구하자, 곽거병은 이렇게 대답하였다.

"지금 상황이 어떠한가에 정확히 돌아다보아 대처하면 그 뿐입니다. 옛 병법까지 배우려 들지 않아도 됩니다."

또 임금이 그의 저택을 새로 지어주고 가서 살펴보도록 하자 그는 이렇게 대답하였다.

"흉노를 멸하지 아니하고는 이를 내 집으로 여기지 아니할 것입니다."

임금은 더욱 그를 중시하고 아껴 주었다.

前漢, 霍去病, 大將軍衛靑姊小兒子也. 其父霍仲孺先與小兒通生去病. 及衛皇后尊, 去病以后姊子, 年十八爲侍中. 從大將軍征匈奴, 以功封冠軍侯驃騎將軍.

後置大司馬位, 去病秩祿皆與靑等. 去病爲人少言不泄, 有氣敢往.

上嘗欲敎之吳孫兵法, 對曰:「顧方略何如耳. 不至學古兵法.」

上爲治第令視之, 對曰:「匈奴不滅, 無以家爲也.」

上益重愛之.

【霍去病】 전한 때의 장군. 衛靑의 외종질. 匈奴 정벌에 큰 공을 세워, 驃騎將軍을 거쳐 大司馬에 오름. 《史記》 및 《漢書》에 전이 있음.

【衛靑】 자는 仲卿(?~B.C.106). 河東 平陽 출신으로 衛皇后의 아우이며 이름난 장군. 漢 武帝에게 重用되어 大將軍에 올랐으며 長平侯에 봉해짐. 元朔 2년(B.C.127) 흉노를 정벌하고 다시 元狩 4년(B.C.119) 霍去病과 함께 흉노의

주력부대를 격파함. 그의 아들 衛伉, 衛不疑, 衛登도 공을 세워 이름을 날림.
《史記》와 《漢書》에 모두 전이 있음.
【少兒】衛媼에게는 장녀 君孺, 차녀 少兒, 삼녀 子夫의 세 딸이 있었음.
【吳孫】전국시대의 대표적인 병법가 吳起와 孫武의 병법서.

1. 《史記》外戚世家

衛子夫已立爲皇后, 先是衛長君死, 乃以衛靑爲將軍, 擊胡有功, 封爲長平侯.
靑三子在襁褓中, 皆封爲列侯. 及衛皇后所謂姊衛少兒, 少兒生子霍去病, 以軍
功封冠軍侯, 號驃騎將軍. 靑號大將軍. 立衛皇后子據爲太子. 衛氏枝屬以軍功
起家, 五人爲侯.

2. 《史記》衛將軍驃騎列傳

大將軍姊子霍去病年十八, 幸, 爲天子侍中. 善騎射, 再從大將軍, 受詔與壯士,
爲剽姚校尉, 與輕勇騎八百直弃大軍數百里赴利, 斬捕首虜過當. 於是天子曰:
「剽姚校尉去病斬首虜二千二十八級, 及相國·當戶, 斬單于大父行籍若侯産, 生捕
季父羅姑比, 再冠軍, 以千六百戶封去病爲冠軍侯. 上谷太守郝賢四從大將軍,
捕斬首虜二千餘人, 以千一百戶封賢爲衆利侯.」是歲, 失兩將軍軍, 亡翕侯, 軍功
不多, 故大將軍不益封. 右將軍建至, 天子不誅, 赦其罪, 贖爲庶人.

3. 《漢書》衛靑霍去病傳

霍去病, 大將軍靑姊少兒子也. 其父霍仲孺先與少兒通, 生去病. 及衛皇后尊.
少兒更爲詹事陳掌妻. 去病以皇后姊子, 年十八爲侍中. 善騎射, 再從大將軍.
大將軍受詔, 予壯士, 爲票姚校尉, 與輕勇騎八百直棄大(將)軍數百里赴利, 斬捕
首虜過當. 於是上曰:「票姚校尉去病斬首捕虜二千二十八級, 得相國·當戶, 斬單
于大父行籍若侯産, 捕季父羅姑比, 再冠軍, 以二千五百戶封去病爲冠軍侯. 上谷
太守郝賢四從大將軍, 捕首虜千三百級, 封賢爲終利侯. 騎士孟已有功, 賜爵關
內侯, 邑二百戶」是歲失兩將軍, 亡翕侯, 功不多, 故靑不益封. 蘇建至, 上弗誅,
贖爲庶人. 靑賜千金. 是時王夫人方幸於上, 甯乘說靑曰:「將軍所以功未甚多,
身食萬戶, 三子皆爲侯者, 以皇后故也. 今王夫人幸而宗族未富貴, 願將軍奉所
賜千金爲王夫人親壽.」靑以五百金爲王夫人親壽. 上聞, 問靑, 靑以實對. 上乃
拜甯乘爲東海都尉. 校尉張騫從大將軍, 以嘗使大夏, 留匈奴中久, 道軍, 知善水

草處, 軍得以無飢渴, 因前使絶國功, 封騫爲博望侯. 去病爲人少言不泄, 有氣
敢往. 上嘗欲教之吳孫兵法, 對曰:「顧方略何如耳, 不至學古兵法.」上爲治第,
令視之, 對曰:「匈奴不滅, 無以家爲也.」由此上益重愛之.

195. 酈寄賣友, 紀信詐帝

195-① 酈寄賣友
친구를 팔아먹은 역기

전한前漢의 역기酈寄는 자가 황況이며 고양高陽 사람으로 승상丞相 역상酈商의 아들이다. 여록呂祿과 친하게 지냈으며, 고조高祖의 태후인 여태후呂太后가 죽자, 대신들이 여씨呂氏 집안을 족멸하고자 하였다. 당시 여록이 장군將軍으로서 북군北軍을 지휘하고 있어, 태위太尉 주발周勃이 들어갈 수가 없었다. 이에 사람을 시켜 역상을 인질로 잡아 위협하며 그 아들 역기로 하여금 여록을 속여 유인해 내도록 하였다. 여록이 이를 믿고 역기와 함께 바깥나들이를 나왔다. 주발은 이에 그 틈에 들어가 북군을 점거하여 드디어 여씨 집안을 주멸할 수 있었다.

천하는 이에 역기를 두고 친구를 팔아먹은 놈이라 칭하고 있다.

前漢, 酈寄字況, 高陽人, 丞相商之子. 與呂祿善. 及高后崩, 大臣欲誅諸呂, 呂祿爲將軍, 軍於北軍, 太尉周勃不得入. 乃使人劫商, 令寄給祿. 祿信之, 與出游.

勃乃得入據北軍, 遂誅諸呂. 天下稱酈寄賣友.

【酈寄】 전한 때 인물로 자는 況. 酈商의 아들이며 呂氏 제거에 큰 공을 세움. 《漢書》에 전이 있음.
【呂祿】 呂太后의 오빠. 당시 권력자였음.
【高后】 漢 高祖의 呂皇后. 呂太后.

【大臣】周勃·陳平과 같은 功臣들을 말함.

【紿祿】呂祿을 속여 유인해 내고자 함. ‘紿’는 ‘속이다’의 뜻. 〈四庫全書〉본에는 ‘詐祿’으로 되어 있음.

【勃乃得入據北軍】주발은 군영에 들어가 右祖과 左祖으로 의사를 밝히도록 하고, 여씨 편을 들지 않기로 한 左祖한 자가 훨씬 많아 이에 행동을 개시함.

1.《史記》呂太后本紀

太尉絳侯勃不得入軍中主兵. 曲周侯酈商老病, 其子寄與呂祿善. 絳侯迺與丞相陳平謀, 使人劫酈商. 令其子寄往紿說呂祿曰:「高帝與呂共定天下, 劉氏所立九王, 呂氏所立三王, 皆大臣之議, 事已布告諸侯, 諸侯皆以爲宜. 今太后崩, 帝少, 而足下佩趙王印, 不急之國守藩, 迺爲上將, 將兵留此, 爲大臣諸侯所疑. 足下何不歸印, 以兵屬太尉? 請梁王歸相國印, 與大臣盟而之國, 齊兵必罷, 大臣得安, 足下高枕而王千里, 此萬世之利也」呂祿信然其計, 欲歸將印, 以兵屬太尉. 使人報呂產及諸呂老人, 或以爲便, 或曰不便, 計猶豫未有所決. 呂祿信酈寄, 時與出游獵. 過其姑呂嬃, 嬃大怒, 曰:「若爲將而棄軍, 呂氏今無處矣.」迺悉出珠玉寶器散堂下, 曰:「毋爲他人守也」八月庚申旦, 平陽侯窋行御史大夫事, 見相國產計事. 郎中令賈壽使從齊來, 因數產曰:「王不蚤之國, 今雖欲行, 尚可得邪?」具以灌嬰與齊楚合從, 欲誅諸呂告產, 迺趣產急入宮. 平陽侯頗聞其語, 迺馳告丞相·太尉. 太尉欲入北軍, 不得入. 襄平侯通尚符節. 迺令持節矯內太尉北軍. 太尉復令酈寄與典客劉揭先說呂祿曰:「帝使太尉守北軍, 欲足下之國, 急歸將印辭去, 不然, 禍且起.」呂祿以爲酈兄不欺己, 遂解印屬典客, 而以兵授太尉. 太尉將之入軍門, 行令軍中曰:「爲呂氏右襢, 爲劉氏左襢.」軍中皆左襢爲劉氏. 太尉行至, 將軍呂祿亦已解上將印去, 太尉遂將北軍.

2.《漢書》樊酈滕灌傳靳周傳(酈況)

商事孝惠帝·呂后. 呂后崩, 商疾不治事. 其子寄, 字況, 與呂祿善. 及高后崩, 大臣欲誅諸呂, 呂祿爲將軍, 軍於北軍, 太尉勃不得入北軍, 於是乃使人劫商, 令其子寄紿呂祿. 呂祿信之, 與出游, 而太尉勃乃得入據北軍, 遂以誅諸呂. 商是歲薨, 諡曰景侯. 子寄嗣. 天下稱酈況賣友.

3. 《十八史略》(2)

元年, 太后議立諸呂爲王, 王陵曰:「高帝刑白馬盟曰:『非劉氏而王, 天下共擊之.』」
平勃以爲可, 陵罷相, 遂王呂氏. 八年, 太后崩, 諸呂欲爲亂. 時呂祿將北軍, 呂産
將南軍. 大尉勃不能主兵. 平勃使酈寄說祿, 解印以兵授勃. 勃入軍門令曰:
「爲呂氏者右袒, 爲劉氏者左袒」軍中皆左袒. 召朱虛侯劉章, 予卒千餘人, 擊呂産
殺之. 分部悉捕諸呂, 無少長皆斬之.

195-② 紀信詐帝
항우를 속여 유방을 살려낸 기신

전한前漢의 기신紀信이 장군이 되었다. 항우項羽가 한왕漢王을 형양滎陽
에서 포위하자 기신이 이렇게 말하였다.

"일이 급합니다. 제가 초楚나라를 속여 그 틈에 빠져 나올 수 있도록
해 보겠습니다."

이에 밤에 동문으로 여자 2천여 명을 내보냈다. 초나라 군대는 이를 틈타
사방에서 공격해 들어왔다. 기신은 이에 왕의 수레를 타고 노란 지붕에
왼쪽에 깃발을 달고 함께 나와 이렇게 말하였다.

"식량이 다하여 한왕은 초나라에게 항복한다."

초나라 군사들은 모두 만세를 부르며 성의 동쪽으로 모였다. 이를 틈타
한왕은 수십 기騎의 군사들과 함께 서문을 통해 달아나 숨어 버렸다.
항우가 기신을 만나자 물었다.

"한왕은 어디 있는가?"

기신은 이렇게 대답하였다.
"이미 빠져 나갔습니다."
항우는 기신을 불태워 죽여 버렸다.

前漢, 紀信爲將軍. 項羽圍漢王滎陽.
信曰:「事急矣. 臣請誑楚, 可以間出.」
於是夜出女子東門二千餘人. 楚因四面擊之. 信乃乘王車, 黃屋左纛.
日:「食盡漢王降楚.」
楚皆呼萬歲, 之城東觀. 以故漢王得與數十騎出西門遁.
羽見信, 問:「漢王安在?」
曰:「已出去矣.」
羽燒殺信.

【紀信】고조 劉邦을 돕다가 項羽에게 죽음을 당함.《漢書》高帝紀 및 陳勝 項籍傳에 실려 있음.
【項羽】項籍. 秦末 24살에 봉기하여 천하를 호령한 霸王.《史記》項羽本紀에 "項籍者, 下相人也. 字羽. 初起時, 年二十四"라 하였음. 그는 楚 義帝를 假王으로 세워 놓고, 자신이 天下를 휘어잡자 스스로를 西楚霸王이라 하였음.《史記》項羽本紀 참조.
【漢王】漢 高祖 劉邦. 자는 季. 沛郡 豊邑 출신으로 秦나라 말 義兵을 일으켜 項羽와 결전 끝에 漢 帝國을 설립함. 太祖高皇帝. 漢 帝國을 세운 임금. B.C.202~B.C.195년 재위. 처음 項羽로부터 漢王(漢中王)에 봉해져 국호를 삼음.《史記》高祖本紀 참조.
【黃屋左纛】'纛'은 喪이 났을 때 세우는 깃발. 고조는 義帝를 위하여 喪을 발한다는 명분으로 병사를 일으켰음.

1. 《漢書》陳勝項籍傳

項羽以故疑范增, 稍奪之權. 范增怒曰:「天下事大定矣, 君王自爲之! 願賜骸骨歸.」行未至彭城, 疽發背死. 於是漢將紀信詐爲漢王出降, 以誑楚軍, 故漢王得與數十騎從西門出. 令周苛·樅公·魏豹守滎陽.漢王西入關收兵, 還出宛·葉間, 與九江王黥布行收兵. 羽聞之, 卽引兵南. 漢王堅壁不與戰.

2. 《十八史略》(2)

楚圍漢王益急, 紀信曰:「事急矣, 請誑楚.」乃乘漢王車, 出東門, 曰:「食盡漢王出降.」楚人皆之城東觀, 漢王乃得出西門去, 項羽燒殺紀信.

196. 濟叔不癡, 周兄無慧

196-① 濟叔不癡
백치가 아닌 왕제의 숙부

《진서晉書》에 실려 있다.

왕담王湛은 자가 처충處冲이다. 어려서 식견과 도량이 있었으며, 용과 같은 이마에 큰 코를 가지고 있었고 말수는 적었다.

처음 그는 덕을 숨겨 사람들이 알아보지 못한 채 형제와 종족들조차도 모두 그를 바보인 줄로 여기지만, 그의 아버지 왕창王昶만은 그를 기이하게 여기고 있었다.

그는 문을 걸어 잠그고 한정함을 지키며 당세와는 교류를 끊고 살고 있었다. 왕담은 평소 간이하고 담박하였지만 기량은 우뚝하여 공보公輔가 될 인물이었다. 그러나 조카 왕제王濟조차 그를 가벼이 여기는 것이었다. 한번은 왕제가 왕담을 찾아갔더니 책상머리에 《주역周易》이 있어 물어보았다.

"숙부께서는 이를 읽어 무엇 하려 하십니까?"

그러자 왕담은 이렇게 대답하였다.

"몸속이 편안하지 않을 때 벗어나려고 꺼내보는 책일 뿐이란다."

왕제가 그 책의 내용을 설명해 달라고 하자, 그는 오묘한 현리玄理를 분석하였는데, 미묘하고 기이한 흥취를 돋아나게 하여 모두가 왕제로서는 처음 듣는 내용이었다.

무제武帝 역시 왕담을 바보인 줄 알고 매번 왕제를 만날 때마다 문득 이렇게 조롱하곤 하였다.

"그대 집안의 바보 숙부는 아직 죽지 않고 살아 있는가?"

그럴 때면 왕제는 항상 아무런 대답을 하지 않았었다. 그런데 앞의 일이 있고 나서 황제가 다시 묻자 왕제는 이렇게 대답하였다.

"저의 숙부는 절대로 바보가 아닙니다."

그러고는 숙부의 뛰어난 점을 칭찬하였다.

무제가 다시 물었다.

"누구에 비교할 정도인가?"

왕제는 이렇게 대답하였다.

"산도山濤의 아래요, 위서魏舒의 위입니다."

벼슬은 여남내사汝南內史에 이르렀다.

《晉書》: 王湛字處冲. 少有識度, 龍顙大鼻, 少言語. 初有隱德, 人莫能知, 兄弟宗族, 皆以爲癡, 其父昶獨異焉. 闔門守靜, 不交當世, 冲素簡淡, 器量贖然, 有公輔之望.

兄子濟輕之, 嘗詣湛, 見牀頭有《周易》, 問曰:「叔父何用此爲?」

湛曰:「體中不佳時, 脫復看耳.」

濟請言之. 因剖析玄理, 微妙有奇趣, 皆濟所未聞.

武帝亦以湛爲癡, 每見濟, 輒嘲之曰:「卿家癡叔死未?」

濟常無以答.

及是又問, 濟曰:「臣叔殊不癡.」

因稱其美. 帝曰:「誰比?」

濟曰:「山濤以下魏舒以上.」

仕至汝南內史.

【王湛】 자는 處冲(249~295). 太原王氏 王渾의 아우이며 王承의 아버지. 太子洗馬, 尙書郞, 太子中庶子, 汝南內史 등을 지냄.《晉書》(75)에 전이 있음.

【兄子濟】 王濟를 가리킴. 자는 武子(240?~285?). 王渾의 아들.《易》과《老莊》에 밝아 裴楷와 이름을 날렸으며, 武帝의 딸 常山公主의 남편. 侍中을 역임함.

말에 대해서 잘 알았다고 함. 王愷와 사치와 호기를 다툰 일로도 유명함. 中書郞, 驍騎將軍, 侍中 등을 역임함.《晉書》(42)에 전이 있음. 왕제는 太原 晉陽 출신이었음. '武子金埒'[120] 참조.

【武帝】晉 武帝. 司馬炎. 西晉의 개국군주. 司馬昭의 長子. 자는 安世. 咸熙 2年(265)에 魏나라로부터 禪讓의 형식으로 나라를 이어받아 晉나라를 세우고 洛陽을 도읍으로 함. 재위 26년(265~290). 묘호는 世祖.《晉書》(3)에 紀가 있음.

【山濤】자는 巨源(205~283). 老莊에 심취하였으며 술을 좋아하였음. 嵇康, 阮籍, 呂安 등과 친하였으며 죽림칠현의 하나. 〈任誕〉편 참조.《晉書》(43)에 전이 있음. '山濤識量'[041] 참조.

【魏舒】자는 陽元(209~290). 冀州刺史·侍中·司徒 등을 지냄.《晉書》(41)에 전이 있음. '魏舒堂堂'[280] 참조.

1.《晉書》(75) 王湛傳

王湛字處冲, 司徒渾之弟也. 少有識度. 身長七尺八寸, 龍顙大鼻, 少言語. 初有隱德, 人莫能知, 兄弟宗族, 皆以爲癡, 其父昶獨異焉. 遭父喪, 居於墓次. 服闋, 闔門守靜, 不交當世, 冲素簡淡, 器量隤然, 有公輔之望. 兄子濟輕之, 所食方丈盈前, 不以及湛. 湛命取菜蔬, 對而食之. 濟嘗詣湛, 見牀頭有《周易》, 問曰:「叔父何用此爲?」湛曰:「體中不佳時, 脫復看耳.」濟請言之. 因剖析玄理, 微妙有奇趣, 皆濟所未聞也. 濟才氣抗邁, 於湛略無子姪之敬. 旣聞其言, 不覺慄然, 心形俱肅. 遂留連彌日累夜, 自視缺然, 乃歎曰:「家有名士, 三十年而不知, 濟之罪也.」旣而辭去, 湛送至門. ……武帝亦以湛爲癡, 每見濟, 輒嘲之曰:「卿家癡叔死未?」濟常無以答. 及是, 帝又問如初, 濟曰:「臣叔殊不癡.」因稱其美. 帝曰:「誰比?」濟曰:「山濤以下魏舒以上.」時人謂湛上方山濤不足, 下比魏舒有餘. 湛聞曰:「欲處我季孟之間乎?」湛少仕歷秦王文學·太子洗馬·尙書郞·太子中庶子, 出爲汝南內史. 元康五年卒, 年四十七.

2.《世說新語》賞譽篇

王汝南旣除所生服, 遂停墓所. 兄子濟, 每來拜墓, 略不過叔. 叔亦不候濟. 脫時過止, 寒溫而已. 後聊試問近事, 答對甚有音辭, 出濟意外, 濟極惋愕. 仍與語,

轉造精微. 濟先略無子姪之敬, 旣聞其言, 不覺懍然, 心形俱肅. 遂留共語, 彌日
累夜. 濟雖儁爽, 自視缺然, 乃喟然歎曰:「家有名士, 三十年而不知!」濟去,
叔送至門. 濟從騎有一馬, 絶難乘, 少能騎者. 濟聊問叔:「好騎乘不?」曰:「亦好爾」
濟又使騎難乘馬; 叔姿形旣妙, 回策如縈, 名騎無以過之. 濟益歎其難測, 非復
一事. 旣還, 渾問濟:「何以暫行累日?」濟曰:「始得一叔」渾問其故? 濟具歎
述如此. 渾曰:「何如我?」濟曰:「濟以上人」武帝每見濟, 輒以湛調之, 曰:
「卿家癡叔死未?」濟常無以答; 旣而得叔後, 武帝又問如前, 濟曰:「臣叔不癡」
稱其實美. 帝曰:「誰比?」濟曰:「山濤以下, 魏舒以上」於是顯名. 年二十八,
始宦.

196-② 周兄無慧
지혜가 없는 주자의 형

《좌씨전左氏傳》에 실려 있다.

진晉나라 난서欒書와 중항언中行偃이, 순앵荀罃과 사방士魴으로 하여금
주자周子를 경사京師에서 맞아들여 그를 왕으로 삼도록 시켰다. 이가 바로
진 도공悼公이다. 주자에게는 형이 있었는데 지혜가 없어 콩과 보리도 구별
하지 못하는 숙맥이었으며, 그 때문에 왕위에 오르지 못한 것이다.

두예杜預는 이렇게 말하였다.

"숙菽은 콩大豆이다. 콩과 보리는 그 형태가 아주 달라 쉽게 구별할 수
있다. 그 때문에 이를 구분하지 못하는 것을 백치로 여기는 것이다."

《左氏傳》曰: 晉欒書·中行偃使荀罃·士魴逆周子于京師而立之,
是爲悼公. 周子有兄, 而不慧不辨菽麥, 故不可立.」
　　杜預曰:「菽大豆. 豆麥殊形易別, 故以爲癡.」

【欒書】춘추시대 진나라 대신. 晉 厲王은 학정을 펴 欒書 등에게 죽음을
　당하였으며 14세의 周子가 뒤를 이었음.
【中行偃】춘추시대 진나라 육경의 하나.
【荀罃】춘추시대 晉나라 정경. 智武子.
【士魴】춘추시대 진나라 대신. 彘恭子. 士會의 아들이며 식읍이 彘였음.
　그 때문에 彘季로도 불리며 시호는 恭.
【晉悼公】춘추시대 晉나라 군주. B.C.572~B.C.558년까지 15년간 재위함.
　欒書와 中行偃이 B.C.573년 厲公을 시해하고 悼公을 세움.
【杜預】자는 元凱(222~284). 京兆 杜陵人. 杜恕의 아들이며 杜甫의 선대.
　河南尹, 度支尙書, 荊州都督 등을 거쳐 羊祜가 죽자 뒤를 이어 鎭南大將軍이
　됨. 치적이 훌륭하여 당시 백성과 조정에서는 그를 '杜父', '杜武庫'라 불렀음.
　太康 원년에 吳를 평정한 공로로 當陽侯에 봉해짐. 經學에도 밝아《春秋
　左傳經傳集解》를 남김.《三國志》(16)와《晉書》(34)에 전이 있음.
【菽麥】菽麥不分, 菽麥不辨의 줄인 말. 콩과 보리도 구분하지 못함. 백치를
　뜻함.

1.《左傳》成公 18년
十八年春王正月庚申, 晉欒書·中行偃使程滑弑厲公, 葬之于翼東門之外, 以車
一乘. 使荀罃·士魴逆周子于京師而立之, 生十四年矣. 大夫逆于清原. 周子曰:
「孤始願不及此, 雖及此, 豈非天乎! 抑人之求君, 使出命也. 立而不從, 將安用君?
二三子用我今日, 否亦今日. 共而從君, 神之所福也.」對曰:「羣臣之願也, 敢不
唯命是聽.」庚午, 盟而入, 館于伯子同氏. 辛巳, 朝于武宮. 逐不臣者七人. 周子
有兄而無慧, 不能辨菽麥, 故不可立.

2. 《國語》周語(下)

柯陵之會, 單襄公見晉厲公視遠步高. 晉郤錡見, 其語犯. 郤犨見, 其語迁. 郤至見, 其語伐, 齊國佐見, 其語盡. 魯成公見, 言及晉難及郤犨之譖. 單子曰:「君何患焉! 晉將有亂, 其君與三郤其當之乎!」魯侯曰:「寡人懼不免於晉, 今君曰『將有亂』, 敢問天道乎, 抑人故也?」對曰:「吾非瞽・史, 焉知天道? 吾見晉君之容, 而聽三郤之語矣, 殆必禍者也. 夫君子目以定體, 足而從之, 是以觀其容而知其心矣. 目以處義, 足以步目, 今晉侯視遠而足高, 目不在體, 而足不步目, 其心必異矣. 目體不相從, 何以能久? 夫合諸侯, 民之大事也, 於是乎觀存亡. 故國將無咎, 其君在會, 步言視聽, 必皆無謫, 則可以知德矣. 視遠, 日絕其義; 足高, 日棄其德; 言爽, 日反其信; 聽淫, 日離其名, 夫目以處義, 足以踐德, 口以庇信, 耳以聽名者也, 故不可不慎也; 偏喪有咎, 既喪則國從之. 晉侯爽二, 吾是以云. 夫郤氏, 晉之寵人也, 三卿而五大夫, 可以戒懼矣. 高位寔疾顛, 厚味寔腊毒. 今郤伯之語犯, 叔迁, 季伐, 犯則陵人, 迁則誣人, 伐則掩人. 有是寵也, 而益之以三怨, 其誰能忍之! 雖齊國子亦將與焉. 立於淫亂之國, 而好盡言, 以招人過, 怨之本也. 唯善人能受盡言, 齊其有乎? 吾聞之, 國德而鄰於不修, 必受其福. 今君偪於晉, 而鄰於齊, 齊晉有禍, 可以取伯, 無德之患, 何憂於晉? 且夫長翟之人利而不義, 其利淫矣, 流之若何?」魯侯歸, 乃逐叔孫僑如. 簡王十一年, 諸侯會於柯陵. 十二年, 晉殺三郤. 十三年, 晉侯弒, 於翼東門葬, 以車一乘. 齊人殺國武子.

3. 《史記》晉世家

悼公元年正月庚申, 欒書・中行偃弒厲公, 葬之以一乘車. 厲公囚六日死, 死十日庚午, 智罃迎公子周來, 至絳, 刑雞與大夫盟而立之, 是爲悼公. 辛巳, 朝武宮. 二月乙酉, 卽位.

197. 虞卿擔簦, 蘇章負笈

197-① 虞卿擔簦
우산을 쓰고 유세에 나선 우경

《사기史記》에 실려 있다.

우경虞卿은 유세游說에 뛰어난 선비로서, 짚신 신고 우산 쓰고 돌아다니며 조趙나라 효성왕孝成王에게 유세를 하자, 그는 한 번 보고 감탄하여 즉시 황금 1백 일鎰과 백벽白璧 한 쌍을 내려주었다. 뒤에 두 번째 만났을 때는 조나라 왕이 그를 상경上卿으로 삼았다. 그 때문에 그를 '우경'이라 부른 것이다.

《史記》: 虞卿游說之士. 躡蹻擔簦, 說趙孝成王. 一見賜黃金百鎰, 白璧一雙, 再見爲趙上卿. 故號爲「虞卿」.

【虞卿】 전국시대 유세가. 《史記》에 전이 있음.
【孝成王】 전국시대 趙나라 군주. 惠文王의 아들로 B.C.265~B.C.245년까지 21년간 재위함.

1. 《史記》 平原君虞卿列傳

虞卿者, 游說之士也. 躡蹻檐簦趙孝成王. 一見, 賜黃金百鎰, 白璧一雙; 再見, 爲趙上卿, 故號爲虞卿.

197-② 蘇章負笈
책 봇짐을 지고 스승을 찾아 나선 소장

전한前漢의 소장蘇章은 자가 유경游卿이며 북해北海 사람이다. 관직을 버리고 왕망王莽에게는 벼슬을 하지 않았다.

구주舊注에는 이렇게 말하였다.

"소장은 책 봇짐을 지고 스승을 찾아 나서되 천 리도 멀다 여기지 않았다."

前漢, 蘇章字游卿, 北海人. 去官不仕於王莽.

舊注曰:「章負笈追師, 不遠千里.」

【蘇章】 서한 말 왕망 때의 인물. 자는 游卿.

【王莽】 자는 巨君(B.C.45~23). 漢 元皇后의 조카. 어려서 고아가 되어 독서 끝에 성망을 얻었음. 뒤에 太傅가 되어 安漢公에 봉해졌으며 平帝가 죽은 후 겨우 두 살인 孺子 嬰을 옹립하고 자신은 攝皇帝가 되었다가 初始 元年 (A.D.8) 정권을 찬탈, '新'을 세워 '西漢'의 종말을 고함. 그러나 천하의 혼란이 일어나 地皇 4年(23)에 劉玄·赤眉軍·綠林軍에게 살해되고 말았음. 《漢書》(99) 에 그 傳이 있음.

【負笈】 책 봇짐을 지고 스승을 찾아 멀리 공부하러 감.

198. 南風擲孕, 商受斮涉

198-① 南風擲孕
임신부에게 창을 던진 가남풍

진晉나라 혜제惠帝의 가황후賈皇后는 이름이 남풍南風이다. 그의 아버지 가충賈充은 삼공三公의 지위를 역임하였다. 당초 무제武帝는 태자의 아내로 위관衛瓘의 딸을 의중에 두고 있었다. 그리하여 이렇게 말하였다.

"위관의 딸은 다섯 가지 좋은 점을 갖추고 있다. 그러나 가충의 딸은 다섯 가지 불가한 점을 가지고 있다. 위공은 집안이 어진 혈통이 있으며, 아들을 많이 낳았고, 모두가 잘생기고 크고 살결도 희다. 그러나 가충은 집안에 투기심이 많고, 아이도 적게 낳았으며, 추하고 키가 작고 검다."

그러나 원후元后가 고집스레 청하고, 순의荀顗와 순욱荀勗도 함께 나서서 가충의 딸이 아름답다고 하여 이에 그와 정혼을 하게 된 것이다.

남풍南風은 질투심이 많고 권모술수와 속임수에 능하여, 태자는 그를 꺼리면서도 혹하여 빈어嬪御들 중에 태자의 사랑을 받는 자는 적었다. 남풍은 성격이 가혹하여 항상 제 손으로 많은 사람을 죽이기도 하고, 혹은 임신한 첩에게 창을 던져 그 태아가 창에 맞아 땅에 떨어진 적도 있었다.

무제가 이를 듣고 노하여 그를 폐위하고자 하였으나, 순욱 등이 구제하여 폐위를 면하게 되었다. 그가 황후皇后에 오르자 드디어 황음방자荒淫放恣하여 천하를 제멋대로 흔들었으며, 그 위세에 내외가 굴복하였다.

그에 앞서 양준楊駿과 여남왕汝南王 사마량司馬亮, 태보太保 위관衛瓘, 초왕楚王 사마위司馬瑋 등을 주벌하면서 모두가 기회를 보아 제멋대로 전횡을 부린 일로, 천하가 모두 원한을 가지고 있었다. 그러다가 태자까지 폐위되자 조왕趙王 사마륜司馬倫 등은 많은 이들이 원망하고 있음을 기화로 태후를 폐위시킬 모책을 짜기에 이르렀다. 태후는 두려워 결국 태자를 죽이고 많은 사람들의 바람을 끊어 버리고 말았다. 사마륜은 이에 군사를 이끌고 궁궐로 들어가, 그를 폐위시키고 조서의 내용을 고쳐 금설주金屑酒를 주어 그에게 죽음을 내렸다.

晉, 惠帝賈皇后, 名南風. 父充位三公.

初武帝欲爲太子取衛瓘女, 曰:「衛公女有五可, 賈公女有五不可. 衛家種賢而多子, 美而長白. 賈家種妒而少子, 醜而短黑.」

元后固請, 荀顗·荀勖竝稱充女之美, 乃定婚. 南風妒忌多權詐, 太子畏惑之, 嬪御罕有進幸者. 性酷虐, 常手殺數人, 或以戟擲孕妾, 子隨刃墮地. 武帝聞之, 怒將廢之, 荀勖等救得不廢.

及立爲皇后, 遂荒淫放恣, 專制天下, 威服內外.

初誅楊駿及汝南王亮·太保衛瓘·楚王瑋等, 皆臨機專斷, 天下咸怨. 及太子廢, 趙王倫等, 因衆怨謀廢后. 后懼遂害太子, 以絶衆望. 倫乃率兵, 入宮廢之, 矯詔齎金屑酒賜死.

【惠帝】西晉의 제2대 황제 司馬衷. 武帝 司馬炎의 아들이며 중국 역대이래 가장 백치에 가까운 군주로 널리 알려진 인물. 290~306년 재위함. 皇后 賈南風에게 조종당하여 나라를 혼란으로 몰아넣었음. '晉惠聞蟆'[164] 참조.

【賈后】賈充의 딸. 이름은 南風. 惠帝의 皇后. 악독하고 교활하였음.

【賈充】字는 公閭(217~282), 三國時代 賈逵의 아들. 魏에서 벼슬하여 司馬氏의 속관이 되었음. 西晉 초기에 司空·侍中·尙書令·太尉 등 요직은 지냈으며 晉律을 제정함. 두 딸이 齊王妃와 太子妃가 되어 정권을 독단하였으며 臨穎侯·魯郡公에 봉해졌음. 죽은 후 太宰에 추증됨. 《晉書》(40)에 그 傳이 실려 있음.

【武帝】晉 武帝. 司馬炎. 西晉의 개국군주. 司馬昭의 長子. 자는 安世. 咸熙 2年(265)에 魏나라로부터 禪讓의 형식으로 나라를 이어받아 晉나라를 세우고

洛陽을 도읍으로 함. 재위 26년(265~290). 묘호는 世祖. 《晉書》(3)에 紀가
있음.

【衛瓘】 자는 伯玉(220~291). 자는 伯玉. 衛恒의 아버지이며 衛玠의 조부. 晉初
人物. 약관에 이미 尙書郞을 거쳐 通事郞, 中書郞, 散騎常侍, 侍中, 廷尉卿
등을 지냄. 鄧艾와 鍾會를 따라 蜀을 벌하였으며 다시 등애와 종회의 반란을
평정하여 關中의 여러 군사를 관할하는 도독이 됨. 鎭西將軍, 鎭東將軍을
거쳐 晉나라가 들어서자 侍中, 司空이 됨. 汝南王(司馬亮)을 돕다가 賈后와
틈이 벌어져 죽음을 당함. 草書에도 능하여 張芝의 풍을 이어받았다는 평을
받았음. 《晉書》(36)에 전이 있음. '衛瓘撫牀'[042] 참조.

【賈家種妬】 賈南風의 어머니 郭槐의 질투가 심했던 고사는 '郭槐自屈'[060]을
볼 것.

【元后】 武帝의 皇后 楊氏.

【荀勖】 荀勗으로도 표기하며 자는 公曾(?~289). 荀爽의 증손으로 대장군 曹爽
의 掾이 되었으나 조상이 피살되자 司馬昭에게 발탁되어 記室로서 裴秀,
羊祜와 함께 機密을 담당함. 뒤에 司馬炎이 晉나라를 일으키자 安陽令·
侍中·中書監, 光祿大夫, 儀同三司 등을 지냄. 晉初 晉律을 제정하였으며
음악에도 조예가 깊었고 당시의 서적을 정리하기도 함. 《晉書》(39)에 전이
있음. '荀勗音律'[069] 참조.

【太子畏惑】 태자(뒤의 惠帝)는 너무 어리석어 가남풍의 손아귀에서 놀아났음.
'晉惠聞蟆'[164] 참조.

【嬪御】 君主에게서 시중을 드는 관리. 夫人 다음 妃嬪.

【荒淫放恣】 '韓壽竊香'[212]에도 賈充의 딸이 버릇없고 방자했던 모습이 실려
있음.

【楊駿】 武帝의 황후 양씨의 아버지. 太傅大都督의 요직에 있었으며 太尉에
올랐음.

【太子廢】 惠帝의 태자인 司馬遹. 어머니는 謝氏.

【趙王倫】 趙王 司馬倫. 宣帝 柏夫人 소생으로 趙王에 봉해짐. 자는 子彝.
벼슬이 相國에 이름. '趙倫瘤怪'[240] 참조.

【金屑酒】 '金屑'은 황금 가루. 독약을 넣어 금설주라 속여 독살한 것임.

1.《晉書》(31) 后妃傳(上) 惠賈皇后

惠賈皇后諱南風, 平陽人也. 父充. 初武帝欲爲太子取衛瓘女, 元后納賈郭親黨之說, 欲婚賈氏. 帝曰:「衛公女有五可, 賈公女有五不可. 衛家種賢而多子, 美而長白; 賈家種妒而少子, 醜而短黑」元后固請, 荀顗·荀勗並稱充女之賢, 乃定婚. 始欲聘后妹午, 午年十二, 小太子一歲, 短小未勝衣. 更娶南風, 是年十五, 大太子二歲. 泰始八年二月辛卯, 冊拜太子妃. 妒忌多權詐, 太子畏而惑之, 嬪御罕有進幸者. ……妃性酷虐, 嘗手殺數人, 或以戟擲孕妾, 子隨刃墮地. 帝聞之, 大怒, 已修金墉城, 將廢之. 荀勗深救之, 故得不廢. 惠帝卽位, 立爲皇后, 生河東·臨海·始平公主·哀獻皇女. ……后遂荒淫放恣, 與太醫令程據等亂彰內外, 專制天下, 威服內外. ……初誅楊駿及汝南王亮·太保衛瓘·楚王瑋等, 皆臨機專斷, 宦人董猛參預其事. 猛, 武帝時爲寺人監, 侍東宮, 得親信于后, 預誅楊駿, 封武安侯, 猛三兄弟皆爲亭侯, 天下咸怨. 及太子廢黜, 趙王倫·孫秀等, 因衆怨謀廢后. 后數遣宮婢微服於人間視聽, 其謀頗泄, 后甚懼, 遂害太子, 以絶衆望. 趙王倫乃率兵入宮, 使翊軍校尉齊王冏入殿廢后. 后與冏母有隙, 故倫使之. 后驚曰:「卿何爲來!」冏曰:「有詔收后」后曰:「詔當從我出, 何詔也?」后至上閣, 遙呼帝曰:「陛下有婦, 使人廢之, 亦行自廢」又問冏曰:「起事者誰?」冏曰:「梁·趙」后曰:「繫狗當繫頸, 今反繫其尾, 何得不然!」至宮西, 見謐尸, 再擧聲而哭邊止. 倫乃矯詔遣尙書劉弘等持節齎金屑酒賜后死. 后在位十一年. 趙粲·賈午·韓壽·董猛等皆伏誅.

2.《十八史略》(3)

賈氏爲皇后預政, 皇太后楊氏, 乃帝母楊后之從妹, 父駿爲太傅. 賈后殺駿而廢太后, 殺太宰汝南王亮, 殺太保衛瓘, 殺楚王瑋, 以衆望用張華·裴頠·王戎, 管機要. 華盡忠帝室, 后雖凶險, 猶知敬重. 與頠同心輔政, 數年之閒, 雖暗主在上, 而朝野安靜.

198-② 商受斮涉
아침 물 건넌 자의 다리를 잘라 본 상나라 주왕

《상서尚書》〈태서편泰誓篇〉에 실려 있다.

"상商나라 말왕 주紂는 아침에 물을 건너는 자의 정강이를 잘라서 살펴보았고, 현인賢人의 심장을 도려내어 살펴보았다."

《書》〈泰誓〉曰:「商王受斮朝涉之脛, 剖賢人之心」

【書】《書經》. 五經의 하나. 唐虞로부터 秦穆公에 이르는 역사 檔案.《尚書》라고도 함.

【商王受】'商'은 殷나라 원래 國號. '受'는 은나라 말왕 紂의 이름.

【斮】'斬'과 같음. 칼로 잘라 봄. 아침에 물을 건너는 자가 그 추위를 견디는 이유를 알아보겠다고 다리를 잘라서 들여다보는 포악함을 저지름.

【剖】심장을 도려 그토록 죽음을 무릅쓰고 간언을 하는 이유를 알아보고자 한 것임.

【賢人】紂王의 숙부 比干을 가리킴.

1.《尚書》泰誓篇(下)

斮朝涉之脛, 剖賢人之心, 作威殺戮, 毒痡四海, 崇信姦回, 放黜師保, 屏棄典刑, 囚奴正士, 郊社不修, 宗廟不享, 作奇技淫巧, 以悅婦人, 上帝弗順, 祝降時喪, 爾其孜孜奉予一人, 恭行天罰.

199. 廣德從橋, 君章拒獵

199-① 廣德從橋
다리를 건너야 한다고 원제에게 버틴 설광덕

전한前漢의 설광덕薛廣德은 자가 장경長卿이며 패군沛郡 상현相縣 사람이다. 《노시魯詩》로써 교수가 되었으며, 어사대부御史大夫 소망지蘇望之가 그의 바른 행동은 마땅히 조정의 자리에 충당할 만하다고 추천하여 박사博士가 되어 석거각石渠閣에서 강론하였다. 뒤에 어사대부가 되었다. 그의 사람됨은 온아하며 조화롭고 안정된 사람이었다. 다시 삼공三公의 지위에 오르자 직언으로 간쟁하였다.

원제元帝가 종묘의 주제酎祭를 거행하러 가면서 편문便門을 나서서 누선樓船을 타고 가고자 하였다. 설광덕은 마땅히 여거輿車를 타고 가야 한다고 여겨, 관을 벗고 머리를 조아리며 이렇게 말하였다.

"다리를 건넘이 마땅합니다. 폐하께서 저의 말을 듣지 않으신다면 저는 스스로 목을 끊어 그 피로써 수레바퀴를 더럽히겠습니다. 그렇게 되면 폐하께서는 종묘에 들어갈 수 없을 것입니다."

황제는 불쾌하게 여겼다. 그러자 광록대부光祿大夫 장맹張猛이 옆에서 도와 주었다.

"제가 듣기로 임금이 성스러우면 신하가 곧다고 하였습니다. 배를 타시면 위험하오니 다리를 건넘이 안전할 것입니다. 성주는 위험한 배를 타지 않습니다. 어사대부의 말을 들으셔야 합니다."

황제가 말하였다.

"사람을 깨우치는 것은 의당 이와 같아야 하는 것이 아닌가?"

그러고는 다리를 건넜다. 뒤에 설광덕이 벼슬을 사직하자, 그에게 안거

安車와 사마駟馬, 그리고 황금 60근을 하사하였다. 설광덕은 안거를 집에 걸어두고 자손에게 전하도록 하였다.

　前漢, 薛廣德字長卿, 沛郡相人. 以《魯詩》敎授, 御史大夫蘇望之薦, 廣德經行宜充本朝, 爲博士, 論石渠. 後拜御史大夫. 爲人溫雅, 有醞藉. 及爲三公, 直言諫爭.

　元帝酎祭宗廟, 出便門, 欲御樓船.

　廣德當乘輿車, 免冠頓首曰: 「宜從橋. 陛下不聽臣, 臣自刎, 以血汗車輪, 陛下不得入廟矣!」

　上不說, 光祿大夫張猛曰: 「臣聞主聖臣直, 乘船危, 就橋安. 聖主不乘危, 御史大夫言可聽.」

　上曰: 「曉人不當如是邪?」

　乃從橋. 後乞骸骨, 賜安車·駟馬·黃金六十斤. 懸其安車傳子孫.

【薛廣德】 자는 長卿. 前漢의 원제 때의 학자이며 대신으로 御史大夫에 오름. 《漢書》에 전이 있음.

【魯詩】 魯나라 申公이 전한 《詩經》. 《韓詩》, 《毛詩》와 더불어 三家詩의 하나. 지금은 전하지 않음.

【石渠】 石渠閣. 누각 이름. 秘書를 校訂하고 대조하는 일을 하던 곳.

【三公】 前漢의 三公은 丞相·太尉·御史大夫. 후한 때에는 大司徒·大司馬·大司公을 삼공이라 하였음.

【元帝】 서한 제8대 황제. 劉奭. 宣帝 劉詢의 아들이며 B.C.48~B.C.33년 재위함.

【酎祭】 '주'는 정월 초하루에 빚어 8월에 마시는 술. 그 酎酒를 바쳐 종묘에 제사지내는 것을 말함.

【便門】 長安城의 남쪽으로 향한 서쪽에 있는 첫째 문.

【張猛】 당시의 光祿大夫.

【安車】 노인이나 부녀자를 위해 편안히 탈 수 있도록 꾸며진 수레.

1.《漢書》薛廣德

薛廣德字長卿, 沛郡相人也. 以《魯詩》敎授楚國, 龔勝·舍師事焉. 蕭望之爲御史
大夫, 除廣德爲屬, 數與論議, 器之, 薦廣德經行宜充本朝. 爲博士, 論石渠, 遷諫
大夫, 代貢禹爲長信少府·御史大夫. 廣德爲人溫雅有醞藉. 及爲三公, 直言諫爭.
始拜旬日間, 上幸甘泉, 郊泰時, 禮畢, 因留射獵. 廣德上書曰:「竊見關東困極,
人民流離. 陛下日撞亡秦之鐘, 聽鄭衛之樂, 臣誠悼之. 今士卒暴露, 從官勞倦,
願陛下亟反宮, 思與百姓同憂樂, 天下幸甚.」上卽日還. 其秋, 上酎祭宗廟,
出便門, 欲御樓船, 廣德當乘輿車, 免冠頓首曰:「宜從橋.」詔曰:「大夫冠.」廣德
曰:「陛下不聽臣, 臣自刎, 以血汙車輪, 陛下不得入廟矣!」上不說. 先敺光祿
大夫張猛進曰:「臣聞主聖臣直. 乘船危, 就橋安, 聖主不乘危. 御史大夫言可聽.」
上曰:「曉人不當如是邪!」乃從橋. 後月餘, 以歲惡民流, 與丞相定國·大司馬
車騎將軍史高俱乞骸骨, 皆賜安車駟馬·黃金六十斤, 罷. 廣德爲御史大夫, 凡十
月免. 東歸沛, 太守迎之界上. 沛以爲榮, 縣其安車傳子孫.

199-② 君章拒獵
사냥 갔다 돌아오는 임금을 막아버린 질군장

　후한後漢의 질운郅惲은 자가 군장君章이며 여남汝南 평서平西 사람으로
천문과 역수에 밝았다. 왕망王莽 때에 도적 떼가 들끓자 질운은 장안長安에
이르러 글을 올렸다. 그러자 왕망은 크게 노하여 그를 잡아다 가두고,
옥리로 하여금 다스리도록 조칙을 내리고 대역죄大逆罪로 탄핵하였다.

그러나 질운이 올린 글은 경서와 참위설을 근거로 한 것이기 때문에, 그를 해치는 것이 어렵다고 여겨 가까운 신하로 하여금 그를 협박, 스스로 미친병이 걸려 자신이 한 말을 알지 못한다고 자백하도록 하였다. 그러자 질운은 눈을 부릅뜨며 이렇게 꾸짖었다.

"내가 진술한 바는 모두가 천문의 성스러운 뜻이다. 미친병이 걸린 사람이 능히 알 수 있는 도가 아니다."

그런데 마침 사면령이 있어 풀려나게 되자 그는 남쪽 창오산蒼梧山으로 숨어들어 은둔하였다.

건무建武 연간에 그는 상동上東의 성문지지가 되었다. 황제가 일찍이 사냥 나갔다가 밤에 돌아오게 되었는데, 질운이 그 문을 닫고 통과를 거부하는 것이었다. 임금의 명령을 받지 않았다는 것이다. 황제는 할 수 없이 동쪽의 중문中門으로 돌아서 들어갈 수밖에 없었다. 이튿날 질운은 글을 올려 이렇게 간하였다.

"옛날 문왕文王은 감히 사냥놀이에 빠지지 않았습니다. 오직 만민을 위해 근심하였을 뿐입니다. 그런데 폐하께서는 멀리 산림으로 사냥을 나가 밤을 낮으로 삼아 즐기고 계시니 사직과 종묘가 어찌 되겠습니까?"

글이 올라가자 황제는 그에게 베 백 필을 하사하였다. 그러나 그는 동중문東中門의 문지기로 좌천되었다가 참봉현參封縣의 현위縣尉, 그리고 다시 장사태수長沙太守로 전임하였다.

後漢, 郅惲字君章, 汝南平西人, 明天文歷數. 王莽時, 寇賊群發. 惲至長安上書. 莽大怒, 收繫詔獄, 劾以大逆. 猶以惲據經讖, 難卽害之, 使近臣脅, 令自告狂病不覺所言.

惲乃瞋目詈曰:「所陳皆天文聖意, 非狂人所能道.」

會赦出. 乃南遁蒼梧.

建武中爲上東城門候. 帝嘗出獵夜還, 惲拒關不開, 不受詔, 帝乃廻從東中門入.

明日惲上書諫曰:「昔文王不敢槃于游田, 以萬民惟憂, 而陛下遠獵山林, 夜以繼晝, 其如社稷宗廟何?」

書奏, 賜布百匹. 貶東中門候, 爲參封尉, 再遷長沙太守.

【郅惲】후한 때의 인물로 자는 君章. 讖緯說에 밝았으며 뒤에 長沙太守를 역임함. 《後漢書》에 전이 실려 있음.

【王莽】字는 巨君(B.C.45~23). 漢 元皇后의 조카. 어려서 고아가 되어 독서 끝에 성망을 얻었음. 뒤에 太傅가 되어 安漢公에 봉해졌으며 平帝가 죽은 후 겨우 두 살인 孺子 嬰을 옹립하고 자신은 攝皇帝가 되었다가 初始 元年 (A.D.8) 정권을 찬탈, '新'을 세워 '西漢'의 종말을 고함. 그러나 천하의 혼란이 일어나 地皇 4年(23)에 劉玄·赤眉軍·綠林軍에게 살해되고 말았음. 《漢書》(99) 에 그 傳이 있음.

【詔獄】천자의 칙서에 따라 죄인을 조사하고 鞫問하는 옥.

【建武】東漢 光武帝 劉秀의 첫 연호. A.D.25~55년까지 31년간.

【經讖】'讖'은 讖緯書. 미래를 알아맞히는 참언, 예언 등을 기록한 책. 왕망은 그를 죽였을 때 자신이 참언에 맞아 패망할 것임을 염려한 것임. 일종의 미신을 믿은 것임.

【蒼梧】산 이름. 舜임금이 묻혀 있는 곳.

【上東門】洛陽城 동쪽 가장자리에 있는 문.

【東中門候】동쪽 가운데 있는 문지기. 候는 문지기를 말함.

【文王】《書經》 無逸篇의 구절.

참고 및 관련 자료

1. 《後漢書》郅惲

郅惲字君章, 汝南西平人也. 年十二失母, 居喪過禮. 及長, 理《韓詩》·《嚴氏春秋》, 明天文歷數. 王莽時, 寇賊羣發, 惲乃仰占玄象, 歎謂友人曰:「方今鎭·歲·熒惑 並在漢分翼·軫之域, 去而復來, 漢必再受命, 福歸有德. 如有順天發策者, 必成 大功.」時左隊大夫逯並素好士, 惲說之曰:「當今上天垂象, 智者以昌, 愚者以亡. 昔伊尹自鬻輔商, 立功全人. 惲竊不遜, 敢希伊尹之蹤, 應天人之變. 明府儻不

疑逆, 俾成天德.」並奇之, 使署爲吏. 惲不謁, 曰:「昔文王拔呂尙於渭濱, 高宗
禮傅說於巖築, 桓公取管仲於射鉤, 故能立弘烈, 就元勳. 未聞師相仲父, 而可
爲吏位也. 非闞天者不可與圖遠. 君不授驥以重任, 驥亦俛首裹足而去耳.」遂不
受署. 惲遂客居江夏敎授, 郡擧孝廉, 爲上東城門候. 帝嘗出獵, 車駕夜還, 惲拒
關不開. 帝令從者見面於門閒. 惲曰:「火明遼遠」遂不受詔. 帝乃迴從東中門入.
明日, 惲上書諫曰:「昔文王不敢槃于游田, 以萬人惟憂. 而陛下遠獵山林, 夜以
繼晝, 其如社稷宗廟何? 暴虎馮河, 未至之戒, 誠小臣所竊憂也.」書奏, 賜布
百匹, 貶東中門候爲參封尉. 後令惲授皇太子《韓詩》, 侍講殿中. 及郭皇后廢,
惲乃言於帝曰:「臣聞夫婦之好, 父不能得之於子, 況臣能得之於君乎? 是臣所
不敢言. 雖然, 願陛下念其可否之計, 無令天下有議社稷而已.」帝曰:「惲善恕
己量主, 知我必不有所左右而輕天下也.」后旣廢, 而太子意不自安, 惲乃說太子曰:
「久處疑位, 上違孝道, 下近危殆. 昔高宗明君, 吉甫賢臣, 及有纖介, 放逐孝子.
《春秋》之義, 母以子貴. 太子宜因左右及諸皇子引愆退身, 奉養母氏, 以明聖敎,
不背所生.」太子從之, 帝竟聽許. 惲再遷長沙太守. 先是長沙有孝子古初, 遭父喪
未葬, 鄰人失火, 初匍匐柩上, 以身扞火, 火爲之滅. 惲甄異之, 以爲首擧. 後坐事
左轉芒長, 又免歸, 避地敎授, 著書八篇. 以病卒. 子壽.

2.《尙書》無逸篇

周公曰:「嗚呼! 厥亦惟我周太王王季, 克自抑畏. 文王卑服卽康功田功. 徽柔
懿恭, 懷保小民, 惠鮮鰥寡. 自朝至于日中昃, 不遑暇食, 用咸和萬民. 文王不敢
盤于遊田, 以庶邦惟正之供, 文王受命惟中身, 厥享國五十年.」

200. 應奉五行, 安世三篋

200-① 應奉五行
글 다섯 줄을 함께 읽어 내려가는 응봉

후한後漢의 응봉應奉은 자가 세숙世叔이며 여남汝南 남돈南頓 사람이다. 어려서부터 총명하여 스스로 아이들의 우두머리가 되었으며, 자신이 겪은 일이라면 기억하지 못하는 것이 없었고, 글은 다섯 줄을 함께 읽어나갈 정도였다.

군郡의 결조사決曹史가 되어 그에 속한 42개의 현 부서를 순시하며 죄수의 숫자 수백 명 명단을 기록하였다. 돌아와 태수가 이를 묻자, 응봉은 죄수의 성명은 물론 그들 죄상의 경중을 하나도 빠뜨림이 없이 설명하여 당시 사람들이 기이하게 여겼다.

관직은 사예교위司隸校尉에 올랐다.

사승謝承의 《후한서後漢書》에는 이렇게 기록하였다.

응봉은 나이 20에 일찍이 팽성彭城의 재상인 원하袁賀를 찾아간 적이 있었다. 원하가 마침 외출하여 문이 닫혀 있었는데, 마침 수레 만드는 공인工人이 수레를 만들다가, 안에서 문을 조금 열고 얼굴을 반만 내밀어 응봉을 맞았다. 응봉은 그로부터 수십 년 뒤, 길에서 그 수레 공인을 만나 알아보고 안부를 물을 정도였다.

後漢, 應奉字世叔, 汝南南頓人. 少聰明, 自爲童兒及長, 凡所經履, 莫不暗記, 讀書五行竝下. 爲郡決曹史, 行部四十二縣, 錄囚徒數百千人. 及還, 太守問之. 奉口說罪繫姓名, 坐狀輕重, 無遺脫, 時人奇之.

官至司隸校尉.

謝承《書》曰: 奉年二十時, 嘗詣彭城相袁賀. 賀時出行, 閉門造車. 匠於內開扇, 出半面視奉. 奉去後數十年於路見車匠, 識而問之.

【應奉】 자는 世叔. 후한 때의 인물로 기억력에 뛰어난 능력을 가지고 있었음. 《後漢書》에 전이 있음. 《風俗通議》의 저자인 應劭의 아버지.
【謝承書】 謝承의 《後漢書》.
【袁賀】 당시 彭城의 相을 지내던 인물.

1. 《後漢書》 應奉

應奉字世叔, 汝南南頓人也. 曾祖父順, 字華仲, 和帝時爲河南尹·將作大匠, 公廉約己, 明達政事. 生十子, 皆有才學. 中子疊, 江夏太守. 疊生郴, 武陵太守. 郴生奉. 奉少聰明, 自爲童兒及長, 凡所經履, 莫不暗記. 讀書五行並下. 爲郡決曹史, 行部四十二縣, 錄囚徒數百千人. 及還, 太守備問之, 奉口說罪繫姓名, 坐狀輕重, 無所遺脫, 時人奇之. 著《漢書後序》, 多所述載. 大將軍梁冀擧茂才. 先是, 武陵蠻詹山等四千餘人反叛, 執縣令, 屯結連年. 詔下公卿議, 四府擧奉才堪將帥. 永興元年, 拜武陵太守. 到官慰納, 山等皆悉降散. 於是興學校, 擧仄陋, 政稱變俗. 坐公事免. 延熹中, 武陵蠻復寇亂荊州, 車騎將軍馮緄以奉有威恩, 爲蠻夷所服, 上請與俱征. 拜從事中郎. 奉勤設方略, 賊破軍罷, 緄推功於奉, 薦爲司隸校尉. 糾擧姦違, 不避豪戚, 以嚴厲爲名. 及鄧皇后敗, 而田貴人見幸, 桓帝有建立之議. 奉以田氏微賤, 不宜超登后位, 上書諫曰:「臣聞周納狄女, 襄王出居于鄭; 漢立飛燕, 成帝胤嗣泯絶. 母后之重, 興廢所因. 宜思〈關雎〉之所求, 遠五禁之所忌.」帝納其言, 竟立竇皇后. 及黨事起, 奉乃慨然以疾自退. 追愍屈原, 因以自傷, 著《感騷》三十篇, 數萬言. 諸公多薦擧, 會病卒. 子劭.

200-② 安世三篋
잃어버린 세 광주리 책 내용을 기억해낸 장안세

전한前漢의 장안세張安世는 자가 자유子孺이며 어려서 아버지 장탕張湯으로 인해 낭郞이 되었다. 글씨에 능하였기 때문에 급사상서給事尙書가 되어 그 직무에 온 정력을 기울인 나머지 목욕 휴가도 반납하고 외출하지 아니할 정도였다.

무제武帝가 하동河東으로 행차하다가 한번은 책 세 광주리를 잃어버리고 말았다. 무제가 조칙을 내려 그 책의 내용을 물었지만 아무도 모르는 것이었다. 그런데 장안세만은 이를 기억하고 있다가 모두 갖추어 그 일을 다시 글로 베꼈다. 뒤에 그 책을 살 수 있어 구하여 맞추어 보았더니 조금도 빠뜨린 곳이 없었다.

무제는 그의 재능을 기특하게 여겨 상서령尙書令으로 발탁하였다.

소제昭帝가 들어서자 그를 우장군右將軍, 광록훈光祿勳을 삼아 부평후富平侯의 작위에 봉하였다. 그는 무제를 30여 년 모시는 동안 충직하고 미더웠으며 근후하였고 정사에 온갖 노력을 다하여 이른 아침부터 밤늦도록 게으름이 없었다.

선제宣帝 때에 그는 대사마大司馬, 거기장군車騎將軍이 되었다. 안세가 공후公侯가 되자 식읍이 만 호戶였으나, 그의 몸에는 거칠고 두껍게 짠 명주를 입었으며, 부인은 스스로 길쌈을 하였다. 집안의 동복僮僕이 7백 명이나 되었으나 모두가 각기 손재주가 있어 그에 맞게 일을 시켰다. 그리고 안으로 산업을 일으켰으며, 아주 하찮은 것일지라도 버리지 않고 모두 모았다. 이로써 능히 재물을 늘릴 수 있었으며 곽광霍光보다 더 부유하게 살았다.

前漢, 張安世字子孺. 少以父湯任爲郎. 用善書, 給事尙書. 精力
於職, 休沐未嘗出.

武帝幸河東, 嘗亡書三篋. 詔問, 莫能知. 唯安世識之, 具作其事.
後購求得書, 以相校, 無所遺失. 上奇其材, 擢爲尙書令.

　昭帝立, 爲右將軍·光祿勳, 封富平侯. 事武帝三十餘年. 忠信謹厚,
勤勞政事, 夙夜不怠.

　宣帝時, 爲大司馬·車騎將軍. 安世爲公侯, 食邑萬戶, 身衣弋綈,
夫人自紡績. 家僮七百人, 皆有手技作事. 內治産業, 累積纖微. 是以
能殖其貨 富於霍光.

【張安世】 전한 때 인물로 자는 子孺. 장탕의 아들로 기억력과 문서 정리에
　뛰어난 재능을 가지고 있었음.《漢書》張湯傳에 함께 실려 있음.
【張湯】 廷尉·御史大夫를 역임한 인물. '張湯巧詆'[095] 참조.
【武帝】 西漢 5대 황제 劉徹. 景帝(劉啓)의 아들이며 B.C.140~B.C.87년까지
　54년간 재위함. 대내외적으로 학술, 강역, 문학 등 여러 방면에 걸쳐 많은
　치적을 남겨 강력한 帝國을 건설함.
【昭帝】 서한의 제6대 황제 劉弗陵. B.C.86~B.C.74년까지 재위함.
【宣帝】 西漢 7대 황제. 이름은 劉詢. B.C.73~B.C.49년 재위함. 武帝의 증손자.
　衛太子의 손자.
【霍光】 자는 子孟, 河東 平陽人. 霍去病의 異腹 동생. 武帝 때 奉車都尉를
　지냈으며 昭帝 때 大司馬大將軍이 됨.《漢書》에 전이 있음. 霍去病의 이복
　동생이며 前漢 武帝부터 3대에 걸쳐 大任을 역임한 명신 가문.

참고 및 관련 자료

1.《漢書》張湯傳(張安世)

安世字子孺, 少以父任爲郎. 用善書給事尙書, 精力於職, 休沐未嘗出. 上行幸
河東, 嘗亡書三篋, 詔問莫能知, 唯安世識之, 具作其事. 後購求得書, 以相校
無所遺失. 上奇其材, 擢爲尙書令, 遷光祿大夫. 昭帝卽位, 大將軍霍光秉政,
以安世篤行, 光親重之. 會左將軍上官桀父子及御史大夫桑弘羊皆與燕王·
蓋主謀反誅, 光以朝無舊臣, 白用安世爲右將軍光祿勳, 以自副焉. 久之, 天子

下詔曰:「右將軍光祿勳安世輔政宿衛, 肅敬不怠, 十有三年, 咸以康寧. 夫親親任賢, 唐虞之道也, 其封安世爲富平侯.」明年, 昭帝崩, 未葬, 大將軍光白太后, 徙安世爲車騎將軍, 與共徵立昌邑王. 王行淫亂, 光復與安世謀廢王, 尊立宣帝. 帝初卽位, 襃賞大臣, [下]詔曰:「夫襃有德, 賞有功, 古今之通義也. 車騎將軍光祿勳富平侯安世, 宿衛忠正, 宣德明恩, 勤勞國家, 守職秉義, 以安宗廟, 其益封萬六百戶, 功次大將軍光.」安世子千秋·延壽·彭祖, 皆中郎將侍中.

201. 相如題柱, 終軍棄繻

201-① 相如題柱
기둥에 맹세의 글을 쓴 사마상여

전한前漢의 사마상여司馬相如는 자가 장경長卿이며 촉군蜀郡 성도成都 사람이다. 어려서부터 독서를 좋아하였으며 격검술擊劍術도 배웠다. 그의 이름은 견자犬子였으나 이윽고 배우고 나서, 인상여藺相如의 사람됨을 흠모하여 이름을 상여相如로 바꾼 것이다. 돈으로 관직을 사서 낭郎이 되었다가 경제景帝를 모셔 무기상시武騎常侍에 올랐다. 그러나 자신이 좋아하는 직책이 아니라 병으로 그만두었다. 집이 가난하여 스스로 생업을 이어갈 수 없게 되자, 마침 탁문군卓文君이 자신을 따라 도망쳐 나와 사랑의 도주 행각을 벌였다. 뒤에 탁문군의 아버지 탁왕손卓王孫이 그들에게 재물을 나누어 주어 부자가 되었다. 한참 뒤에 무제武帝가 그를 불러 낭郎으로 삼아 주었다. 그때 공작邛筰 지역의 소수민족 군장君長이 남이南夷가 한漢나라와 통상하여 상과 하사품을 많이 받았다는 소식을 듣고, 자신도 한나라의 신첩臣妾으로 받아달라고 하면서 남이처럼 관리를 보내줄 것을 청하였다. 조정에서는 사마상여를 중랑장中郎將으로 삼아 부절을 세우고 사신으로 보냈다. 사마상여는 파촉巴蜀의 관리에게 받은 폐물幣物을 서남이西南夷에게 뇌물로 주어 일을 성사시켰다. 그가 돌아오는 길에 촉蜀에 이르자, 그곳 태수 이하 관리들이 교외에 나와 영접하였으며, 현령縣令은 활과 화살을 등에 지고 그 앞길을 인도하였다. 그러자 사마상여의 고향 촉나라 사람들이 영광스러운 일이라 여겼다.

이에 탁왕손의 고향 임공臨邛의 여러 공公들이 모두 사마상여의 문에 이르러 소와 술을 바치며 축하하고 즐거운 덕담을 나누었다.

이에 탁왕손은 위연히 탄식하며 스스로 이렇게 여겼다.

"내 딸로 하여금 사마상여를 맞이하게 한 것이 너무 늦었군."

사마상여가 서남이를 평정하자 공작, 염방冉駹, 사유斯楡 등 그 부근 작은 나라들의 임금이 모두가 한나라의 속국이 되겠노라 청하여 변방의 관문을 모두 제거하였다. 이로써 한나라 영역은 더욱 넓어져 변방 관문은 멀리 설치할 수가 있었다.

구주舊注에는 이렇게 실려 있다.

촉성蜀城 북쪽 7리에 승선교昇仙橋가 있다. 사마상여가 그 다리에 이렇게 써 놓았었다.

"대장부로서 네 필 말의 수레를 타지 않고는 결코 이 다리를 다시는 건너지 않으리!"

前漢, 司馬相如字長卿, 蜀郡成都人也. 少好讀書, 學擊劒. 名犬子, 旣學, 慕藺相如之爲人, 更名相如. 以貲爲郎, 事景帝, 爲武騎常侍. 非其好也, 病免.

家貧無以自業, 及卓文君從奔, 後卓王孫分與財物爲富人. 久之武帝召以爲郎. 邛筰君長聞南夷與漢通, 得賞賜多, 願爲內臣妾, 請吏比南夷. 拜相如中郎將, 建節往使, 因巴蜀吏幣物, 以賂西南夷.

至蜀, 太守以下郊迎, 縣令負弩矢先驅, 蜀人以爲寵. 於是卓王孫臨邛諸公, 皆因門下獻牛酒以交驩.

王孫喟嘆自以:「得使女尚長卿晚.」

相如略定西南夷, 邛筰·冉駹·斯楡之君, 皆請爲臣妾, 除邊關. 邊關益斥.

舊注云: 蜀城北七里有昇仙橋, 相如題其柱曰:「大丈夫不乘駟馬車, 不復過此橋!」

【司馬相如】 자는 長卿(B.C.179~B.C.118). 成都 출신으로 漢代 최고의 賦 작가. 漢 武帝에게 賦를 올려 宮中詩人으로 활약함. 〈子虛賦〉, 〈上林賦〉, 〈大人賦〉, 〈諭巴蜀檄〉 등을 남겼으며 본《西京雜記》에는 사마상여에 관한 기록을 비교적 많이 싣고 있음.《史記》,《漢書》의 司馬相如傳 참조.

【藺相如】 戰國時代 趙나라의 重臣. 廉頗와의 刎頸之交 고사를 낳은 인물. '廉頗負荊'[261] 참조.

【景帝】 西漢 4대 황제. 劉啓. B.C.156~B.C.141년까지 16년간 재위함. 文帝의 아들이며 梁孝王(劉武)의 형. 文景之治를 이루어 한나라 기반을 다짐.

【卓文君】 漢代 大富豪인 卓王孫의 딸. 臨邛 땅의 부자 탁왕손이 잔치를 벌이면서 사마상여를 불러 彈琴을 시키자, 寡婦였던 탁문군이 이를 보고 반해 그와 함께 성도를 도망하여 술집을 차린 사건은《西京雜記》와《史記》,《漢書》 등에 모두 실려 있음.

참고 및 관련 자료

1.《史記》司馬相如列傳

司馬相如者, 蜀郡成都人也, 字長卿, 少時好讀書, 學擊劍, 故其親名之曰犬子. 相如旣學, 慕藺相如之爲人, 更名相如. 以貲爲郎, 事孝景帝, 爲武騎常侍, 非其好也. 會景帝不好辭賦, 是時梁孝王來朝, 從游說之士齊人鄒陽·淮陰枚乘·吳莊忌夫子之徒, 相如見而說之, 因病免, 客游梁. 梁孝王令與諸生同舍, 相如得與諸生游士居數歲, 乃著《子虛之賦》.(下略)

2.《漢書》司馬相如

司馬相如字長卿, 蜀郡成都人也. 少時好讀書, 學擊劍, 名犬子. 相如旣學, 慕藺相如之爲人也, 更名相如. 以訾爲郎, 事孝景帝, 爲武騎常侍, 非其好也. 會景帝不好辭賦, 是時梁孝王來朝, 從游說之士齊人鄒陽·淮陰枚乘·吳嚴忌夫子之徒, 相如見而說之, 因病免, 客游梁, 得與諸侯游士居, 數歲, 乃著《子虛之賦》. 會梁孝王薨, 相如歸, 而家貧無以自業. 素與臨邛令王吉相善, 吉曰:「長卿久宦游, 不遂而困, 來過我.」於是相如往舍都亭. 臨邛令繆爲恭敬, 日往朝相如. 相如初尙見之, 後稱病, 使從者謝吉, 吉愈益謹肅. 臨邛多富人, 卓王孫僮客八百人, 程鄭亦數百人, 乃相謂曰:「令有貴客, 爲具召之. 幷召令.」令旣至, 卓氏客以百數, 至日中請司馬長卿, 長卿謝病不能臨. 臨邛令不敢嘗食, 身自迎相如, 相如爲不得已而强往, 一坐盡傾. 酒酣, 臨邛令前奏琴曰:「竊聞長卿好之, 願以自娛.」
相如辭謝, 爲鼓一再行. 是時, 卓王孫有女文君新寡, 好音, 故相如繆與令相重
而以琴心挑之. 相如時從車騎, 雍容閒雅, 甚都. 及飮卓氏弄琴, 文君竊從戶窺,
心說而好之, 恐不得當也. 旣罷, 相如乃令侍人重賜文君侍者通殷勤. 文君夜亡奔
相如, 相如與馳歸成都. 家徒四壁立. 卓王孫大怒曰:「女不材, 我不忍殺, 一錢
不分也!」人或謂王孫, 王孫終不聽. 文君久之不樂, 謂長卿曰:「弟俱如臨邛,
從昆弟假貸, 猶足以爲生, 何至自苦如此!」相如與俱之臨邛, 盡賣車騎, 買酒舍,
乃令文君當盧. 相如身自著犢鼻褌, 與庸保雜作, 滌器於市中. 卓王孫恥之, 爲杜
門不出. 昆弟諸公更謂王孫曰:「有一男兩女, 所不足者非財也. 今文君旣失身於
司馬長卿, 長卿故倦游, 雖貧, 其人材足依也. 且又令客, 奈何相辱如此!」卓王
孫不得已, 分與文君僮百人, 錢百萬, 及其嫁時衣被財物. 文君乃與相如歸成都,
買田宅, 爲富人. 居久之, 蜀人楊得意爲狗監, 侍上. 上讀《子虛賦》而善之, 曰:
「朕獨不得與此人同時哉!」得意曰:「臣邑人司馬相如自言爲此賦.」上驚, 乃召
問相如. 相如曰:「有是. 然此乃諸侯之事, 未足觀, 請爲天子游獵之賦.」上令尙
書給筆札, 相如以「子虛」, 虛言也. 爲楚稱;「烏有先生」者, 烏有此事也, 爲齊難;
「亡是公」者, 亡是人也, 欲明天子之義. 故虛藉此三人爲辭, 以推天子諸侯之苑囿.
其卒章歸之於節儉, 因以風諫. 奏之天子, 天子大說. ……相如還報. 唐蒙已略
通夜郎, 因通西南夷道, 發巴蜀廣漢卒. 作者數萬人. 治道二歲, 道不成, 士卒
多物故, 費以億萬計. 蜀民及漢用事者多言其不便. 是時邛・莋之君長聞南夷與
漢通, 得賞賜多, 多欲願爲內臣妾, 請吏, 比南夷. 上問相如, 相如曰:「邛・莋・
冉・駹者近蜀, 道易通, 異時嘗通爲郡縣矣, 至漢興而罷. 今誠復通, 爲置縣, 愈於
南夷.」上以爲然, 乃拜相如爲中郎將, 建節往使. 副使者王然于・壺充國・呂越人,
馳四乘之傳, 因巴蜀吏幣物以賂西南夷. 至蜀, 太守以下郊迎, 縣令負弩矢先驅,
蜀人以爲寵. 於是卓王孫・臨邛諸公皆因門下獻牛酒以交驩. 卓王孫喟然而歎,
自以得使女尙司馬長卿晚, 乃厚分與其女財, 與男等. 相如使略定西南夷, 邛・
莋・冉・駹・斯楡之君皆請爲臣妾, 除邊關, [邊關]益斥, 西至沫・若水, 南至牂牁
爲徼, 通靈山道, 橋孫水, 以通邛・莋. 還報, 天子大說.

3. 《西京雜記》(2) 相如死渴

司馬相如初與卓文君還成都, 居貧愁懣, 以所著鷫鷞裘就市人陽昌貰酒, 與文
君爲歡. 旣而文君抱頸而泣曰:「我平生富足, 今乃以衣裘貰酒.」遂相與謀於
成都賣酒. 相如親著犢鼻褌滌器, 以恥王孫. 王孫果以爲病, 乃厚給文君, 文君
遂爲富人. 文君姣好, 眉色如望遠山, 臉際常若芙蓉, 肌膚柔滑如脂. 十七而寡,

爲人放誕風流, 故悅長卿之才而越禮焉. 長卿素有消渴疾, 及還成都, 悅文君之色, 遂以發痼疾. 乃作「美人賦」, 欲以自刺, 而終不能改, 卒以此疾至死. 文君爲誄, 傳於世.

201-② 終軍棄繻
함곡관 통과의 복전을 버려버린 종군

전한前漢의 종군終軍은 자가 자운子雲이며 제남濟南 사람이다. 어려서 배우기를 좋아하였으며, 널리 변별력이 있고 문장도 잘 지어 군에 소문이 났다.

나이 열여덟에 무제武帝가 그를 뽑아 박사로 삼았다. 그가 걸어서 함곡관函谷關에 들어서자, 관문을 지키는 관리가 그에게 고운 명주인 유繻를 주는 것이었다. 종군이 물었다.

"이것으로써 무엇을 하라는 것입니까?"

그러자 관리가 말하였다.

"복전復傳이다. 다시 돌아올 때 맞추어 보는 증표이다."

종군이 말하였다.

"장부가 서쪽으로 떠났으면 성공해서 이름으로 통과하는 것이지 이 따위 증표로 돌아오지는 않는다."

그리하여 그 증표를 버리고 장안으로 향하였다.

그가 알자謁者가 되어 군국郡國을 순시하러 다니면서 사절 깃발을 세우고 동쪽으로 함곡관을 통과하게 되었다. 그러자 옛날 그 관리가 알아보고는 이렇게 말하는 것이었다.

"이 사자는 지난날 그 증표를 버린 바로 그 서생이다."

뒤에 그는 간대부諫大夫로 발탁되어 남월南越에 사신으로 떠나게 되자 스스로 이렇게 청하였다.

"원컨대 긴 갓끈을 받고 싶습니다. 반드시 남월왕南越王을 묶어 궁궐 아래로 끌고 올 것입니다."

종군이 가서 남월왕을 설득하자 남월왕은 온 나라를 다 들어 한나라에 속국이 되겠다고 청하였다. 그러나 그 남월의 재상 여가呂嘉만은 한나라 속국이 될 수 없다고 버티다가, 병사를 일으켜 공격하여 그 왕을 죽이고 말았으며, 한나라에서 간 사신도 모두 죽음을 당하고 말았다. 종군은 당시 스무 살이었다. 그 때문에 세상에서는 그를 애도하여 '종동終童'이라 불렀다.

前漢, 終軍字子雲, 濟南人. 少好學, 以辨博能屬文, 聞於郡中. 年十八, 武帝選爲博士. 步入關, 關吏與軍繻, 軍問:「以此何爲?」

吏曰:「爲復傳, 還當合符.」

軍曰:「丈夫西遊, 終不復傳還.」

棄繻而去. 及爲謁者, 使行郡國, 建節東出關.

關吏識之曰:「此使者迺前棄繻生也.」

後擢諫大夫, 使南越, 自請:「願受長纓, 必羈南越王而致之闕下.」

軍往說越王, 越請擧國內屬. 其相呂嘉不欲內屬, 發兵攻殺其王, 及漢使者皆死. 軍死時年二十餘, 故世謂之『終童』.

【終軍】전한 때 남월 정벌에 나서 어린 나이에 생을 마친 인물. 자는 子雲. 《漢書》 참조.

【武帝】西漢 5대 황제 劉徹. 景帝(劉啓)의 아들이며 B.C.140~B.C.87년까지 54년간 재위함. 대내외적으로 학술, 강역, 문학 등 여러 방면에 걸쳐 많은 치적을 남겨 강력한 帝國을 건설함.

【繒】올이 곱고 독특한 명주.

【復傳】나중에 되돌아올 때 증명서로 제시하도록 한 증표.

【函谷關】關中과 山東을 구분하는 큰 관문.

【呂嘉】당시 남월의 재상.

1. 《漢書》 嚴朱吾丘主父徐嚴終王賈傳

終軍字子雲, 濟南人也. 少好學, 以辯博能屬文聞於郡中. 年十八, 選爲博士弟子. 至府受遺, 太守聞其有異材, 召見軍, 甚奇之, 與交結. 軍揖太守而去, 至長安上書言事. 武帝異其文, 拜軍爲謁者給事中. 從上幸雍祠五畤, 獲白麟, 一角而五蹄. 時又得奇木, 其枝旁出, 輒復合於木上. 上異此二物, 博謀羣臣. 初, 軍從濟南當詣博士, 步入關, 關吏予軍繒. 軍問:「以此何爲?」吏曰:「爲復傳, 還當以合符」軍曰:「大丈夫西游, 終不復傳還」棄繒而去. 軍爲謁者, 使行郡國, 建節束出關, 關吏識之, 曰:「此使者乃前棄繒生也」軍行郡國, 所見便宜以聞. 還奏事, 上甚說. 南越與漢和親, 乃遣軍使南越, 說其王, 欲令入朝, 比內諸侯. 軍自請:「願受長纓, 必羈南越王而致之闕下」軍遂往說越王, 越王聽許, 請擧國內屬. 天子大說, 賜南越大臣印綬, 壹用漢法, 以新改其俗, 令使者留塡撫之. 越相呂嘉不欲內屬, 發兵攻殺其王, 及漢使者皆死. 語在《南越傳》. 軍死時年二十餘, 故世謂之「終童」.

202. 孫晨藁席, 原憲桑樞

202-① 孫晨藁席
자리를 짜며 공부한 손신

《삼보결록三輔決錄》에 실려 있다.

손신孫晨은 자가 원공元公이다. 집이 가난하여 자리 짜는 일로 생업을 삼고 있었다. 그는 《시서詩書》에 밝아 경조京兆의 공조功曹에 올랐다. 그가 가난 속에 공부할 때는 겨울에 이불이 없어 짚으로 단을 묶어 저녁에 이를 깔고 자고 아침이면 거두었다고 한다.

《三輔決錄》: 孫晨字元公. 家貧織席爲業.

明《詩書》, 爲京兆功曹. 冬月無被, 有藁一束. 暮臥朝收.

【孫晨】 자는 元公. 晉나라 때 인물.
【藁】 볏짚. 짚으로 자리를 짜기 위한 재료. 이를 이불로 삼아 겨울을 넘겼음.

202-② 原憲桑樞
뽕나무 뿌리로 지도리를 만들어 사는 원헌

《장자莊子》에 실려 있다.

원헌原憲이 노魯나라에 살면서 담이 곧 벽이며, 마르지도 않은 띠풀로 이엉을 얹었으며, 쑥으로 만든 문은 허술하기 짝이 없었고, 뽕나무를 구부려 지도리를 만든 집이었다. 게다가 옹기 조각으로 창문을 낸 방 둘에 옷가지로 대강 막았으며, 위는 새고 아래는 젖어 있었다. 그럼에도 그는 편안히 앉아 거문고를 튕기고 있는 것이었다.

자공子貢이 큰 말을 타고, 속은 감색紺色 옷에 겉은 흰 천으로 멋진 모습을 꾸몄다. 그가 타고 온 큰 수레 헌거軒車는 골목 안으로 들어올 수가 없어, 자장은 걸어서 들어가 원헌을 만났다. 원헌은 화관華冠을 쓰고 다 떨어진 신발을 신고 있었으며, 명아주 지팡이를 짚고 문에서 그를 맞았다.

자공이 그 모습을 보고 이렇게 물었다.

"아! 선생께서는 무슨 병이 있으신 것입니까?"

그러자 원헌은 이렇게 대답하였다.

"재물이 없는 것을 가난이라 하고, 배우기는 하였으나 이를 능히 실행하지 못하는 것을 병이라 하였소. 지금 나는 가난할 뿐이지, 병이 있는 것은 아니오."

자공은 머뭇거리며 부끄러운 기색을 띠었다.

《莊子》曰: 原憲居魯, 環堵之室, 茨以生草, 蓬戶不完, 桑以爲樞. 而甕牖二室, 褐以爲塞, 上漏下濕. 匡坐而弦.

子貢乘大馬, 中紺而表素, 軒車不容巷, 往見憲, 憲華冠縱履, 杖藜而應門.

子貢曰:「嘻! 先生何病?」
憲曰:「無財謂之貧, 學而不能行謂之病. 今憲貧也, 非病也.」
子貢逡巡有慙色.

【原憲】 공자 제자. 字는 子思. 宋나라 사람. 가난했으나 기개가 있던 사람.
【環堵之室】 방 안의 사방 벽이 곧 담장인 가난한 집.
【桑樞】 뽕나무 뿌리로 문의 지도리를 만들어 사용함.
【甕牖】 옹기의 주둥이 부분을 잘라 둥근 형태의 창을 만듦.
【褐】 칡으로 만든 옷.
【子貢】 端木賜. 공자 제자. '端木辭金'[203] 참조.
【軒車】 덮개가 있는 좋은 수레.
【縱履】 '縱'는 발싸개. 신이 없어 천으로 대신 감아 신고 있음.

참고 및 관련 자료

1. 《莊子》讓王篇

原憲居魯, 環堵之室, 茨以生草; 蓬戶不完, 桑以爲樞; 而甕牖二室, 褐以爲塞; 上漏下溼, 匡坐而弦歌. 子貢乘大馬, 中紺而表素, 軒車不容巷, 往見原憲. 原憲華冠縱履, 杖藜而應門. 子貢曰:「嘻! 先生何病?」原憲應之曰:「憲聞之, 无財謂之貧, 學道而不能行謂之病. 今憲, 貧也, 非病也.」子貢逡巡而有愧色. 原憲笑曰:「夫希世而行, 比周而友, 學以爲人, 敎以爲己, 仁義之慝, 與馬之飾, 憲不忍爲也.」

2. 《新序》節士篇

原憲居魯, 環堵之室, 茨以生蒿, 蓬戶甕牖, 非桑以爲樞, 上漏下濕, 匡坐而弦歌. 子贛聞之, 乘肥馬, 衣輕輪, 中紺而表素, 軒車不容巷, 往見原憲. 原憲冠桑葉冠, 杖藜杖而應門, 正冠則纓絶, 櫟襟則肘見, 納履則踵決. 子贛曰:「嘻, 先生何病也?」原憲仰而應之曰:「憲聞之無財之謂貧, 學而不能行之謂病. 憲貧也, 非病也. 若夫希世而行, 比周而交, 學以爲人, 敎以爲己, 仁義之慝, 輿馬之飾, 憲不忍爲也.」子贛逡巡, 面有愧色, 不辭而去. 原憲曳杖拖履, 行歌商頌而反, 聲滿天地,如出金石, 天子不得而臣也, 諸侯不得而友也. 故養志者忘身, 身且不愛, 孰能累之. 詩曰: 『我心匪石, 不可轉也; 我心匪席, 不可卷也.』此之謂也.

3. 《韓詩外傳》(1)

原憲居魯, 環堵之室, 茨以蒿萊, 蓬戶甕牖, 桷桑而無樞, 上漏下濕, 匡坐而絃歌. 子貢乘肥馬, 衣輕裘, 中紺而表素, 軒不容巷, 而往見之. 原憲楮冠黎杖而應門, 正冠則纓絶, 振襟則肘見, 納履則踵決. 子貢曰:「嘻! 先生何病也!」原憲仰而應之曰:「憲聞之; 無財之謂貧, 學而不能行之謂病. 憲, 貧也, 非病也. 若夫希世而行, 比周而友, 學以爲人, 教以爲己, 仁義之匿, 車馬之飾, 衣裘之麗, 憲不忍爲之也.」子貢逡巡, 面有慙色, 不辭而去. 原憲乃徐步曳杖, 歌商頌而反, 聲淪於天地, 如出金石. 天子不得而臣也, 諸侯不得而友也. 故養身者忘家, 養志者忘身, 身且不愛, 孰能忝之? 詩曰:『我心非石, 不可轉也. 我心非席, 不可卷也.』

4. 《史記》仲尼弟子列傳

孔子卒, 原憲遂亡在草澤中. 子貢相衛, 而結駟連騎, 排藜藿入窮閻, 過謝原憲. 憲攝敝衣冠見子貢. 子貢恥之, 曰:「夫子豈病乎?」原憲曰:「吾聞之, 無財者謂之貧, 學道而不能行者謂之病. 若憲, 貧也, 非病也.」子貢慙, 不懌而去, 終身恥其言之過也.

5. 《高士傳》(上) 皇甫謐

原憲, 字子思, 宋人也. 孔子弟子, 居魯, 環堵之室, 茨以生草, 蓬戶不完, 桑以爲樞, 而甕牖二室, 褐以爲塞, 上漏下濕, 匡坐而彈琴. 子貢相衛, 結駟連騎, 排藜藿入窮閻, 巷不容軒, 來見原憲. 原憲華冠縱履, 杖藜而應門. 子貢曰:「嘻! 先生何病也?」憲應之曰:「憲聞之, 無財謂之貧, 學道而不能行謂之病. 若憲, 貧也, 非病也. 夫希世而行, 比周而友, 學以爲人, 教以爲己. 仁義之慝, 輿馬之飾, 憲不忍爲也.」子貢逡巡而有慚色. 終身恥其言之過也.『原生匱盡, 室侵風雨. 薄炊經旬, 彤裘歷紀. 友賜榮華, 驂騑萃止. 聞剖病貧, 終身含恥.』

6. 기타 참고자료

《初學記》17·《孔子家語》七十二弟子解·《史記》仲尼弟子列傳

203. 端木辭金, 鍾離委珠

203-① 端木辭金
자신의 황금을 써서 신첩을 환속해 온 단목사

《공자가어孔子家語》에 실려 있다.

단목사端木賜는 자가 자공子貢이다. 노魯나라 법에 다른 제후 나라에 팔려간 신첩臣妾을 환속還贖해 올 때는 나라의 창고 돈으로 하게 되어 있었다. 그런데 자공은 자신의 돈으로 대속하고는 관부의 돈은 사양하며 받지 않는 것이었다. 공자孔子가 이를 듣고 이렇게 말하였다.

"자공이 잘못한 것이다. 무릇 성인이 일을 들어 처리하는 것은 나쁜 풍속을 바꾸고 고칠 수 있다고 여긴 것이며, 가르치고 인도하는 것은 백성에게 그 교화를 베풀 수 있기 때문에 그렇게 한 것이지, 한 사람에게만 그것이 적용되도록 하기 위한 것은 아니다. 지금 노나라에 부유한 자는 적고 가난한 자는 많다. 관부의 돈을 받아 남을 환속하는 것이 청렴하지 못한 것이라 한다면, 어찌 계속하여 서로 환속시킬 수 있겠는가? 그렇게 한다면 지금부터 이후로는 노나라 사람으로서 제후로부터 환속을 받을 사람이 다시는 없게 될 것이다."

《家語》: 端木賜字子貢. 魯國之法, 贖人臣妾于諸侯者, 皆取金於府. 子貢贖之, 辭而不取金.

孔子聞之曰:「賜失之矣. 夫聖人擧事, 可以移風易俗, 而教導可以施於百姓, 非獨適身之行也. 今魯國富者寡, 而貧者衆. 贖人受金則爲不廉, 何以相贖乎? 自今以後, 魯人不復贖人於諸侯.」

【家語】《孔子家語》. 魏나라의 王肅이 여러 책에서 공자의 언행을 모아 편찬한 책.
【府】나라의 창고. 국비나 국가의 부담으로 환속해 옴을 말함.
【端木賜】공자 제자. 子貢. '原憲桑樞'[202] 참조.

1.《孔子家語》致思篇

魯國之法, 贖人臣妾于諸侯者, 皆取金於府. 子貢贖之, 辭而不取金.
孔子聞之曰:「賜失之矣. 夫聖人之擧事也, 可以移風易俗, 而敎導可以施之於百姓, 非獨適身之行也. 今魯國富者寡, 而貧者衆, 贖人受金, 則爲不廉, 則何以相贖乎? 自今以後, 魯人不復贖人於諸侯.」

2.《說苑》政理篇

魯國之法, 魯人有贖臣妾於諸侯者, 取金於府; 子貢贖人於諸侯, 而還其金, 孔子聞之曰:「賜失之矣, 聖人之擧事也, 可以移風易俗, 而敎導可施於百姓, 非獨適其身之行也. 今魯國富者寡而貧者衆, 贖而受金則爲不廉; 不受則後莫復贖, 自今以來, 魯人不復贖矣.」孔子可謂通於化矣. 故老子曰:「見小曰明.」

3.《呂氏春秋》察微篇

魯國之法, 魯人爲人臣妾於諸侯, 有能贖之者, 取其金於府. 子貢贖魯人於諸侯, 來而讓不取其金. 孔子曰:「賜失之矣! 自今以往, 魯人不贖人矣. 取其今, 則無損於行, 不取其金, 則不復贖人矣.」

4.《淮南子》道應訓

魯國之法, 魯人爲人妾於諸侯, 有能贖之者, 取金於府. 子贛贖魯人於諸侯, 來而辭不受金. 孔子曰:「賜失之矣! 夫聖人之擧事也, 可以移風易俗而受敎順, 可施後世, 非獨以適身之行也. 今國之富者寡而貧者衆, 贖而受金, 則爲不廉, 不受金, 則不復贖人. 自今以來, 魯人不復贖人於諸侯矣.」孔子亦可謂知禮矣. 故老子曰:「見小曰明.」

5.《淮南子》齊俗訓

子路撜溺, 而受牛謝. 孔子曰:「魯國必好救人於患.」子贛贖人, 而不受金於府. 孔子曰:「魯國不復贖人矣.」子路受而勸德, 子贛讓而止善, 孔子之明, 以小知大, 以近知遠, 通於論者也. 由此觀之, 廉有所在, 而不可公行也. 故行齊於俗可隨也. 事周於能易爲也. 矜僞以惑世, 伉行以違衆, 聖人不以爲民俗.

203-② 鍾離委珠
주기를 땅에 버린 종리의

후한後漢의 종리의鍾離意는 자가 자아子阿이며 회계會稽 산음山陰 사람이다. 현종顯宗이 불러 상서尙書로 삼았다. 당시 교지태수交阯太守 장회張恢가 뇌물 천금을 받은 죄에 연루되어 법에 걸리자, 자신의 재산을 헌납하여 그 목록과 함께 대사농大司農에게 이첩되었다. 황제는 여러 신하들에게 그 재산을 하사하도록 조칙을 내렸고, 종리의는 그때 주기珠璣를 받게 되었다. 그러나 그는 그것을 땅에 버리며, 하사품에 대하여 절하는 예도 갖추지 않는 것이었다. 황제가 괴이히 여겨 묻자 그는 이렇게 대답하였다.

"공자는 목이 말랐지만 '도천盜泉'이라는 물 이름 때문에 마시지 아니하였으며, 증삼曾參은 고을 이름이 '승모勝母'라 하여 수레를 돌렸습니다. 그 명칭을 혐오한 것입니다. 이 물건은 더러운 장물의 보배이니 감히 절을 할 수 없습니다."

황제는 이렇게 감탄하였다.

"청렴하도다, 상서의 말이여!"

이에 다시 부고의 돈 30만 전으로 바꾸어 종리의에게 하사하였다.

그는 뒤에 복야僕射를 거쳐 노魯나라 재상이 되었다. 백성을 사랑하고 그들에게 이익이 가는 쪽으로 교화하여 많은 사람들이 풍족함을 누렸다.

그는 죽을 때 임금에게 글을 올려 이렇게 진술하였다.

"승평昇平을 누리는 시대에는 백성을 급하게 교화하기가 어려우니 마땅히 조금 관용을 베풀어 여유를 주셔야 합니다."

황제는 그의 뜻에 감동하여 애상을 느껴 20만 전을 하사하도록 조칙을 내렸다.

後漢, 鍾離意字子阿, 會稽山陰人. 顯宗徵爲尚書. 時交阯太守
張恢, 坐贓千金伏法, 以資物簿入大司農. 詔賜群臣, 意得珠璣,
委地而不拜賜.

帝怪問, 對曰:「孔子忍渴於『盜泉』之水, 曾參回車於『勝母』之間,
惡其名也. 此贓穢之寶誠不敢拜」

帝歎曰:「清乎尚書之言!」

乃更以庫錢三十萬賜意. 轉僕射, 出爲魯相. 以愛利爲化, 人多殷富.

卒遺言上書陳:「昇平之世, 難以急化, 宜少寬暇」

帝感傷其意, 詔賜錢二十萬.

【鍾離意】 후한 때 인물로 자는 子阿.《後漢書》에 전이 있음.
【顯宗】 明帝. 東漢 제2대 황제 劉莊. 光武帝의 아들. 廟號는 顯宗孝明皇帝.
58~75년 재위함.
【交阯】 交趾로도 표기하며 지금의 베트남.
【張恢】 당시 交阯太守로 뇌물 사건에 연루되어 재산을 몰수당하였음.
【珠璣】 구슬로 만든 璇璣. 天體 모습을 한 아름다운 장식품.
【曾參】 曾子. 孔子 제자. 효로써 이름이 알려졌으며,《孝經》을 지은 것으로
알려짐.
【昇平】 태평성대. 교화와 정치가 잘 이루어진 시대.

1.《後漢書》鍾離意

鍾離意字子阿, 會稽山陰人也. 少爲郡督郵. 時部縣亭長有受人酒禮者, 府下
記案考之. 意封還記, 入言於太守曰:「春秋先內後外,《詩》云『刑於寡妻, 以御
于家邦』, 明政化之本, 由近及遠. 今宜先淸府內, 且闊略遠縣細微之愆.」太守
甚賢之, 遂任以縣事. 建武十四年, 會稽大疫, 死者萬數, 意獨身自隱親, 經給
醫藥, 所部多蒙全濟. 舉孝廉, 再遷, 辟大司徒侯霸府. 詔部送徒詣河內, 時冬寒,

徒病不能行. 路過弘農, 意輒移屬縣使作徒衣, 縣不得已與之, 而上書言狀, 意亦
具以聞. 光武得奏, 以(見)[視]霸, 曰:「君所使掾何乃仁於用心? 誠良吏也!」
意遂於道解徒桎梏, 恣所欲過, 與剋期俱至, 無或違者. 還, 以病免. 顯宗即位,
徵爲尙書. 時交阯太守張恢., 坐臧千金, 徵還伏法, 以資物簿入大司農, 詔班
賜羣臣. 意得珠璣, 悉以委地而不拜賜. 帝怪而問其故. 對曰:「臣聞孔子忍渴
於盜泉之水, 曾參回車於勝母之閭, 惡其名也. 此臧穢之寶, 誠不敢拜.」帝嗟歎
曰:「清乎尙書之言!」乃更以庫錢三十萬賜意. 轉爲尙書僕射. 車駕數幸廣成苑,
意以爲從禽廢政, 常當車陳諫般樂遊田之事, 天子即時還宮.
意視事五年, 以愛利爲化, 人多殷富. 以久病卒官. 遺言上書陳升平之世, 難以
急化, 宜少寬假. 帝感傷其意, 下詔嗟歎, 賜錢二十萬.

2.《說苑》談叢篇

邑名勝母, 曾子不入; 水名盜泉, 孔子不飲. 醜其名也.

3.《淮南子》說山訓

曾子立孝, 不過勝母之閭; 墨子非樂, 不入朝歌之邑; 曾子立廉, 不飲盜泉. 所謂
養志者也.

4.《史記》鄒陽傳

臣聞: 盛飾入朝者不以利汙義, 砥厲名號者不以欲傷行, 故縣名勝母而曾子不入,
邑號朝歌而墨子回車. 今欲使天下寥廓之士, 攝於威重之權, 主於位勢之貴, 故回
面汙行以事諂諛之人而求親近於左右, 則士伏死堀穴巖藪之中耳, 安肯有盡忠信
而趨闕下者哉!

5.《鹽鐵論》晁錯(第八)

孔子不飲盜泉之流, 曾子不入勝母之閭.

6.《新序》雜事(3)

今人主沈於諂諛之辭, 牽於裨墻之制, 使不羈之士, 與牛驥同緯, 此鮑焦之所以
忿於世, 而不留於富貴之樂也. 臣聞:「盛飾以朝者, 不以私麻義; 砥礪名號者,
不以利傷行.」故里名勝母, 而曾子不入; 邑號朝歌, 墨子回車.

7.《新序》雜事(3)

故里名勝母, 而曾子不入; 邑號朝歌, 墨子回車. 今使天下寥廓之士, 籠於威重
之權, 脅於勢位之貴, 回面汙行, 以事諂諛之人, 求親近於左右, 則士有伏死崛
穴巖藪之中耳, 安有盡精神而趨闕下者哉?

204. 季札挂劍, 徐穉置芻

204-① 季札挂劍
서군의 묘에 보검을 걸어놓고 떠난 계찰

《사기史記》에 실려 있다.

오吳나라 계찰季札은 오왕吳王 수몽壽夢의 막내아들이다. 일찍이 그가 북쪽 나라에 사신으로 가는 길에 서徐나라 임금이 있는 곳을 지나게 되었다. 서군徐君은 계찰이 차고 있던 칼을 마음에 들어 하였으나, 입으로 감히 말을 하지는 못하였다. 계찰은 그의 속마음을 알았지만, 상국上國에 사신으로 가는 터라 미처 그에게 건네주지는 못하였다. 돌아오는 길에 다시 서나라에 들렀더니 서군은 이미 죽은 뒤였다. 이에 계찰은 자신의 보검을 풀어 서군의 무덤 옆 나무에 걸어두고 떠났다.

계찰의 수행원이 물었다.

"서군은 이미 죽었는데 오히려 누구에게 주시는 것입니까?"

계찰이 말하였다.

"그렇지 않다. 처음부터 내 그에게 주기로 마음속으로 허락하였다. 그런데 그가 죽었다고 해서 어찌 내 마음을 배반할 수 있겠는가!"

계찰은 연릉延陵에 봉해져 그 때문에 연릉계자延陵季子라 부르는 것이다.

《신서新序》에는 이렇게 말하였다.

서나라 사람들이 이 일을 아름답게 여겨 이렇게 노래하였다.

"연릉계찰이여, 옛 약속을 잊지 않았도다.
천금의 칼을 무덤에 띠 째로 풀어놓았구나."

《史記》: 吳季札吳王壽夢季子也. 初使北過徐君, 徐君好季札劒, 口弗敢言. 季札心知之, 爲使上國未獻. 還至徐, 徐君已死. 乃解其寶劍, 懸徐君冢樹而去.

從者曰: 「徐君已死, 尚誰予乎?」

季子曰: 「不然. 始吾心已許之. 豈以死倍吾心哉!」

札封於延陵, 故號延陵季子.

《新序》曰: 徐人嘉而歌之曰: 『延陵季札兮, 不忘故; 脫千金之劍兮, 帶丘墓.』

【季札】 延陵季子. 춘추시대 吳나라 왕자. 어진 인물로 널리 알려짐.
【壽夢】 춘추시대 吳나라 군주. B.C.585~B.C.561년까지 25년간 재위함.《史記》 吳太白世家 참조.
【上國】 中原 국가들을 말함. 여기서는 晉나라와 周나라 등을 가리킴.
【新序】 劉向이 편찬한 일화집. 모두 10권으로 되어 있으며 정치의 근본을 바로잡기 위한 이야기를 모은 것.

참고 및 관련 자료

1.《史記》吳太伯世家

季札之初使, 北過徐君. 徐君好季札劍, 口弗敢言. 季札心知之, 爲使上國, 未獻. 還至徐, 徐君已死, 於是乃解其寶劍, 繫之徐君　冢樹而去. 從者曰: 「徐君已死, 尚誰予乎?」 季子曰: 「不然. 始吾心已許之, 豈以死倍吾心哉!」

2.《新序》(7) 節士篇

延陵季子將西聘晉, 帶寶劍以過徐君, 徐君觀劍, 不言而色欲之. 延陵季子爲有上國之使, 未獻也, 然其心許之矣. 致使於晉, 故反, 則徐君死於楚. 於是脫劍致之嗣君. 從者止之曰: 「此吳國之寶, 非所以贈也」 延陵季子曰: 「吾非贈之也, 先日吾來, 徐君觀吾劍, 不言而其色欲之, 吾有爲上國之使, 未獻也. 雖然, 吾心許之矣. 今死而不進, 是欺心也. 愛劍僞心, 廉者不爲也」 遂脫劍致之嗣君. 嗣君

曰:「先君無命, 孤不敢受劍.」 於是季子以劍帶徐君墓樹而去. 徐人嘉而歌之曰:
「延陵季子兮不忘故, 脫千金之劍兮帶丘墓.」

3.《十八史略》(1)

吳: 姬姓, 太伯·仲雍之所封也. 十九世至壽夢, 始稱王. 壽夢, 四子, 幼曰季札.
札賢, 欲使三子相繼立以及札, 札義不可. 封延陵, 號曰延陵季子. 聘上國過徐,
徐君愛其寶劍, 季子心知之. 使還, 徐君已歿, 遂解劍懸其墓而去.

204-② 徐穉置芻
황경의 빈소에 꼴을 놓고 조문한 서치

후한後漢의 서치徐穉는 자가 유자孺子이며 예장豫章 남창南昌 사람이다.
집이 가난하여 늘 스스로 농사를 지었으며, 자신의 힘으로 얻은 것이
아니면 먹지 않았다. 공검恭儉하고 의로웠으며 겸양을 지켜 그가 사는
동네면 모두들 그 덕에 감복하였다. 여러 차례 부름을 받았으나 벼슬길에
나가지 않았다.

환제桓帝 때 진번陳蕃, 호광胡廣이 글을 올려 그를 추천하여 조정에서
예를 갖추어 불렀으나 나가지 않았다.

그는 태위太尉 황경黃瓊의 부름을 받은 적이 있었다. 그런데 황경이
죽자 그는 찾아가 닭고기와 술을 차려놓고 제사를 올린 다음 곡을 다하자
떠났으며, 자신의 성명도 밝히지 않았다. 당시 그곳에 모였던 사람들 중에
곽림종郭林宗 등이 이를 듣고, 그가 서치일 것으로 의심하여 모용茅容을
보내어 그를 추적하게 하였다. 그를 만난 서치는 그와 농사에 대한 것을

화제로 삼으며 말을 나누다가, 서로 이별할 무렵에야 모용에게 이렇게
말하는 것이었다.

"나 대신 곽림종에게 고맙다고 전해 주시오. 큰 나무가 쓰러지려할
때는 끈 하나로 묶는다고 될 일이 아니오. 어찌 서둘지 않은 채 한가롭게
편한 자리에 그대로 처하고 있는 거요?"

뒤에 곽림종이 어머니 상을 당하자 서치는 찾아가 조문을 하면서
꼴 한 줌을 움막 앞에 놓아두고 떠났다. 여러 사람들이 괴이히 여겨
그 이유를 묻자, 상주 곽림종은 이렇게 설명하였다.

"이는 틀림없이 남주南州의 고사高士 서치일 것입니다. 《시詩》에 말하지
않았습니까? '생풀 꼴 한 다발이로다. 그러나 그 사람 옥과 같도다'라고
한 것을. 내 그와 같은 덕이 없으니 그러한 칭송을 감당할 수 없구려!"

後漢, 徐穉字孺子, 豫章南昌人. 家貧常自耕稼, 非其力不食. 恭儉
義讓, 所居服其德, 屢辟擧不就.

桓帝時, 陳蕃·胡廣上疏薦之, 備禮徵不至. 嘗爲太尉黃瓊所辟,
瓊卒, 乃往設雞酒薄祭, 哭畢而去, 不告姓名. 時會者郭林宗等聞之,
疑其穉也, 遣茅容追及之, 共言稼穡之事.

臨訣謂容曰:「爲我謝林宗. 大樹將顚, 非一繩所維. 何爲栖栖,
不遑寧處?」

及林宗有母憂, 往弔之, 置生芻一束於廬前而去. 衆怪不知其故.

林宗曰:「此必南州高士徐孺子也. 《詩》不云乎?『生芻一束, 其人
如玉.』吾無德以堪之!」

【徐穉】 자는 孺子(97~168). 예장의 高士·賢人. 진번이 지극히 존경하여 그만을
    위하여 따로 자리를 마련하였다가, 그가 떠나면 그 자리를 걸어두었다 함.
    《後漢書》(53)에 전이 있음.

【桓帝】東漢 제11대 황제. 劉志. 劉翼의 아들이며 147~167년 재위함.

【陳蕃】자는 仲擧(?~168). 汝南人. 太傅에 이르렀으며 桓帝때 대장군 竇武와
　宦官을 탄핵하다가 해를 입었음.《後漢書》(66)에 傳이 있음. 字는 仲擧. '陳蕃
　下榻'[246] 참조.

【胡廣】후한 때의 인물. '胡廣補闕'[015] 참조.

【黃瓊】당시 太尉로써 徐稺를 추천하였던 인물.

【郭林宗】郭泰(127~169). 經典에 博通하여 제자가 천여 명에 이르렀으며
　당시 학문을 조종으로 추앙받았음. 뒤에 范曄이《後漢書》를 쓰면서 자신의
　아버지(范泰)의 이름을 피휘하여 '郭太'로 표기하였음.《後漢書》(68)에 전이
　있음. 李元禮(李膺)가 극찬하였던 인물. '林宗折巾'[154] 및 '李郭仙舟'[050]
　참조.

【茅容】인명.

【詩】《詩經》小雅〈白駒篇〉. 생풀의 꼴(여물) 한 묶음은 아주 미미한 禮이지만
　상대의 청렴함을 칭찬하는 것으로 비유함.

1.《後漢書》徐稺傳

徐稺字孺子, 豫章南昌人也. 家貧, 常自耕稼, 非其力不食. 恭儉義讓, 所居服其德.
屢辟公府, 不起. 時陳蕃爲太守, 以禮請署功曹, 稺不免之, 旣謁而退. 蕃在郡不
接賓客, 唯稺來特設一榻, 去則縣之. 後擧有道, 家拜太原太守, 皆不就. 延熹
二年, 尙書令陳蕃·僕射胡廣等上疏薦稺等曰: 「臣聞善人天地之紀, 政之所由也.
《詩》云『思皇多士, 生此王國』, 天挺俊乂, 爲陛下出, 當輔弼明時, 左右大業者也.
伏見處士豫章徐稺·彭城姜肱·汝南袁閎·京兆韋著·潁川李曇, 德行純備, 著于
人聽. 若使擢登三事, 協亮天工, 必能翼宣盛美, 增光日月矣.」桓帝乃以安車玄纁,
備禮徵之, 並不至. 帝因問蕃曰: 「徐稺·袁閎·韋著誰爲先後?」蕃對曰: 「閎生出
公族, 聞道漸訓. 著長於三輔禮義之俗, 所謂不扶自直, 不鏤自雕. 至於稺者,
爰自江南卑薄之域, 而角立傑出, 宜當爲先.」稺嘗爲太尉黃瓊所辟, 不就. 及瓊卒
歸葬, 稺乃負糧徒步到江夏赴之, 設雞酒薄祭, 哭畢而去, 不告姓名. 時會者四方
名士郭林宗等數十人, 聞之, 疑其稺也, 乃選能言語生茅容輕騎追之. 及於塗,
容爲設飯, 共言稼穡之事. 臨訣去, 謂容曰: 「爲我謝郭林宗, 大樹將顚, 非一繩

所維, 何爲栖栖不遑寧處?」及林宗有母憂, 稺往弔之, 置生芻一束於廬前而去. 衆怪, 不知其故. 林宗曰:「此必南州高士徐孺子也.《詩》不云乎?『生芻一束, 其人如玉.』吾無德以堪之.」靈帝初, 欲薄輪聘稺, 會卒, 時年七十二.

2.《十八史略》(3)

陳蕃薦處士徐稺·姜肱等. 稺字孺子, 豫章人. 陳蕃爲守時, 特設一榻以待稺, 去則縣之. 稺不應諸公之辟. 然聞其死, 輒負笈赴弔. 豫炙一雞, 以酒漬綿, 暴乾裹之, 到冢隧外. 以水漬綿, 白茅藉飯, 以雞置前. 祭畢留謁, 不見喪主而行.

3.《十八史略》(3)

黃瓊卒, 四方名士, 會葬者七千人. 稺至. 進爵哀哭. 置生芻墓前而去. 諸名士曰:「此必南州高士徐孺子也.」使陳留茆容追之, 問國事, 不答. 太原郭泰曰:「孺子不答國事. 是其愚不可及也.」

4.《幼學瓊林》

已葬曰瘞玉, 致祭曰束芻.

205. 朱雲折檻, 申屠斷鞅

205-① 朱雲折檻
궁궐 난간을 부러뜨린 주운

전한前漢의 주운朱雲은 자가 유游이며 노魯나라 사람이다. 용모가 심히
장대하고 용기와 담력으로 소문이 나 있었다. 그는 대범하고 큰 절개를
좋아하여 당세에 높이 여기고 있었다. 방정과方正科에 천거되어 괴리령
槐里令이 되었으나 죄에 연루되어 폐고廢錮에 처해졌다.

성제成帝 때 장우張禹가 임금의 스승으로서 특진特進의 지위에 있었으며
심히 존중을 받고 있었다. 주운은 임금에게 상서하여 뵙기를 청하였다.
많은 공경들이 앞에 있는데 주운이 이렇게 말하였다.

"지금 조정의 대신들은 위로는 임금을 바로잡아주지 못하고 아래로는
백성들을 이롭게 하지 못한 채 모두가 시위소찬尸位素餐하는 무능한 이들
입니다. 저는 원컨대 저에게 상방尙方의 말을 벨 정도의 큰 칼을 내려
주십시오. 아첨하는 신하 하나를 베어 그 나머지 관리들로 하여금 가슴을
서늘하게 해드리겠습니다."

임금이 물었다.

"누구를 두고 하는 말이냐?"

주운이 대답하였다.

"안창후安昌侯 장우입니다."

성제는 크게 노하여 이렇게 말하였다.

"하찮은 신하가 아래에서 윗사람을 비방하여 조정에서 황제의 스승을
모욕하다니 그 죄는 죽음이며 절대 용서하지 않겠다."

어사御史가 주운을 끌어내리자, 주운은 궁전의 난간을 붙잡았다. 난간이
부러지자 주운은 이렇게 소리쳤다.

"저는 죽어 관룡봉關龍逢과 비간比干을 따라 지하에서 노닐면 그것으로 족합니다. 그러나 임금의 이 조정은 어떻게 될지 모르겠습니다."

어사가 드디어 주운을 끌고 나가 버렸다.

그러자 좌장군左將軍 신경기辛慶忌가 갓을 벗고 인수印綬를 풀더니 궁궐 아래에서 머리를 찧으며 이렇게 말하는 것이었다.

"방금 그 신하는 평소 광직狂直하기로 세상에 이름이 나 있습니다. 만약 그 말이 옳다면 그는 죽일 수 없으며, 그 말이 그르다면 의당 용서해 주어야 합니다. 저는 죽음으로써 감히 간언합니다."

신경기가 머리를 찧어 피가 흐르자, 임금은 노기가 풀어졌으며 그런 연후에 일이 그칠 수 있었다.

뒤에 난간을 고치려 하자 성제가 말하였다.

"바꾸지 말라. 부서진 채로 두어 곧은 신하의 표창으로 삼아라."

주운은 이로부터 다시는 벼슬길에 나서지 않았다.

前漢, 朱雲字游, 魯人. 容貌甚壯, 以勇力聞. 好倜儻大節, 當世高之. 擧方正, 爲槐里令, 坐廢錮.

成帝時, 張禹以帝師位特進, 甚尊重. 雲上書求見, 公卿在前, 雲曰: 「今朝廷大臣, 上不能匡主, 下亡以益民, 皆尸位素餐. 臣願賜尙方斬馬劍, 斷佞臣一人, 以厲其餘.」

上問: 「誰也?」

對曰: 「安昌侯張禹.」

上大怒曰: 「小臣居下訕上, 廷辱師傅, 罪死不赦.」

御史將雲下, 雲攀殿檻, 檻折, 呼曰: 「臣得下從龍逢·比干遊於地下足矣. 未知聖朝何如耳.」

御史遂將雲去.

於是左將軍辛慶忌免冠, 解印綬, 叩頭殿下曰: 「此臣素著狂直於世. 使其言是, 不可誅; 其言非, 固當容之. 臣敢以死爭」

　慶忌叩頭流血, 上意解, 然後得已.

　及後當治檻, 上曰:「勿易. 因而輯之, 以旌直臣」

　雲自是不復仕.

【朱雲】자는 游. 西漢 때의 魯(지금의 山東省 남부) 땅 출신. 뒤에 平陵(지금의 陝西省 咸陽市)으로 옮겨 살았음. 처음 任俠을 좋아하였으나 나이 40에 《周易》,《論語》를 공부하여 元帝 때 五鹿充宗과 《周易》에 대한 토론을 벌여 博士가 됨. 성격이 강직하여 벼슬에 물러나 제자를 가르침.《漢書》에 傳이 있음. '五鹿嶽嶽'[144] 참조.

【成帝】西漢의 제9대 황제 劉驁. 孝成皇帝. 元帝 劉奭의 아들. B.C.32년~ B.C.7년 재위. 趙飛燕과의 연애 고사로 유명함.

【張禹】成帝의 스승이며 安昌侯에 봉해짐.

【特進】諸侯·王侯·將軍 중에서 功德이 뛰어난 사람에게 내리는 특별한 官位.

【尙方】天子의 器物을 관리하는 곳.

【斬馬劍】말도 죽일 수 있는 예리하고 큰 칼.

【龍逢·比干】'龍逢'은 夏나라 桀王의 신하였던 關龍逢. 관룡방(關龍逢)으로 표기하기도 함. '比干'은 殷나라 紂王의 신하. 두 사람 모두 충간을 하다가 죽은 인물들. '龍逢板出'[231] 및 '商受斷涉'[198] 참조.

【辛慶忌】당시의 左將軍으로 주운을 변호한 인물.

1.《漢書》朱雲傳

朱雲字游, 魯人也, 徙平陵. 少時通輕俠, 借客報仇. 長八尺餘, 容貌甚壯, 以勇力聞. 年四十, 乃變節從博士白子友受《易》, 又事前將軍蕭望之受《論語》, 皆能傳其業. 好偶儻大節, 當世以是高之. 元帝時, 琅邪貢禹爲御史大夫, 而華陰守丞嘉上封事, 言「治道在於得賢, 御史之官, 宰相之副, 九卿之右, 不可不選. 平陵朱雲, 兼資文武, 忠正有智略, 可使以六百石秩試守御史大夫, 以盡其能.」上乃下其事問公卿. 太子少傅匡衡對, 以爲「大臣者, 國家之股肱, 萬姓所瞻仰, 明王所愼擇也. 傳曰下輕其上爵, 賤人圖柄臣, 則國家搖動而民不靜矣. 今嘉從守丞而圖大臣之位, 欲以匹夫徒(走)[步]之人而超九卿之右, 非所以重國家而尊社稷也. 自堯之用舜, 文王於太公, 猶試然後爵之, 又況朱雲者乎? 雲素好勇, 數犯法亡命, 受《易》頗有師道, 其行義未有以異. 今御史大夫禹絜白廉正, 經術通明, 有伯夷·史魚之風, 海內莫不聞知, 而嘉[猥]稱雲, 欲令爲御史大夫, 妄相稱擧, 疑有姦心, 漸不可長, 宜下有司案驗以明好惡」嘉竟坐之. 至成帝時, 丞相故安昌侯張禹以帝師位特進, 甚尊重. 雲上書求見, 公卿在前. 雲曰:「今朝廷大臣上不能匡主, 下亡以益民, 皆尸位素餐, 孔子所謂『鄙夫不可與事君』, 『苟患失之, 亡所不至』者也. 臣願賜尚方斬馬劍, 斷佞臣一人以厲其餘」上問:「誰也?」對曰「安昌侯張禹.」上大怒, 曰:「小臣居下訕上, 廷辱師傅, 罪死不赦.」御史將雲下, 雲攀殿檻, 檻折. 雲呼曰:「臣得下從龍逢·比干游於地下, 足矣! 未知聖朝何如耳?」御史遂將雲去. 於是左將軍辛慶忌免冠解印綬, 叩頭殿下曰:「此臣素著狂直於世. 使其言是, 不可誅; 其言非, 固當容之. 臣敢以死爭.」慶忌叩頭流血. 上意解, 然後得已. 及後當治檻, 上曰:「勿易! 因而輯之, 以旌直臣.」雲自是之後不復仕, 常居鄠田, 時出乘牛車從諸生, 所過皆敬事焉. 薛宣爲丞相, 雲往見之. 宣備賓主禮, 因留雲宿, 從容謂雲曰:「在田野亡事, 且留我東閣, 可以觀四方奇士.」雲曰:「小生乃欲相吏邪?」宣不敢復言. 其教授, 擇諸生, 然後爲弟子. 九江嚴望及望兄子元, 字仲, 能傳雲學, 皆爲博士. 望至泰山太守.

2. 《十八史略》(2)

安昌侯張禹, 以帝師傅, 每有大政, 必與定議. 時吏民多上書言:「災異王氏專政所致.」上至禹第, 辟左右親以示禹. 禹自見年老子孫弱, 恐爲王氏所怨, 謂上曰:「春秋日食地震, 或爲諸侯相殺, 夷狄侵中國. 災變之意, 深遠難見. 故聖人罕言命, 不語怪神. 性與天道, 自子貢之屬不得聞, 何況淺見鄙儒之所言? 新學小生, 亂道誤人, 宜無信用.」上雅信愛禹, 由是不疑王氏. 故槐里令朱雲, 上書求見:「願賜尚方斬馬劍, 斷佞臣一人頭, 以屬其餘」上問:「誰也?」對曰:「安昌侯張禹.」上大怒曰:「小臣居下, 廷辱師傅, 罪死不赦.」御史將雲下, 雲攀殿檻, 檻折. 雲呼曰:「臣得下從龍逢比干, 遊於地下足矣. 未知聖朝何如耳」左將軍辛慶忌, 叩頭流血爭之, 上意乃解. 及當治檻, 上曰:「勿易因而輯之, 以旌直臣.」

205-② 申屠斷鞅
황제 수레의 말 가슴 끈을 끊은 신도강

　　후한後漢의 신도강申屠剛은 자가 거경巨卿이며 부풍扶風 무릉茂陵 사람이며 승상 신도가申屠嘉의 7대손이다. 신도강은 성격이 방직方直하여 항상 사추史鰌나 급암汲黯 같은 이들의 사람됨을 흠모하였다. 평제平帝 때 현량방정과賢良方正科에 천거되어 대책문 답안을 썼는데, 이 문장이 왕망王莽에게 거슬려 왕망은 원후元后에게 조칙을 내려 그를 파직시키고 돌려보내도록 하였다.

　　건무建武 7년, 그는 시어사侍御史로 불려 뒤에 상서령尙書令에 오르게 되었다. 광무제光武帝가 한번은 놀이를 위해 외출하려 하자, 신도강은 농촉隴蜀 지역이 아직 평정을 찾지 못한 때이니 연회나 놀이에 빠져 즐길 때가 아니라고 하였다. 그러나 자신의 간언이 받아들여지지 않자, 드디어 황제의 수레바퀴 아래에 머리를 넣어 황제는 할 수 없이 중지하고 말았다.

　　황제가 본분에 어긋나면 자주 간언을 한 이유로, 결국 그는 평음령平陰令으로 밀려났다가 다시 불려 태중대부太中大夫에 올랐다.

　　구주舊注에는 "칼로 말 가슴 끈을 끊었다"라 하였는데, 어느 기록을 근거로 하였는지 알 수 없다. 강剛자는 옮겨 쓰면서 강綱자로도 쓴다.

　　後漢, 申屠剛字巨卿, 扶風茂陵人, 丞相嘉七世孫. 剛性方直, 常慕史鰌·汲黯之爲人.

　　平帝時, 擧賢良方正對策, 王莽令元后下詔罷歸.

　　建武七年, 徵拜侍御史, 遷尙書令.

　　光武嘗欲出游, 剛以隴蜀未平, 不宜宴安逸豫. 諫不見聽, 遂以頭軔乘輿輪, 帝遂爲止. 以數切諫失旨, 出爲平陰令, 復拜太中大夫.
  舊注云: 以刀斷馬鞅, 未詳所出. 剛轉作綱.

【申屠剛】 자는 巨卿. 후한 때 인물. 申屠嘉의 후손으로 강직한 것으로써
이름이 높았음. 侍御史, 太中大夫, 尙書令 등을 역임함.《後漢書》에 전이
실려 있음.
【丞相嘉】 申屠嘉. '申嘉私謁'[262] 참조.
【史鰌】 字는 子魚. 춘추시대 衛靈公의 大夫. 尸諫의 고사를 남긴 인물로
孔子도 '直哉子魚'라 크게 칭찬을 하였던 인물. '史魚黜殯'[255] 참조.
【汲黯】 자는 長儒(?~B.C.112). 西漢 濮陽人. 景帝 때 太子洗馬를 거쳐 武帝
때 謁者가 됨. 東海太守 때 선정을 베풀었으며 九卿에 오름. 무제가 '社稷
之臣'이라 칭할 정도로 신임을 받았으며 淮陽太守에 올랐다가 그 직위에서
생을 마침.《史記》(120)와《漢書》(50)에 傳이 있음. '汲黯開倉'[257] 참조.
【平帝】 西漢 제11대 황제. 元帝와 馮昭儀 사이에 난 劉興의 아들이며 이름은
劉衎. A.D.1~5년 재위함.
【王莽】 字는 巨君(B.C.45~23). 漢 元皇后의 조카. 어려서 고아가 되어 독서
끝에 성망을 얻었음. 뒤에 太傅가 되어 安漢公에 봉해졌으며 平帝가 죽은 후
겨우 두 살인 孺子 嬰을 옹립하고 자신은 攝皇帝가 되었다가 初始 元年
(A.D.8) 정권을 찬탈, '新'을 세워 '西漢'의 종말을 고함. 그러나 천하의 혼란이
일어나 地皇 4年(23)에 劉玄·赤眉軍·綠林軍에게 살해되고 말았음.《漢書》(99)
에 그 傳이 있음.
【元后】 元帝 王皇后. 王莽의 어머니.
【建武】 東漢 光武帝 劉秀의 첫 연호. A.D.25~55년까지 31년간.
【光武帝】 世祖光武皇帝. 光武帝. A.D.25~57년 재위. 東漢(後漢)의 첫 황제.
劉秀. 자는 文叔. 長沙 定王 劉發의 후손. 漢 景帝가 유발을 낳고, 유발이
春陵節侯 劉買를 낳았으며 뒤에 封地가 南陽 白水鄕으로 옮겨져 그곳을
春陵이라 하고 가문을 이루었음. 그리고 유매의 막내아들이 劉外였으며
그가 劉回를 낳았고, 유회가 南頓令 劉欽을 낳았으며 유흠이 유수를 낳았음.
이가 동한을 일으켜 낙양에 도읍을 하여 유씨 왕조를 이은 것이며 이를
東漢(後漢)이라 부름.

【隴蜀】隴은 陝西省, 蜀은 四川省. 關中에서 서쪽과 남쪽 일대를 말함.
【軔】수레바퀴 아래에 있으며 수레를 멈추게 하는 장치.

1.《後漢書》申屠剛

申屠剛字巨卿, 扶風茂陵人也. 七世祖嘉, 文帝時爲丞相. 剛質性方直, 常慕史鰌·汲黯之爲人. 仕郡功曹.

平帝時, 王莽專政, 朝多猜忌, 遂隔絶帝外家馮衛二族, 不得交宦, 剛常疾之. 及擧賢良方正, 因對策曰:

光武嘗欲出游, 剛以隴蜀未平, 不宜宴安逸豫. 諫不見聽, 遂以頭軔乘輿輪, 帝遂爲止.

時內外羣官, 多帝自選擧, 加以法理嚴察, 職事過苦, 尙書近臣, 至乃捶撲牽曳於前, 羣臣莫敢正言. 剛每輒極諫, 又數言皇太子宜時就東宮, 簡任賢保, 以成其德, 帝並不納. 以數切諫失旨, 數年, 出爲平陰令. 復徵拜太中大夫, 以病去官, 卒於家.

206. 衛玠羊車, 王恭鶴氅

206-① 衛玠羊車
양이 끄는 수레를 타고 다니는 위개

《진서晉書》에 실려 있다.

위개衛玠가 총각總角 시절에 양이 끄는 수레를 타고 시내로 들어서자, 이를 본 사람들이 모두 옥인玉人인 줄 여겼고, 구경하는 자들이 도읍에 가득하였다. 뒤에 그는 태자세마太子洗馬가 되었다. 그런데 천하에 대란이 일어나 남쪽으로 이동하면서 예장豫章에 이르렀다. 당시 왕돈王敦이 예장을 지키고 있었는데, 그의 장사長史 사곤謝鯤이 위개를 훌륭히 여겨 중시하고 있던 터라, 서로 만나 즐겁게 여기며 해가 다하도록 담론을 나누었다. 그러자 왕돈이 사곤에게 이렇게 말하였다.

"지난날 왕보사(王輔嗣, 王弼)가 중조中朝에 금석성金石聲을 토하더니, 이 자가 다시 강표江表에서 옥진성玉振聲을 내는구나. 미언微言의 실마리가 끊어졌다가 다시 이어지고 있으니, 영가永嘉의 말기에 다시 정시正始의 소리를 들을 줄은 미처 생각지도 못하였다. 하평숙(何平叔, 하안)이 만약 여기에 있었다면 의당 다시 한 번 절도絶倒했을 것이다."

위개는 자신만 못한 자가 있으면 그가 처한 사정으로써 용서할 수 있으며, 정황으로 보아 맞지 않는데도 자신에게 간섭하는 것이 있으면 이치로써 해결할 수가 있다고 여겼다. 그 때문에 종신토록 얼굴에 기쁘다거나 즐겁다는 표정을 나타내본 적이 없었다. 위개는 왕돈을 두고 호상豪爽한 인물로서 남과 어울리지 않으며, 남의 윗자리에 처하기를 좋아하니 충신이 될 수는 없다고 여겨, 예장을 떠나 건업建鄴으로 향하였다. 그러자 경사(京師, 건업)의 인사들이 그의 멋진 생김새를 듣고 구경하러 모여든 자가 담을 이루었다. 그때 마침 위개가 죽음을 맞자, 당시 사람들은 그가 구경거리가 되었기에 죽음을 당한 것이라고 말하였다.

《晉書》: 衛玠總角乘羊車入市, 見者以爲玉人, 觀者傾都. 拜太子洗馬. 以天下亂移家, 南行至豫章.

時王敦鎭豫章, 長史謝鯤雅重玠, 相見欣然, 言論彌日. 敦謂鯤曰: 「昔王輔嗣吐金聲於中朝, 此子復玉振於江表. 微言之緒, 絶而復續. 不意永嘉之末, 復聞正始之音. 何平叔若在, 當復絶倒.」

玠嘗以人有不及, 可以情恕. 非意相干, 可以理遣. 故終身不見喜慍色. 玠以敦豪爽不群, 好居物上, 恐非忠臣, 求向建鄴. 京師人士聞其姿容, 觀者如堵. 會卒, 時謂被看殺.

【衛玠】 자는 叔寶(287~313). 어릴 때는 虎라 부름. 衛瓘의 손자이며 衛恒의 아들. 《老莊》에 조예가 깊었음. 어려서 王澄, 王玄, 王濟와 함께 이름을 날려 "王家三子, 不如衛家一兒"라 하였음. 中原大亂 때 남으로 피난하여 王敦에게 발탁됨. 太子洗馬를 지냈으며 王承과 더불어 '中興第一名士'로 불림. 《晉書》(36)에 전이 있음. '叔寶玉潤'[185] 및 '平子絶倒'[078] 등 참조.
【王敦】 자는 處仲(266~324). 어릴 때는 阿黑이라 부름. 王含의 아우이며 王導의 종제로 八王之亂 때 공을 세워 散騎常侍, 侍中, 靑州刺史, 鎭東大將軍 등을 지냄. 西晉이 망하자 司馬睿를 옹립하여 황제로 삼음. 뒤에 明帝 때 난을 일으켰다가 軍中에서 죽음. 《晉書》(98)에 전이 있음. '王敦傾室'[152] 참조.
【謝鯤】 자는 幼興(280~322). 謝衡의 아들이며 謝尙의 아버지. 老莊과 《易》에 밝았으며 豫章太守를 지냄. 東海王(司馬越)에게 발탁되어 掾을 거쳐 參軍을 지냄. 뒤에 다시 王敦에게 발탁되었으며 왕돈이 난을 일으키자 이를 극구 간언하였음. 《晉書》(49)에 전이 있음. '謝鯤折齒'[271] 및 '謝尙鴝鵒'[048] 참조.
【王輔嗣】 王弼. 자는 輔嗣(226~249). 어려서부터 학문에 밝았으며 특히 道家의 이론으로 儒學을 引證하려한 학문방법을 창안하였음. 그리하여 玄學에 뛰어

났을 뿐 아니라 漢代 유학의 質朴瑣屑한 면을 타파하였음. 尙書郎을 지냈으며 《老子注》와 《周易注》가 유명하며 〈道略論〉이 있음. 《三國志》魏書 鍾會傳 注에 관련 기록이 있음. '何晏神伏'[228] 참조.

【永嘉】晉 懷帝(司馬熾) 때의 연호. 307~312년까지 6년간. 劉淵이 稱帝하고 劉曜가 洛陽을 함락, 황제를 포로로 하여 잡아간 永嘉之亂(311)이 일어나 西晉이 기울기 시작하였음.

【正始之音】'正始'는 魏나라 齊王 曹芳의 연호. 240~248년. '音'은 竹林七賢의 遺風을 말함.

【何平叔】何晏(190~249). 자는 平叔. 三國 때 魏나라 사람. 漢나라때 何進의 손자. 어려서 曹操에게 사랑을 받았으며, 金鄕公主를 아내로 맞음. 司馬宣王에게 죽음을 당함. 〈老莊〉을 좋아하여 夏侯玄. 王弼 등과 함께 玄學을 창도함. 저술로는 〈道德論〉, 〈無爲論〉 등이 있으며 지금은 《論語集解》가 전함. 《三國志》(9)에 傳이 있음. '平子絶倒'[078] 참조.

참고 및 관련 자료

1. 《晉書》(36) 衛玠傳

衛玠字叔寶, 年五歲, 風神秀異. 祖父瓘曰:「此兒有異於衆, 顧吾年老, 不見其成長耳!」總角乘羊車入市, 見者皆以爲玉人, 觀之者傾都. 驃騎將軍王濟, 玠之舅也, 儁爽有風姿, 每見玠, 輒歎曰:「珠玉在側, 覺我形穢.」又嘗於人曰:「與玠同遊, 冏若明珠之在側, 朗然照人.」及長, 好言玄理. 其後多病體羸, 母恒禁其語. 遇有勝日, 親友時請一言, 無不咨嗟, 以爲入微. 琅邪王澄有高名, 少所推服. 每聞玠言, 輒歎息絶倒. 故時人爲之語曰:「衛玠談道, 平子絶倒.」澄及王玄·王濟並有盛名, 皆出玠下. 世云:「王家三子, 不如衛家一兒.」玠妻父樂廣, 有海内重名, 議者以爲「婦公冰淸, 女壻玉潤」. ……遂進豫章. 是時大將軍王敦鎭豫章, 長史謝鯤雅重玠, 相見欣然, 言論彌日. 敦謂鯤曰:「昔王輔嗣吐金聲於中朝, 此子復玉振於江表. 微言之緒, 絶而復續. 不意永嘉之末, 復聞正始之音. 何平叔若在, 當復絶倒.」玠嘗以人有不及, 可以情恕; 非意相干, 可以理遣. 故終身不見喜慍色. 以敦豪爽不群, 而好居物上, 恐非忠臣, 求向建鄴. 京師人士聞其姿容, 觀者如堵. 玠勞疾遂甚, 永嘉六年卒, 是年二十七, 時人謂玠被看殺. 葬於南昌. 謝鯤哭之慟, 人問曰:「子有何恤而致斯哀?」答曰:「棟梁折矣, 不覺哀耳.」咸和中, 改塋於江寧.

206-② 王恭鶴氅
왕공의 학창구라는 외투

《진서晉書》에 실려 있다.

왕공王恭은 자가 효백孝伯이며 태원太原 진양晉陽 사람이다. 어려서 훌륭한 명성이 있었으며, 청담한 지조가 남을 앞섰다. 스스로 재능과 본질이 높고 뛰어나다고 자부하였으며, 재보宰輔의 자리에 앉게 될 것임을 바라고 있었다. 그러던 그가 좌저작랑佐著作郎이 되자 이렇게 탄식하였다.

"벼슬길에 올라 재상宰相이 되지 않는다면 재능과 지조를 어찌 마음대로 펴 볼 수 있겠는가?"

여러 차례 승진을 거듭하여 안북장군安北將軍이 되었으나, 회계왕會稽王 사마도자司馬道子에게 죽음을 당하고 말았다. 왕공은 잘생긴 얼굴에 의표가 뛰어나 많은 사람들로부터 사랑을 받았다. 어떤 사람이 그를 이렇게 평하였다.

"깨끗하기는 마치 봄밤 달빛에 비친 버드나무 같다."

그는 일찍이 학창구鶴氅裘라는 외투를 입고 눈 속을 걷고 있었는데, 이를 맹창孟昶이 몰래 그 모습을 보고는 이렇게 말한 적이 있었다.

"이는 진실로 신선으로써 속세에 살고 있는 자로다!"

왕공은 성격이 폭넓지 못하여 기회를 잡는 데는 어두웠다. 게다가 불교를 믿어 사형에 임할 때도 불경佛經을 외우며 죽었다.

《晉書》: 王恭字孝伯, 太原晉陽人. 少有美譽, 清操過人. 自負才地高華, 有宰輔之望.

爲佐著作郎, 歎曰:「仕宦不爲宰相, 才志何足以騁?」

累遷安北將軍, 爲會稽王道子所害.

恭美姿儀, 人多愛悅, 或人目之云:「濯濯如春月柳.」
嘗被鶴氅裘, 涉雪而行, 孟昶窺見曰:「此眞神仙中人也!」
恭爲性不弘, 闇於機會. 尤信佛法, 臨刑猶誦佛經.

【王恭】 자는 孝伯(?~398). 太原 晉陽人. 王蘊의 아들이며 安帝의 외삼촌.
일찍이 丹陽尹의 中書令을 지냈으며 五州都督前將軍과 靑州·兗州刺史 등을
지냄. 殷仲堪, 桓玄 등과 모반을 꾀하다가 會稽王 司馬道子에게 죽음을
당하고 말았음.《晉書》(84)에 전이 있음. '孝伯痛飮'[224] 참조.
【會稽王道子】 司馬道子. 司馬太傅. 司馬文孝王(364~402). 진나라 簡文帝의
아우. 10세 때 琅邪王에 봉해졌으며, 뒤에 會稽王에 다시 봉해짐. 가혹하게
굴어 안제 때 王恭·桓玄·孫恩의 起兵을 유발함. 뒤에 桓玄에게 죽음.
《晉書》(64)에 전이 있음. '會稽霞擧'[054] 참조.
【鶴氅裘】 학의 깃털로 만든 옷.
【孟昶】 자는 彦達(?~410). 혹 彦遠. 王恭에게 발탁되어 丹陽尹을 지냄. 桓玄에
반대하였다가 약을 먹고 자살함.《晉書》安帝紀 및 〈王恭傳〉 참조.

1.《晉書》(84) 王恭傳

王恭字孝伯, 光祿大夫蘊子, 定皇后之兄也. 少有美譽, 淸操過人. 自負才地高華,
恆有宰輔之望. ……起家爲佐著作郞, 歎曰:「仕宦不爲宰相, 才志何足以騁?」
因以疾辭. ……國寶及緒惶懼不知所爲, 用王珣計, 請解職. 道子收國寶, 賜死,
斬緒于市, 深謝愆失, 恭乃還京口. ……恭性抗直, 深存節義, 讀《左傳》之「奉王命
討不庭」, 每輒卷而歎. 爲性不弘, 以闇於機會, 自在北府, 雖以簡惠爲政, 然自
矜貴, 與下殊隔. 不閑用兵, 尤信佛道, 調役百姓, 修營佛寺, 務在壯麗, 士庶怨嗟.
臨刑, 猶誦佛經, 自理鬚鬢, 神無懼容, 謂監刑者曰:「我闇於信人, 所以致此,
原其本心, 豈不忠於社稷! 但令百代之下知有王恭耳!」家無財帛, 唯書籍而已,
爲識者所傷. 恭美姿儀, 人多愛悅, 或人目之云:「濯濯如春月柳.」嘗被鶴氅裘,
涉雪而行, 孟昶窺見曰:「此眞神仙中人也!」初見執, 遇故吏戴耆之爲湖孰令.
恭私告之曰:「我有庶兒未擧, 在乳母家, 卿爲我送寄桓南郡.」耆之遂送之於

夏口. 桓玄撫養之, 爲立喪庭弔祭焉. 及玄執政, 上表理恭, 詔贈侍中・太保, 謚曰忠簡.

2.《世說新語》企羨篇

孟昶未達時, 家在京口, 常見王恭乘高輿, 被鶴氅裘; 于時微雪, 昶於籬間窺之, 歎曰:「此眞神仙中人也!」

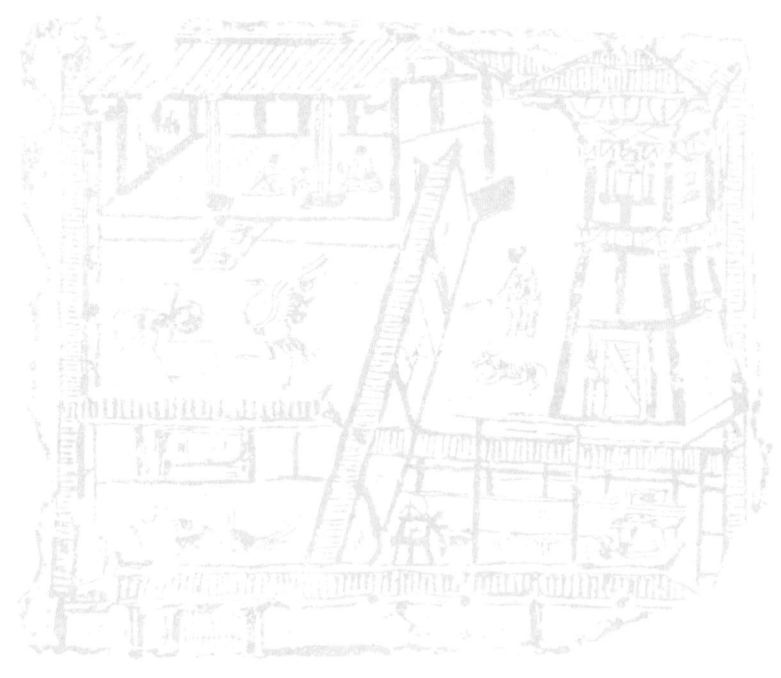

207. 管仲隨馬, 倉舒稱象

207-① 管仲隨馬
말을 뒤따라 길을 찾아낸 관중

《한비자韓非子》에 실려 있다.

관중管仲과 습붕隰朋이 환공桓公을 따라 고죽국孤竹國 정벌에 나섰다. 봄에 출발하여 겨울에야 돌아오게 되었는데, 도중에 그만 길을 잃고 말았다.

관중이 말하였다.

"늙은 말의 지혜는 가히 활용할 수 있다."

그러고는 늙은 말을 풀어놓고 그를 따라가서 드디어 길을 찾게 되었다.

또 한 번은 산 속에 갇혀 물이 없었다. 그러자 습붕이 말하였다.

"개미는 겨울에는 산의 남쪽에 살며, 여름에는 산의 북쪽에 산다. 그 개미 흙덩이 굴을 1촌寸 한 길만 파면 물이 있다."

이에 땅을 파서 물을 얻을 수 있었다.

관중과 습붕의 지혜로도 알지 못하는 것에 이르면, 늙은 말이나 개미를 스승으로 삼기를 어렵게 여기지 않았다. 그런데 지금 사람들은 그 어리석은 마음을 가지고 있으면서도 성인聖人의 지혜를 모르고 있으니 역시 지나친 것이 아니겠는가?

《韓非子》曰: 管仲·隰朋從於桓公而伐孤竹. 春往冬返, 迷惑失道.

管仲曰:「老馬之智可用也.」

乃放老馬而隨之, 遂得道.

行山中無水, 隰朋曰:「蟻冬居山之陽, 夏居山之陰. 蟻壤一寸而仞有水.」

　乃掘地, 遂得水. 以管仲·隰朋之智, 至其所不知, 不難師於老馬與蟻. 今人不知以其愚心師聖人之智, 不亦過乎?

【韓非子】戰國時代 韓나라 公子인 韓非가 지은 책. 형벌과 법률을 바탕으로 나라를 다스려야 한다는 법가사상의 대표적인 저술. 《史記》老莊申韓列傳 및 《韓非子》 참조.

【管仲】춘추전국시대 齊桓公의 재상. 《左傳》·《史記》齊世家·같은 책 열전 2에 그의 전기가 나오고 鮑叔牙와 가난했을 때의 교우, 즉 관포지교의 고사로 유명함. 자는 夷吾. B.C.686년 제나라 公孫無知가 양공을 죽이고 자립하자 공자 糾는 노나라로, 小白은 莒나라로 도망하였음. 이듬해 무지가 피살되자 두 공자가 먼저 귀국하여 왕위에 오르고자 할 때 규를 모시고 있던 管仲이 길목에서 소백 일행을 쏘아 소백은 허리띠 고리에 화살을 맞고 죽은 척하다가 급히 귀국, 왕위에 오르게 됨. 이가 齊 桓公이며 鮑叔의 의견에 따라 관중을 용서하고 등용하여 春秋五霸의 수장으로서 패권을 잡게 된 것임. 《史記》管晏列傳 및 《열자》 등 참조.

【隰朋】齊나라의 公族大夫가 되어 管仲과 桓公을 도왔던 인물.

【桓公】춘추시대 제나라 군주. 小白. B.C.685~B.C.643년까지 43년간 재위하였으며 관중과 포숙 등의 도움으로 春秋의 첫 霸者가 됨.

【孤竹】殷나라 때 제후국인 孤竹國. 伯夷·叔齊는 고죽군의 아들이었음.

참고 및 관련 자료

1. 《韓非子》 說林(上)

管仲·隰朋從桓公伐孤竹, 春往冬反, 迷惑失道. 管仲曰:「老馬之智可用也.」乃放老馬而隨之, 遂得道. 行山中無水, 隰朋曰:「蟻冬居山之陽, 夏居山之陰. 蟻壤一寸而仞有水.」乃掘地, 遂得水. 以管仲之聖而隰朋之智, 至其所不知, 不難師於老馬與蟻. 今人不知以其愚心而師聖人之智, 不亦過乎?

207-② 倉舒稱象
코끼리의 무게를 달아낸 창서

《위지魏志》에 실려 있다.

등애왕鄧哀王 조충曹沖은 자가 창서倉舒이며 무제武帝 조조의 아들이다. 어려서 총명하고 명찰하며 기세가 우뚝하여 대여섯 살 때에 이미 어른과 같은 지혜를 가지고 있었다. 당시 손권孫權은 거대한 코끼리를 선물로 바쳐왔다. 태조太祖, 무제, 조조가 그 무게를 알고 싶어 여러 아래 신하들에게 물어보았지만 그 무게를 산출해 낼 방법을 대답해 내는 자가 없었다. 그때 조충이 말하였다.

"코끼리를 큰 배에 실은 다음 물이 차오르는 곳에 표시해 두시는 것입니다. 그러고 나서 다른 물건을 그 표시에 맞게 싣는다면 이를 비교하면 가히 알 수 있을 것입니다."

태조는 크게 기꺼워하며 즉시 그대로 실행해 보았다.

당시 군사문제와 국사가 많아 형벌을 사용함이 엄중하였다. 무릇 사형에 해당하는 죄일지라도 조충에게 불려가 심리를 받아 그로써 구제와 용서를 받은 자가 앞뒤로 수십 명이나 되었다. 태조는 자주 여러 신하들에게 그에 대한 칭찬을 아끼지 않았으며 뒤에 자리를 물려줄 뜻도 가지고 있었지만 그때 마침 죽는 바람에 실현되지 못하였다.

《魏志》: 鄧哀王沖字倉舒, 武帝子. 少聰察岐嶷, 五六歲, 有若成人之智.

時孫權曾致巨象, 太祖欲知其斤重, 訪之群下, 莫能出其理.

沖曰:「置象大船之上, 而刻其水痕所至, 稱物以載之, 則校其可知矣.」

太祖大悅, 卽施行焉.

時軍國多事, 用刑嚴重. 凡應罪戮, 而爲沖徵所辨理, 賴以濟宥者, 前後數十.

太祖數對群臣稱述, 有欲傳後意, 會卒.

【鄧哀王】曹沖. 魏武帝 曹操의 아들. 鄧侯. '哀王'은 시호.

【孫權】자는 仲謀(182~252). 삼국 吳나라 大帝. 仲謀. 江東에 손씨 집안이 이루어놓은 세력을 바탕으로 강동 6군을 점거하고 222년에 吳王으로 책봉을 받은 다음 229년에 자립하여 帝를 칭하며 국호를 吳라 하였으며 즉시 武昌에서 建業으로 수도를 옮겨 삼국시대를 열었음. 재위 23년 만에 죽어 그 아들 孫亮이 뒤를 이음.《三國志》(47)에 전이 있음.

【太祖】魏나라 曹操(155~220). 자는 孟德. 어릴 때는 阿瞞으로 불렸음. 沛國 출신으로 기지와 변화는 물론 문장에도 뛰어났으며 曹丕의 아버지로 한말 세력을 키워 魏나라를 건립하는 기초를 세움. 아들 조비가 獻帝로부터 선양받아 武帝로 추존함.《孫子略解》,《兵書接要》,《曹操集》 등이 있음. 《三國志》(1)에 紀가 있음.

【岐嶷】뛰어나고 우뚝함. 지혜가 있는 모양.

참고 및 관련 자료

1.《三國志》(20) 魏志 鄧哀王沖

鄧哀王沖字倉舒, 少聰察岐嶷, 生五六歲, 智意所及, 有若成人之智. 時孫權曾致巨象, 太祖欲知其斤重, 訪之群下, 咸莫能出其理. 沖曰:「置象大船之上, 而刻其水痕所至, 稱物以載之, 則校其可知矣.」太祖大悅, 卽施行焉. 時軍國多事, 用刑嚴重. 太祖馬鞍在庫, 而爲鼠所齧, 庫吏懼必死, 議欲面縛首罪, 猶懼不免. 沖謂曰:「待三日中, 然後自歸.」沖於是以刀穿單衣, 如鼠齧者, 謬爲失意, 貌有愁色. 太祖問之, 沖對曰:「世俗以爲鼠齧衣者, 其主不吉. 今單衣見齧, 是以憂戚.」太祖曰:「此妄言耳, 無所苦也.」俄而庫吏以齧鞍聞, 太祖笑曰:「兒衣在側, 尚齧, 況鞍縣柱乎?」一無所問. 沖仁愛識達, 皆此類也. 凡應罪戮, 而爲沖徵所辨理,賴以濟宥者, 前後數十. 太祖數對群臣稱述, 有欲傳後意. 年十三, 建安十三年疾病, 太祖親爲請命. 及亡, 哀甚. 文帝寬喩太祖, 太祖曰:「此我之不幸, 而汝曹之幸也.」

208. 丁蘭刻木, 伯瑜泣杖

208-① 丁蘭刻木
어머니의 모습을 나무판에 새겨 모신 정란의 효도

《효자전孝子傳》에 실려 있다.

정란丁蘭은 어머니를 효성으로 모셨으며 어머니가 돌아가시자 어머니의 모습을 나무에 새겨 이를 어머니로 여겨 모셨다. 그런데 정란의 아내가 잘못하여 그 나무의 어머니의 얼굴을 태웠는데 그 타들어 가는 시각만큼 머리카락이 마치 베어내듯이 떨어지는 것이었다.

《孝子傳》: 丁蘭事母孝. 母亡, 刻木爲母事之. 蘭婦誤, 以火燒母面, 應時髮落如割.

【丁蘭】 사적이 자세하지는 않으나 효성으로 민간에 널리 이름이 났던 인물. 부모의 상을 대신하는 말로 '丁憂', '丁蘭憂'라 함.

참고 및 관련 자료

1.《二十四孝》刻木事親

漢, 丁蘭, 幼喪父母, 未得奉養, 而思念劬勞之恩, 刻木爲像, 事之如生. 其妻久而不敬, 以針戲刺其指, 則血出. 木像見蘭, 又眼中垂淚, 蘭問得其情, 將妻出棄之. 有詩爲頌. 詩曰:『刻木爲父母, 形容如在時. 寄言諸子姪, 各要孝親幃.』

2. 《搜神記》佚文

丁蘭, 河內野王人. 年十五, 喪母. 乃刻木作母事之, 供養如生. 隣人有所借, 木
母顏和則與, 不和不與. 後隣人忿蘭, 盜斫木母, 應刀血出. 蘭乃殯殮, 報讐. 漢
宣帝嘉之, 拜中大夫.(《太平御覽》482)

208-② 伯瑜泣杖
매를 맞고 우는 이유를 말한 백유

《설원說苑》에 실려 있다.

백유伯瑜가 잘못을 저지르자 그 어머니가 매질을 하였다. 그런데 백유가
우는 것이었다. 어머니가 이상히 여겨 물었다.

"다른 날에는 내가 회초리로 때려도 울던 적이 없더니 지금은 이렇게
우니 무슨 까닭이냐?"

그는 이렇게 대답하였다.

"다른 날에는 잘못을 저질러 매맞을 때 항상 아팠습니다. 그런데 지금
어머니의 힘이 약해져서 때려도 아프지 않으니 이 때문에 우는 것입니다."

《십이국사十二國史》에는 유瑜자가 유愈자로 표기되어 있다.

《說苑》曰: 伯瑜有過, 其母笞之, 泣.

母曰:「他日笞未嘗泣, 今泣何也?」

對曰:「他日得罪笞, 常痛. 今母之力不能痛, 是以泣」

《十二國史》: 瑜作愈.

【說苑】漢나라 劉向이 편찬한 일화집. 교훈적인 일화를 모아 君道, 臣術 등을
 20편으로 나누어 정리되어 있음.
【伯瑜】효성으로 널리 알려진 인물.《小學》에는 伯兪로 되어 있음.
【十二國史】구체적으로는 알 수 없음.

1.《說苑》建本篇

伯兪有過, 其母笞之, 泣, 其母曰:「他日笞子未嘗見泣, 今泣何也?」對曰:「他日
兪得罪笞嘗痛, 今母之力不能使痛, 是以泣.」故曰父母怒之, 不作於意, 不見於色,
深受其罪, 使可哀憐, 上也; 父母怒之, 不作於意, 不見於色, 其次也; 父母怒之,
作於意, 見於色, 下也.

2.《小學》稽古「明倫」

伯兪有過, 其母笞之, 泣. 其母曰:「他日笞, 子未嘗泣. 今泣, 何也?」對曰:「兪得罪,
笞常痛, 今母之力, 不能使痛, 是以泣.」

209. 陳逵豪爽, 田方簡傲

209-① 陳逵豪爽
호방하고 상랑한 진규

《세설신어世說新語》〈호상편豪爽篇〉에 실려 있다.

진晉나라 진규陳逵는 자가 임도林道이며 건업建業의 서안西岸에 살고 있었다. 도하都下의 많은 사람들이 그를 우저牛渚로 초청하여 그곳에 가게 되었다. 진규는 언리言理에 뛰어났다. 많은 사람들이 함께 그를 한번 꺾어보려 하였다. 진규는 여의봉如意棒으로 턱을 괴고 멀리 계롱산鷄籠山을 바라보면서 이렇게 탄식하였다.

"옛날 손백부孫伯符는 품었던 뜻을 완수하지 못하였다."

이에 결국 앉았던 사람들은 더 이상 담론을 하지 못하였다.

백부는 손책孫策의 자이다.

《世說》〈豪爽篇〉: 晉, 陳逵字林道, 住西岸. 都下諸人, 共邀至牛渚. 陳善言理, 諸人欲共言折陳.

陳以如意拄頰, 望鷄籠山歎曰:「昔孫伯符志業不遂.」

於是竟坐不得談.

伯符孫策字也.

【陳逵】 자는 林道. 어려서 명성이 있어 廣陵公을 습봉하고 淮南太守 등을 지냄.

【如意】 說法, 法要, 論議를 할 때에 지니는 물건. 원래는 뿔이나 대나무와

같은 것으로 사람의 손가락 같이 만들어서 등의 가려운 부분을 긁는 기구 효자손이었음.

【孫伯符】陳遠가 이것을 말한 것은 자신을 보고 있는 사람은 눈앞에 있는 사람들이 아니고, 중원을 평정하고자 바랐던 孫策이 있을 뿐이라는 뜻이었음. 그러한 뜻을 가졌던 손책이 지금은 없으니 다른 사람들은 상대가 될 수 없음을 말한 것임. 伯符는 孫策(175~200)을 말함. 자는 伯符. 孫堅의 맏아들. 吳侯에 봉해짐. 그 아우 孫權이 그 무리를 이끌고 오나라를 세움. 《三國志》(46)에 전이 있음. 26세에 죽어 그 왕업을 달성하지 못하였음.

1. 《世說新語》豪爽篇

陳林道在西岸, 都下諸人共要至牛渚會. 陳理旣佳, 人欲共言折; 陳以如意拄頰望雞籠山, 嘆曰:「孫伯符志業不遂!」於是竟坐不得談.

2. 《吳錄》

長沙桓王諱策, 字伯符, 吳郡富春人. 少有雄姿風, 年十九而襲業, 衆號孫郎. 平定江東, 爲許貢客射破其面, 引鏡自照, 謂左右曰:「面如此, 豈可復立功業乎?」乃謂張昭曰:「中國方亂, 夫以吳·越之衆, 三江之固, 足以觀成敗. 公等善相吾弟!」呼大皇弟, 授以印綬, 曰:「擧江東之衆, 決機於兩陳之間, 卿不如我; 任賢使能, 各盡其心, 以保江東, 我不如卿. 愼勿北渡!」語畢而薨, 時年二十六.

209-② 田方簡傲
간오한 전자방

《사기史記》에 실려 있다.

위魏 문후文侯가 중산中山을 정벌하면서 아들 격擊으로 하여금 그 땅을 지키게 하였다. 자격이 아버지 문후의 스승 전자방田子方을 조가朝歌에서 만나자, 수레를 끌어 길을 피하며 내려서 경의를 표하였다. 그런데 전자방은 전혀 예를 갖추지 않는 것이었다. 이에 자격이 물었다.

"부귀하게 되었을 때 남에게 교만하게 굴 수 있는 것입니까? 아니면 빈천할 때라야 남에게 교만하게 굴 수 있는 것입니까?"

전자방은 이렇게 말하였다.

"역시 빈천할 때라야 남에게 교만하게 굴 수 있을 뿐입니다. 무릇 제후이면서 교만하게 굴면 나라를 잃게 되고, 대부이면서 교만하게 굴다가는 그 집안을 망치게 되지요. 빈천한 자로서는 행동이 상대와 맞지 아니하거나 자신의 의견이 채용되지 아니하면 저 초楚나라나 월越나라로 떠나면 됩니다. 마치 헌신짝 버리듯 하면 될 뿐이니 어찌 그들과 같겠습니까!"

자격은 불쾌히 여기며 그 자리를 떠났다.

《史記》: 魏文侯伐中山, 使子擊守之. 子擊逢文侯之師田子方朝歌, 引車避下謁.

子方不爲禮, 子擊因問曰:「富貴者驕人乎? 且貧賤者驕人乎?」

子方曰:「亦貧賤者驕人耳. 夫諸侯而驕人則失其國. 大夫而驕人則失其家. 貧賤者, 行不合, 言不用, 則去之楚越. 若脫躧然, 奈何其同之哉!」

子擊不懌而去.

【魏文侯】戰國時代 魏나라의 영명한 君主. 재위 50년(B.C.445~396). ‘翟璜直言’
 [089] 참조.
【擊】위 문후의 아들 이름.
【田子方】위 문후의 스승.

1.《史記》魏世家

十七年, 伐中山, 使子擊守之, 趙倉唐傅之. 子擊逢文侯之師田子方於朝歌, 引車避,
下謁. 田子方不爲禮. 子擊因問曰:「富貴者驕人乎? 且貧賤者驕人乎?」子方曰:
「亦貧賤者驕人耳. 夫諸侯而驕人則失其國, 大夫而驕人則失其家. 貧賤者,
行不合, 言不用, 則去之楚·越, 若脫躧然, 奈何其同之哉!」子擊不懌而去.
西攻秦, 至鄭而還, 築雒陰·合陽.

2.《十八史略》(1)

文侯之子擊, 遇子方于道, 下車伏謁, 子方不爲禮, 擊怒曰:「富貴者驕人乎? 貧賤
者驕人乎?」子方曰:「亦貧賤者驕人耳. 富貴者安敢驕人? 國君而驕人失其國;
大夫而驕人失其家. 夫士貧賤者, 言不用行不合, 則納履而去耳. 安往而不得貧
賤哉?」擊謝之.

210. 黃向訪主, 陳寔遺盜

210-① 黃向訪主
주인을 찾아 주은 금을 돌려준 황향

구주舊注에 말하였다.

후한後漢의 황향黃向은 예장豫章 사람이다. 일찍이 길을 가다가 금이 들어 있는 주머니를 주웠는데 이를 주인을 찾아 돌려주었다.

舊注云: 後漢, 黃向豫章人也. 嘗行於路, 拾得金囊, 乃訪主還之.

【黃向】 자는 仲文. 後漢 때의 인물.

210-② 陳寔遺盜
도둑에게 비단을 선물한 진식

후한後漢의 진식陳寔은 자가 중궁仲弓이며 영천潁川 허현許縣 사람이다. 어려서 현縣의 관리가 되었다가 다시 낙양 도정都亭자사를 보좌하였다. 학문에 뜻을 두고 앉으나 서나 글을 외웠다. 그러자 현령이 그를 기특하게 여겨 태학太學에서 공부할 것을 허락하였다. 뒤에 그는 태구장太丘長이 되어 덕을 닦고 청정하게 하여 백성들이 이로써 편안함을 얻었다. 관리가 와서 소송제도를 금할 것을 아뢰자 진식은 이렇게 말하였다.

"소송이란 어느 것이 바른 것인지를 찾아내기 위한 것이다. 이를 금지한다면 사리 판단을 어디에 하소연하겠는가?"

그렇지만 그의 덕에 감복하여, 그 관할에는 끝내 소송을 제기하는 자가 없었다. 그가 관직을 벗어나자 관리와 백성들은 그를 그리워하였다.

그가 향려鄉閭에 머물 때는 마음을 평온히 하고 사물을 솔직하게 처리하였다. 쟁송이 벌어지면 문득 그를 찾아와 판결을 부탁하였다. 그럴 때면 진식은 곡직曲直을 비유로써 깨우쳐 주어 물러난 자로써 누구도 원망하는 자가 없었으며, 이렇게 감탄하기까지 하였다.

"차라리 형벌을 받을지언정 진식에게 나의 단점을 보여서는 안 되리!"

당시 흉년이 들자, 밤에 그의 집에 도둑이 들어 대들보 위에 숨어 있었다. 진식은 몰래 이를 보고 있다가 자손들을 불러모아 정색을 하며 이렇게 훈계하였다.

"무릇 사람이란 스스로 힘쓰지 않으면 안 된다. 선하지 못한 사람이란 꼭 본성이 악한 때문이 아니다. 습관이 성품이 되어 드디어 그러한 지경에 이르고 만 것이니, 바로 대들보 위의 군자가 그러한 사람이다."

도둑은 크게 놀라 아래로 내려와 머리를 조아리며 자신의 죄를 빌었다.

진식은 이렇게 말하였다.

"그대의 모습을 보아하니 나쁜 사람은 아닌 것 같소. 가난해서 이런 짓을 하게 되었을 것이오."

그러고는 비단 두 필을 주도록 하였다. 이로부터 그 현에는 도둑이 사라졌다.

뒤에 그는 여러 차례 벼슬의 제안을 받았으나 나가지 아니하였다. 그가 집에서 생을 마치자 전국 각지에서 문상 온 자가 3만여 명이나 되었으며, 그 중 최마衰麻를 입은 자만도 백 단위로 헤아릴 정도였다.

그들은 함께 비석을 세워 사적을 새겼으며, 시호를 문범선생文範先生이라 하였다.

後漢, 陳寔字仲弓, 潁川許人. 少作縣吏, 爲都亭刺佐. 有志好學, 坐立誦讀. 縣令奇之, 聽受業太學.

後除太丘長, 修德淸靜, 百姓以安.

吏白欲禁訟者, 寔曰:「訟以求直, 禁之理將何申?」

卒無訟者. 去官吏人追思之. 在鄕閭平心率物, 有爭訟輒求判正, 曉譬曲直, 退無怨者, 至乃歎曰:「寧爲刑罰所加, 不爲陳君所短.」

時歲荒. 有盜夜入其室, 止於梁上.

寔陰見之, 呼子孫正色訓之曰:「夫人不可不自勉. 不善之人, 未必本惡. 習以性成, 遂至於此. 梁上君子是矣.」

盜大驚, 自投於地, 稽顙歸罪.

寔曰:「視君狀貌, 不似惡人, 當由貧困.」

令遺絹二匹. 自是一縣無盜. 後累命不起.

卒于家, 海內赴者三萬餘人, 制衰麻者以百數. 共刊石立碑, 諡文範先生.

【陳寔】 자는 仲弓(104~187). 후한 때 인물로 太丘縣의 현장을 지내어 陳太丘로도 불리며, 향리에 덕행으로 소문이 나서 "寧爲刑罰所加, 不爲陳君所短"이라 하였음. 그가 죽었을 때 3만 명의 조문객이 왔었다 함. 아들 여섯 중에 陳紀와 陳諶이 가장 어질고 똑똑하였다 함. 《後漢書》(62)에 傳이 있음. '陳寔遺盜'[210] 참조.

【淸靜】《老子》(45)에 "靜勝躁, 寒勝熱, 淸靜爲天下正"이라 함.

【習以性成】 '以'는 '與'와 같음. 《書經》 太甲篇 "伊尹曰:「玆乃不義, 習與性成. 予弗狎于弗順.」 營于桐宮, 密邇先王其訓, 無俾世迷"라 함. 한편 《論語》 陽貨篇에는 "性相近也, 習相遠也"라 함.

【衰麻】喪服. '衰'는 '최(縗)'와 같음. '麻'는 머리와 허리에 두르는 喪巾과 喪帶.

1. 《後漢書》 陳寔

陳寔字仲弓, 潁川許人也. 出於單微. 自爲兒童, 雖在戲弄, 爲等類所歸. 少作縣吏, 常給事廝役, 後爲都亭(刺)佐. 而有志好學, 坐立誦讀. 縣令鄧邵試與語, 奇之, 聽受業太學. 後令復召爲吏, 乃避隱陽城山中. 時有殺人者, 同縣楊吏以疑寔, 縣遂逮繫, 考掠無實, 而後得出. 及爲督郵, 乃密託許令, 禮召楊吏. 遠近聞者, 咸歎服之.

家貧, 復爲郡西門亭長, 尋轉功曹. 時中常侍侯覽託太守高倫用吏, 倫敎署爲文學掾. 寔知非其人, 懷檄請見. 言曰:「此人不宜用, 而侯常侍不可違. 寔乞從外署, 不足以塵明德」倫從之. 於是鄕論怪其非擧, 寔終無所言. 倫後被徵爲尙書, 郡中士大夫送至輪氏傳舍. 倫謂衆人言曰:「吾前爲侯常侍用吏, 陳君密持敎還, 而於外白署. 比聞議者以此少之, 此咎由故人畏憚强禦, 陳君可謂善則稱君, 過則稱己者也.」寔固自引愆, 聞者方歎息, 由是天下服其德. 司空黃瓊辟選理劇, 補聞喜長, 旬月, 以촒喪去官. 復再遷除太丘長. 修德淸靜, 百姓以安. 鄰縣人戶歸附者, 寔輒訓導譬解, 發遣各令還本司官行部. 吏慮有訟者, 白欲禁之. 寔曰:「訟以求直, 禁之理將何申? 其勿有所拘.」司官聞而歎息曰:「陳君所言若是, 豈有怨於人乎?」亦竟無訟者. 以沛相賦斂違法, 乃解印綬去, 吏人追思之. 及後逮捕黨人, 事亦連寔. 餘人多逃避求免, 寔曰:「吾不就獄, 衆無所恃.」乃請囚焉. 遇赦得出. 靈帝初, 大將軍竇武辟以爲掾屬. 時中常侍張讓權傾天下. 讓父死, 歸葬潁川, 雖一郡畢至, 而名士無往者, 讓甚恥之, 寔乃獨弔焉. 及後復誅黨人, 讓感寔, 故多所全宥. 寔在鄕間, 平心率物. 其有爭訟, 輒求判正, 曉譬曲直, 退無怨者. 至乃歎曰:「寧爲刑罰所加, 不爲陳君所短.」時歲荒民儉, 有盜夜入其室, 止於梁上. 寔陰見, 乃起自整拂, 呼命子孫, 正色訓之曰:「夫人不可不自勉. 不善之人未必本惡, 習以性成, 遂至於此. 梁上君子者是矣!」盜大驚, 自投於地, 稽顙歸罪. 寔徐譬之曰:「視君狀貌, 不似惡人, 宜深剋己反善. 然此當由貧困.」令遺絹二匹. 自是一縣無復盜竊. 太尉楊賜·司徒陳耽, 每拜公卿, 羣僚畢賀, 賜等常歎寔大位未登, 愧於先之. 及黨禁始解, 大將軍何進·司徒袁隗遣人敦寔, 欲特表以不次之位, 寔乃謝使者曰;「寔久絶人事, 飾巾待終而已.」時三公每缺, 議者歸之, 累見徵命, 遂不起, 閉門懸車, 棲遲養老. 中平四年, 年八十四, 卒于家. 何進遣使弔祭, 海內赴者三萬餘人, 制衰麻者以百數. 共刊石立碑, 諡爲文範先生. 有六子, 紀·諶最賢.

211. 龐儉鑿井, 陰方祀竈

211-① 龐儉鑿井
우물 파다가 큰 부자 되어 아버지까지 찾게 된 방검

《풍속통風俗通》에 실려 있다.

방검龐儉은 아버지를 잃고 어머니를 따라 유랑하며 살고 있었다. 뒤에 노리盧里에 살게 되었는데, 우물을 파다가 동전을 얻어 부자가 되었다. 이로써 노비를 얻고자 하여 늙은 창두蒼頭를 맞게 되었다. 집안에 들어온 지 며칠 뒤 그 창두는 스스로 이렇게 말하는 것이었다.

"안방에 계신 너의 어머니가 내 아내이다."

어머니가 이 말을 듣고 그에게 물어보자 그 노비는 이렇게 말하는 것이었다.

"아내는 애씨艾氏의 딸이며 자는 아굉阿宏이라 합니다. 왼쪽 발 아래 검은 점이 있으며, 오른쪽 겨드랑이 아래에는 붉은 표시가 있는데 빗의 반 정도 크기입니다."

어머니가 말하였다.

"우리 영감이로군요."

그리하여 드디어 부부의 정이 처음과 같게 되었다.

당시 사람들은 이렇게 말하였다.

"노리의 방공, 우물을 파다가 동전을 얻게 되었네. 노비를 샀더니 그가 바로 아버지였다네."

《風俗通》: 龐儉亡其父, 隨母流落. 後居盧里, 鑿井得銅, 遂富. 因求奴得老蒼頭.

於家數日, 蒼頭自言:「堂上母是我婦.」

母聞乃問之, 奴曰:「婦艾氏女, 字阿宏. 左足下有黑子, 右腋下有赤誌, 如半櫛大.」

母曰:「我翁也.」

遂爲夫婦如初.

時人謂曰:「盧里龐公, 鑿井得銅, 買奴得翁.」

【風俗通】《風俗通議》. 漢나라의 應劭가 지음. 典禮를 考證한 책.
【龐儉】우물을 파다가 구리를 얻고 아버지까지 다시 만난 인물.
【蒼頭】漢나라 시대 하인을 부르는 명칭. 푸른색의 두건을 썼음.

참고 및 관련 자료

1. 《藝文類聚》(126)

風俗通曰: 南陽龐儉, 少失其父, 後居盧里. 鑿井, 得錢千餘萬. 行求老蒼頭, 使主牛馬耕種, 直錢二萬. 有賓婚大會, 奴在灶下, 竊言:「堂上母, 我婦也.」婢卽具白母. 母使儉問, 曰:「是我翁也.」因下堂, 抱其頸啼泣, 遂爲夫婦. 儉及子歷二千石刺史七八人. 時爲之語曰:「盧里諸龐, 鑿井得銅, 買奴得翁.」

211-② 陰方祀竈
부뚜막신에게 제사를 올린 음자방

　후한後漢의 음식陰識은 자가 차백次伯이며 남양南陽 신야新野 사람이다. 광렬황후光烈皇后의 오빠로써 원록후原鹿侯에 봉해졌으며, 현종顯宗 때에는 집금오執金吾가 되어 특진特進의 지위가 되었다. 그 선조는 관중管仲으로부터 나와 대대로 관중을 받들어 제사를 올리며 상군相君이라 불렀다.
　선제宣帝 때에 이르러 음자방陰子方이라는 자가 나왔는데 지극한 효성과 어짊, 은혜로운 사람이었다. 그가 12월 납일臘日 아침밥을 지을 때 부뚜막신이 그 모습을 드러내었다. 음자방은 두 번 절하고, 그가 주는 복을 받으면서 집 안에 개가 있어 이를 바치며 제사를 올렸다. 이 일이 있고부터 그는 갑자기 큰 부자가 되어 농지가 7백여 경頃에 수레와 말, 그리고 노비가 지방의 군주에 비할 정도였다. 음자방은 늘 이렇게 말하였다.
　"내 자손 중이 틀림없이 장차 크게 성공하리라."
　이에 음식에 이르러, 삼대에 걸쳐 드디어 번창하게 되었던 것이다. 그 때문에 그 후 항상 납일이면 부뚜막신에게 제사 올려 개를 제물로 바치게 된 것이다.

　後漢, 陰識字次伯, 南陽新野人. 光烈皇后兄, 封原鹿侯.
　顯宗時, 拜執金吾, 位特進. 其先出自管仲, 世奉其祀, 謂爲相君.
　宣帝時, 陰子方者至孝有仁恩. 臘日晨炊, 而竈神形見, 子方再拜受慶. 家有黃羊, 因以祀之. 自是暴至巨富, 田有七百餘頃, 輿馬僕隷比於邦君.
　子方常言:「我子孫必將强大. 至識三世而遂繁昌.」
　故後常以臘日祀竈, 薦黃羊焉.

【陰識】管仲의 후손으로 자는 次伯. 후한 때 사람으로 光烈皇后의 오빠이며 原鹿侯에 봉해짐.《後漢書》에 전이 있으며《搜神記》등에도 그 일화가 전함.

【顯宗】明帝. 東漢 제2대 황제 劉莊. 光武帝의 아들. 廟號는 顯宗孝明皇帝. 58~75년 재위함.

【執金吾】관직 이름. ‘金’은 兵器로. ‘吾’는 禦. 항상 무기를 가지고 비상시를 대비한다는 뜻.

【宣帝】西漢 7대 황제. 이름은 劉詢. B.C.73~B.C.49년 재위함. 武帝의 증손자. 衛太子의 손자.

【管仲】춘추 초기 齊나라 재상. 자는 夷吾. B.C.686년 제나라 公孫無知가 양공을 죽이고 자립하자 공자 糾는 노나라로, 小白은 莒나라로 도망하였다. 이듬해 무지가 피살되자 두 공자가 먼저 귀국하여 왕위에 오르고자 서둘렀다. 이때 규를 모시고 있던 管仲이 길목에서 소백 일행을 쏘아 소백은 허리띠 고리에 화살을 맞고 죽은 척하다가 급히 귀국, 왕위에 오르게 된다. 이가 齊 桓公이며 鮑叔의 의견에 따라 관중을 용서하고 등용하여 春秋五霸의 수장으로서 패권을 잡게 된다.《史記》管晏列傳 및《열자》참조. 관포지교의 고사를 남기기도 함. ‘管仲隨馬’[207] 참조. 管仲의 손자인 管修가 齊나라에서 楚나라로 가서 陰國의 大夫가 되어 지명을 성씨로 삼았음.

【臘日】冬至 뒤의 셋째 戌日. 원래 臘은 12월에 지내던 제사 이름(臘祭). 그 뒤 12월을 지칭하는 말로 굳어짐.(《新唐書》曆志 二) 이 제사는 원래 夏나라는 ‘嘉平’, 殷나라는 ‘淸祀’, 周나라는 ‘사’(蜡), 秦나라는 ‘랍’(臘)이라 불렀으며 漢나라는 진나라 풍습을 이어 받았음.

【竈神】부뚜막신, 혹 아궁이 신. 竈君·奧라고도 한다. 각 가정에서 집안사람들이 한 행동의 선악을 품정하여 천제에게 보고한다. 민간신앙에 있어서의 최고로 높여 숭상하는 신.

【黃羊】누런 개를 말함.《荊楚歲時記》에 “以黃太祭之, 謂之黃羊”이라 하였고 崔豹의《古今注》에 “狗一名曰黃羊”이라 함.

참고 및 관련 자료

1.《後漢書》陰識傳(陰興)

陰識字次伯, 南陽新野人也, 光烈皇后之前母兄也. 其先出自管仲, 管仲七世孫修,自齊適楚, 爲陰大夫, 因而氏焉. 秦漢之際, 始家新野. 陰氏侯者凡四人. 初, 陰氏世奉管仲之祀, 謂爲相君. 宣帝時, 陰子方者, 至孝有仁恩, 臘日晨炊而竈神形見, 子方再拜受慶. 家有黃羊, 因以祀之. 自是已後, 暴至巨富, 田有七百餘頃, 輿馬僕隷, 比於邦君. 子方常言:「我子孫必將彊大.」至識三世而遂繁昌, 故後常以臘日祀竈, 而薦黃羊焉.

2.《搜神記》(4)

漢宣帝時, 南陽陰子方者, 性至孝, 積恩好施, 喜祀竈. 臘日晨炊, 而竈神形見. 子方再拜受慶. 家有黃羊, 因以祀之. 自是已後, 暴至巨富, 田七百餘頃, 輿馬僕隷, 比於邦君. 子方嘗言:「我子孫必將強大.」至識三世, 而遂繁昌. 家凡四侯, 牧守數十. 故後子孫嘗以臘日祀竈, 而薦黃羊焉.

3.《藝文類聚》(94) 羊

《搜神記》曰: 宣帝時, 陰子方者至孝. 有二息, 嘗臘日晨炊, 而竈神形見. 子方再拜受慶, 家有黃羊, 因以祠之. 自是暴至巨富. 子方常言:「我子孫必將強大.」至識三世, 而遂繁昌. 故後常至臘日祠竈, 而薦黃羊焉.

4.《藝文類聚》(5) 臘

《搜神記》曰: 宣帝時, 陰子方者. 當臘日晨炊, 而竈君神形見. 子方再拜受慶. 家有黃羊, 因以祀之. 自是以後, 暴至巨富. 故後常以臘日祠竈.

5.《初學記》(4) 臘

干寶《搜神記》曰: 宣帝時, 陰子方者, 至孝有仁恩, 嘗臘日晨炊, 而竈神形見. 子房再拜受慶, 家有黃羊, 刲以祠之.

6.《北堂書鈔》(155)

《搜神記》曰: 晉宣帝時, 陰子方者, 當臘日晨炊而禮, 竈神形見, 子方家有黃羊, 因以祠之, 後至巨富, 時時常以黃羊祠竈.

7. 기타 참고 자료.

《太平御覽》(33·902).《歲時廣記》(39).《玉燭寶典》(12).

212. 韓壽竊香, 王濛市帽

212-① 韓壽竊香
향을 훔쳐 한수와 사통한 가충의 딸

《진서晉書》에 실려 있다.

한수韓壽는 자가 덕진德眞이며 남양南陽 도양堵陽 사람이다. 아름다운 모습에 자태와 행동 또한 훌륭하였다. 가충賈充이 그를 불러 사공연司空掾으로 삼았다. 가충이 매번 빈객이나 동료들과 잔치를 할 때면, 그의 딸은 문득 청쇄靑瑣를 통해 그를 훔쳐보곤 하였으며, 결국 한수를 보고 반하고 말았다. 딸은 그리움이 심해지자, 결국 자나깨나 그에 대한 그리움을 발설하고 말았다.

그러자 비녀가 뒤에 한수의 집에 가서 그녀의 감정을 낱낱이 설명하였고, 아울러 그녀는 아주 곱고 빼어나게 생겼으며 단아한 아름다움이 어디에도 비교할 수 없다고 하였다. 한수도 이 말을 듣고 마음이 동하여 비녀로 하여금 은근히 통할 수 있도록 하였다. 비녀가 그 딸에게 가서 이를 알리자, 그 딸은 드디어 몰래 편지를 보내어 감정을 표현하면서 서로 좋은 선물을 주어 사랑을 약속함과 동시에 밤에 한수를 불러 집안으로 들어오도록 하였다. 한수는 담을 넘어 들어가 집안사람은 전혀 알 수 없었다. 당시 서역西域에서 기이한 향을 바쳐왔다. 한 번 몸에 뿌리면 한 달이 넘도록 그 향이 사라지지 않는 것이었다. 황제는 그것을 아주 귀한 것으로 여겨 오직 가충과 대사마大司馬 진건陳騫에게만 하사하였다. 그런데 가충의 딸이 이를 몰래 훔쳐 한수에게 주었던 것이다. 한수의 관료들이 그 아름다운 향기를 맡고 이를 가충에게 말하였다. 가충은 속으로 자신의 딸이 한수와 정을 통하고 있음을 알고, 이에 즉시 그의 아내로 삼아주었다. 한수는 뒤에 산기상시散騎常侍, 하남윤河南尹의 관직에 올랐다.

《晉書》: 韓壽字德眞, 南陽堵陽人. 美姿貌, 善容止, 賈充辟爲司空掾.

充每讌賓寮, 其女輒於靑瑣中窺之, 見壽悅焉. 女大感想, 發於寤寐. 婢後往壽家, 具說女意, 幷言其女光麗艷逸, 端美絶倫. 壽聞而心動, 令爲通殷勤, 婢以白女, 女遂潛修音好, 厚相贈結, 呼壽夜入. 壽踰垣而至, 家中莫知.

時西域有貢奇香, 一著人則經月不歇. 帝甚貴之, 唯賜充及大司馬陳騫, 其女密盜以遺壽. 寮屬聞其芬馥, 稱之於充. 充意知女與壽通, 卽以妻焉.

官至散騎常侍·河南尹.

【韓壽】賈謐의 아버지. 한수가 가충의 막내딸 賈午와 정을 통하여 가밀을 낳았음. 뒤에 가충의 後嗣가 되어 賈氏로 성을 바꾸었음.
【賈充】자는 公閭(217~282). 賈逵의 아들. 西晉 초에 司空, 侍中, 尙書令, 太尉 등을 지냄. 《晉律》을 제정한 인물. 《晉書》(40)에 전이 있음. 그의 딸은 賈午였음. '郭槐自屈'[060] 참조.
【靑瑣】문에 달린 쇠사슬의 모양의 청색 조각. 원래 천자의 문에만 설치할 수 있었으나 賈充에게 허락되어 內門에 달았음. '瑣'는 '璅, 璪'와 같음. 《晉書》에는 '靑璅'로 되어 있음.
【殷勤】'慇懃'과 같음. 疊韻連綿語.
【芬馥】향기가 좋은 냄새.

1. 《晉書》(40) 賈充傳(賈謐)

謐字長深, 母賈午, 充少女也. 父韓壽字德眞, 南陽堵陽人. 魏司徒暨曾孫. 美姿貌, 善容止, 賈充辟爲司空掾. 充每讌賓僚, 其女輒於靑璅中窺之, 見壽悅焉. 問其左右識此人不. 有一婢說壽姓字, 云是故主人. 女大感想, 發於寤寐. 婢後往壽家,具說女意, 幷言其女光麗艶逸, 端美絶倫. 壽聞而心動, 令爲通殷勤, 婢以白女, 女遂潛修音好, 厚相贈結, 呼壽夕入. 壽勁捷過人, 踰垣而至, 家中莫知, 惟充覺其女悅暢異於常日. 時西域有貢奇香, 一著人則經月不歇. 帝甚貴之, 惟以賜充及大司馬陳騫. 其女密盜以遺壽. 充僚屬與壽燕處, 聞其芬馥, 稱之於充. 自是充意知女與壽通, 而其門閤嚴峻, 不知所由得入. 乃夜中陽驚, 託言有盜, 因使循牆以觀其變. 左右白曰:「無餘異, 惟東北角如狐狸行處.」充乃考問女之左右, 具以狀對. 充祕之, 遂以女妻壽. 壽官至散騎常侍·河南尹. 元康初卒, 贈驃騎將軍.

2. 《世說新語》惑溺篇

韓壽美姿容, 賈充辟以爲掾; 充每聚會, 其女於靑璅中看, 見壽, 悅之; 內懷存想, 發於吟詠. 後婢往壽家, 具述如此, 幷言女色麗. 壽聞之心動, 遂請婢潛修音問, 及期往宿. 壽蹻捷絶人, 踰牆而入, 家中莫知. 自是充覺女盛自拂拭, 說暢有異於常. 後會諸吏, 聞壽有奇香之氣, 是外國所貢; 一箸人, 則歷月不歇. 充計武帝唯賜己及陳騫, 餘家無此香; 疑壽與女通, 而垣牆重密, 門閤急峻, 何由得爾? 乃託言有盜, 令人修牆. 使反曰:「其餘無異. 唯東北角有人跡, 而牆高, 非人所踰.」充乃取女左右考問, 卽以狀對. 充祕之, 以女妻壽.

212-② 王濛市帽
모자를 사러 나선 왕몽

《진서晉書》에 실려 있다.

왕몽王濛은 자가 중조仲祖이며 태원太原 진양晉陽 사람으로 애제哀帝 정황후靖皇后의 아버지이다. 어려서 방종하게 굴며 얽매임이 없어 같은 향리에서조차 그를 마주하려 하지 않았다. 나이가 들어 비로소 극기려행克己勵行하여 풍류를 갖추어 아름다운 명성을 얻게 되었다. 예서隸書에 뛰어났으며 용모도 아름다웠다. 일찍이 그가 자신의 모습을 거울에 비춰 보면서 자신 아버지의 자字를 칭하여 이렇게 말하였다.

"왕문개王文開가 이렇게 훌륭한 아들을 낳았구나!"

그러나 집이 가난하여 모자가 찢어지자 모자를 사러 시장에 나섰는데, 마을의 아낙네들이 그의 훌륭한 생김에 반해 새로운 모자를 사서 건네 줄 정도였다.

당시 사람들은 그가 통달한 사람이라 여겼던 것이다. 그는 사도장사司徒長史의 벼슬로 삶을 마쳤다.

《晉書》: 王濛字仲祖, 太原晉陽人, 哀靖皇后父. 少放縱不羈, 不爲鄕曲所齒, 晩節始克己勵行, 有風流美譽. 善隷書, 美姿容.

嘗覽鏡自照, 稱其父字曰:「王文開生如此兒邪!」

居貧, 帽破, 自入市買之, 嫗悅其貌, 遺以新帽, 時人以爲達. 終司徒長史.

【王濛】 자는 仲祖(309?~347?). 王長史로도 부름. 《晉書》(93)에 전이 있음.

【哀靖皇后】 哀帝의 王皇后. 이름은 穆之, 司徒 左長 史濛의 딸. 《中興書》에 "王濛女, 諱穆之, 爲哀帝皇后. 王蘊女, 諱法惠, 爲孝武皇后"라 함.

【隷書】 漢나라 이후 널리 쓰이던 서체. '程邈隷書'[125] 참조.

【王文開】 王訥. 자는 文開. 王濛의 아버지. 《王氏譜》에 "訥字文開, 太原人. 祖黙, 尙書. 父佑, 散騎常侍. 訥始過江, 仕至新淦令"이라 함.

1. 《晉書》(93) 外戚傳(王濛)

王濛字仲祖, 哀靖皇后父也. 曾祖黯, 歷位尙書. 祖佑, 北軍中候. 父訥, 新淦令. 濛少時放縱不羈, 不爲鄕曲所齒, 晩節始克己勵行, 有風流美譽, 虛己應物, 恕而後行, 莫不敬愛焉. 事諸母甚謹, 奉祿資産常推厚居薄, 喜慍不形於色, 不修小潔, 而以清約見稱. 善隷書, 美姿容. 嘗覽鏡自照, 稱其父字曰:「王文開生如此兒邪!」居貧, 帽敗, 自入市買之, 嫗悅其貌, 遺以新帽, 時人以爲達. 年三十九卒. 臨殯, 劉惔以犀杷麈尾置棺中, 因慟絶久之. 謝安亦常稱美濛云:「王長史語甚不多, 可謂有令音.」

2.《語林》

王仲祖有好儀形, 每覽鏡自照, 曰:「王文開那生如馨兒!」時人謂之達也.

3.《世說新語》自新篇

周侯說王長史父:「形貌旣偉, 雅懷有槪, 保而用之, 可作諸許物也.」

213. 勾踐投醪, 陸抗嘗藥

213-① 勾踐投醪
얻은 술을 흐르는 물에 부어
병사들에게 마시게 한 구천

《고열녀전古列女傳》에 실려 있다.

초楚나라 자발子發이 진秦나라를 공격하면서 군량이 바닥나고 말았다. 그리하여 사졸들은 콩알조차 나누어 먹으며 견디고 있을 때, 자발만은 아침저녁으로 좋은 음식에 서량黍粱을 먹으며 결구 진나라를 크게 깨뜨리고 귀국하였다. 그러자 그 어머니는 문을 걸어 잠그고 안으로 받아들이지 않으면서 사람을 시켜 이렇게 꾸짖도록 하였다.

"그대는 월왕越王 구천勾踐이 오吳나라를 쳐서 정벌할 때를 듣지 못하였는가? 어떤 객이 그에게 술 한 그릇을 헌납한 자가 있었다. 그러자 구천은 사람을 시켜 이를 강 상류에 가서 물에 붓도록 하여 사졸들로 하여금 그 아래에서 물을 마시도록 하였다. 맛이야 그 많은 물에 술을 부었다고 술맛이 나지 않았겠지만 사졸들은 전투에서 다섯 사람의 몫을 해내었다. 또 다른 날 어떤 사람이 한 자루의 말린 밥을 헌납해 오자, 구천은 다시 이를 군사들에게 나누어 주어 군사들이 조금씩 나누어 먹었는데, 그 양이 목구멍을 넘어서기에도 부족하였지만 그들은 전투에서 열 사람 몫을 해내었다. 지금 너는 장수가 되어 병사들은 콩알조차 나누어 먹는데 너 홀로 좋은 음식으로 배를 채웠다니 어찌된 일이냐? 너는 내 아들이 아니다. 내 집 문에는 발도 들여놓을 수 없다!"

자발이 어머니에게 사과하였고, 그런 연후에야 받아들였다.

《古列女傳》: 楚子發攻秦, 軍絶粮. 士卒幷分菽粒而食之. 子發朝夕芻豢黍粱, 大破秦將而歸.

其母閉門而不內, 使人數之曰:「子不聞越王勾踐之伐吳乎? 客有獻醇酒一器者, 王使人注江之上流, 使士卒飲其下流. 味不及加美, 而士卒戰自五也. 異日有獻一囊糗糒者, 王又以賜軍. 軍士分而食之. 其不足踰嗌而戰自十也. 今子爲將, 士卒幷分菽粒, 子獨芻豢黍粱何也? 子非吾子, 無入吾門!」

子發謝其母, 然後內之.

【古列女傳】 지금의 《列女傳》劉向이 편찬함. 漢나라까지의 여성들의 전기를 母儀, 賢明, 仁智, 貞順, 節義, 變通, 嬖孽 등 일곱 가지로 나누어 정리하였으며 속집 1권이 첨가되어 있음. 뒤에 《열녀전》이라는 이름의 책이 각 정사에도 들어있고 그 외의 같은 이름의 책이 나와 유향의 이 책을 구별하여 《古列女傳》이라 함.

【子發】 楚나라의 장군.

【菽】 콩의 총칭.

【芻豢】 '추'는 초식을 하는 소와 양 따위의 먹이, 혹 그러한 가축을 일컫는 말이며, '환'은 곡식을 먹이로 하는 개나 돼지를 일컫는 말.

【勾踐】 춘추시대 越나라의 임금. '范蠡泛湖'[137] 참조.

【糗糒】 군대의 휴대용 마른 밥이나 식량. 乾飯.

1. 《列女傳》 母儀傳 楚子發母

楚將子發之母也. 子發攻秦, 絶糧. 使人請於王, 困歸問其母, 母問使者曰:「士卒得無恙乎?」對曰:「士卒幷分菽粒而食之.」又問:「將軍得無恙乎?」對曰:「將軍朝夕芻豢黍粱.」子發破秦而歸, 其母閉門而不内. 使人數之曰:「子不聞越王句踐之伐吳耶? 客有獻醇酒一器者, 王使人注江之上流, 使士卒飲其下流, 味不及加美, 而士卒戰自五也. 異日, 有獻一囊糗精者, 王又以賜軍士分而食之;

甘不踰嗌, 而戰自十也. 今子爲將, 士卒幷分菽粒而食之, 子獨朝夕芻豢黍粱,
何也? 詩不云乎: 『好樂無荒, 良士休休.』言不失和也. 夫使人入於死地, 而自
康樂於其上, 雖有以得勝, 非其術也. 子非吾子也, 無入吾門!」子發於是謝其母,
然後内之. 君子謂:「子發母能以教誨.」詩云: 『教誨爾子, 式穀似之.』此之謂也.
訟曰: 『子發之母, 刺子驕泰, 將軍稻粱, 士卒菽粒. 責以無禮, 不得人力. 君子
嘉焉, 編於母德.』

2. 《藝文類聚》(59)

列女傳曰: 楚子反攻秦軍, 絶糧. 使人請於王, 因問其母, 母問使者曰:「士卒無
恙乎?」使者曰:「士卒分菽粒而食之.」又問:「將軍無恙乎?」對曰:「將軍朝夕
芻豢黍粱.」子反破秦軍而歸, 母閉門不内. 使數之曰:「子不聞越王句踐之伐
吳耶? 客有獻醇酒一器者, 王使人注上流, 使士卒飮下流, 味不加喙而卒戰自
五也; 異日又有獻一囊糧者, 王又使以賜軍士, 分而食之, 甘不踰嗌而戰自十也.
今士卒分菽粒而食之, 子獨朝夕芻豢何也?」

3. 《文選》(28) 樂府〈苦熱行〉注

列女傳曰: 楚子發之母謂子發曰:「使人入於死地, 而康樂於上, 雖有以得勝,
非其術也.」

213-② 陸抗嘗藥
적이 준 약을 의심 없이 마신 육항

《오지吳志》에 실려 있다.

육항陸抗은 자가 유절幼節이며 승상丞相 육손陸遜의 둘째 아들이다. 오吳
나라 장수가 되었다. 당시 진晉나라 평남장군平南將軍 양호羊祜가 남하南夏를
진수하고 있었다. 석성石城 서쪽은 모두가 진나라가 차지하고 있었으며,

진나라에 투항해 오는 자가 끊이지 않고 있었다. 그러자 양호는 더욱 덕과 믿음으로 투항해 온 자들을 감싸주며 품에 안아, 오나라 사람들은 그에게 감복하여 그를 양공羊公이라 부르며 이름을 부르지 않을 정도였다.

양호는 이렇게 육항과 대치하여 있으면서도 사신과 명령을 서로 주고받고 있었다. 육항은 양호의 덕과 도량을 칭찬하면서 비록 악의樂毅나 제갈공명諸葛孔明일지라도 그를 넘어설 수 없을 것이라 하였다. 한 번은 육항이 병이 나자 양호가 약을 보내왔다. 그러자 육항은 그 약을 마시면서 조금도 의심을 하지 않는 것이었다. 사람들이 이를 말리자 육항은 이렇게 말하였다.

"양호가 어찌 남에게 짐독酖毒을 넣어 죽일 자이겠는가?"

당시 사람들은 화원華元과 자반子反이 다시 그 당시에 나타났다고 여겼다. 육항은 매번 경비병들에게 이렇게 말하곤 하였다.

"저들은 오로지 덕으로만 하는데 우리가 오로지 포악함으로만 한다면 이는 싸움도 하기 전에 스스로 우리가 굴복하고 마는 것이다. 그러니 각각 경계를 잘 나누어 잘 보위하되 자질구레한 이익은 도모하지 말 것이니라."

손호孫皓가 이를 듣고 육항을 힐문하자 육항은 이렇게 말하였다.

"작은 고을 하나나 읍 하나일지라도 신의가 없어서는 안 됩니다. 하물며 큰 나라임에랴 어떻겠습니까? 제가 이렇게 하지 않으면 이는 바로 양호의 덕만 드러내는 것이며 양호에게는 아무런 손상도 주지 못하는 것이 됩니다."

육항은 대사마大司馬와 형주목荊州牧의 지위로서 생을 마쳤다.

《吳志》: 陸抗字幼節, 丞相遜次子. 爲吳將. 時晉平南將軍羊祜鎭南夏, 石城以西盡爲晉有, 降者不絕. 祜增修德信, 以懷初附, 吳人悅服, 稱羊公不名.

祜與抗相對, 使命交通. 抗稱祜德量, 雖樂毅·諸葛孔明不能過也. 抗嘗病, 祜遺之藥, 抗服之無疑心.

人多諫抗, 抗曰:「羊祜豈酖人者?」

時以爲華元·子反復見於今.

抗每告其戍曰:「彼專爲德, 我專爲暴, 是不戰而自服也. 各保分界而已, 無求細利!」

孫晧聞以詰抗, 抗曰:「一鄕一邑不可無信義. 況大國乎? 臣下如此, 正是彰其德, 於祜無傷也.」

抗終大司馬·荆州牧.

【陸抗】자는 幼節(226~274). 吳郡人. 승상 陸遜의 아들이며 陸機의 아버지. 孫策의 외손. 江陵都督과 大司馬, 荆州牧 등을 지냄. 《三國志》(13) 吳書에 전이 있음.

【陸遜】자는 伯言. 陸機의 조부. 吳나라 丞相을 지냄.

【羊叔子】羊祜(221~278). 자는 叔子. 羊續의 손자이며 司馬師 羊皇后의 아우. 司馬昭가 권력을 독점하자 이에 좇아 中書侍郎, 給事中, 黃門郎, 秘書監 등의 직책을 담당하면서 荀勗과 더불어 국가 기밀을 관장함. 晉나라가 되면서 中軍將軍, 散騎常侍 등을 거쳐 尙書左僕射, 衛將軍 등을 역임함. 荆州를 지키면서 吳나라 백성에게 잘해주어 오나라 사람들이 그들 羊公이라 불렀음. 선정을 베풀고 그가 죽자 백성들이 罷市를 할 정도였다 함. 그의 碑廟는 杜預가 〈墮淚碑〉라 불렀음. 《老子傳》이 있으며 《晉書》(34)에 전이 있음. '羊祜識環'[027] 참조.

【樂毅】전국시대 燕나라의 장군으로 齊의 70 城을 빼앗았음. 뒤에 田單의 이간에 걸려 趙로 도망침. 《史記》樂毅列傳 참조. '燕昭築臺'[021] 참조.

【諸葛孔明】제갈량. '孔明臥龍'[002] 및 '諸葛顧廬'[147]·'亮遺巾幗'[243] 등 참조.

【酖】'鴆'과 같음. 酖毒을 써서 사람을 독살함.

【華元·子反】《史記》宋世家 등에 나오며 서로 적대 관계이면서도 고통을 이해한 이야기로 유명함.

【孫晧】孫皓로도 표기함. 자는 元宗(243~284). 혹은 이름은 彭祖, 자는 皓宗이라고도 함. 吳의 마지막 임금. 孫權의 孫子이며 孫和의 아들. 처음 烏程侯에 봉해졌다가 孫休(景帝)가 죽자 제위에 오름. 황음무도하여 민심을 잃고 晉 武帝 咸寧 6년(280)에 나라가 망하여 歸命侯에 封해짐. 《三國志》(48)에 전이 있음.

1. 《三國志》(58) 吳志 陸遜傳(陸抗)

抗字幼節, 孫策外孫也. 遜卒時, 年二十, 拜建武校尉, 領遜衆五千人, 送葬東還, 詣都謝恩.

2. 《韓詩外傳》(2)

楚莊王圍宋, 有七日之糧, 曰:「盡此而不克, 將去而歸.」於是使司馬子反乘闉而窺宋城, 宋使華元乘闉而應之. 子反曰:「子之國何若矣?」華元曰:「憊矣! 易子而食之, 析骸而爨之.」子反曰:「嘻! 甚矣憊. 雖然, 吾聞圍者之國, 箝馬而秣之, 使肥者應客. 今何吾子之情也?」華元曰:「吾聞君子見人之困則矜之; 小人見人之困則幸之. 吾望見吾子似於君子, 是以情也.」子反曰:「諾. 子其勉之矣! 吾軍有七日糧爾!」揖而去. 子反告莊王, 莊王曰:「若何?」子反曰:「憊矣! 易子而食之, 析骸而爨之.」莊王曰:「嘻! 甚矣憊. 今得此而歸爾.」子反曰:「不可. 吾已告之矣, 曰:『軍亦有七日糧爾.』」莊王怒曰:「吾使子視之, 子曷爲而告之?」子反曰:「區區之宋, 猶有不欺之臣, 何以楚國而無乎? 吾是以告之也.」莊王曰:「雖然, 吾子今得此而歸爾.」子反曰:「王請處此, 臣請歸爾.」王曰:「子去我而歸, 吾孰與處乎此? 吾將從子而歸.」遂師而歸. 君子善其平已也, 華元以誠告子反, 得以解圍, 全二國之命. 詩云:「彼姝者子, 何以告之?」君子善其以誠相告也.

3. 《左傳》宣公 14년

楚子使申舟聘于齊, 曰:「無假道于宋.」亦使公子馮聘于晉, 不假道于鄭. 申舟以孟諸之役惡宋, 曰:「鄭昭, 宋聾, 晉使不害, 我則必死.」王曰:「殺女, 我伐之.」見犀而行. 及宋, 宋人止之. 華元曰:「過我而不假道, 鄙我也. 鄙我, 亡也. 殺其使者, 必伐我. 伐我, 亦亡也. 亡一也.」乃殺之. 楚子聞之, 投袂而起. 屨及於窒皇, 劍及於寢門之外, 車及于蒲胥之市. 秋九月, 楚子圍宋.

4. 《公羊傳》宣公 十五年

莊王圍宋, 軍有七日之糧爾, 盡此不勝, 將去而歸爾, 於是使司馬子反乘堙而窺宋城, 宋華元亦乘堙而出見之, 司馬子反曰:「子之國何如?」華元曰:「憊矣.」曰:「何如?」曰:「易子而食之, 析骸而炊之.」司馬子反曰:「嘻! 甚矣憊. 雖然, 吾聞之也, 圍者, 柑馬而秣之, 使肥者應客, 是何子之情也?」華元曰:「吾聞之, 君子見人之厄, 則矜之; 小人見人之厄, 則幸之. 吾見子之君子也. 是以告情于子也.」司馬子反曰:「諾, 勉之矣! 吾軍亦有七日之糧爾, 盡此不勝, 將去而歸爾.」揖而去之, 反于莊王. 莊王曰:「何如?」司馬子反曰:「憊矣.」曰:「何如?」曰:

「易子而食之, 析骸而炊之.」莊王曰:「嘻! 甚矣憊. 雖然, 吾今取此, 然後而歸爾.」司馬子反曰:「不可, 臣已告之矣. 軍有七日之糧爾.」莊王怒曰:「吾使子往視之, 子曷爲告之?」司馬子反曰:「以區區之宋, 猶有不欺人之臣, 可以楚而無乎? 是以告之也.」莊王曰:「諾, 舍而止. 雖然, 吾猶取此, 然後歸爾.」司馬子反曰:「然則君請處于此, 臣請歸爾.」莊王曰:「子去我而歸, 吾孰與處于此? 吾亦從子而歸爾.」引師而去之.

5.《呂氏春秋》行論篇

楚莊王使文無畏於齊, 過於宋, 不先假道. 還反, 華元言於宋昭公曰:「往不假道, 來不假道, 是以宋爲野鄙也. 楚之會田也, 故鞭君之僕於孟諸. 請誅之.」乃殺文無畏於揚梁之隄. 莊王方削袂, 聞之曰:「嘻!」投袂而起, 履及諸庭, 劍及諸門, 車及之蒲疏之市. 遂舍於郊, 興師圍宋九月. 宋人易子而食之, 析骨而爨之. 宋公肉袒執犧, 委服告病, 曰:「大國若宥圖之, 唯命是聽」莊王曰:「情矣宋公之言也!」乃爲却四十里, 而舍於盧門之闔, 所以爲成而歸也. 凡事之本在人主, 人主之患, 在先事而簡人. 簡人則事窮矣. 今人臣死而不當, 親帥士民以討其故, 可謂不簡人矣. 宋公服以病告而還師, 可謂不窮矣. 夫舍諸侯於漢陽而飲至者, 其以義進退邪? 彊不足以成此也.

6.《十八史略》(3)

晉有滅吳之志, 以羊祜都督荊州事. 吳以陸抗都督諸軍, 祜與抗對境, 使命常通. 抗遺祜酒, 祜飲之不疑, 抗疾, 祜與之成藥, 抗卽服之曰:「豈有酖人羊叔子哉!」祜務修德政, 以懷吳人. 每交兵, 刻日方戰, 不掩襲. 抗亦告其邊戍:「各保分界而已, 毋求細利.」

7. 기타 참고자료

《史記》宋微子世家·《史記》楚世家·《鹽鐵論》世務篇

214. 孔愉放龜, 張顥墮鵲

214-① 孔愉放龜
거북을 놓아준 공유의 도장

《진서晉書》에 실려 있다.

공유孔愉는 자가 경강敬康이며 회계會稽 산음山陰 사람이다. 같은 군의 장무(張茂, 偉康), 정담(丁潭, 世康)과 이름을 나란히 하여 당시 사람들은 그들을 회계삼강會稽三康이라 불렀다. 건흥建興 초에 벼슬길에 올라 승상연丞相掾이 되었으며, 뒤에 화일華軼을 토벌한 공으로 여부정후餘不亭侯에 봉해졌다. 공유가 일찍이 여부정餘不亭이라는 마을을 지나게 되었는데, 바구니에 거북을 담아 길가에 놓아둔 것을 보고, 이를 사서 시내에 풀어 놓아준 적이 있었다. 그런데 그 거북은 물을 떠내려가면서 네 번이나 왼쪽으로 되돌아보는 것이었다. 그가 작위를 받아 직인職印을 만들면서 바른 모습으로 주조한 도장의 거북 모습이 왼쪽을 돌아보는 모습으로 나타나는 것이었다. 잘못 되었다 싶어 세 번이나 다시 주조하였지만 역시 같았다. 인공印工이 이 사실을 공유에게 고하자 공유는 그제야 옛일을 떠올리며 이를 차고 다녔다.

《晉書》: 孔愉字敬康, 會稽山陰人. 與同郡張茂偉康·丁潭世康齊名, 時人號曰「會稽三康」.

建興初, 出爲丞相掾, 後爲討華軼功, 封餘不亭侯. 愉嘗行經餘不亭, 見籠龜於路者, 愉買而放之溪中, 龜中流左顧者數四.

及是, 鑄侯印, 而印龜左顧, 三鑄如初. 印工以告, 愉乃悟, 遂佩焉.

【孔愉】 자는 敬康(268~342). 車騎將軍을 추증 받음. 그의 막내아들이 孔安國이었음. 會稽內史 등을 지냈으나 말년에 侯山에 은거. 시호는 貞.《晉書》(78)에 전이 있으며《搜神記》등에도 그의 일화가 널리 실려 있음.

【建興】 華軼을 정벌한 일은 懷帝 永興 5년이었음. 따라서 建興은 永興의 오기로 보임.

【印龜】 도장 손잡이가 거북 모습을 한 것. 열후 좌우장군이 황금의 도장에 거북이 모습의 손잡이를 사용함.

참고 및 관련 자료

1.《晉書》(78) 孔愉傳

孔愉字敬康, 會稽山陰人也. 其先世居梁國. 曾祖潛, 太子少傅, 漢末避地會稽, 因家焉. 祖竺, 吳豫章太守. 父恬, 湘東太守. 從兄侃, 大司農. 俱有名江左. 愉年十三而孤, 養祖母以孝聞, 與同郡張茂字偉康·丁潭字世康齊名, 時人號曰「會稽三康」. ……建興初, 始出應召, 爲丞相掾, 仍除駙馬都尉·參丞相軍事, 是年已五十矣. 以討華軼功, 封餘不亭侯. 愉嘗行經餘不亭, 見籠龜於路者, 愉買而放之溪中, 龜中流左顧者數四. 及是, 鑄侯印, 而印龜左顧, 三鑄如初. 印工以告, 愉乃悟, 遂佩焉.

2.《搜神記》(20)

孔愉字敬康, 會稽山陰人. 元帝時, 以討華軼功封侯. 愉少時, 嘗經行餘不亭. 見籠龜于路者, 愉買之, 放於餘不溪中. 龜中流, 左顧者數過. 及後以功封餘不亭侯. 鑄印而龜鈕左顧, 三鑄如初. 印工以聞. 愉乃悟其爲龜之報, 遂取佩焉. 累遷尙書左僕射, 贈車騎將軍.

3.《世說新語》方正篇 注

《孔愉別傳》曰:「愉字敬康, 會稽山陰人. 初辟中宗參軍, 討華軼有功, 封餘不亭侯, 愉少時嘗得一龜, 放於餘不溪中. 龜中路左顧者數過. 及後鑄印, 而龜左顧, 更鑄, 猶如此. 印師以聞. 愉悟, 取而佩焉. 累遷尙書左僕射·贈車騎將軍.

4.《初學記》(26)

何法盛《晉中興書》曰: 孔愉經餘亭, 放龜溪中, 龜中流左顧. 後以功封餘亭侯. 及鑄侯印, 而龜左顧, 更鑄亦然. 印工以聞愉. 愉悟, 乃取佩.(《晉中興書》)

5.《太平廣記》(118)

孔愉嘗至吳興餘不亭, 見人籠龜於路, 愉買而放之. 至水, 反顧視愉. 及封此停侯
而鑄印, 龜首回屈, 三鑄不正, 有似昔龜之顧, 靈德感應如此. 愉悟, 乃取而佩焉.
《會稽先賢傳》)

214-② 張顥墮鵲
떨어진 까치 속에서 도장을 얻은 장호

《박물지博物志》에 실려 있다.

장호張顥는 양梁나라 재상이었다. 새롭게 비가 내린 뒤에 마치 산까치
같이 생긴 새가 땅 가까이 낮게 날아다니고 있었다. 시장 사람들이 돌을
던져 맞추어 그 새가 땅에 떨어지자 사람들이 다투어 이를 주웠는데,
줍고 보니 하나의 동그란 돌멩이였다. 장호가 이를 두드려 깨어보도록 하자,
그 속에 금인金印이 들어 있는 것이었다. 그 도장에는 '충효후인忠孝侯印'이라
새겨져 있었다. 장호는 자가 지백智伯이며 상산常山 사람으로 한漢 영제靈帝
때 태위太尉를 지내었다.

《博物志》: 張顥爲梁相. 新雨後, 有鳥如山鵲, 飛翔近地. 市人
擲之墮地, 民爭取之, 卽爲一圓石. 顥令搥破之, 得一金印. 文曰
『忠孝侯印』.

顥字智伯, 常山人, 漢靈帝時爲太尉.

【博物志】晉나라 張華가 지은 책. 전설, 기이한 현상이나 사물 등을 모아 기록한 책.

【張顥】한나라 靈帝 때 太尉를 지낸 인물. 자는 智伯.《博物志》,《搜神記》 등에 그의 일화가 널리 실려 있음.

【山鵲】산까치. 까치와 비슷하나 부리와 다리는 붉고 꼬리가 깂.

【靈帝】동한 제12대 황제 劉宏. 158~189년 재위함.

1.《博物志》(7)

京兆都張潛客居遼東, 還後爲駙馬都尉·關内侯, 表言故爲諸生太學時, 聞故太尉常山張顥爲梁相, 天新雨後, 有鳥如山鵲, 飛翔近地, 市人擲之, 稍下墮, 民爭取之, 卽爲一員石. 言縣府, 顥令搥破之, 得一金印, 文曰『忠孝侯印』. 顥表上之, 藏於官庫. 後議郎汝南樊行夷校書東觀, 表上言堯舜之時, 舊有此官, 今天降印, 宜可復置.

2.《搜神記》(9) 張顥得金印

常山張顥, 爲梁相. 天新雨後, 有鳥如山鵲, 飛翔入市, 忽然墜地, 人爭取之, 化爲圓石. 顥椎破之, 得一金印, 文曰『忠孝侯印』. 顥以上聞, 藏之祕府. 後議郎汝南樊衡夷上言:「堯舜時舊有此官, 今天降印, 宜可復置.」顥後官至太尉.

3.《後漢書》靈帝紀 注

顥字智明. 搜神記曰:「顥爲梁相, 新雨後, 有鵲飛翔近地, 令人摘之, 墮地化爲圓石. 顥命椎破, 得一金印, 文曰『忠孝侯印』.

4.《太平廣記》(461)

常山張顥爲梁相. 天新雨後, 有鳥如山鵲, 稍下墮地, 民拾取. 卽化爲一圓石. 顥椎破之, 得一金印, 文曰『忠孝侯印』. 顥以上聞, 藏之祕府. 顥後官至太尉. 後議郎汝南樊行夷校書東觀. 上表言:「堯舜之時. 嘗有此官, 今天降印, 宜應復.」

5.《藝文類聚》(90)

搜神記曰: 常山張顥, 爲梁相. 天新雨後, 有鳥如山鵲, 稍下墮地, 民爭取. 卽化爲一圓石. 顥椎破之, 得一金印, 文曰『忠孝侯印』. 顥以聞, 上藏之祕府. 顥後官至太尉.

6.《初學記》(5)

干寶搜神記曰: 常山張顥爲梁相. 天新雨後, 有鳥如山鵲, 飛翔入市, 人擲之墮地, 人爭取, 化爲一圓石. 顥椎破, 得一金印, 文曰『忠孝侯印』.

7.《初學記》(26)

搜神記曰: 張顥爲梁相. 天新雨後, 有鳥如山鵲, 飛翔近地. 令人摘之. 化爲石. 顥命椎破, 得一金印, 文曰『忠孝侯印』. 顥上之, 藏宮, 後議郎汝南樊衡夷上言: 「堯舜時舊有此官, 今天降印, 宜可復置.」

215. 田預儉素, 李恂淸約

215-① 田豫儉素
검소한 전예

《위지魏志》에 실려 있다.

전예田豫는 자가 국양國讓이며 어양漁陽 옹노雍奴 사람이다. 제왕齊王 때에 병주자사幷州刺史가 되자 그 곳 밖의 북쪽 오랑캐들이 그의 위명威名을 듣고 서로 이끌고 와서 물건을 헌납하였다. 그리하여 병주 경계 지역이 조용해 졌고, 백성들은 그의 품으로 들어왔다. 그가 위위衛尉로 발탁되자 여러 차례 직위를 사양하겠다고 청하였지만 사마선왕司馬宣王은 전예는 한창 때의 기질을 수행할 수 있다고 여겨, 편지를 보내어 달래면서 허락해 주지 않는 것이었다. 이에 전예는 이렇게 답신을 보냈다.

"나이 일흔이 넘어 직위에 있는 것은 비유하건대 야간 통행금지 종이 울리고 각루刻漏의 물이 다하였는데도 밤에 쉬지 않고 다니는 것과 같아 이는 죄를 짓는 사람이 됩니다."

그리하여 드디어 병을 핑계로 곧이 사양하였다. 태중대부太中大夫가 되어 경卿의 식록을 받으며 살다가 죽었다.

전예는 청렴하고 검약하여 상이나 하사품으로 받은 것은 장사들에게 나누어 주었고, 매번 호적胡狄들이 사사롭게 바친 것이라도 모두 장부에 기록하여 관에 보관하였으며, 집으로 가져오는 일이 없었다. 집은 항상 빈한하고 가진 것이 없어 비록 자신들과 다른 이민족일지라도 모두가 전예의 절의를 높이 여겼다.

《魏志》: 田豫字國讓, 漁陽雍奴人. 齊王時, 領幷州刺史. 外胡聞其威名相率來獻. 州界寧肅, 百姓懷之. 徵爲衛尉, 屢乞遜位, 司馬宣王以爲豫克壯, 書喩未聽.

豫書答曰:「年過七十而居位, 譬猶鐘鳴漏盡, 而夜行不休, 是罪人也.」

遂固稱疾. 拜太中大夫, 食卿祿薨. 豫淸約儉素, 賞賜散之將士, 每胡狄私遺, 悉簿藏官, 不入家. 家常貧匱, 雖殊類咸高豫節.

【田豫】 삼국시대 위나라 인물로 자는 國讓.《三國志》魏志에 전이 있음.
【齊王】 曹芳. 魏 明帝(曹叡)의 養子이며 위나라 제3대 임금. 폐위되어 '제왕' 으로 불렸으며 240~254년 재위함.
【司馬宣王】 晉宣皇帝. 宣帝 司馬懿(179~251). 자는 仲達. 溫縣人. 司馬師와 司馬昭의 아버지이며 司馬炎(西晉의 첫 황제 晉武帝. 265~290 재위)의 할아버지. 曹操가 승상이 되자 그의 掾이 되었다가 능력을 인정받아 尙書를 거쳐 撫軍 에 올라 蜀漢을 막음. 뒤에 大將軍 曹爽과 함께 漢나라 정권을 휘둘렀으며 諡號는 文으로 하였다가 다시 宣文이라 하였으며 魏 元帝(陳留王) 때 宣王 으로 부름. 司馬炎이 魏나라를 이어받아 晉나라 황제가 되어 宣帝라 추존 하였음.《晉書》(1)에 紀가 있음.

참고 및 관련 자료

1.《三國志》(26) 魏志 田豫傳

田豫字國讓, 漁陽雍奴人也. ……正始初, 遷使持節護匈奴中郞將, 加振威將軍, 領幷州刺史. 外胡聞其威名相率來獻. 州界寧肅, 百姓懷之. 徵爲衛尉, 屢乞遜位, 太傅司馬宣王以爲豫克壯, 書喩未聽. 豫書答曰:「年過七十而居位, 譬猶鐘鳴 漏盡, 而夜行不休, 是罪人也.」遂固稱疾. 拜太中大夫, 食卿祿. 年八十二薨. 豫淸約儉素, 賞賜散之將士, 每胡狄私遺, 悉簿藏官, 不入家. 家常貧匱, 雖殊類, 咸高豫節. 嘉平六年, 下詔褒揚, 賜其家錢穀.

215-② 李恂淸約
청렴하고 검약한 이순

    후한後漢의 이순李恂은 자가 숙영叔英이며 안정安定 임경臨經 사람이다. 시어사侍御史가 되어 부절을 가지고 유주幽州에 사신으로 가서 황제의 은택을 선포하고 북적北狄을 위무하였다. 그는 자신이 통과한 지역의 산천, 둔전, 취락 등을 모두 그림으로 그려 이를 모두 봉하여 황제에게 바쳤다. 숙종肅宗은 이를 가상히 여겨 연주자사兗州刺史로 발탁하였다. 그는 청렴하고 검약한 태도로 아랫사람을 인솔하여 항상 양가죽의 자리를 깔고 삼베로 이불을 해 덮었다. 뒤에 무위태수武威太守로 옮겨갔다가 귀향하여 산택에 은거하면서, 풀을 엮어 오막을 짓고 여러 서생들과 돗자리를 짜서 생계를 삼았다. 흉년이 드는 해에 사공司空 장민張敏, 사도司徒 노공魯恭이 양식을 보내오자, 이들을 하나도 받지 않았다. 신안新安의 함곡관 아래로 이사하여 도토리를 주워 먹을거리로 삼았으며, 나이 아흔여섯의 천수를 누리고 생을 마쳤다.

    구본舊本에는 순恂자를 순詢자로 썼으나 이는 오류이다.

    後漢, 李恂字叔英, 安定臨經人. 拜侍御史, 持節使幽州, 宣布恩澤, 慰撫北狄. 所過皆圖寫山川·屯田·聚落, 悉封奏上.

    肅宗嘉之, 拜兗州刺史. 以淸約率下, 常席羊皮, 服布被. 後遷武威太守, 歸鄕潛居山澤, 結草爲廬與諸生織席自給.

    歲荒, 司空張敏·司徒魯恭饋粮, 悉無所受. 徙居新安關下, 拾橡實以自資, 年九十六卒.

    舊本: 恂作詢誤也.

【李恂】 후한 때 인물로 자는 叔英.《後漢書》에 전이 있음.
【肅宗】 章帝 劉炟. 후한의 제3대 황제. 明帝 劉莊의 아들. 76~88년까지 재위함.
【張敏】 당시의 司空 벼슬을 지내던 인물. 益州刺史였을 때 張載의 글을 무제에게 올려 이를 劍閣山에 새기도록 했었음. '孟陽擲瓦'[217] 참조.
【魯恭】 자는 仲康. 中牟 땅의 현령이 되어 인정을 베풀자, 메뚜기 재해가 나도 그 땅에는 들어오지 않았으며, 아이들도 뽕나무 아래 노는 꿩을 잡지 않았다고 함.《後漢書》魯恭傳 참조. '魯恭馴雉'[061] 참조.
【新安關】 函谷關. 前漢 武帝 元鼎 3년(B.C.118년) 楊僕이 新安으로 關을 옮겼음. '楊僕移關'[074] 참조.

참고 및 관련 자료

1.《後漢書》李恂

李恂字叔英, 安定臨涇人也. 少習《韓詩》, 教授諸生常數百人. 太守潁川李鴻請署功曹, 未及到, 而州辟爲從事. 會鴻卒, 恂不應州命, 而送鴻喪還鄕里. 旣葬, 留起冢墳, 持喪三年. 辟司徒桓虞府. 後拜侍御史, 持節使幽州, 宣布恩澤, 慰撫北狄, 所過皆圖寫山川·屯田·聚落百餘卷, 悉封奏上, 肅宗嘉之. 拜兗州刺史. 以淸約率下, 常席羊皮, 服布被. 遷張掖太守, 有威重名. 時大將軍竇憲將兵屯武威, 天下州郡遠近莫不修禮遺, 恂奉公不阿, 爲憲所奏免. 後復徵拜謁者, 使持節領西域副校尉. 西域殷富, 多珍寶, 諸國侍子及督使賈胡數遺恂奴婢·宛馬·金銀·香罽之屬, 一無所受. 北匈奴數斷西域車師·伊吾, 隴沙以西使命不得通, 恂設購賞, 遂斬虜帥. 縣首軍門. 自是道路夷淸, 威恩並行. 遷武威太守. 後坐事免, 步歸鄕里, 潛居山澤, 結草爲廬, 獨與諸生織席自給. 會西羌反畔, 恂到田舍, 爲所執獲. 羌素聞其名, 放遺之. 恂因詣洛陽謝. 時歲荒, 司空張敏·司徒魯恭等各遣子饋糧, 悉無所受. 徙居新安關下, 拾橡實以自資. 年九十六卒.

216. 義縱攻剽, 周陽暴虐

216-① 義縱攻剽
공격과 표략질에 뛰어난 의종

전한前漢의 의종義縱은 하동河東 사람이다. 젊어서 일찍이 장차공張次公과 함께 남을 공격하고 표략질하며 무리도둑이 되었다. 의종에게는 여동생이 있었는데, 의술이 뛰어나 왕의 사랑을 받아 태후가 되었다. 임금에 의해 의종을 중랑中郞으로 삼아주었다. 그는 장안령長安令으로 옮겨서는 곧은 법으로 다스려 귀척貴戚이라도 피하지 않았다. 다시 하내도위河內都尉로 자리를 옮기게 되어 그곳에 이르자, 그 지역의 토호 양씨穰氏 일족을 주멸해 버렸다. 그러자 그곳 사람들은 길에 떨어진 물건조차 줍지 않게 되었다. 남양태수南陽太守가 되어 영성寗成의 집안을 부수어 버렸다. 다시 정양태수定襄太守로 자리를 옮겨서는, 그곳에 이르자 감옥에 갇혀있는 중죄인重罪人을 모조리 잡아내어 일체 국문하면서 무려 4백여 명을 죽여 버렸다. 그러자 군내 사람들은 추운 겨울이 아닌데도 벌벌 떨었다. 당시 조우趙禹, 장탕張湯이 구경九卿으로 있었으나, 그 치안은 그래도 느슨하여 법에 있는 대로만 정치를 행하고 있었다. 의종은 새매가 공격하여 발톱으로 먹이를 낚아채듯이 다스렸다.

뒤에 그는 황제의 격식을 폐기하고 일을 그르친 사건에 걸려들어 기시棄市 형에 처해지고 말았다.

前漢, 義縱河東人. 少時嘗與張次公, 俱攻剽爲群盜. 縱有妹, 以醫幸王太后. 上拜縱爲中郞. 遷長安令, 直法行治, 不避貴戚.

遷河內都尉, 至則誅滅其豪穰氏之屬, 道不拾遺. 爲南陽太守,破碎寗成家. 徙定襄太守, 至則掩其獄中重罪, 一切捕鞠, 殺四百餘人, 郡中不寒而栗.

時趙禹·張湯爲九卿, 然其治尚寬, 輔法而行. 縱以鷹擊手摯爲治. 後以廢格沮事棄市.

【義縱】西漢 때의 酷吏.《史記》및《漢書》酷吏傳 참조.
【道不拾遺】법이 아주 엄격함을 말함.
【寗成】당시의 酷吏. '寗成乳虎'[006] 참조.
【不寒而栗】춥지도 않은데 벌벌 떪. '栗'은 '慄'과 같음.
【趙禹】'朱雲折檻'[205]에는 張禹로 되어 있음.
【張湯】서한의 대표적인 혹리. '張湯巧詆'[095] 참조.

1.《史記》酷吏列傳

義縱者, 河東人也. 爲少年時, 嘗與張次公俱攻剽爲羣盜. 縱有姊姁, 以醫幸王太后. 王太后問:「有子兄弟爲官者乎?」姊曰:「有弟無行, 不可.」太后乃告上, 拜義姁弟縱爲中郎, 補上黨郡中令. 治敢行, 少蘊藉, 縣無逋事, 擧爲第一. 遷爲長陵及長安令, 直法行治, 不避貴戚. 以捕案太后外孫脩成君子仲, 上以爲能, 遷爲河內都尉. 至則族滅其豪穰氏之屬, 河內道不拾遺. 而張次公亦爲郎, 以勇悍從軍, 敢深入, 有功, 爲岸頭侯.

2.《漢書》酷吏傳(義縱)

義縱, 河東人也. 少年時嘗與張次公俱攻剽, 爲群盜, 縱有姊, 以醫幸王太后. 太后問:「有子兄弟爲官者乎?」姊曰:「有弟無行, 不可.」太后乃告上, 上拜義姁弟縱爲中郎, 補上黨郡中令. 治敢往, 少溫籍, 縣無逋事, 擧第一. 遷爲長陵及長安令, 直法行治, 不避貴戚. 以捕桉太后外孫脩成子中, 上以爲能, 遷爲河內都尉. 至則族滅其豪穰氏之屬, 河內道不拾遺. 而張次公亦爲郎, 以勇悍從軍, 敢深入, 有功, 封爲岸頭侯.

216-② 周陽暴虐
포악하기가 범과 같은 주양유

　전한前漢의 주양유周陽由가 경제景帝 때 군수가 되었다. 그리고 무제武帝가 즉위하자 2천 석石의 태수들 중에 가장 포악하며 잔혹하고 교만방자한 인물로 낙인 찍히고 말았다. 그는 사랑하는 사람이라면 법을 어겨서라도 살려주고, 미워하는 자는 법을 왜곡해서라도 죽여 없앴다. 그가 부임하는 임지마다 그곳의 부호는 반드시 없애 버리고 말았다. 자신이 태수가 되어서는 도위都尉를 현령縣令처럼 여겨 깔보았고, 자신이 도위가 되었을 때는 태수를 능멸하여 그 직책을 빼앗아 독단으로 처리하였다. 뒤에 그는 결국 하동도위河東都尉가 되어 태수와 권력을 다투다가 기시棄市의 형벌에 처해지고 말았다.

　前漢, 周陽由, 景帝時爲郡守.
　武帝立, 由居二千石中, 最爲暴酷驕恣. 所居愛者撓法活之, 所憎者曲法滅之. 所居, 必夷其豪. 爲守視都尉如令, 爲都尉, 陵太守奪之治.
　後爲河東都尉, 與守爭權棄市.

【周陽由】'周陽'은 複姓. '由'는 이름. 원명은 趙由. 그의 아버지 趙兼이 淮南王의 장인으로서 周陽侯에 봉해졌으며 그때 성씨를 周陽으로 바꾸었음.
【景帝】西漢 4대 황제. 劉啓. B.C.156~B.C.141년까지 16년간 재위함. 文帝의 아들이며 梁孝王(劉武)의 형. 文景之治를 이루어 한나라 기반을 다짐.
【武帝】西漢 5대 황제 劉徹. 景帝(劉啓)의 아들이며 B.C.140~B.C.87년까지 54년간 재위함. 대내외적으로 학술, 강역, 문학 등 여러 방면에 걸쳐 많은 치적을 남겨 강력한 帝國을 건설함.

1. 《史記》酷吏列傳

周陽由者, 其父趙兼以淮南王舅父侯周陽, 故因姓周陽氏. 由以宗家任爲郞, 事孝文及景帝. 景帝時, 由爲郡守. 武帝卽位, 吏治尙循謹甚, 然由居二千石中, 最爲暴酷驕恣. 所愛者, 撓法活之; 所憎者, 曲法誅滅之. 所居郡, 必夷其豪. 爲守, 視都尉如令. 爲都尉, 必陵太守, 奪之治. 與汲黯俱爲忮, 司馬安之文惡, 俱在二千石列, 同車未嘗敢均茵伏. 由後爲河東都尉, 時與其守勝屠公爭權, 相告言罪. 勝屠公當抵罪, 義不受刑, 自殺, 而由弃市. 自寧成·周陽由之後, 事益多, 民巧法, 大抵吏之治類多成·由等矣.

2. 《漢書》酷吏傳(周陽由)

周陽由, 其父趙兼以淮南王舅侯周陽, 故因氏焉. 由以宗家任爲郞, 事文帝. 景帝時, 由爲郡守. 武帝卽位, 吏治尙脩謹, 然由居二千石中最爲暴酷驕恣. 所愛者, 撓法活之; 所憎者, 曲法滅之. 所居郡, 必夷其豪. 爲守, 視都尉如令; 爲都尉, 陵太守, 奪之治. 及黯爲忮, 司馬安之文惡, 俱在二千石列, 同車未嘗敢均茵馮. 後由爲河東都尉, 與其守勝屠公爭權, 相告言, 勝屠公當抵罪, 義不受刑, 自殺, 而由棄市. 自甯成·周陽由之後, 事益多, 民巧法, 大抵吏治類多成·由等矣.

217. 孟陽擲瓦, 賈氏如皐

217-① 孟陽擲瓦
못생겼다고 남들이 기왓장을 던지며 놀리던 맹양

《진서晉書》에 실려 있다.

장재張載는 자가 맹양孟陽이며 안평安平 사람이다. 성품이 한아閑雅하며 박학하고 문장에 뛰어났다. 아버지 장수張收가 촉군태수蜀郡太守가 되자, 그는 태강太康 초에 촉으로 아버지를 뵈러 갔다. 가는 도중에 검각劍閣을 지나게 되었다. 장재는 촉 땅 사람들이 그 지형의 험함을 믿고 난을 짓기를 좋아한다고 여겨 〈검각명劍閣銘〉이라는 글을 지어 경계로 삼도록 하였다. 그러자 익주자사益州刺史 장민張敏이 그를 기특하게 여겨 그 문장을 표를 올렸다. 무제는 사람을 보내어 그 문장을 검각산劍閣山에 새기도록 하였다.

그는 벼슬이 중서시랑中書侍郞에 올랐다.

장재는 심히 못생긴 얼굴이어서 매번 외출할 때면 어린아이들이 기왓장이나 돌을 던지는 것이었다. 그러면 그는 위축되어 되돌아오곤 하였다.

《晉書》: 張載字孟陽, 安平人. 性閑雅, 博學有文章. 父收爲蜀郡太守.

太康初, 至蜀省父. 道經劍閣. 載以蜀人恃險好亂. 因著銘, 以作誡. 益州刺史張敏奇之, 表上其文. 武帝遣使, 鐫之於劍閣山焉.

仕至中書侍郞. 載甚醜, 每行, 小兒以瓦石擲之, 委頓而反.

【張載】자는 孟陽. 晉나라 太康 때의 문인. 三張(張載, 張華, 張協)·二陸(陸機, 陸雲)·兩潘(潘岳, 潘尼)·一左(左思) 중의 하나였음. 安平人. 長沙王 司馬乂의 記室을 거쳐 中書侍郎, 領著作 등을 지냈으며, 天下가 난세에 접어든다고 여겨 사직하고 귀향함.《晉書》(55)에 傳이 있으며 五言詩 10수, 四言, 雜言詩 약간의 散句가 전함. 明, 張溥의 집일본《張孟陽·景陽集》이 있음.

【張收】張載의 아버지로 蜀郡太守를 지냄. 蜀郡은 지금의 四川 成都로써 洛陽에서 劍閣山을 거쳐야 함.

【太康】晉 武帝 司馬炎의 연호. 280~289년까지 10년간이었으며, 이때 太康 文學이라 하여 三張·二陸·兩潘·一左 등의 이름난 문인들이 활동하던 시기였음.

【劍閣】長安에서 巴蜀으로 가는 험한 산길. 大劍·小劍이라는 두 산이 있으며 閣道, 棧道를 놓아 통할 수 있음. '張良燒棧'[286] 참조.

【著銘】《文選》(56) 〈劍閣銘〉을 볼 것.

【張敏】당시의 益州刺史. 뒤에 司空에 오름.

【武帝】晉 武帝. 司馬炎. 西晉의 개국군주. 司馬昭의 長子. 자는 安世. 咸熙 2年(265)에 魏나라로부터 禪讓의 형식으로 나라를 이어받아 晉나라를 세우고 洛陽을 도읍으로 함. 재위 26년(265~290). 묘호는 世祖.《晉書》(3)에 紀가 있음.

【載甚醜】《晉書》潘岳傳에 내용이 실려 있음.

【委頓】힘이 빠져 용기를 잃은 모양.

【 참고 및 관련 자료 】

1.《晉書》(55) 張載傳(略)

張載, 字孟陽, 安平人. 性閒雅, 博學有文章. 傅玄爲之延譽, 由是知名. 長王乂請爲記室, 督拜中書侍郎, 載見世亂方亟, 無復仕進意, 遂稱病篤告歸, 終於家.

2.《文選》(56) 張載〈劍閣銘〉注

張孟陽: 臧榮緒《晉書》曰:「張載父收爲蜀郡太守, 載隨父入蜀, 作劍閣銘. 益州刺史張敏見而奇之, 乃表上其文. 世祖遣使鐫石記焉.」

3.《文選》(56) 張載〈劍閣銘〉

巖巖梁山, 積石峨峨. 遠屬荊衡, 近綴岷嶓. 南通邛僰, 北達褒斜.

狹過彭碣, 高蹠嵩華. 惟蜀之門, 作固作鎮. 是曰劍閣, 壁立千仞.
窮地之險, 極路之峻. 世濁則逆, 道淸斯順. 閉由往漢, 開自有晉.
秦得百二, 幷呑諸侯. 齊得十二, 田生獻籌. 矧茲狹隘, 土之外區.
一人荷戟, 萬夫趑趄. 形勝之地, 匪親勿居. 昔在武侯, 中流而喜.
山河之固, 見屈吳起. 興實在德, 險亦難恃. 洞庭孟門, 二國不祀.
自古迄今, 天命匪易. 公孫旣滅, 劉氏銜璧. 覆車之軌, 無或重跡.
勒銘山阿, 敢告梁益.

217-② 賈氏如皐
언덕에 올라 아내 위해 꿩을 잡은 가대부

《좌씨전左氏傳》에 실려 있다.

숙향叔向이 정鄭나라에 사신으로 갔다. 종멸䵷蔑이라는 그곳 현인이 있어 매우 추하게 생겼다. 그가 숙향을 보고자 하여 사신을 따라 예기禮器를 관리하는 자를 따라가서 그 당堂 아래에 서 있었다. 그의 한 마디 말이 매우 훌륭하였으며, 숙향이 마침 술을 마시려다 듣고 이렇게 말하였다.

"틀림없이 종멸임이 분명하다."

그러고는 내려서서 그의 손을 잡고 당 위로 올라와 이렇게 말하였다.

"옛날 가대부賈大夫는 못생긴 사람이었습니다. 그런데 그가 맞이한 아내는 미인이었는데 불만스럽게 여겨 3년을 말도 아니하고 웃지도 않았습니다. 그런데 어느 날 수레를 타고 언덕을 지나다가 꿩을 활로 쏘아 잡았습니다. 그 아내는 그제야 웃고 말을 하게 되었습니다. 그러자 가대부는 '재능은

가지지 않으면 안 되는 것이로구나. 내가 쏘아 맞추지 못하였다면 너는
끝내 말도 하지 아니하고 웃지도 않았을 것이다'라고 말했답니다."

《左氏傳》曰: 叔向適鄭. 鬷蔑惡. 欲觀叔向. 從使之收器者而往,
立於堂下. 一言而善.

　叔向將飮酒, 聞之曰:「必鬷明也.」

　下執其手而上曰:「昔賈大夫惡. 娶妻而美. 三年不言不笑. 御以
如臯, 射雉獲之, 其妻始笑而言. 賈大夫曰:『才之不可以已, 我不
能射, 汝遂不言不笑.』」

【叔向】춘추시대 晉나라 대부. 羊舌肹.
【鬷蔑】鄭나라 대부 然明.

1.《左傳》昭公 28
賈辛將適其縣, 見於魏子. 魏子曰:「辛來! 昔叔向適鄭, 鬷蔑惡, 欲觀叔向, 從使
之收器者, 而往, 立於堂下, 一言而善. 叔向將飮酒, 聞之, 曰:『必鬷明也!』下,
執其手以上, 曰: 昔賈大夫惡, 娶妻而美, 三年不言不笑. 御以如臯, 射雉, 獲之,
其妻始笑而言. 賈大夫曰:『才之不可以已. 我不能射, 女遂不言不笑夫!』今子
少不颺, 子若無言, 吾幾失子矣. 言之不可以已也如是! 遂如故知. 今女有力於
王室, 吾是以擧女. 行乎! 敬之哉! 毋墮乃力!」

218. 顔回簞瓢, 仲蔚蓬蒿

218-① 顔回簞瓢
안회의 단사표음

《논어論語》에 실려 있다.

"한 단簞의 밥과 표주박 물 한 모금에 누추한 골목에 살고 있으니, 보통 사람이라면 그 고생을 견뎌내기 어려우련만, 안회는 그것을 즐거움으로 여겨 바꾸려들지 않는구나. 어질도다, 안회여!"

《論語》曰:「一簞食, 一瓢飮, 在陋巷. 人不堪其憂. 回也不改其樂, 賢哉回也!」

【顔回】顔淵. 공자의 제자. 명석하고 똑똑하였음. 공자가 심히 아꼈으나 일찍 죽음.
【簞】도시락. 대나무로 엮어서 만든 둥근 도시락.
【瓢】박으로 만든 바가지. '許由一瓢'[073] 참조.
【陋巷】貧賤한 사람이 사는 곳. '巷'은 골목. 서민들이 사는 누추한 동네를 말함.

참고 및 관련 자료

1. 《論語》 雍也篇
子曰:「賢哉, 回也! 一簞食, 一瓢飮, 在陋巷, 人不堪其憂, 回也不改其樂. 賢哉, 回也!」

218-② 仲蔚蓬蒿
쑥대가 자란 집에 살고 있는 장중울

《고사전高士傳》에 실려 있다.

　장중울張仲蔚은 부풍扶風 평릉平陵 사람이다. 천문에 밝았으며 사물에 박식하고 문장에 뛰어났고 시부詩賦짓기를 좋아하였다. 항상 빈궁하고 검소하게 살면서 그가 사는 집은 쑥대가 사람을 가려 안보일 정도로 높이 자랐다. 그는 문을 걸어 채우고 양성養性에 힘쓰면서 명리 따위는 거들떠 보지도 않았다. 청빈하고 고고하게 살았지만, 남들이 그를 알아보지 못하였으나 오직 유공劉龔만은 이를 알아줄 뿐이었다. 종신토록 벼슬길에 나서지 않았으며 삼보三輔 사람들이 그를 존중하였다.

　《高士傳》: 張仲蔚, 扶風平陵人. 明天官, 博物善文, 好詩賦. 常居窮素, 所處蓬蒿沒人. 閉門養性, 不治名利. 清高時人莫知, 惟劉龔知之. 終身不仕, 三輔重焉.

【高士傳】晉나라 皇甫謐이 隱士와 高士들을 모아 지은 傳記.
【張仲蔚】平陵 사람으로 도를 닦으며 벼슬을 거부하였던 고사.
【天官】天文學. 周나라의 '천관'은 천문을 담당하였음.
【劉龔】인명.
【三輔】京兆·扶風·馮翊의 세 행정 구역. 수도 長安을 보위하도록 함.

1.《高士傳》中卷

張仲蔚者, 平陵人也. 與同郡魏景卿俱修道德, 隱身不仕. 明天官博物, 善屬文, 好詩賦. 常居窮素, 所處蓬蒿, 沒人. 閉門養性, 不治榮名. 時人莫識, 唯劉龔知之. 仲蔚退輪, 景卿並轍, 洞探乾曜, 兼長蓺業. 闔戶棲神, 荊榛掩絶, 塵鑑何知, 馨香不滅.

219. 麋竺收資, 桓景登高

219-① 麋竺收資
집에 불이 날 것을 알고 재물을 챙겨 나온 미축

《촉지蜀志》에 실려 있다.

미축麋竺은 자가 자중子仲이며 동해東海 구현朐縣 사람이다. 선주先主 유비劉備에게 벼슬하여 계속 승진하여 안한장군安漢將軍이 되었다.

《수신기搜神記》에는 이렇게 실려 있다.

미축이 낙양洛陽으로부터 고향으로 돌아오면서 그 집에 수십 리 안 되는 곳에 이르러, 한 부인을 만나 그 부인의 요구에 의해 자신의 수레에 함께 태워 오고 있었다. 그런데 몇 리쯤 오자 그 부인은 고맙다고 떠나면서 미축에게 이렇게 일러주는 것이었다.

"나는 천녀天女입니다. 지금 동해 미축의 집에 불을 지르러 가는 길이었는데, 그대가 수레를 태워주어 고맙게 여겨 이를 알려드리는 것입니다."

미축은 사사롭게 화재를 면하게 해 달라고 그에게 청하였다. 그러자 부인은 이렇게 말하는 것이었다.

"불이 나게 하지 않을 수는 없습니다. 그대는 어서 달려가시오. 대신 내가 천천히 가겠소. 정오쯤에는 불이 타오를 것이오."

미축은 집으로 돌아와 급히 재물을 꺼내었다. 정오에 불이 일어나 크게 번졌다.

《蜀志》: 麋竺字子仲, 東海朐人. 仕先主, 累拜安漢將軍.

《搜神記》曰: 竺嘗從洛歸, 未達家數十里, 路見婦人. 從竺求寄載.

行可數里, 婦謝去, 謂竺曰:「我天使也, 當往燒東海麋竺家, 感君見載, 故以相語.」

　　竺因私請之, 婦曰:「不可得不燒. 君可馳去, 我當緩行, 日中火當發.」
　　竺乃還家, 遽出資物, 日中而火大發.

【糜竺】三國時代 人物. 그 여동생을 劉備에게 주어 부인이 되게 하였으며,
뒤에 蜀漢의 安漢將軍, 南郡太守에 오름.《三國志》魏志에 傳이 있으며
《搜神記》에도 그의 일화가 실려 있음.
【東海】지금의 江蘇省 북부 일대에 두었던 郡.
【劉備】삼국시대 蜀漢의 군주. 자는 玄德. 시호는 昭烈帝. 221~223년 재위함.
‘備失匕箸’[243], ‘孔明臥龍’[002], ‘諸葛顧廬’[147] 등 참조.
【搜神記】晉나라의 干寶가 지은 책. 神怪한 일을 모아 기록한 것임.
【日中】태양이 중천에 위치할 때. 正午. 낮 12시.

1.《三國志》(38) 蜀書 糜竺傳 注
《搜神記》曰: 竺嘗從洛歸, 未達家數十里, 路傍見一婦人, 從竺求寄載. 行可
數里, 新婦謝去, 謂竺曰:「我天使也, 當往燒東海糜竺家, 感君見載, 故以相語.」
竺因私請之, 婦曰:「不可得不燒. 如此, 君可馳去, 我當緩行, 日中火當發.」竺乃
還家, 遽出財物, 日中而火大發.

2.《搜神記》(4)
糜竺字子仲, 東海朐人也. 祖世貨殖, 家貲巨萬. 常從洛歸, 未至家數十里, 見路
次有一好新婦, 從竺求寄載. 行可二十餘里, 新婦謝去, 謂竺曰:「我天使也. 當往
燒東海糜竺家. 感君見載, 故以相語.」竺因私請之. 婦曰:「不可得不燒. 如此,
君可快去, 我當緩行. 日中必火發.」竺乃急行歸, 達家, 便移出財物. 日中而火
大發.

3.《藝文類聚》(80) 火部
《搜神記》曰: 糜竺常從洛歸, 未至家數十里, 見路次有好新婦, 從竺求寄載.
行二十餘里, 新婦謝去, 謂竺曰:「我天使, 去當往燒東海糜家. 感君見載, 故以

相語.」竺因請之. 曰:「不可. 不得不燒, 君快去, 我緩來, 日中必火發.」竺乃急
行達家, 便出財物, 日中而火大發.

4. 《拾遺記》(8)

麋竺用陶朱計術, 日益億萬之利, 貲擬王家, 有寶庫千間. 竺性能賑生恤死,
家内馬廐, 屋側有古塚, 中有伏屍, 夜聞涕泣聲. 竺乃尋其泣聲之處, 忽見一婦人,
袒背而來, 訴云:「昔漢末妾爲赤眉所害, 叩棺見剝, 今袒在地, 羞晝見人. 垂二百
餘年, 令就將軍, 乞深埋幷敝衣以掩形體.」竺許之. 卽命爲之棺槨, 以靑布爲
衣衫, 置於塚中. 設祭旣畢, 歷一年行於路曲. 忽見前婦人, 所著衣, 皆是靑布,
語竺曰:「君財寶可支一世, 合遭火厄, 今以靑蘆杖一, 杖長九尺, 報君棺槨, 衣服
之惠.」竺挾杖而歸, 所住隣中常見竺家, 有靑氣如龍蛇之形. (下略)

6. 기타 참고자료

《太平御覽》(864·868).《事類賦注》(8).

219-② 桓景登高
재앙을 미리 듣고 높은 곳에 오른 환경

《속제해기續齊諧記》에 실려 있다.

여남汝南의 환경桓景이 비장방費長房을 따라 몇 년 선술을 배우고 나자
비장방이 말하였다.

"9월 9일 너의 집에 화재의 재앙이 날 것이니 급히 가거라. 가서 집안
사람들로 하여금 각기 붉은주머니를 만들어 그 안에 수유茱萸를 담아
팔뚝에다 이를 묶고는 높은 산에 올라 국화주菊花酒를 마시도록 하면
이 재앙을 면할 수 있을 것이다."

환경은 그의 말대로 온 가족을 데리고 높은 곳에 올라가 그대로 하였다.

저녁이 되어 돌아와 보았더니 닭과 개, 소, 양은 동시에 모두 타 죽어 있었다.

비장방이 이를 듣고 말하였다.

"그들이 대신 죽은 것이다."

지금 세상 사람들이 매번 9월 9일 중양절重陽節에 산에 올라 국화주를 마시고 수유꽃을 넣은 주머니를 띠게 된 것은 이로써 유래된 것이다.

《續齊諧記》: 汝南桓景, 隨費長房, 遊學累年.

長房謂之曰:「九月九日, 汝家當有災厄, 急宜去. 令家人各作絳囊, 盛茱萸, 以繫臂, 登高山飮菊酒, 此禍可消.」

景如言, 擧家登高. 夕還, 見雞犬牛羊一時暴死.

長房聞之曰:「代之矣.」

今世人每至九日, 登山飮菊酒, 帶茱萸囊, 是也.

【續齊諧記】梁나라 吳均이 神怪한 이야기를 기록한 책.

【桓景】도인 費長房으로부터 기밀을 듣고 살아난 인물. 重陽節 '登高'와 菊花酒, 茱萸囊 등의 고사와 습속을 남겼음.

【費長房】後漢 때 사람. '長房縮地'[225] 및 '壺公謫天'[163] 등 참조.

【九月九日】重陽節. 人日(정월 7일)·上巳(3월 3일)·端午(5월 5일)·七夕(7월 7일)과 함께 陽이 겹치는 오대 명절로 여겼음.

【茱萸】藝香科의 낙엽 喬木. 九月 九日 重陽節에 이 꽃을 머리에 꽂고 辟邪하는 풍속이 있었음.《太平御覽》(32)에 "九月九日律中無射而數九, 俗於此日, ……折茱萸房以揷頭, 言辟惡氣, 而御初寒"이라 하였고, 王維의 〈九月九日憶山東兄弟詩〉에 "遙知兄弟登高處. 遍揷茱萸少一人"이라 하였음.

【菊酒】국화를 빚어서 만든 술.《搜神記》(2)에 "九月, 佩茱萸, 食蓬餌, 飮菊花酒, 令人長命. 菊花舒時, 幷採莖葉, 雜黍米釀之, 至來年九月九日始熟, 就飮焉. 故謂之菊花酒"라 함.

1.《仙佛奇蹤》(권2) 費長房

費長房, 汝南人. 曾爲市掾, 有老翁賣藥于市, 懸一壺於肆頭. 及市罷, 輒跳入壺中, 市人莫之見. 惟長房於樓上覩之, 異焉. 因往再弄, 翁曰:「子明日更來.」長房旦日果往, 翁乃與俱入壺中, 但見玉堂廠麗, 旨酒甘肴盈衍其中. 共飮畢, 而出翁, 囑不可與人言. 後乃就長房樓上曰:「我仙人也. 以過見責, 今事畢, 當去子. 寧能相隨乎! 樓下有少酒與卿爲別.」長房使十人扛之, 猶不能擧. 翁笑而以一指提上, 視器, 如有一升許, 而二人飮之, 終日不盡. 長房心欲求道, 而念家人爲憂. 翁知, 乃斷一靑竹, 使懸之舍. 後家人見之, 長房也. 以爲縊死. 大小驚號, 遂殯殮之. 長房立其傍, 而衆莫之見, 於是隨翁入山, 踐荊棘於群虎之中, 留使獨處. 長房亦不恐, 又臥長房於空室, 以朽索懸萬斤石於其上, 衆蛇競來齧, 索欲斷. 長房亦不移, 翁還, 撫之曰:「子可敎也.」復使食糞, 糞中有三蟲, 臭穢特甚, 長房意惡之, 翁曰:「子幾得道, 恨於此, 不成, 奈何?」長房辭歸, 翁與一竹杖曰:「騎此任所之, 頃刻至矣. 至當以杖投葛皮中.」長房乘杖, 須臾來歸. 自謂:「去家適經旬日而已. 十餘年矣.」卽以杖投陂, 顧視則龍也. 家人謂其死久, 驚訝不信. 長房曰:「往日所葬, 竹杖耳.」乃發塚剖棺, 杖猶存焉. 遂能醫療衆病, 鞭笞百鬼. 又嘗食客, 而使使至宋市鮓, 須臾還乃飯. 桓景嘗學于長房, 一日謂景曰:「九月九日, 汝家有大災, 可作絳囊盛茱萸, 繫臂上, 登高山, 飮菊花酒, 禍可消.」景如其言, 擧家登山, 夕還, 見牛羊鷄犬, 皆暴死焉.

220. 雷煥送劍, 呂虔佩刀

220-① 雷煥送劍
보검을 장화에게 보낸 뇌환

《진서晉書》에 실려 있다.

당초 오吳나라가 아직 멸망하지 않았을 때 북두성과 견우성 사이에 이상한 보랏빛이 늘 나타나는 것이었다. 도술가들 모두가 이는 오나라가 바야흐로 강성해질 것이라 하여, 진晉나라의 공격에 아무런 대비를 아니 하고 있었다. 그러나 장화張華만은 그렇지 않다고 여겼다. 결국 오나라가 평정되었는데도 그 보랏빛은 더욱 빛이 나는 것이었다. 장화는 예장豫章의 뇌환雷煥이라는 사람이 위상緯象에 밝다는 소문을 듣고 뇌환을 불러 함께 밤을 새우며 사람들을 물러가게 하고 함께 천문을 관찰하였다. 그리하여 누대에 올라 하늘을 쳐다보며 뇌환이 말하였다.

"오직 두우斗牛 사이의 이상한 기운은 보검寶劍의 정기가 하늘을 꿰뚫고 있는 것일 뿐입니다."

장화가 물었다.

"그 보검은 어느 군에 있소?"

"예장의 풍성현豐城縣에 있습니다."

이에 장화는 즉시 뇌환을 풍성영豐城令으로 삼았다. 뇌환이 그 현에 도착하여 감옥이 있던 터를 파서 돌 상자를 발굴하였다. 그 속에는 두 자루의 검이 들어 있었는데 각기 글씨가 새겨져 있었다. 하나는 '용천龍泉', 하나는 '태아太阿'였다. 그날 저녁부터 다시는 그 보랏빛이 보이지 않자, 뇌환은 한 자루 검은 사람을 통해 장화에게 보내고, 한 자루는 자신이 차고 있었다. 어떤 이가 물었다.

"두 자루를 찾았는데 한 자루만 보내시니 장화를 속일 수 있다고 보십니까?"

뇌환은 이렇게 말하였다.

"이 나라는 장차 난이 일어날 것이고, 장화는 그 난에 죽음을 당하고 말 것이다. 내가 가진 이 검은 연릉계자延陵季子가 서군徐君의 묘에 걸어둔 그 검처럼 장화의 묘에 걸어둘 것이다. 신령하고 괴이한 물건은 끝내 변하여 인간 세상에서 사라지고 말 것이다."

장화가 검을 받자 뇌환에게 편지를 써서 보냈다.

"검에 새겨진 명문을 자세히 관찰하니 이는 '간장검干將劒'이오. '막야검莫邪劒'은 어찌 보내지 않았소? 비록 보내지 않는다 해도 하늘이 내린 신물神物이니 종당에는 함께 있게 될 것이오."

장화가 죽자 그가 가지고 있던 검도 그 소재를 알 수 없게 되었다.

그리고 뇌환이 죽자 그 아들 뇌화雷華가 주州의 종사從事가 되었는데 검을 가지고 연평진延平津을 경유하게 되었다. 그때 갑자기 검이 허리에 빠져 나와 물 속으로 사라지고 마는 것이었다. 사람을 시켜 물에 들어가 찾아보게 하였더니 검은 보이지 않고 두 마리의 용이 보였는데 각기 몇 길이나 되었으며 서로 몸을 뒤틀어 엉켜 있었고 무늬가 선명하였다. 물에 들어갔던 사람은 두려워 도로 나오고 말았다. 잠시 뒤 광채가 물에 비치더니 파도가 일어 끓어올랐다. 이렇게 그 검은 세상에서 사라지고 말았다.

《晉書》: 初吳之未滅, 斗牛間常有紫氣. 道術者, 皆以吳方强盛, 未可圖. 惟張華以爲不然.

及吳平, 紫氣愈明. 華聞豫章雷煥妙達緯象, 乃要煥宿, 屛人共尋天文, 登樓仰觀. 煥曰:「惟斗牛間有異氣, 寶劒之精, 上徹於天耳」

華問:「在何郡?」

曰:「在豫章豐城」

華卽署煥爲豐城令, 煥到縣, 掘獄基得石函. 中有雙劒, 並刻題, 一曰『龍泉』, 一曰『太阿』. 其夕氣不復見, 煥遣使送一與華, 留一自佩.

或曰:「得兩送一, 張公可欺乎?」

煥曰:「本朝將亂, 張公當受其禍. 此劒當繫徐君墓樹耳. 靈異之物, 終當化去.」

華得劒, 報煥書曰:「詳觀劒文, 乃『干將』也, 『莫邪』何不至? 雖然天生神物, 終當合耳.」

華誅, 失劒所在.

煥卒, 子華爲州從事, 持劒行經延平津, 忽於腰間躍出墮水. 使人沒水取之, 不見劒, 但見兩龍, 各長數丈, 蟠縈有文章. 沒者懼而反. 須臾光彩照水, 波浪驚沸. 於是失劒.

【張華】 자는 茂先(232~300). 詩, 書, 文章 등에 고루 능하였던 晉나라 때의 문호이며 학자. 司空을 지냈으며 趙王 司馬倫에게 해를 입음. 후인이 집일한 《張茂先集》이 있으며 저서로는 유명한 《博物志》가 전함. 《晉書》(36)에 전이 있음. '張華台坼'[231] 및 '士衡患多'[011] 등 참조.
【雷煥】 당시 비결에 밝았던 인물.
【緯象】 天體의 東西를 정해진 대로 움직이는 것을 '經'이라 하고, 南北으로 이동하는 것을 '緯'라 함. 따라서 '緯象'은 천체를 연구하는 학문. 즉, 天文學을 말함.
【龍泉·太阿】 干將이 만든 寶劍.
【本朝將亂】 惠帝의 어리석음과 賈皇后의 잔혹함, 趙王 司馬倫의 僭稱, 孫秀의 專橫이 뒤를 이어 발생함.
【徐君墓樹】 季札이 中原에 사신으로 가면서 徐君에게 마음속으로 보검을 주기로 하였으나 돌아올 때 서군이 이미 죽어 그 칼을 묘에 걸어두고 떠난 고사를 말함. '季札挂劒'[204] 참조.

참고 및 관련 자료

1. 《晉書》(36) 張華傳

張華字茂先, 范陽方城人也. 父平, 魏漁陽郡守. 華少孤貧, 自牧羊, 同郡盧欽見而器之. 鄉人劉放亦奇其才, 以女妻焉. 華學業優博, 辭藻溫麗, 朗贍多通,圖緯方伎之書莫不詳覽. 少自修謹, 造次必以禮度. 勇於赴義, 篤於周急. 器識弘曠, 時人罕能測之. 初未知名, 著〈鷦鷯賦〉以自寄. ……陳留阮籍見之, 歎曰:「王佐之才也!」由是聲名始著. ……初, 吳之未滅也, 斗牛之間常有紫氣, 道術者皆以吳方强盛, 未可圖也, 惟華以爲不然. 及吳平之後, 紫氣愈明, 華聞豫章人雷煥妙達緯象, 乃要煥宿, 屛人曰:「可共尋天文, 知將來吉凶.」因登樓仰觀. 煥曰:「僕察之久矣, 惟斗牛之間頗有異氣.」華曰:「是何祥也?」煥曰:「寶劍之精, 上撤於天耳.」華曰:「君言得之. 吾少時有相者言, 吾年出六十, 位登三事, 當得寶劍佩之. 斯言豈效與!」因問曰:「在何郡?」煥曰:「在豫章豐城.」華曰:「欲屈君爲宰, 密共尋之, 可乎?」煥許之. 華大喜, 卽補煥爲豐城令. 煥到縣, 掘獄屋基, 入地四丈餘, 得一石函, 光氣非常, 中有雙劍, 並刻題, 一曰龍泉, 一曰太阿. 其夕, 斗牛間氣不復見焉. 煥以南昌西山北巖下土以拭劍, 光芒艷發. 大盆盛水, 置劍其上, 視之者精芒炫目. 遣使送一劍幷土與華, 留一自佩. 或謂煥曰:「得兩送一, 張公豈可欺乎?」煥曰:「本朝將亂, 張公當受其禍. 此劍當繫徐君墓樹耳. 靈異之物, 終當化去, 不永爲人服也.」華得劍, 寶愛之, 常置坐側. 華以南昌土不如華陰赤土, 報煥書曰:「詳觀劍文, 乃干將也, 莫邪何復不至? 雖然, 天生神物, 終當合耳.」因以華陰土一斤致煥. 煥更以拭劍, 倍益精明. 華誅, 失劍所在. 煥卒, 子華爲州從事, 持劍行經延平津, 劍忽於腰間躍出墮水. 使人沒水取之, 不見劍, 但見兩龍各長數丈, 蟠縈有文章, 沒者懼而反. 須臾光彩照水, 波浪驚沸, 於是失劍. 華歎曰:「先君化去之言, 張公終合之論, 此其驗乎!」華之博物多此類, 不可詳載焉. ……華著博物志十篇, 及文章並行于世.

220-② 呂虔佩刀
여건이 차고 다니던 보배의 칼

《위지魏志》에 실려 있다.

여건呂虔은 자가 자격子格이며 임성任城 사람이다. 서주자사徐州刺史가

되자 왕상王祥을 청하여 별가別駕로 삼고 그곳 민정 일체를 맡겼다. 세상
사람들은 그가 어진 사람에게 임무를 맡겼음을 칭송하였다.

당초 여건에게는 차고 다니는 좋은 칼이 있어, 이를 공인에게 감정을
부탁하였더니 그는 이렇게 말하는 것이었다.

"틀림없이 삼공三公의 지위에 오를 것이니 이 칼을 차고 다닐만합니다."

여건은 이에 왕상에게 이렇게 말하였다.

"진실로 그에 맞지 않는 사람이라면 칼이 혹 해가 될 수도 있다. 그대는
공보公輔가 될 기량이 있으니 그 때문에 그대에게 주어 도움이 되도록
하겠다."

왕상은 삼공의 지위에 올라 죽음에 임하여 그 칼을 아우 왕람王覽에게
주면서 이렇게 말하였다.

"너는 뒤에 틀림없이 집안을 일으킬 것이니 이 칼을 지니기에 합당하리라."

왕람의 가문은 뒤에 세상을 빛나게 하는 현재들이 많이 나와 강좌
江左에서 흥한 집안이 되었다.

《魏志》: 呂虔字子格, 任城人. 遷徐州刺史, 請王祥爲別駕, 民事
一以委之. 世多其能任賢. 初虔有佩刀, 工相之, 以爲:「必登三公,
可服此刀」

虔謂祥曰:「苟非其人, 刀或爲害. 卿有公輔之量, 故以相與」

祥爲三公, 臨薨以刀授覽曰:「汝後必興, 足稱此刀」

覽後奕世多賢才, 興於江左.

【呂虔】 자는 子格. 삼국시대 위나라 사람. 徐州刺史를 지냄. 本傳에는 자가
'子恪'으로 되어 있음.

【王祥】 자는 休徵(184~268). 晉나라 때 琅邪 臨沂 사람. '剖冰得鯉'의 孝道
고사로 널리 알려진 인물. 벼슬이 太保에 이름. 《晉書》(63) 王祥傳이 있음.
《太平御覽》과 《晉諸公贊》에 "祥子休徵, 琅邪覽沂人"이라 하였음. '王祥

守奈’[222] 및 ‘王覽友弟’[030] 참조.

【三公】太尉·司徒·司空.

【王覽】자는 玄通. 王祥의 배다른 아우. 王融의 후처 朱氏 소생. 진나라 때 光祿大夫를 지낸 인물. ‘王覽友弟’[030] 참조.

【江左】江東과 같음. 東晉 시대를 지칭하는 말.

참고 및 관련 자료

1.《三國志》(18) 魏志 呂虔傳

呂虔字子恪, 任城人也. 文帝卽王位, 加裨將軍, 封益壽亭侯, 遷徐州刺史, 加威虜將軍. 請琅邪王祥爲別駕, 民事一以委之. 世多其能任賢.

2.《晉書》(33) 王祥傳(王覽)

初虔有佩刀, 工相之, 以爲必登三公, 可服此刀. 虔謂祥曰:「苟非其人, 刀或爲害. 卿有公輔之量, 故以相與.」祥固辭, 强之乃受. 祥臨薨, 以刀授覽曰:「汝後必興, 足稱此刀.」覽後奕世多賢才, 興於江左矣.

221. 老萊斑衣, 黃香扇枕

221-① 老萊斑衣
일흔에 색동옷을 입고
부모 앞에서 춤을 춘 노래자

《고사전高士傳》에 실려 있다.

노래자老萊子는 초楚나라 사람이다. 어려서 효행이 지극하여 어버이를 모시면서 지극히 달고 부드러운 음식으로 모셨다. 그는 나이 일흔에 부모님이 살아 계셨다. 노래자는 이에 형란荊蘭의 복장을 하고 어린아이가 되어, 부모 앞에서 재롱 부리면서 자신의 늙음을 말하지 아니하였다. 그리고 부모님께 식사를 올리느라 마루 위를 올라가다가 발을 헛디뎌 넘어지자 엎어져 어린아이처럼 울었다. 이는 마음속의 정성에서 우러나온 것이었다.

초나라 왕실에 마침 난이 일어나자, 그는 몽산蒙山의 남쪽에 은거하며 농사를 짓고 살았다. 그는 저서를 남겨 이를 《노래자》라 하였으며, 어떻게 생을 마쳤는지는 알 수 없다.

구주舊注에는 "오색의 알록달록한 무늬가 있는 옷을 입고 있었다"라 하였다.

《열녀전列女傳》을 출전이라 하였으나 지금의 이 책에는 실려 있지 않다.

《高士傳》: 老萊子楚人. 少以孝行, 養親極甘脆. 年七十, 父母猶存. 萊子服荊蘭之衣, 爲嬰兒戲於親前, 言不稱老. 爲親取食上堂,足跌而偃, 因爲嬰兒啼. 誠至發中.

　楚室方亂, 乃隱耕於蒙山之陽, 著書號《老萊子》, 莫知所終.

　舊注云:「著五色斑斕之衣.」

　出《列女傳》, 今文無載.

【老萊子】楚나라의 賢人. 黃老의 학설을 배워 관직에 나아가지 않고《老萊子》
　15편을 저술함.
【荊蘭之衣】'斑斕'의 오기가 아닌가 함. 알록달록한 어린아이 색동옷 무늬를
　말함.
【不稱老】《禮記》曲禮에 "恒言不稱老"라 함.
【蒙山】楚나라에 있는 산 이름.
【斑斕】'班襴' 등으로도 표기하며 무늬가 알록달록한 색깔이나 모습을 뜻하는
　疊韻連綿語. 혹 색동옷을 표현하는 말.

1.《高士傳》(皇甫謐) 上卷

老萊子者, 楚人也. 當時世亂逃世, 耕於蒙山之陽. 莞葭爲墻, 蓬蒿爲室, 枝木
爲牀, 著艾爲席, 陰水食菽, 墾山播種. 人或言於楚王, 王於是駕至萊子之門.
萊子方織畚. 王曰:「守國之政, 孤願煩先生.」老萊子曰:「諾.」王去, 其妻樵
還曰:「子許之乎?」老萊曰:「然.」妻曰:「妾聞之: 可食以酒肉者, 可隨而鞭棰;
可擬以官祿者, 可隨而鈇鉞. 妾不能爲人所制者.」妾偸其畚而去. 老萊子亦隨
其妻, 至於江南而止, 曰:「鳥獸之毛, 可以績而衣, 其遺粒足食也.」仲尼嘗聞
其論而蹙然改容焉. 著書十五篇, 言道家之用. 人莫知其所終也.

2.《列女傳》賢明傳 楚老萊妻

楚老萊子之妻也. 萊子逃世, 耕於蒙山之陽, 葭牆蓬室, 木牀蓍席, 衣縕食菽,
墾山播種. 人或言之楚王曰:「老萊賢士也.」王欲聘以璧帛, 恐不來. 楚王駕至
老萊之門, 老萊方織畚, 王曰:「寡人愚陋, 獨守宗廟, 願先生幸臨之.」老萊子曰:
「僕山野之人, 不足守政.」王復曰:「守國之孤, 願變先生之志!」老萊子曰:

「諾.」王去. 其妻戴畚萊挾薪樵而來, 曰:「何車迹之衆也?」老萊子曰:「楚王欲使吾守國之政.」妻曰:「許之乎?」曰:「然.」妻曰:「妾聞之, 可食以酒肉者, 可隨以鞭捶; 可授以官祿者, 可隨以鈇鉞. 今先生食人酒肉, 授人官祿, 爲人所制也, 能免於患乎? 妾不能爲人所制.」投其畚萊而去. 老萊子曰:「子還, 吾爲子更慮.」遂行不顧, 至江南而止, 曰:「鳥獸之解毛, 可績而衣之; 据其遺粒, 足以食也.」老萊子乃隨其妻而居之, 民從而家者, 一年成落, 三年成聚. 君子謂:「老萊妻果於從善」詩曰:『衡門之下, 可以棲遲; 泌之洋洋, 可以療饑.』此之謂也. 頌曰:『老萊與妻, 逃世山陽. 蓬蒿爲室, 莞葭爲蓋. 楚王聘之, 老萊將行. 妻曰世亂, 乃遂逃亡.』

3. 《二十四孝》戲彩娛親

周, 老萊子性至孝, 奉養雙親. 備極甘脆, 行年七十. 言不稱老, 常著五彩斑爛之衣, 爲嬰兒戲於親側, 又常取水上堂, 詐跌臥地, 作嬰兒啼以娛親. 有詩爲頌.
詩曰:『戲舞學嬌癡, 春風動彩衣. 雙親開口笑, 喜氣滿庭幃.』

4. 《文選》(21)〈遊仙詩〉注

列女傳曰: 萊子逃世, 耕於蒙山之陽. 或言之楚, 楚王遂駕至老萊之門. 楚王曰:「守國之孤, 願變先生.」老萊曰:「諾.」妻曰:「妾之居亂世, 爲人所制, 能免於患乎? 妾不能爲人所制!」投其畚而去. 老萊乃隨而隱.

5. 《文選》(59)〈劉先生夫人墓誌〉注

列女傳曰: 老萊子逃世, 耕於蒙山之陽. 或言之楚王, 楚王遂駕車至老萊之門. 楚王曰:「守國之孤, 願變先生.」老萊曰:「諾.」妻曰:「妾聞之, 居亂世爲人所制, 此能免於患乎? 妾不能爲人所制者.」投其畚而去. 老萊乃隨之.

6. 《藝文類聚》(20)

列女傳曰: 老萊子孝養二親. 行年七十, 嬰兒自娛. 著五色采衣, 嘗取漿上堂, 跌仆, 因臥地爲小兒啼, 或弄烏鳥於親側.

7. 《小學》稽古「明倫」

老萊子, 孝奉二親, 行年七十, 作嬰兒戲, 身著五色斑爛之衣. 嘗取水上堂, 詐跌仆臥地, 爲小兒啼, 弄雛於親側, 欲親之喜.

221-② 黃香扇枕
베개를 부채질하여 시원하게 해드린 황향의 효도

후한後漢의 황향黃香은 자가 문강文强이며 강하江夏 안륙安陸 사람이다.
경전에 박학하였으며, 도술道術에도 정통하였고, 문장에도 뛰어났다.
경사京師에서는 그를 "천하에 짝을 이룰 수 없는 강하의 황동黃童"이라
불렀다. 관은 상서령尙書令, 위군태수魏郡太守에 올랐다.
도연명陶淵明은 이렇게 말하였다.
"황향은 아홉 살에 어머니를 잃고 어머니를 그리워한 나머지 뼈만 남아
있을 뿐이었다. 아버지를 온힘을 다해 봉양하였는데, 겨울에 이불과 바지가
없었음에도 그것을 팔아 아버지 입맛을 맞추어 드렸으며, 여름이면 아버지가
주무실 침상과 베개를 부채질하였고, 겨울이면 자신의 체온으로 앉을
자리를 먼저 따뜻이 해 드렸다."
화제和帝가 그를 가상히 여겨 특별히 남다른 하사품을 더하여 내려
주었다.

後漢, 黃香字文强, 江夏安陸人. 博學經典, 究精道術, 能文章.
京師號曰:「天下無雙, 江夏黃童.」
官至尙書令·魏郡太守.
陶淵明曰:「香九歲失母, 思慕骨立. 事父竭力致養. 冬無被袴,
而盡滋味, 暑則扇牀枕, 寒則以身溫席.」
和帝嘉之, 特加異賜.

【黃香】후한 때 학자이며 도술에 뛰어났으며 효성으로도 이름이 났던 인물.
《後漢書》文苑傳에 전이 실려 있으며《陶淵明集》에도 그 효행이 실려 있음.

【黃童】 15세 이하의 아이를 '童'이라 함.
【陶淵明】 陶潛(365~427) 晉·宋시기의 詩人. 이름은 淵明으로 더 널리 알려져
있으며 일명 潛, 字는 元亮, 私諡는 靖節. 尋陽 柴桑(지금의 江西省 九江市)
출신. 그의 曾祖인 陶侃은 東晉의 開國功臣으로 大司馬 등을 지냈으며
祖父는 太守를 지내기도 했음. 그러나 아버지는 일찍 죽었고 어머니는
東晉 때 名家인 孟嘉의 딸이었음. 도연명은 한 때 州의 祭酒, 鎭軍, 建威
參軍을 지냈으나 彭澤令이 되자 80여 일만에 「五斗米」 고사를 남긴 채 낙향
하여 〈歸去來辭〉를 지음. 그 외에 〈田園詩〉와 〈桃花源記〉, 〈五柳先生傳〉
등을 남겨 중국 최고의 田園詩人으로 추앙됨. 단 《詩品》에서는 그의 시를
中品에 넣어 당시 詩風과 차이에서 질박하다는 이유로 낮추고 있음을
알 수 있음. 韓國文學에도 至大한 영향을 미쳤음. 《晉書》(94), 《宋書》(93),
《南史》(75)에 전이 있으며, 《陶淵明集》이 전함. '淵明把菊'[263] 참조.
【和帝】 동한의 제4대 황제 劉肇. A.D.89~105년 재위함.

1. 《後漢書》 文苑傳(上) 黃香

黃香字文彊, 江夏安陸人也. 年九歲, 失母, 思慕憔悴, 殆不免喪, 鄕人稱其至孝.
年十二, 太守劉護聞而召之, 署門下孝子, 甚見愛敬. 香家貧, 內無僕妾, 躬執苦
勤, 盡心奉養. 遂博學經典, 究精道術, 能文章, 京師號曰「天下無雙江夏黃童」.
初除郞中, 元和元年, 肅宗詔香詣東觀, 讀所未嘗見書. 香後告休, 及歸京師,
時千乘王冠, 帝會中山邸, 乃詔香殿下, 顧謂諸王曰:「此'天下無雙江夏黃童'者也」
左右莫不改觀.

2. 《陶淵明集》 士孝傳贊

黃香, 江夏人也. 九歲失母, 思慕鵠立, 事父竭力以致養, 冬無被袴而盡滋味,
暑則扇牀枕, 寒則以身溫席. 漢和帝嘉之, 特加異賜, 歷位恭勤, 寵祿榮親. 可謂
「夙興夜寐, 無忝爾所生」者也.

3. 《二十四孝》 扇枕溫衾

漢, 黃香, 年九歲, 失母, 思慕惟切, 鄕人稱其孝. 香躬執勤苦, 一意事父. 夏天
暑熱, 爲扇涼其枕蓆; 冬天寒冷, 以身暖其被褥. 太守劉護表而異之. 有詩爲頌.
詩曰:『冬月溫衾暖, 炎天扇枕涼. 兒童知子職, 千古　黃香.』

222. 王祥守柰, 蔡順分椹

222-① 王祥守柰
능금나무를 지켜낸 왕상

《진서晉書》에 실려 있다.

왕상王祥은 자가 휴징休徵이며 낭야琅邪 임기臨沂 사람이다. 그는 효성이 지극하였다. 계모 주씨朱氏가 인자하지 못하였지만 그는 그럴수록 더욱 공손히 하고 조심하였다. 부모가 병에 걸리자, 그는 허리띠도 풀지 않은 채 간호하였으며, 탕약은 반드시 자신이 먼저 맛을 보고 나서 드렸다. 어머니가 생선을 먹고 싶어하였다. 때는 추위가 한창이었고 물은 얼어 있었다. 왕상은 옷을 벗고 얼음을 깨고 물고기를 찾았다. 그런데 갑자기 얼음이 스스로 갈라지면서 잉어 두 마리가 튀어 올라오는 것이었다. 어머니는 다시 참새구이를 먹고 싶어하였다. 그러자 수십 마리 참새가 그의 막사로 날아드는 것이었다. 향리에서는 놀라고 감탄하면서 이는 효성이 감응한 결과로 여겼다. 그의 집에는 붉은 능금이 열매를 맺고 있었다. 어머니는 왕상에게 이를 지키도록 하였다. 왕상은 매번 비바람이 불 때면 그 나무를 껴안고 울음을 터뜨렸다. 그의 독실한 효성과 순진함이 이와 같았던 것이다.

한말漢末 난리를 만나자, 그는 어머니를 부축하고 동생을 데리고 여산廬山으로 피난하여 그곳에서 30년을 은거하였으며, 주군州郡의 부름에 응하지 않았다. 나이가 들어 60에 이르러서야 부름에 응하였으며, 수재과秀才科에 천거되어 여러 관직을 거쳐 태위太尉에 올랐다. 다시 무제武帝 때에는 태보太保에 올랐다.

《晉書》: 王祥字休徵, 琅邪臨沂人. 性至孝, 繼母朱氏不慈, 而祥愈恭謹. 父母疾, 衣不解帶, 湯藥必親嘗. 母嘗欲生魚, 時天寒水凍, 祥解衣, 將剖氷求之. 氷忽自解, 雙鯉躍出. 母又思黃雀炙, 復有黃雀數十, 飛入其幕. 鄉里驚歎, 以爲孝感所致.

有丹柰結實. 母命守之. 每風雨, 輒抱樹而泣, 篤孝純至如此.

漢末遭亂, 扶母攜弟, 避地盧山, 隱居三十年. 不應州郡之命. 年垂耳順, 乃應召. 擧秀才, 累遷太尉. 武帝時, 拜太保.

【王祥】 자는 休徵(184~268). 晉나라 때 琅邪 臨沂 사람. '剖冰得鯉'의 孝道 고사로 널리 알려진 인물. 벼슬이 太保에 이름.《晉書》(63) 王祥傳이 있음.《太平御覽》과《晉諸公贊》에 "祥子休徵, 琅邪覽沂人"이라 하였음. '呂虔佩刀'[220] 및 '王覽友弟'[030] 등 참조.

【耳順】《論語》爲政篇에 "五十有五而志于學, 三十而立, 四十而不惑, 五十而知天命, 六十耳順, 七十而從心所欲, 不踰矩"라 함.

【武帝】晉 武帝. 司馬炎. 西晉의 개국군주. 司馬昭의 長子. 자는 安世. 咸熙 2年(265)에 魏나라로부터 禪讓의 형식으로 나라를 이어받아 晉나라를 세우고 洛陽을 도읍으로 함. 재위 26년(265~290). 廟號는 世祖.《晉書》(3)에 紀가 있음.

참고 및 관련 자료

1.《晉書》(33) 王祥傳

王祥字休徵, 琅邪臨沂人, 漢諫議大夫吉之後也. 祖仁, 青州刺史. 父融, 公府辟不就. 祥性至孝. 早喪親, 繼母朱氏不慈, 數譖之, 由是失愛於父. 每使掃除牛下, 祥愈恭謹. 父母有疾, 衣不解帶, 湯藥必親嘗. 母常欲生魚, 時天寒氷凍, 祥解衣將剖氷求之, 氷忽自解, 雙鯉躍出, 持之而歸. 母又思黃雀炙, 復有黃雀數十飛入其幙, 復以供母. 鄉里驚歎, 以爲孝感所致焉. 有丹柰結實, 母命守之, 每風雨, 祥輒抱樹而泣. 其篤孝純至如此.

2.《搜神記》(11)「王祥剖冰」

王祥字休徵, 瑯邪人. 性至孝. 早喪親, 繼母朱氏不慈, 數譖之. 由是失愛於父, 每使掃除牛下. 父母有疾, 衣不解帶. 母常欲生魚, 時天寒冰凍, 祥解衣, 將剖冰求之, 冰忽自解, 雙鯉躍出, 持之而歸. 母又思黃雀炙, 復有黃雀數十入其幙, 復以供母. 鄉里驚歎, 以爲孝感所致.

3.《小學》善行篇「實明倫」

王祥性孝, 蚤喪親, 繼母朱氏不慈, 數譖之, 由是失愛於父, 每使掃除牛下, 祥愈恭謹; 父母有疾, 衣不解帶, 湯藥必親嘗. 母嘗欲生魚, 時天寒冰凍, 祥解衣, 將剖冰求之, 冰忽自解, 雙鯉躍出, 持之而歸. 母又思黃雀炙, 復有雀數十, 飛入其幕, 復以供母. 鄉里驚嘆, 以爲孝感所致. 有丹奈結實, 母命守之, 每風雨, 祥輒抱樹而泣. 其篤孝純至如此.

4.《二十四孝》臥冰求鯉

東晉, 王祥母喪, 繼母朱氏, 不慈, 於父前數譖之. 由是失愛於父, 一日, 母欲食鮮魚. 時天寒地凍, 祥解衣, 臥冰求之. 冰忽自解. 雙鯉躍出. 持歸供母. 有詩爲頌. 詩曰:『繼母人間有, 王祥天下無. 至今河水上, 留得臥冰模.』

5.《藝文類聚》(9)

孫盛《雜語》曰: 王祥字休徵. 性至孝. 後母苛虐, 欲危害祥. 祥色養無怠, 盛寒之月, 後母曰:「吾思生魚.」祥脫衣, 將剖冰求之, 有少處冰解, 下有魚出, 因以奉養.

6.《初學記》(3) 冬

師覺《孝子傳》曰: 王祥少有德行, 失母. 後母憎而譖之. 祥孝彌謹. 盛寒河冰. 網罟不施. 母欲得生魚. 祥解褐叩冰求之, 忽冰少開, 有雙鯉出游, 祥垂綸而獲之. 于時人謂至孝所致也.』

7. 기타 참고자료

《太平御覽》(26·863·922·970).《北堂書鈔》(145). 藏榮緒《晉書》.《孝子傳》.

222-② 蔡順分椹
오디를 나누어 익은 것만 어머니께 드린 채순

후한後漢의 채순蔡順은 자가 군중君仲이며 여남汝南 사람이다. 어려서 아버지를 잃고 어머니를 모시고 살았는데 어머니조차 돌아가셨을 때는 장례도 치르지 못한 상태에 마을에 화재가 나고 말았다. 불길이 장차 그의 집까지 밀려오자, 채순은 어머니 관에 엎드려 하늘을 부르며 울부짖었다. 그러자 불길은 그의 집을 뛰어넘어 번져 나갔다. 태수太守 한숭韓崇이 그의 효성을 높이 사 그를 불러 동합좨주東閣祭酒로 삼아 주었다. 그의 어머니는 평소 우레를 무서워하였다. 돌아가신 후 매번 우레가 칠 때마다 채순은 곧바로 무덤을 에워싸고 울며 말하였다.

"아들 순이 여기 있습니다."

한숭은 이를 듣고 곧바로 거마를 그 묘소에 보내 주었다.

뒤에 그는 효렴과孝廉科에 천거되었지만 어머니를 위해 벼슬길에 나서지 않았다.

구주舊注에는 이렇게 말하였다.

왕망王莽 말 천하에 큰 흉년이 들었다. 채순은 오디를 주우면서 붉은 것과 검은 것을 나누어 그릇에 담고 있었다. 그때 적미병赤眉兵 도적떼가 이를 보고 그에게 이유를 묻자 채순은 이렇게 대답하였다.

"검은 것은 잘 익은 것이니 어머니께 드리고, 붉은 것은 아직 덜 익은 것으로 내가 먹으려 하는 것입니다."

도적들은 그의 효성을 알아차리고, 그에게 쌀 두 말과 쇠고기 다리살 하나를 주었다.

後漢, 蔡順字君仲, 汝南人. 少孤養母, 母終未葬, 里中災. 火將逼其舍, 順伏棺, 號哭叫天, 火遂越燒它室. 太守韓崇召爲東閣祭酒.

母平生畏雷, 自亡後, 每有雷震, 順輒圍家泣曰:「順在此.」
崇聞輒差車馬到墓所. 後擧孝廉, 不就.
舊注云: 王莽末, 天下大荒. 順拾椹, 赤黑異器盛之. 赤眉賊見而問之.
順曰:「黑者奉母, 赤者自食.」
賊知其孝, 乃遺米二斗, 牛蹄一隻.

【蔡順】 후한 때 효성으로 이름난 인물.《後漢書》周盤傳을 참조할 것.
【東閣祭酒】 ‘동합’은 동쪽의 작은 문. 漢나라 公孫弘이 승상으로서 동합을 열어 賢人을 초빙했기 때문에 재상이 어진 선비를 초빙하는 것을 말함. ‘祭酒’는 좨주’로 읽으며 그곳의 우두머리.
【母平生畏雷】 ‘王裒柏慘’에도 같은 유형의 고사가 실려 있음.
【王莽】 字는 巨君(B.C.45~23). 漢 元皇后의 조카. 어려서 고아가 되어 독서 끝에 성망을 얻었음. 뒤에 太傅가 되어 安漢公에 봉해졌으며 平帝가 죽은 후 겨우 두 살인 孺子 嬰을 옹립하고 자신은 攝皇帝가 되었다가 初始 元年(A.D.8) 정권을 찬탈, ‘新’을 세워 ‘西漢’의 종말을 고함. 그러나 천하의 혼란이 일어나 地皇 4年(23)에 劉玄·赤眉軍·綠林軍에게 살해되고 말았음.《漢書》(99)에 그 傳이 있음.
【赤眉賊】 동한 말 山東 琅琊의 樊崇이 굶주린 백성을 일으켜 泰山 일대에서 난을 일으켰으며 자신들의 표지로 눈썹에 붉은색을 칠하도록 하여 적미군이라 불렀음.

참고 및 관련 자료

1.《後漢書》周盤傳(蔡順)

磐同郡蔡順, 字君仲, 亦以至孝稱. 順少孤, 養母. 當出求薪, 有客卒至, 母望順不還, 乃嚙其指, 順卽心動, 弃薪馳歸, 跪問其故. 母曰:「有急客來, 吾嚙指以悟汝耳.」母年九十, 以壽終. 未及得葬, 里中災, 火將逼其舍, 順抱伏棺柩, 號哭叫天, 火遂越燒它室, 順獨得免. 太守韓崇召爲東閣祭酒. 母平生畏雷, 自亡後,

每有雷震, 順輒圜冢泣, 曰:「順在此.」崇聞之, 每雷輒爲差車馬到墓所. 後太守
鮑衆擧孝廉, 順不能遠離墳墓, 遂不就. 年八十, 終于家.

2.《二十四孝》拾桑供母

漢, 蔡順, 少孤, 事母至孝. 遭王莽亂, 歲荒不給, 拾桑果, 以異器盛之. 赤眉賊
見而問之. 順曰:「黑者奉母, 赤者食.」賊憫其孝, 以白米三斗, 牛蹄一隻與之.
有詩爲頌. 詩曰:『黑桑奉萱幃, 饑啼淚滿衣. 赤眉知孝意, 牛米贈君歸.』

223. 淮南食時, 左思十稔

223-① 淮南食時
밥 먹는 짧은 시간에 문장을 완성한 회남왕 유안

전한前漢의 회남왕淮南王 유안劉安은 고조高祖 유방의 손자이다. 책과 거문고를 좋아하였으며, 사냥이나 개, 말, 혹은 말 타고 내닫기 등은 좋아하지 않았다. 그러면서 역시 음덕을 베풀어 백성을 어루만져 뒤에 그 명예가 남기를 바라, 빈객과 방술方術에 능한 자 수천 명을 초치하여 《내외편內外篇》을 저술하고 《중편中篇》을 저술하였는데, 그 내용은 신선神仙, 황백黃白의 도술에 관한 것이었다. 당시 무제武帝는 예문藝文을 좋아하여 유안이 아버지 항렬이며 박식하고 변론에 뛰어나 문사文辭를 잘 짓는다는 이유로 아주 존경하고 중시하였다. 그리하여 매번 편지의 답장을 보낼 때나 하사품을 내릴 때에는 항상 사마상여司馬相如 등을 불러 초안을 살펴보도록 한 다음에야 보내곤 하였다. 이에 앞서 유안이 입조하자, 황제는 그에게 〈이소전離騷傳〉을 짓도록 부탁한 적이 있다. 이에 유안은 이른 아침에 조칙을 받고는 아침 식사 때 이미 완성하여 올렸다. 매번 잔치를 베풀어 만나게 되면 득실과 방기方技, 부송賦頌 등을 주제로 담론을 벌였는데 저녁 늦어서야 끝내곤 하였다. 뒤에 유안은 모반을 획책하다가 발각되어 자살하고 말았다.

前漢, 淮南王安, 高祖之孫. 好書鼓琴, 不喜弋獵狗馬馳騁. 亦欲以行陰德, 拊循百姓流名譽, 招致賓客方術之士數千人, 作爲內外篇, 又有中篇, 言神仙黃白之術.

時武帝好藝文, 以安屬爲諸父, 辯博善爲文辭, 甚尊重之. 每爲報書及賜, 常召司馬相如等, 視草乃遣.

初安入朝, 使爲離騷傳. 旦受詔, 日食時上. 每宴見, 談說得失及方技賦頌, 昏暮然後罷. 後謀反自殺.

【淮南王安】劉安. 漢 高祖 劉邦의 손자. 劉長의 아들. 文帝 때 淮南王에 봉해졌음. 方術士 수천 명을 모아 《淮南子》를 편집하였으며, 漢代 道家 사상의 걸작으로 널리 알려졌음. 《史記》 淮南衡山傳 참조. '淮南'은 지금의 揚州 일대에 세웠던 한나라 때 제후국.

【內外篇】淮南王 劉安이 저술한 《淮南子》. 원래의 이름은 《淮南鴻烈》. 당시 조정에 바칠 때에는 《內書》·《外書》였으며 지금은 《외서》는 전하지 않고 《내서》 21편만 전함. 《漢書》 藝文志는 雜家로 분류하고 있음.

【黃白之術】'黃'은 黃金. '白'은 白銀으로 水銀을 말함. 丹砂를 제련하여 금이나 은을 만들며 丹藥을 만드는 기술.

【武帝】西漢 5대 황제 劉徹. 景帝(劉啓)의 아들이며 B.C.140~B.C.87년까지 54년간 재위함. 대내외적으로 학술, 강역, 문학 등 여러 방면에 걸쳐 많은 치적을 남겨 강력한 帝國을 건설함.

【藝文】六藝와 문장. 한나라 때 '藝'는 '經'의 다른 이름.

【司馬相如】자는 長卿(B.C.179~B.C.118). 成都 출신으로 漢代 최고의 賦 작가. 漢 武帝에게 賦를 올려 宮中詩人으로 활약함. 〈子虛賦〉, 〈上林賦〉, 〈大人賦〉, 〈諭巴蜀檄〉 등을 남겼으며 본 《西京雜記》에는 사마상여에 관한 기록을 비교적 많이 싣고 있음. 《史記》, 《漢書》의 司馬相如傳 참조.

【離騷】楚나라의 屈原이 지은 辭賦.

【傳】經을 해설하여 덧붙인 注解. 《春秋左氏傳》·《毛詩傳》의 '傳'과 같음.

1.《史記》淮南衡山傳

淮南王安爲人好讀書鼓琴, 不喜弋獵狗馬馳騁, 亦欲以行陰德拊循百姓, 流譽天下. 時時怨望厲工死, 時欲畔逆, 未有凶也. 及建元二年, 淮南王入朝. 素善

武安侯, 武安侯時爲太尉, 乃逆王霸上, 與王語曰:「方今上無太子, 大王親高皇
帝孫, 行仁義, 天下莫不聞. 卽宮車一日晏駕, 非大王當誰立者!」淮南王大喜,
厚遺武安侯金財物. 陰結賓客, 拊循百姓, 爲畔逆事. 建元六年, 彗星見, 淮南王
心怪之. 或說王曰:「先吳軍起時, 彗星出長數尺, 然尙流血千里. 今彗星長竟天,
天下兵當大起.」王心以爲上無太子, 天下有變, 諸侯並爭, 愈益治器械攻戰具,
積金錢賂遺郡國諸侯游士奇材. 諸辨士爲方略者, 妄作妖言, 諂諛王, 王喜, 多賜
金錢, 而謀反滋甚.

2.《漢書》淮南衡山濟北王傳

淮南王安爲人好書, 鼓琴, 不喜弋獵狗馬馳騁, 亦欲以行陰德拊循百姓, 流名譽.
招致賓客方術之士數千人, 作爲《內書》二十一篇,《外書》甚衆, 又有《中篇》八卷,
言神仙黃白之術, 亦二十餘萬言. 時武帝方好藝文, 以安屬爲諸父, 辯博善爲文辭,
甚尊重之. 每爲報書及賜, 常召司馬相如等視草乃遣. 初, 安入朝, 獻所作《內篇》,
新出, 上愛祕之. 使爲《離騷傳》, 旦受詔, 日食時上. 又獻《頌德》及《長安都國頌》.
每宴見, 談說得失及方技賦頌, 昏莫然後罷. 安初入朝, 雅善太尉武安侯, 武安侯
迎之霸上, 與語曰:「方今上無太子, 王親高皇帝孫, 行仁義, 天下莫不聞. 宮車
一日晏駕, 非王尙誰立者!」淮南王大喜, 厚遺武安侯寶賂. 其羣臣賓客, 江淮間
多輕薄, 以厲王遷死感激安. 建元六年, 彗星見, 淮南王心怪之. 或說王曰:
「先吳軍時, 彗星出, 長數尺, 然尙流血千里. 今彗星竟天, 天下兵當大起.」王心
以爲上無太子, 天下有變, 諸侯並爭, 愈益治攻戰具, 積金錢賂遺郡國. 遊士妄
作妖言阿諛王, 王喜. 多賜予之.

223-② 左思十稔
십년 구상 끝에 작품을 완성한 좌사

《진서晉書》에 실려 있다.

좌사左思는 자가 태충太冲이며 제국齊國 임치臨淄 사람이다. 그는 지극히 못생긴 얼굴에 말까지 더듬었으나 문장은 수식이 장엄하고 화려하였다.

그는 〈제도부齊都賦〉를 지었는데 1년만에야 완성을 보았다. 그리고 다시 삼도三都의 부를 짓고자 이에 저작랑著作郎 장재張載를 찾아가 그곳 민공岷邛 지역을 탐방하여 사정을 알아보았다. 그리하여 드디어 10년을 구상하면서 문과 뜰, 울타리와 문지방에 모두 종이와 붓을 비치해 놓고, 우연히 좋은 구절이 떠오르면 이를 대강 기록해 놓았다. 그래도 자신이 본 바는 넓지 못하다고 여겨 비서랑秘書郎이 되겠다고 스스로 그 자리를 요구하였다. 이렇게 하여 부를 완성하였지만, 당시 사람들은 이를 중시하지 않았다. 그러나 자신은 그 작품이 반고班固의 〈양도부兩都賦〉나 장형張衡의 〈이경부二京賦〉에 뒤질 것이 없다고 자부하고 있었다. 이에 황보밀皇甫謐에게 보였더니 황보밀은 훌륭하다 칭찬하면서 그 부에 서문을 써주었다. 그리고 장재張載는 〈위도부魏都賦〉에 주를 달아주었고, 유규劉逵는 〈오도부吳都賦〉와 〈촉도부蜀都賦〉에 주를 달고 서문도 써주었다. 그런가 하면 장화張華는 작품을 보고 나서 이렇게 말하였다.

"반고나 장형의 작품과 같다."

이리하여 사람들이 그 작품을 다투어 전하며 베끼느라 낙양洛陽의 종이가 귀해졌다.

당초 육기陸機가 이러한 부를 짓겠노라 하고 있었는데, 좌사가 작품을 지었다는 소문을 듣고 손뼉을 치면서 그 아우 육운陸雲에게 보내는 편지에 이렇게 비꼬았다.

"요즈음 시골뜨기 하나가 〈삼도부三都賦〉를 짓고 있다던데 모름지기 그것이 완성된다면 마땅히 술독이나 덮는 데 쓰일 것이다."

그런데 좌사의 부가 출현하자 육기는 탄복하며 사신은 거기에 단 한 글자도 가필할 것이 없다고 여겨 드디어 붓을 꺾고 말았다.

《晉書》: 左思字太冲, 齊國臨淄人. 貌寢, 口訥, 而辭藻壯麗. 造齊都賦, 一年乃成. 復欲賦三都, 乃詣著作郎張載訪岷邛之事. 遂構思十稔, 門庭藩閒, 皆著筆紙, 遇得一句, 卽便疏之. 自以所見不博,求爲祕書郎. 及賦成, 時人未之重.

自以其作不謝班張, 以示皇甫謐. 謐稱善, 爲其賦序. 張載爲注魏都, 劉逵注吳蜀而序之.

張華見曰:「班張之流也.」

於是競相傳寫, 洛陽爲之紙貴.

初陸機欲爲此賦, 聞思作, 撫掌而笑, 與弟雲書曰:「此間有傖父, 欲作三都賦. 須其成, 當以覆酒甕耳.」

及思賦出, 機歎伏, 以爲不能加, 遂輟筆焉.

【左思】 자는 太沖. 齊國人, 祕書를 지냄. 곧 '洛陽紙貴'의 고사를 낳은 인물. 바로 이 고사의 〈三都賦〉를 사람들이 서로 베끼려고 낙양의 종이가 모자라 종이 값이 급등하였다 함. 그 외에 〈詠史詩〉 8수가 유명함. 그의 문집은 사라졌으나 뒤에 《左太沖集》이 집일되어 있음. 《晉書》(92)에 전이 있음.

【齊都賦】 齊나라의 도읍인 臨淄를 두고 賦로 작품을 만든 것임.

【三都】 〈삼도부〉는 《文選》(4)에 실려 있음.

【張載】 자는 孟陽. 晉나라 太康 때의 문인. 三張(張載, 張華, 張協)·二陸(陸機, 陸雲)·兩潘(潘岳, 潘尼)·一左(左思) 중의 하나였음. 安平人. 長沙王 司馬乂의 記室을 거쳐 中書侍郎, 領著作 등을 지냈으며 天下가 난세에 접어든다고 여겨 사직하고 귀향함. 《晉書》(55)에 傳이 있으며 五言詩 10수, 四言, 雜言詩 약간의 散句가 전함. 明, 張溥의 집일본 《張孟陽·景陽集》이 있음. '孟揚擲瓦'[217] 참조.

【十稔】 '임(稔)'은 곡물이 익는다는 뜻으로, 1년에 한 번씩 익기 때문에 한 해를 뜻하는 말로 쓰임. 《晉書》에는 '十年'으로 되어 있음.

【藩閫】 '번'은 울타리. '곤'은 문지방 또는 방의 구획을 나누기 위해서 가로로 설치한 나무. 혹은 어지럽게 널려 있는 모습. 《晉書》에는 '藩溷'으로 되어 있음.

【皇甫謐】 자는 士安(215~282). '玄晏先生'이라 불림. 저서로 《帝王世紀》·《列女傳》·《高士傳》·《甲乙經》 등이 있음. 《晉書》(51)에 전이 있음.

【張華】 자는 茂先(232~300). 詩, 書, 文章 등에 고루 능하였던 晉나라 때의

문호이며 학자. 司空을 지냈으며 趙王 司馬倫에게 해를 입음. 후인이 집일한 《張茂先集》이 있으며 저서로는 유명한 《博物志》가 전함. 《晉書》(36)에 전이 있음. '張華台圻'[231] 및 '士衡患多'[011], '雷煥送劍'[220] 등 참조.

【陸機】 자는 士衡(261~303). 조부는 陸孫. 아버지는 陸抗. 모두가 삼국시대 吳나라의 將相을 지냄. 西晉이 吳를 멸하자 육기는 문을 걸어 잠그고 10년을 공부하여 洛陽으로 들어가 太子司馬·著作郎을 지냈으며 平原太守를 역임하여 陸平原이라고도 불림. 八王之亂 때 長沙王(司馬父)의 將軍, 河北大都督이 되었으나 패하여 동생 陸雲 등과 함께 처형당함. 文學史에서는 그의 〈文賦〉가 중요한 비평 저작으로 알려짐. 《晉書》(54)에 전이 있음. '士衡患多'[011] 참조.

【陸雲】 자는 士龍(262~303). 吳郡출신. 陸機의 아우. 두 형제 모두 문장에 뛰어나 「二陸」이라 불림. 成都王(司馬穎)을 섬겨 淸河內史를 지냈음. 그 때문에 흔히 陸淸河로 불림. 그 형이 피살당하자 陸雲도 함께 해를 입음. 《晉書》 권54에 傳이 있으며, 明 張溥가 집일한 《陸士龍集》이 있음. '士龍雲閒'[025] 참조.

【傖父】 비천한 사람. 시골뜨기.

1. 《晉書》(92) 文苑傳(左思)

左思字太冲, 齊國臨淄人也. 其先齊之公族有左右公子, 因爲氏焉. 家世儒學. ……貌寢, 口訥, 而辭藻壯麗. 不好交遊, 唯以閑居爲事. 造〈齊都賦〉, 一年乃成. 復欲賦三都, 會妹芬入宮, 移家京師, 乃詣著作郎張載訪岷邛之事. 遂構思十年, 門庭藩溷皆著筆紙, 遇得一句, 卽便疏之. 自以所見不博, 求爲秘書郎. 及賦成, 時人未之重. 思自以其作不謝班張, 恐以人廢言, 安定皇甫謐有高譽, 思造而示之. 謐稱善, 爲其賦序. 張載爲注〈魏都〉, 劉逵注〈吳蜀〉而序之. ……司空張華見而歎曰:「班張之流也. 使讀之者盡而有餘, 久而更新.」於是豪族之家競相傳寫, 洛陽爲之紙貴. 初, 陸機入洛, 欲爲此賦, 聞思作之, 撫掌而笑, 與弟雲書曰:「此間有傖父, 欲作〈三都賦〉. 須其成, 當以覆酒甕耳.」及思賦出, 機絶歎伏, 以爲不能加也, 遂輟筆焉.

224. 劉惔傾釀, 孝伯痛飮

224-① 劉惔傾釀
하충을 부러워하여
술독을 모두 기울일 정도라고 한 유담

《진서晉書》에 실려 있다.

하충何充은 자가 차도次道로써 여강廬江 첨灊 땅 사람이다. 강제康帝 때 중서감中書監·녹상서사錄尚書事의 벼슬을 역임하였다. 하충은 술을 잘 마셨으며, 그의 우아한 태도는 유담劉惔이 귀하게 여겼다. 이에 유담은 항상 매번 이렇게 말하였다.

"하충의 술 마시는 모습을 보면 사람으로 하여금 자신의 집에 있는 술을 그와 같은 모습으로 다 마시고 싶은 생각을 자아내도록 한다."

이는 하충이 능히 온극溫克을 지켜내었음을 말한 것이다.

구본舊本에는 담惔자를 회恢자로 표기하였는데 이는 오기이다.

《晉書》: 何充字次道, 廬江灊人. 康帝時, 爲中書監·錄尙書事. 充能飮酒, 雅爲劉惔所貴.

惔常每云:「見次道飮, 令人欲傾家釀」

言其能溫克也.

舊本: 惔作恢誤.

【何充】292~340. 王敦의 主簿를 거쳐 표기장군이 됨. 徐州刺史, 宰相 등을 지냈으며 佛寺 증수에 많은 돈을 씀.《晉書》(77)에 전이 있음.

【康帝】東晉의 제4대 황제 司馬岳. 明帝 司馬紹의 아들로 成帝 司馬衍의 뒤를
   이어 제위에 오름. 343~344년 재위함.
【劉惔】자는 眞長. 劉宏의 손자로 沛國 相 땅 출신. 明帝(323~326 재위)의
   盧陵長公主에게 장가들어 駙馬가 됨. 司從左長史. 侍中. 丹陽尹 등을 지냄.
   36세에 죽어 孫綽이 "居官無官官之事, 處事無事事之心"이라 誄文을 지어
   명언이라 하였음.《晉書》(75)에 전이 있음. 丹陽尹을 역임함. '眞長望月'[263]
   참조.
【家釀】집에서 빚은 술.
【溫克】《詩經》小雅 小宛篇에 "人之齊聖 飮酒溫克"이라 함.

참고 및 관련 자료

1.《晉書》(77) 何充傳

何充字次道, 盧江灊人, 魏光祿大夫禎之曾孫也. 祖惲, 豫州刺史. 父叡, 安豐
太守. 充風韻淹雅, 文義見稱. ……及帝崩, 充奉遺旨, 便立太子, 是爲穆帝. ……
又加爲中書監·錄尙書事. ……充能飮酒, 雅爲劉惔所貴. 惔每云:「見次道飮,
令人欲傾家釀」言其能溫克也. 永和二年卒, 時年五十五. 贈司空, 諡曰文穆.
2.《世說新語》賞譽篇

劉尹云:「見何次道飮酒, 使人欲傾家釀」

224-② 孝伯痛飮
통쾌한 음주를 높이 여긴 왕효백

《세설신어世說新語》에 실려 있다.
왕효백王孝伯이 말하였다.

"명사名士라고 반드시 기이한 재주를 따를 필요는 없다. 그저 평소 아무 일이 없도록 무사하되 단지 술을 실컷 마시고도 〈이소離騷〉를 줄줄 읽어 낼 정도라면 가히 명사라 칭할 수 있으리라."

《世說》: 王孝伯曰:「名士不必順奇才, 使常無事, 但痛飲酒, 熟讀 〈離騷〉, 便可稱名士.」

【王孝伯】王恭. 자는 孝伯(?~398). 太原 晉陽人. 王蘊의 아들이며 安帝의 외삼촌. 일찍이 丹陽尹의 中書令을 지냈으며 五州都督前將軍과 靑州·兗州 刺史 등을 지냄.《晉書》(84)에 전이 있음. '王恭鶴氅'[206] 참조.
【離騷】전국시대 楚나라 屈原의 작품.

참고 및 관련 자료

1.《世說新語》任誕篇
王孝伯言:「名士不必須奇才, 但使常得無事, 痛飲酒, 熟讀〈離騷〉, 便可稱名士.」

225. 女媧補天, 長房縮地

225-① 女媧補天
무너진 하늘을 다시 수리한 여왜

《회남자淮南子》에 실려 있다.

아주 옛날 사극四極이 무너지고 구주九州의 땅이 갈라졌다. 이에 하늘은 다시 덮여 있을 수가 없었고 땅은 두루 실려 있을 수가 없었다. 불꽃이 일어 꺼지지 않았으며 물은 넘쳐 바다를 이루어 그치지 않았다. 맹수들은 백성들을 마구 잡아먹었고, 새매는 노약자를 채어갔다. 이에 여왜女媧가 오색의 돌을 제련하여 푸른 하늘을 메우고, 자라의 다리를 잘라 사극에 세워 지탱시켰다. 그리고 검은 용을 죽여 기주冀州 땅을 구제하고, 갈대를 태운 재를 쌓아 음수淫水를 막았다. 그리하여 푸른 하늘은 메워지고, 사극은 바르게 되었으며, 음수는 마르고 기주는 평온하게 되었으며, 교활한 독충은 죽어 오로지 백성의 생업에 전념할 수 있게 되었다.

《淮南子》曰: 往古之時, 四極廢, 九州裂. 天不兼覆, 地不周載. 火爁炎而不滅, 水浩洋而不息. 猛獸食顓民, 鷙鳥攫老弱. 於是女媧鍊五色石, 以補蒼天, 斷鼇足, 以立四極. 殺黑龍, 以濟冀州, 積蘆灰, 以止淫水. 蒼天補四極正, 淫水涸, 冀州平, 狡蟲死, 顓民生.

【九州】고대 중국 전체를 冀·兗·靑·徐·揚·荊·豫·梁·雍의 아홉 州로 나누어 구분하였음.
【女媧】'여와'로도 읽으며 三皇五帝 때의 사람으로, 伏羲氏 뒤에 출현한 전설상의 지도자. 蛇身人首 형상을 하고 있었으며 당시 共工氏가 祝融과

싸워 지자 크게 화가 나서 머리로 不周山에 들이받아 하늘이 무너지고 말았음. 이에 여왜가 오색의 돌로 막아 다시 바로 잡았다 하며 여기서 오색은 五倫, 즉 君臣·父子·夫婦·兄弟·朋友 사이의 道理를 말하는 것으로 보고 있음.

【蘆灰】갈대를 태운 재. '蘆'는 갈대. '葦'와 같음.

1.《淮南子》覽冥訓

往古之時, 四極廢, 九州裂, 天不兼覆, 地不周載. 火爁炎而不滅, 水浩洋而不息. 猛獸食顓民, 鷙鳥攫老若. 於是女媧鍊五色石以補蒼天, 斷鼇足以立四極, 殺黑龍以濟冀州, 積蘆灰以止淫水. 蒼天補, 四極正, 淫水涸, 冀州平, 狡蟲死, 顓民生. 背方州, 抱圓天, 和春, 陽夏, 殺秋, 約冬. 枕方寢繩. 陰陽之所, 壅沈不通者, 竅理之; 逆氣戾物·傷民厚積者, 絶止之.

2.《列子》湯問篇

湯又問曰:「四海之外奚有?」革曰:「猶齊州也.」湯曰:「汝奚以實之?」革曰: 「朕東行至營, 人民猶是也. 問營之東, 復猶營也. 西行至豳, 人民猶是也. 問豳之西, 復猶豳也. 朕以是知四海·四荒·四極之不異是也. 故大小相含, 無窮極也. 含萬物者, 亦如含天地. 含萬物也故不窮, 含天地也故無極. 朕亦焉知天地之表不有大天地者乎? 亦吾所不知也. 然則天地亦物也. 物有不足, 故昔者女媧氏鍊五色石以補其闕; 斷鼇之足以立四極. 其後共工氏與顓頊爭爲帝, 怒而觸不周之山, 折天柱, 絶地維; 故天傾西北, 日月辰星就焉; 地不滿東南, 故百川水潦歸焉.」

3.《博物志》(1)

天地初不足, 故女媧氏鍊五色石以補其闕, 斷鼇足以立四極. 其後共工氏與顓頊爭帝, 而怒觸不周之山, 折天柱, 絶地維. 故天後傾西北, 日月星辰就焉; 地不滿東南, 故百川水注焉.

4.《十八史略》(1)

庖犧崩, 女媧氏立. 亦風姓, 木德王, 始作笙簧. 諸侯有共工氏, 與祝融戰, 不勝而怒, 乃頭觸不周山, 崩, 天柱折, 地維缺. 女媧乃鍊五色石以補天, 斷鼇足以立四極, 聚蘆灰以止滔水, 於是地平天成, 不改舊物.

225-② 長房縮地
비장방의 축지법

후한後漢의 비장방費長房이 이윽고 신선옹을 만나고는 도를 구하겠다고 나섰으나, 집안 사람들이 걱정스러웠다. 그러자 그 신선옹이 푸른 대나무 하나를 잘라 그 길이를 비장방과 똑같이 한 다음, 이를 그의 집 뒤꼍에 매달아 두었다. 집안 사람들이 보았더니 바로 비장방의 형상 그대로였으며, 그가 목을 매어 죽은 것이라 여겨 드디어 장례까지 마치게 되었다.

비장방은 그 신선옹을 따라 깊은 산으로 들어갔더니 호랑이들이 우글거리는 속에 홀로 그를 남겨 놓는 것이었다. 비장방이 조금도 두려워하지 않자, 이번에는 빈 방에 눕혀놓고 그의 심장 위에 만 근이나 되는 돌을 썩은 줄에 매달아 놓고는 많은 뱀들이 그 썩은 새끼줄을 갉아먹어 곧 끊어지게 만들어 놓는 것이었다. 비장방은 역시 조금도 움직이지 않았다. 그러자 그 신선옹은 이렇게 말하였다.

"그대는 가히 가르칠 만하군."

그러고는 다시 인분을 먹였는데 그 인분 속에는 구더기가 들어 있었으며, 냄새도 지독하여 비장방은 토악질을 느끼고 말았다. 이에 신선옹이 말하였다.

"그대는 거의 도를 터득할 수 있었는데 한스럽게 여기에서 그치고 말았군."

결국 비장방은 실패하고 돌아갈 인사를 하게 되었다. 그러자 신선옹은 그에게 대나무지팡이 하나를 주면서 이렇게 일러주었다.

"이것을 타고 가는대로 맡겨두어라. 그렇게 되면 저절로 집에 돌아가게 될 것이다. 이윽고 도달하거든 그 지팡이는 갈피葛陂에 던져버리면 된다."

그리고 다시 하나의 부적을 만들어 주면서 말하였다.

"이것으로는 땅 위의 모든 귀신을 주재할 수 있다."

비장방이 지팡이를 탔더니 잠깐 사이에 돌아오게 되었다. 자신은 집을 떠난 지 열흘 정도 지났다고 여겼으나, 이미 10년이 지난 뒤였다. 즉시 지팡이를 갈피라는 언덕에 던지고 돌아다보았더니 그것은 용이었다. 뒤에 드디어 의술로써 많은 사람들의 병을 치료해 주었으며, 온갖 귀신을 채찍질하고 태질하여 쫓아내었다. 뒤에 그가 부적을 잃어버리자 도리어 많은 귀신들에게 죽음을 당하고 말았다.

　後漢, 費長房, 旣遇仙翁, 欲求道, 而顧家人爲憂. 翁乃斷一靑竹, 度與長房身齊, 使懸之舍後, 家人見卽其形也. 以爲縊死, 遂葬之. 長房隨入深山, 群虎中留使獨處, 長房不恐; 又臥於空室, 以朽索懸萬斤石於心上, 衆蛇來齧索且斷, 長房亦不移.

　翁曰:「子可敎也」

　復使食糞, 糞中有蟲, 臭甚, 長房意惡之.

　翁曰:「子幾得道, 恨此不成」

　長房辭歸, 翁與一竹杖曰:「騎此任所之, 則自至」

　旣至, 可以仗投葛陂中.

　又爲作一符曰:「以此主地上鬼神」

　長房乘杖, 須臾來歸. 自謂去家適經旬日, 已十餘年矣. 卽以杖投陂, 顧視則龍也.

　後遂能醫療衆疾, 鞭笞百鬼. 後失其符, 爲衆鬼所殺.

【費長房】후한 때의 神仙道術家.《後漢書》方術傳 참조. ‘壺公謫天’[163] 참조.
【葛陂】預州 新蔡縣 서북쪽에 있는 못.

1. 이 이야기는 163-①의 壺公謫天의 후속편임.

2. 《神仙傳》(9) 壺公

壺公者, 不知其姓名. 今世所有《召軍符》, 召鬼神治病《王府符》凡二十餘卷, 皆出於壺公, 故摠名爲《壺公符》. 汝南費長房爲市掾時, 忽見公從遠方來, 入市賣藥, 人莫識之. 其賣藥口不二價, 治百病皆愈, 語買藥者曰:「服此藥必吐出某物, 某日當愈.」皆如其言. 得錢日收數萬, 而隨施與市道貧乏飢凍者, 所留者甚少. 常懸一空壺於坐上, 日入之後, 公輒轉足跳入壺中, 人莫知所在, 唯長房於樓上見之, 知其非常人也. 長房乃日日自掃除公座前地, 及供饌物, 公受而不謝. 如此積久, 長房不懈亦不敢有所求. 公知長房篤信, 語長房曰:「至暮無人時更來.」長房如其言而往. 公語長房曰:「卿見我跳入壺中時, 卿便隨我跳, 自當得入.」長房承公言爲試, 展足不覺已入. 旣入之後, 不復見壺, 但見樓觀五色, 重門閣道, 見公左右侍者數十人. 公語長房曰:「我仙人也. 忝天曹職, 所統供事不勤, 以此見謫, 蹔還人間耳. 卿可敎, 故得見我.」長房不坐, 頓首自陳:「肉人無知, 積劫厚, 幸謬見哀愍, 猶如剖棺布氣, 生枯起朽, 但見臭穢頑弊, 不任驅使. 若見憐念, 百生之厚幸也.」公曰:「審爾大佳, 勿語人也.」公後詣長房於樓上曰:「我有少酒, 汝相共飮之.」酒在樓下, 長房遣人取之, 不能舉, 益至數十人, 莫能得上. 長房白公, 公乃自下, 以一指提上, 與長房共飮之. 酒器不過如蜂大, 飮之, 至旦不盡. 公告長房曰:「我某日當去, 卿能去否?」長房曰:「思去之心, 不可復言. 惟欲令親屬不覺不知, 當作何計?」公曰:「易耳.」乃取一靑竹杖與長房, 戒之曰:「卿以竹歸家, 使稱病, 後日卽以此竹杖置臥處, 嘿然便來.」長房如公所言. 而家人見此竹是長房死了, 哭泣殯之. 長房隨公去, 恍惚不知何所之. 公獨留之於羣虎中, 虎磨牙張口, 欲噬長房, 長房不懼. 明日, 又內長房石室中, 頭上有大石, 方數丈, 茅繩懸之, 諸蛇並往嚙繩欲斷, 而長房自若. 公往撫之曰:「子可敎矣.」乃命啖溷, 溷臭惡非常, 中有蟲長寸許, 長房色難之. 公乃嘆謝遣之曰:「子不得仙也. 今以子爲地上主者, 可壽數百餘歲.」爲傳封符一卷付之, 曰:「帶此可舉諸鬼神. 嘗稱使者, 可以治病消災.」長房憂不能到家, 公以竹杖與之曰:「但騎此到家耳.」長房辭去, 騎杖忽然如睡, 已到家, 家人謂之鬼. 具述前事, 乃發視棺中惟一竹杖, 乃信之. 長房以所騎竹杖投葛陂中, 視之, 乃靑龍耳. 長房自謂去家一日, 推之已一年矣. 長房乃行符收鬼治病, 無不愈者. 每與人同坐共語, 而目瞑訶遣. 人問其故, 曰:「怒鬼魅之犯法耳.」汝南郡中常有鬼怪, 歲輒數來, 來時導從威儀,

如太守入府, 打鼓周行內外匣, 乃還去, 甚以爲患. 後長房詣府君, 而正值此鬼來
到府門前. 府君馳入, 獨留長房. 鬼知之不敢前, 欲去, 長房厲聲呼使捉前來.
鬼乃下車, 把版伏庭中, 叩頭乞得自改. 長房呵曰:「汝死老鬼, 不念溫涼, 無故
導從唐突官府, 君知當死否?」急復令還就人形, 以一札符付之, 令送與葛陂君.
鬼叩頭流涕, 持札去. 使以追視之, 以札立陂邊, 以頸繞札而死. 東海大旱三年.
長房後到東海, 見其民請雨, 謂之曰:「東海君有罪, 吾前繫於葛陂, 今當赦之.」
令其作雨, 於是卽有大雨. 長房曾與人共行, 見一書生, 黃巾被裘, 無鞍騎馬, 下而
叩頭. 長房曰:「促還他馬, 赦汝罪.」人問之, 長房曰:「此貍耳, 盜社公馬也.」
又嘗與客坐, 使至市市鮓, 頃刻而還. 或一日之間, 人見在千里之外者數處.

3. 《太平廣記》(12) 壺公

壺公者, 不知其姓名也. 今世所有召軍符·召鬼神治病玉府符, 凡二十餘卷, 皆出
自公. 故總名壺公符. 時汝南有費長房者, 爲市掾, 忽見公從遠方來, 入市賣藥,
人莫識之. 賣藥口不二價, 治病皆愈. 語買人曰:「服此藥必吐某物. 某日當愈.」
事無不效. 其錢日收數萬, 便施與市中貧乏饑凍者, 唯留三五十. 常懸一空壺於
屋上, 日入之後, 公跳入壺中, 人莫能見. 唯長房樓上見之, 知非常人也. 長房
乃日日自掃公座前地, 及供饌物, 公受而不辭. 如此積久. 長房尤不懈, 亦不敢
有所來. 公知長房篤信, 謂房曰:「至暮無人時更來」長房如其言卽往. 公語房曰:
「見我跳入壺中時, 卿便可效我跳, 自當得入」長房依言, 果不覺已入. 入後不復
是壺, 唯見仙宮世界, 樓觀重門閣道. 公左右侍者數十人, 公語房曰:「我仙人也.
昔處天曹, 以公事不勤見責, 因謫人間耳. 卿可教, 故得見我.」長房下座頓首曰:
「肉人無知, 積罪却厚. 辛謬見哀愍. 猶入剖棺布氣, 生枯起朽. 但恐臭穢頑弊,
不任驅使, 若見哀憐. 百生之厚幸也.」公曰:「審爾大佳, 勿語人也.」公後詣長房
於樓上曰:「我有少酒, 相就飲之」酒在樓下, 長房使人取之, 不能擧盎, 至數
十人莫能得上. 乃白公, 公乃下, 以一指提上. 與房共飲之. 酒器如拳許大, 飲之
至暮不竭. 告長房曰:「我某日當去, 卿能去乎?」房曰:「欲去之心, 不可復言.
欲使親眷不覺知去, 當有何許?」公曰:「易耳.」乃取一靑竹杖與房, 戒之曰:
「卿以竹歸家, 便可稱病. 以此竹杖置卿所臥處, 黙然便來」房如公言, 去後. 家人
見房已死, 屍在牀, 乃向竹杖耳, 乃哭泣葬之. 房詣公, 恍惚不知何所. 公乃留
房於群虎中, 虎磨牙張口欲噬房, 房不懼. 明日, 又內於石室中. 頭上有一方石,
廣數丈, 以茅絢懸之. 又諸蛇來嚙繩, 繩卽欲斷, 而長房自若. 公至. 撫之曰:
「子可教矣.」又令長房啗屎, 兼蛆長寸許, 異常臭惡. 房難之. 公乃歎謝遣之曰:
「自不得仙道也. 賜子爲地上主者. 可得壽數百歲」爲傳封符一卷付之, 曰:「帶此

可主諸鬼神. 常稱使者, 可以治病消災.」房憂不得到家, 公以一竹杖與之曰:
「但騎此, 得到家耳.」房騎竹杖辭去, 忽如睡覺, 已到家. 家人謂是鬼. 具述前事,
乃發棺視之, 唯一竹杖, 方信之. 房所騎竹杖, 棄葛陂中, 視之乃靑龍耳. 初去
至歸謂一日. 推問家人, 已一年矣. 房乃行符, 收鬼治病, 無不愈者. 每與人同坐
共語, 常呵責嗔怒, 問其故, 曰:「嗔鬼耳.」時汝南有鬼怪, 歲輒數來郡中, 來時
從騎如太守, 入府打鼓, 周行內外, 爾乃還去, 甚以爲患. 房因詣府廳事, 正值
此鬼來到府門前. 府君馳入, 獨留房. 鬼知之, 不敢前. 房大叫呼曰:「便捉前鬼來.」
乃下車伏庭前, 叩頭乞曰:「改過.」房阿之曰:「汝死老鬼, 不念溫良. 無故導從,
唐突官府. 自知合死否?」急復眞形, 鬼須臾成大鼈. 如車輪, 頭長丈餘. 房又令
復人形, 房以一札符付之, 令送與葛陂君. 鬼叩頭流涕, 持札去. 使人追視之,
乃見符札入陂邊. 鬼以頭繞樹而死. 房後到東海, 東海大旱三年. 謂請雨者曰:
「東海神君前來淫葛陂夫人, 吾係之, 辭狀不測, 脫然忘之. 遂致久旱, 吾今當
赦之.」令其行雨, 卽便有大雨. 房有神術, 能縮地脈, 千里存在, 目前宛然, 放之
復舒如舊也.

4.《太平廣記》(293) 費長房

費長房能使鬼神, 後東海君見葛陂君, 淫其夫人. 於是長房勅繫三年, 而東海大旱.
長房至東海, 見其請雨. 乃勅葛陂君出之, 卽大雨也.

5.《仙佛奇蹤》(2) 費長房

費長房, 汝南人. 曾爲市掾, 有老翁賣藥于市, 懸一壺於肆頭. 及市罷, 輒跳入
壺中, 市人莫之見. 惟長房於樓上覩之, 異焉. 因往再弄, 翁曰:「子明日更來.」
長房旦日果往, 翁乃與俱入壺中, 但見玉堂廠麗, 旨酒甘肴盈衍其中. 共飲畢,
而出翁, 囑不可與人言. 後乃就長房樓上曰:「我仙人也. 以過見責, 今事畢,
當去子. 寧能相隨乎! 樓下有少酒與卿爲別.」長房使十人扛之, 猶不能擧. 翁笑
而以一指提上, 視器, 如有一升許, 而二人飲之, 終日不盡. 長房心欲求道, 而念
家人爲憂. 翁知, 乃斷一靑竹, 使懸之舍. 後家人見之, 長房也. 以爲縊死. 大小
驚號, 遂殯殮之. 長房立其傍, 而衆莫之見, 於是隨翁入山, 踐荊棘於群虎之中,
留使獨處. 長房亦不恐, 又臥長房於空室, 以朽索懸萬斤石於其上, 衆蛇競來齧,
索欲斷. 長房亦不移, 翁還, 撫之曰:「子可教也.」復使食糞, 糞中有三蟲, 臭穢
特甚, 長房意惡之, 翁曰:「子幾得道, 恨於此, 不成, 奈何?」長房辭歸, 翁與一竹
杖曰:「騎此任所之, 頃刻至矣. 至當以杖投葛皮中」長房乘杖, 須臾來歸. 自謂:
「去家適經旬日而已. 十餘年矣」卽以杖投陂, 顧視則龍也. 家人謂其死久, 驚訝
不信. 長房曰:「往日所葬, 竹杖耳.」乃發塚剖棺, 杖猶存焉. 遂能醫療衆病, 鞭笞

百鬼. 又嘗食客, 而使使至宋市鮓, 須臾還乃飯. 桓景嘗學于長房, 一日謂景曰:
「九月九日, 汝家有大災, 可作絳囊盛茱萸, 繫臂上, 登高山, 飮菊花酒, 禍可消.」
景如其言, 擧家登山, 夕還, 見牛羊鷄犬, 皆暴死焉.

6.《後漢書》方術傳 費長房 참조.

226. 季珪士首, 安國國器

226-① 季珪士首
명사들의 우두머리 계규 최염

《위지魏志》에 실려 있다.

최염崔琰은 자가 계규季珪이며 하동河東 무성武城 사람이다. 중위中尉에 올랐으며, 심히 위엄과 덕망이 있어 조정의 선비들이 우러러보았고, 태조(太祖, 曹操) 역시 그를 공경하면서도 두려워하였다. 명제明帝 때에 최림崔林이 한 때 진군陳群과 더불어 기주冀州의 인사에 대하여 논하면서 최염을 최고로 칭찬한 적이 있었다.

최림은 최염의 종제로서 어려서는 이름과 덕망이 알려져 있지 않아 비록 인척이나 친족일지라도 그를 경멸하였다.

그때 최염은 항상 이렇게 말했었다.

"큰 그릇은 늦게 이루어지지만 끝내 틀림없이 원대한 경지에 이를 것이다."

손례孫禮와 노육盧毓이 처음 군부軍府에 들어오자 최염은 이렇게 말하였다.

"손례는 소량항렬疏亮亢烈하며 강하고 대범하여 능히 일을 결단하고, 노육은 청경명리淸警明理하여 백 번 단련해도 녹지 않으니 모두가 삼공의 재능을 갖춘 자들이다."

뒤에 이들 모두 함께 정보鼎輔의 지위에 올랐다.

《魏志》: 崔琰字季珪, 河東武城人. 遷中尉. 甚有威望, 朝士瞻望, 太祖亦敬憚焉. 明帝時, 崔林嘗與陳群論冀州人士, 稱琰爲首.

林琰從弟, 少無名望, 雖姻族猶輕之.

琰常曰:「大器晚成, 終必遠至.」
孫禮·盧毓始入軍府.
琰曰:「孫疏亮亢烈, 剛簡能斷; 盧清警明理, 百鍊不消, 皆公才也.」
後咸至鼎輔.

【崔琰】자는 季珪. 삼국시대 魏나라 사람으로 中尉에 오름.《三國志》(12) 魏書에 전이 있음.

【太祖】魏나라 曹操(155~220). 자는 孟德. 어릴 때는 阿瞞으로 불렸음. 沛國 출신으로 기지와 변화는 물론 문장에도 뛰어났으며 曹丕의 아버지로 한말 세력을 키워 魏나라를 건립하는 기초를 세움. 아들 조비가 獻帝로부터 선양받아 武帝로 추존함.《孫子略解》,《兵書接要》,《曹操集》등이 있음. 《三國志》(1)에 紀가 있음.

【明帝】魏 明帝 曹叡(206~239). 魏文帝(曹丕)와 甄后 사이에 남. 227년 문제를 이어 제위에 올랐음. 재위 13년(227~239). 시호는 明皇帝.《三國志》(3)에 紀가 있음.

【崔林】삼국 위나라 명제 때 인물.

【陳群】자는 長文. 陳寔의 손자이며 陳紀의 아들. 뒤에 曹操를 도와 司空掾이 되었으며 尚書로서 九品官人法을 제정함. 曹丕가 한나라를 이어받자 鎭東大將軍, 錄尚書事가 됨. 明帝 때 頴陰侯에 봉해짐.《後漢書》(62)와《三國志》(22)에 전이 있음. '陳群麾容'[106] 참조.

【大器晚成】큰 재주가 있는 사람은 성취가 늦게 이루어짐.《老子》(41)에 실려 있음.

【孫禮】삼국시대 위나라 사람.

【盧毓】삼국시대 위나라 사람.《魏志》에 전이 있음.

【鼎輔】'鼎'은 三足兩耳의 안정된 모습을 하고 있어 三公을 비유하는 말로 쓰임.

1. 《三國志》(12) 魏志 崔琰傳

崔琰字季珪, 河東武城人也. 少樸訥, 好擊劍, 尙武事. 年二十三, 鄕移爲正, 始感激, 讀《論語》·《韓詩》. 至二十九, 乃結公孫方等就鄭玄受學. ……遷中尉. 甚有威望, 朝士瞻望, 太祖亦敬憚焉. ……始琰與司馬朗善, 晉宣王方壯, 琰爲朗曰:「子之弟, 聰哲明允, 剛斷英跱, 殆非子之所及也.」朗以爲不然, 而琰每秉此論. 琰從弟林, 少無名望, 雖姻族多輕之, 而琰常曰:「此所謂大器晚成者也, 終必遠至.」涿郡孫禮·盧毓始入軍府, 琰又名之曰:「孫疏亮亢烈, 剛簡能斷; 盧淸警明理, 百鍊不消, 皆公才也」後林·禮·毓咸至鼎輔. 及琰友人公孫方·宋階早卒, 琰撫其遺孤, 恩若己子. 其鑑識篤義, 類皆如此.

2. 《老子》41장

大方無隅, 大器晚成, 大音希聲, 大象無形, 道隱無名.

226-② 安國國器
나라의 그릇 한안국

전한前漢의 한안국韓安國은 자가 장유長孺이며 양梁나라 성안成安 사람이다. 수양睢陽으로 옮겨와서 양梁 효왕孝王을 섬겨 중대부中大夫가 되었다. 뒤에 법을 어겨 죄에 저촉되었는데, 몽蒙 땅의 옥리獄吏 전갑田甲이 한안국을 모욕하였다.

그러자 한안국은 이렇게 말하였다.

"불 꺼진 재라고 유독 다시 타오르라는 법이 없겠는가?"

전갑이 말하였다.

"그렇다면 내 오줌으로 꺼버릴 것이다. 그러면 어찌 다시 탈 수 있겠는가?"

한漢나라 조정에서 사자를 보내어 그를 내사內史로 임명하였다. 도수徒囚에서 일어나 이천 석의 벼슬에 오른 것이다. 전갑이 이를 알고 도망하자 한안국은 이렇게 말하였다.

"전갑이 관직으로 복귀하지 않는다면 내 그 집안을 멸종시켜 버릴 것이다."

전갑이 육단肉袒하여 사죄하자 한안국은 이렇게 말하였다.

"그대는 나를 다스릴 만하다고 여겼느냐?"

그러고는 마침내 잘 대우하여 주었다.

그는 사람됨이 통이 크고 지략이 있었으며 당세의 일을 잘 취사선택하고 나아가서는 충성스럽고 후덕한 일을 할 만한 인물이었다. 재물과 이익에 탐을 내고 매달렸지만, 그가 추천한 이들은 모두가 청렴한 선비로써 자신보다 나은 자들이었다. 그 선비들 역시 그를 선비를 바르게 보는 것으로써 칭송을 해 주었다. 오직 천자만은 그를 나라의 그릇 감으로 여겼다. 관직은 어사대부御史大夫에 이르렀고, 승상丞相 직무까지 맡아 보았다.

前漢, 韓安國字長孺, 梁成安人. 徙睢陽, 事梁孝王, 爲中大夫. 後坐法抵罪, 蒙獄吏田甲辱安國.

安國曰:「死灰獨不復然乎?」

甲曰:「然卽溺之. 無何?」

漢使使者拜內史. 起徒中爲二千石. 田甲亡.

安國曰:「甲不就官, 我滅而宗.」

甲肉袒謝, 安國曰:「公等足與治乎?」

卒善遇之.

爲人多大略, 知足以當世取舍, 而出於忠厚. 貪嗜財利, 然所推擧, 皆廉士, 賢於己者. 士亦以此稱之. 唯天子以爲國器. 官至御史大夫, 行丞相事.

【韓安國】西漢의 정치가. 자는 長孺. 처음 梁 孝王을 섬겼으며 뒤에 御史
 大夫와 丞相에 오름.《史記》와《漢書》에 전이 있음.
【梁孝王】文帝의 아들이며 景帝의 아우. 이름은 劉武. 梁나라에 諸侯王으로
 봉해짐. 지극히 사치를 부렸음.《史記》梁孝王世家 및《漢書》文三王傳 참조.
【肉袒】윗옷을 벗고 몸통을 드러내어 깊이 사죄를 나타냄.

1.《史記列傳》韓長孺傳

御史大夫韓安國者, 梁成安人也, 後徙睢陽. 嘗受《韓子》·雜家說於騶田生所.
事梁孝王爲中大夫. 吳楚反時, 孝王使安國及張羽爲將, 扞吳兵於東界. 張羽
力戰, 安國持重, 以故吳不能過梁. 吳楚已破, 安國·張羽名由此顯. 其後安國
坐法抵罪, 蒙獄吏田甲辱安國. 安國曰:「死灰獨不復然乎?」田甲曰:「然卽
溺之.」居無何, 梁內史缺, 漢使使者拜安國爲梁內史, 起徒中爲二千石. 田甲
亡走. 安國曰:「甲不就官, 我滅而宗.」甲因肉袒謝. 安國笑曰:「可溺矣! 公等
足與治乎?」卒善遇之.

2.《漢書》韓安國

韓安國字長孺, 梁成安人也, 後徙睢陽. 嘗受《韓子》·雜說鄒田生所. 事梁孝王,
爲中大夫. 吳楚反時, 孝王使安國及張羽爲將, 扞吳兵於東界. 張羽力戰, 安國
持重, 以故吳不能過梁. 吳楚破, 安國·張羽名由此顯梁. 梁王以至親故, 得自
置相·二千石, 出入游戲, 僭於天子. 天子聞之, 心不善. 太后知帝弗善, 乃怒梁
使者, 弗見, 案責王所爲. 安國爲梁使, 見大長公主而泣曰:「何梁王爲人子之孝,
爲人臣之忠, 而太后曾不省也? 夫前日吳·楚·齊·趙七國反, 自關以東皆合從而
西嚮, 唯梁最親, 爲限難. 梁王念太后·帝在中, 而諸侯擾亂, 壹言泣數行而下,
跪送臣等六人將兵擊卻吳楚, 吳楚以故兵不敢西, 而卒破亡, 梁之力也. 今太后
以小苛禮責望梁王. 梁王父兄皆帝王, 而所見者大, 故出稱蹕, 入言警, 車旗皆
帝所賜, 卽以嬋鄙小縣, 驅馳國中, 欲夸諸侯, 令天下知太后·帝愛之也. 今梁使來,
輒案責之, 梁王恐, 日夜涕泣思慕, 不知所爲. 何梁王之忠孝而太后不卹也?」
長公主具以告太后, 太后喜曰:「爲帝言之」言之, 帝心乃解, 而免冠謝太后曰:
「兄弟不能相教, 乃爲太后遺憂.」悉見梁使, 厚賜之. 其後, 梁王益親驩. 太后·
長公主更賜安國直千餘金. 由此顯, 結於漢.

其後, 安國坐法抵罪, 蒙獄吏田甲辱安國. 安國曰:「死灰獨不復然乎?」甲曰:「然卽溺之.」居無幾, 梁內史缺. 漢使使者拜安國爲梁內史, 起(徙)[徒]中爲二千石. 田甲亡. 安國曰:「甲不就官, 我滅而宗.」甲肉袒謝, 安國笑曰:「公等足與治乎?」卒善遇之. 內史之缺也, 王新得齊人公孫詭, 說之, 欲請爲內史. 竇太后(所)[聞], 乃詔王以安國爲內史.

227. 陸玩無人, 賈詡非次

227-① 陸玩無人
천하에 사람 없음을 안타까워한 육완

《진서晉書》에 실려 있다.

육완陸玩은 자가 사요士瑤이며 오군吳郡 사람이다. 기량이 엄아淹雅하였으며 벼슬을 거쳐 상서尙書, 산기상시散騎常侍에 이르렀다. 당시 평온한 때였는데 왕도王導, 치감郗鑒, 유량庾亮이 차례로 세상을 뜨자, 조야朝野에서는 삼량三良이 이미 죽었다고 여겼다. 육완이 덕망이 있어 이에 사공司空으로 승진하였다. 그러자 이윽고 빈객들에게 이렇게 탄식하였다.

"나 같은 사람이 삼공 지위에 오르다니 이는 천하에 사람이 없다는 뜻이다."

말을 나누던 사람들은 이를 지언知言이라 하였다.

육완은 황제의 날개가 되어 여러 대를 두고 보좌하였다. 그는 항상 홍중弘重한 도량으로 황제의 귀함과 사랑을 받았다. 성품이 통아通雅하여 사물의 격식을 명위名位로써 따지지 않았다. 후진들을 잘 구슬려 받아들였으며 겸손한 예로서 베옷을 입었다. 이로부터 진신縉紳의 무리들로서 그의 큰 덕에 보호를 받지 않은 자가 없었다.

《晉書》: 陸玩字士瑤, 吳人. 器量淹雅. 累轉尙書·散騎常侍. 尋而王導·郗鑒·庾亮相繼薨. 朝野以爲三良旣沒. 以玩有德望, 乃遷司空.

旣而歎息, 謂賓客曰: 「以我爲三公, 是天下爲無人」

談者以爲知言. 玩翼亮累世, 常以弘重爲人主所貴嘉. 性通雅, 不以名位格物. 誘納後進, 謙禮布衣, 由是縉紳之徒, 莫不廕其德宇.

【陸玩】자는 土瑤, 吳郡人으로 陸曄의 아우. 侍中, 尙書左僕射, 尙書令太尉 벼슬을 지냄. 시호는 康. 《晉書》(77)에 전이 있음.

【淹雅】여유가 있고 너그러우며 아름다운 모습을 뜻하는 雙聲連綿語.

【王導】자는 茂弘(276~339). 어릴 때 자는 阿龍. 王敦의 從弟. 서진이 망하자 王敦과 함께 司馬睿를 황제로 추대하여 東晉을 세움. 그 공으로 丞相이 되었으며 號를 ‘仲父’라 하였음. 천하의 권세를 잡아 당시 “王與馬, 共天下”라 하였음. 元帝와 明帝, 成帝를 차례로 즉위시켰음. 아울러 남방 세족의 도움 으로 강남에서의 동진 정권을 안정시킴. 《晉書》(65)에 전이 있음. ‘王導 公忠’[004] 참조.

【郗鑒】자는 道徽(269~339). 高平 金鄕人. 두 아들 郗愔과 郗曇 역시 뛰어난 인물이었음. 西晉이 망하자 가족과 마을 사람 천여 명을 데리고 남으로 피난하였으며 陶侃, 溫嶠 등과 함께 祖約, 蘇峻을 난을 평정함. 侍中을 역임하였으며 太尉에 오름. 《晉書》(67)에 전이 있음. ‘郗鑒吐哺’[291] 참조.

【庾亮】자는 元規(289~340). 蘇峻, 祖約의 난을 평정하였으며 명제 때 王導를 이어 中書監이 됨. 征西大將軍, 荊州刺史 등을 지냄. 청담을 좋아하였으며 老莊에 밝았음. 죽은 후 太尉에 추증되었고 시호는 文康. 《晉書》(73)에 전이 있음.

【縉紳】‘縉’은 ‘搢’과 같음. ‘紳’은 禮服에 쓰는 큰 허리띠. 束帶를 할 때 笏을 큰 띠에 꽂으며 公卿 또는 高官에 뜻하는 말로 쓰임. 《晉書》에는 ‘搢紳’으로 되어 있음.

【德宇】덕이 큰 것을 집에 비유하는 말.

참고 및 관련 자료

1. 《晉書》(77) 陸玩傳

陸玩字士瑤. 器量淹雅, 弱冠有美名, 賀循每稱其淸允平當. 郡檄綱紀, 東海王 越辟爲掾, 皆不就. ……尋而王導·郗鑒·庾亮相繼薨. 朝野以爲三良旣沒, 國家 殄瘁. 以玩有德望, 乃遷司空·司空, 及羽林四十人. 玩旣拜, 有人詣之, 索盃酒, 瀉置柱梁之間, 呪曰:「當今乏材, 以爾爲柱石, 莫傾人梁棟邪!」玩笑曰:「戢卿 良箴.」旣而歎息, 謂賓客曰:「以我爲三公, 是天下爲無人.」談者以爲知言. ……玩翼亮累世, 常以弘重爲人主所貴, 加性通雅, 不以名位格物. 誘納後進, 謙若布衣, 由是搢紳之徒, 莫不廎其德宇.

2. 《世說新語》規箴篇

陸玩拜司空, 有人詣之, 索美酒, 得, 便自起, 瀉箸梁柱間地, 祝曰:「當今乏才,
以爾爲柱石之臣, 莫傾人棟梁!」玩笑曰:「感卿良箴.」

227-② 賈詡非次
차선을 택해서는 안 될 인물 가후

《위지魏志》에 실려 있다.

가후賈詡는 자가 문화文和이며 무위武威 고장姑臧 사람이다. 어려서는
당시 누구도 그의 인물됨을 알지 못하였다. 오직 염충閻忠만은 그가 특이한
인물임을 알고 이렇게 말하였다.

"가후는 장량張良이나 진평陳平과 같은 기이한 인물이다."

뒤에 상서尙書에 올라 선거選擧의 업무를 담당하면서 많은 일을 바로
잡고 해결하였으며, 문제文帝 때에는 태위太尉에 올랐다.

〈순욱별전荀勖別傳〉에는 이렇게 말하였다.

진晉나라에 사도司徒 자리가 비자, 무제武帝가 순욱荀勖에게 적합한
자를 물었다. 그러자 순욱은 이렇게 대답하였다.

"삼공三公은 누구나 우러러보아 백성이 의탁해 오도록 해야 하는 자리
입니다. 적합한 사람이 없다고 해서 그 차선의 사람을 써서는 안 됩니다.
옛날 위魏 문제文帝가 가후를 등용하자 손권孫權이 비웃었습니다."

《魏志》: 賈詡字文和, 武威姑臧人. 少時人莫知.

唯閻忠異之, 謂:「詡有良·平之奇」

後拜尙書, 典選擧, 多所匡濟. 文帝時, 爲太尉.

〈荀勖別傳〉曰: 晉司徒闕. 武帝問勖.

答曰:「三公具瞻所歸. 不可用非其次. 昔魏文帝用賈詡, 孫權笑之」

【賈詡】 삼국시대 위나라 인물로 자는 文和. 《三國志》(10) 魏志에 전이 있음.

【閻忠】 인명. 賈詡의 인물됨을 알아차렸음.

【良平之奇】 張良과 陳平의 기이한 책략. 두 사람 모두 漢高祖 劉邦의 공신. 張良은 '張良燒棧'[286]과 '子房取履'[264]을 참조. 진평은 '陳平多轍'[084]를 참조.

【荀勖】 荀勗으로도 표기하며 자는 公曾(?~289). 荀爽의 증손으로 대장군 曹爽의 掾이 되었으나 조상이 피살되자 司馬昭에게 발탁되어 記室로서 裴秀, 羊祜와 함께 機密을 담당함. 뒤에 司馬炎이 晉나라를 일으키자 安陽令·侍中·中書監, 光祿大夫, 儀同三司 등을 지냄. 晉初 晉律을 제정하였으며 음악에도 조예가 깊었고 당시의 서적을 정리하기도 함. 《晉書》(39)에 전이 있음, '荀勖音律'[069] 참조. 본문의 〈荀勖別傳〉은 《三國志》 賈詡傳 注임.

【具瞻】 '具'는 '함께'라는 뜻. '瞻'은 '우러러보다'의 뜻. 《詩經》 小雅 節南山篇에 '赫赫師尹 民具爾瞻'이라 함.

【孫權】 자는 仲謀(182~252). 삼국 吳나라 大帝. 江東에 손씨 집안이 이루어 놓은 세력을 바탕으로 강동 6군을 점거하고 222년에 吳王으로 책봉을 받은 다음 229년에 자립하여 帝를 칭하며 국호를 吳라 하였으며 즉시 武昌에서 建業으로 수도를 옮겨 삼국시대를 열었음. 재위 23년 만에 죽어 그 아들 손량이 뒤를 이음. 《三國志》(47)에 전이 있음.

참고 및 관련 자료

1. 《三國志》(10) 魏志 賈詡傳

賈詡字文和, 武威姑臧人也. 少時人莫知, 唯漢陽閻忠異之, 謂:「詡有良·平之奇」察孝廉爲郞, 疾病去官, 西還至汧, 道遇叛氏, 同行數十人皆爲所執. 詡曰:「我段公外孫也, 汝別埋我, 我家必厚贖之.」時太尉段熲, 昔久爲邊將, 威震西土, 故詡假以懼氐. 氐果不敢害, 與盟而送之, 其餘悉死. 詡實非段甥, 權以濟事, 咸此類也.

2. 注：〈荀勗別傳〉

〈荀勗別傳〉曰: 晉司徒闕, 武帝問其人於勗. 答曰:「三公具瞻所歸, 不可用非其人. 昔魏文帝用賈詡爲三公, 孫權笑之.」

228. 何晏神伏, 郭奕心醉

228-① 何晏神伏
왕필의 이론에 신도 항복하였다고 극찬한 하안

《위지魏志》에 실려 있다.

왕필王弼은 산양山陽 가람으로 유도儒道를 논하기를 좋아하였으며, 말솜씨와 재능이 뛰어나고 훌륭하였다. 그는 《역易》과 《노자老子》에 주를 달았는데 나이 갓 스물 남짓 생을 마치고 말았다.

하소何劭는 그의 〈전傳〉을 지어 이렇게 말하였다.

왕필은 자가 보사輔嗣이며 상서랑尙書郞이 되었다. 당시 배휘裴徽가 이부랑吏部郞이었는데, 왕필은 아직 약관의 나이도 안 되었을 때 배휘를 찾아갔다. 배휘는 그를 보자마자 기이하게 여겨 이렇게 물었다.

"무릇 '무無'라고 하는 것은 진실로 만물을 바탕이다. 그런데 공자는 이에 대하여 말로 표현하기를 즐겨하지 않았다. 그렇지만 노자老子는 끊임없이 말하고 있으니 어찌된 것이냐?"

왕필은 이렇게 대답하였다.

"공자는 '무'를 체득하고 계셨던 것입니다. '무'라는 것은 또한 가히 설명할 수도 없는 것입니다. 그 때문에 거론하지 않은 것입니다. 그러나 노자는 '유有'를 인정하신 분입니다. 그 때문에 '유'만으로 부족한 바를 '무'로써 말로 설명한 것입니다."

하안何晏이 이부상서吏部尙書가 되어 왕필을 아주 기이하게 여겨 이렇게 탄복하였다.

"중니仲尼께서 후생가외後生可畏라 하셨다. 바로 이런 사람이야말로 가히 천도天道와 인사人事의 관계를 함께하여 말할 만한 사람이로다!"

구본舊本에는 "귀신도 항복하였다神伏" 하고, 이 말이 《세설신어世說新語》에서 나왔다고 하였는데 지금의 그 책에는 실려 있지 않다.

《魏志》: 王弼山陽人. 好論儒道, 辭才逸辨. 注《易》及《老子》, 年二十餘卒.

何劭爲其〈傳曰〉: 弼字輔嗣, 爲尚書郎. 時裴徽爲吏部郎. 弼未冠, 往造焉.

徽一見異之, 問曰:「夫無者誠萬物之所資. 然聖人莫肯致言, 而老子申之無已者何?」

弼曰:「聖人體無. 無又不可以訓, 故不說也. 老子是有者也. 故常言無所不足」

何晏爲吏部尚書, 甚奇弼歎曰:「仲尼稱後生可畏. 若斯人者, 可與言天人之際乎!」

舊云:「神伏, 出《世說》」無載.

【王弼】 자는 輔嗣(226~249). 어려서부터 학문에 밝았으며 특히 道家의 이론으로 儒學을 引證하려한 학문방법을 창안하였음. 그리하여 玄學에 뛰어났을 뿐 아니라 漢代 유학의 質朴瑣屑한 면을 타파하였음. 尚書郎을 지냈으며 《老子注》와 《周易注》가 유명하며 〈道略論〉이 있음. 《三國志》(28) 魏書 鍾會傳 注에 관련 기록이 있음.

【何劭】 자는 敬祖. 陳國人. 처음 相國掾을 시작으로 尚書左僕射에 올랐으며 죽은 후 郎陵郡公에 습봉됨. 시호는 康子.《晉書》(33)에 傳이 있음.

【裴徽】 자는 文季. 삼국시대 위나라 사람. 裴楷의 아버지이며 裴潛의 아우. 그의 네 아들 裴黎·裴康·裴楷·裴綽은 모두 당시의 名士로 이름을 날렸음. 《三國志》魏書 裴潛傳 注 참조.

【何晏】 자는 平叔(190~249). 三國 때 魏나라 사람. 漢나라 때 何進의 손자. 어려서 曹操에게 사랑을 받았으며, 金鄕公主를 아내로 맞음. 司馬宣王에게

죽음을 당함. 〈老莊〉을 좋아하여 夏侯玄. 王弼 등과 함께 玄學을 창도함.
저술로는 〈道德論〉, 〈無爲論〉 등이 있으며 지금은 《論語集解》가 전함.
《三國志》(9)에 傳이 있음.
【後生可畏】《論語》子罕篇에 "子曰:「後生可畏, 焉知來者之不如今也? 四十·
五十而無聞焉, 斯亦不足畏也已.」"라 함.
【神伏】귀신도 탄복하여 그를 인정함.

1. 《三國志》(28) 魏志 鍾會傳 注: 王弼

弼字輔嗣. 何劭爲其傳曰: 弼幼而察慧, 年十餘, 好老氏, 通辯能言. 父業, 爲尙
書郎. 是裴徽爲吏部郎, 弼未弱冠, 往造彦. 徽一見而異之, 問弼曰:「夫無者
誠萬物之所資也, 然聖人莫肯致言, 而老子申之無已者何?」弼曰:「聖人體无,
无又不可以訓, 故不說也. 老子是有者也. 故恆言無所不足.」尋亦爲傅嘏所知.
于時何晏爲吏部尙書, 甚奇弼, 歎之曰:「仲尼稱後生可畏, 若斯人者, 可與言天人
之際乎!」(하략)

2. 《世說新語》文學篇

何平叔注老子始成, 詣王輔嗣; 見王注精奇, 迺神伏曰:「若斯人, 可與論天人
之際矣!」因以所注爲道德二論.

228-② 郭奕心醉
완함을 보고 마음이 취한 곽혁

진晉나라 곽혁郭奕은 자가 대업大業이며 태원太原 양곡陽曲 사람이다. 고상
高爽한 성품에 식견과 도량이 있어, 남보다 앞서 남을 존경하는 일은

적은 사람이었다. 그러나 완함阮咸을 보자, 마음이 취하여 자신도 모르게 탄복하였다. 산도山濤는 곽혁은 고고하고 간경하며 아량이 있는 인물이라 칭하였다. 태강太康 연간에 상서尙書가 되어 존중과 명망을 얻었으며, 조정의 신하들은 거의 모두가 그의 휘하에서 배출되었다.

　晉, 郭奕字大業, 太原陽曲人. 高爽有識量, 少所推先. 見阮咸心醉, 不覺歎焉. 山濤稱其高簡有雅量.

　太康中爲尙書, 有重名. 朝臣皆出其下.

【郭奕】 자는 泰業. 晉나라 때 인물. 雍州刺, 尙書 등을 지냄. 《晉書》(45)에 전이 있음. 郭弈으로 표기한 판본이 있으나 이는 오기임.
【阮咸】 자는 仲容(234~304). 阮籍의 從子. 음악에 조예가 깊었으며 비파 연주에 뛰어났다 함. 散騎侍郎, 始平太守 등을 역임함. 술과 청담으로 이름이 났으며 역시 竹林七賢 중의 하나. 《晉書》(49)에 전이 있음. '仲容靑雲'[028] 참조.
【山濤】 자는 巨源(205~283). 老莊에 심취하였으며 술을 좋아하였음. 嵇康, 阮籍, 呂安 등과 친하였으며 죽림칠현의 하나. 〈任誕〉편 참조. 《晉書》(43)에 전이 있음. 산도는 三公에 올랐기 때문에 '公'을 붙인 것임. '山濤識量'[041] 참조.
【太康】 晉 武帝 司馬炎의 연호. 280~289년까지 10년간이었으며, 이때 太康文學이라 하여 三張·二陸·兩潘·一左 등의 이름난 문인들이 활동하던 시기였음.

1. 《晉書》(45) 郭奕傳

郭奕字大業, 太原陽曲人也. 少有重名, 山濤稱其高簡有雅量. 初爲野王令, 羊祜常過之, 奕歎曰:「羊叔子何必減郭大業!」少選復往, 又歎曰:「羊叔子去人遠矣.」

遂送祐出界數百里, 坐此免官. ……太康中, 徵爲尙書, 奕有重名, 當世朝臣皆
出其下.

2.《晉書》(49) 阮籍傳(阮咸)

太原郭奕高爽有識量, 知名於時, 少所推先, 見阮咸心醉, 不覺歎焉. 而居母喪,
縱情越禮.

229. 常林帶經, 高鳳漂麥

229-① 常林帶經
농사일을 하면서도 경서를 들고 나간 상림

《위지魏志》에 실려 있다.

상림常林은 자가 백괴伯槐이며 하내河內 완현溫縣 사람이다. 난을 피하여 상당上黨으로 옮겨가 산언덕에 농토를 마련하여 살고 있었다. 당시 한발과 메뚜기의 피해가 심하였는데, 상림만은 풍성하게 수확할 수 있었다. 그러자 그는 이웃 사람들을 모두 불러 되와 말로 그 사람 수대로 이를 나누어 주었다. 그는 벼슬이 광록대부光祿大夫에 올랐다.

《위략魏略》에는 이렇게 실려 있다.

상림은 어려서 혈혈단신에 가난하였다. 그럼에도 자신의 힘으로 얻은 것이 아니면, 남에게 손을 내미는 경우가 없었다. 성품이 학문을 좋아하였다. 한말漢末에 제생諸生이 되어 밭갈이를 하면서도 경서經書를 가지고 가서 읽을 정도였다. 그의 아내는 밥을 날라다 주어 비록 밭 가운데서 식사를 올릴지라도 마치 손님을 존중하여 대하듯이 공경하였다.

《魏志》: 常林字伯槐, 河內溫人. 避地上黨, 耕種山阿. 當時旱蝗, 林獨豐收. 盡呼比隣, 升斗分之. 仕至光祿大夫.

《魏略》曰: 林少單貧. 自非手力不取之於人. 性好學. 漢末爲諸生, 帶經耕鋤. 其妻餉之, 雖在田野, 相敬如賓.

【常林】자는 伯槐. 삼국시대 魏나라 사람.
【山阿】산의 언덕. 척박한 땅을 말함.

1. 《三國志》(23) 魏志 常林傳
《魏志》: 常林字伯槐, 河內溫人也. ……林乃避地上黨, 耕種山阿. 當時旱蝗,
林獨豐收. 盡呼比隣, 升斗分之. 依故河間太守陳延壁. 陳馮二姓, 舊族冠冕.
張楊利其婦女, 貪其資貨. 林率其宗族, 爲之策謀. 見圍六十餘日, 卒全堡壁.
仕至光祿大夫.
2. 注: 《魏略》
曰: 林少單貧. 自非手力, 不取之於人. 性好學. 漢末爲諸生, 帶經耕鉬. 其妻常
自饋餉之, 林雖在田野, 相敬如賓.

229-② 高鳳漂麥
말리던 보리가 폭우에 씻겨가도 모른 채
공부에 빠진 고봉

　　후한後漢의 고봉高鳳은 자가 문통文通이며 남양南陽 섭현葉縣 사람이다.
집안은 농사를 생업으로 삼고 있었으나, 고봉은 오로지 책을 읽고 외우기
에만 정통하여 밤낮을 쉬지 않았다. 어느 날 그의 처가 밭일을 나가면서
정원에 말리는 보리를 닭이 쪼아 먹지 못하도록 임무를 맡겼다. 그런데

마침 폭우가 쏟아졌지만, 고봉은 닭을 쫓는 긴 장대를 잡은 채 경서를 읽으면서 보리가 떠내려가는 것조차 알지 못하였다. 아내가 돌아와 이상하게 여겨 물어보고 나서야 보리가 다 씻겨내려간 것을 알게 되었다.

뒤에 그는 명유名儒가 되어 나이 늙도록 그 뜻을 고집하며 게을리하지 않았다. 태수가 연달아 그를 불러 관직에 나올 것을 청하자, 그는 그 요구를 벗어날 수 없다고 여겨 이에 거짓으로 과부가 된 형수와 농토문제로 소송이 걸린 것으로 나쁜 소문이 퍼지도록 하였다. 뒤에 그는 직언과直言科 에 천거되어 공거公車 벼슬에 올랐으나, 병을 핑계로 은퇴하고 낚시질로 세월을 보냈다.

後漢, 高鳳字文通, 南陽葉人. 家以農爲業, 鳳專精誦讀, 晝夜 不息. 妻嘗之田, 曝麥於庭, 令鳳護雞. 天暴雨, 而鳳持竿誦經, 不覺 潦水流麥, 妻還怪問方悟, 後爲名儒, 年老執志不倦. 太守連召請, 恐不得免, 乃詐與寡嫂訟田.

後擧直言, 到公車, 託病隱身漁釣.

【高鳳】後漢 때의 인물. 자는 文通.《後漢書》逸民傳 참조.
【公車】徵召를 담당하는 관청의 이름.

참고 및 관련 자료

1.《後漢書》逸民傳(高鳳)

高鳳字文通, 南陽葉人也. 少爲書生, 家以農爲業, 而專精誦讀, 晝夜不息. 妻嘗 之田, 曝麥於庭, 令鳳護雞. 時天暴雨, 而鳳持竿誦經, 不覺潦水流麥, 妻還怪問, 鳳方悟之. 其後遂爲名儒, 乃敎授業於西唐山中. 隣里有爭財者, 持兵而鬪, 鳳往 解之, 不已, 乃脫巾叩頭, 固請曰:「仁義遜讓, 奈何弃之!」於是爭者懷感, 投兵謝罪. 鳳年老, 執志不倦, 名聲著聞. 太守連召請, 恐不得免, 自言本巫家, 不應爲吏, 又詐與寡嫂訟田, 遂不仕. 建初中, 將作大匠任隗擧鳳直言, 到公車, 託病逃歸. 推其財産, 悉與孤兄子. 隱身於釣, 從於家.

230. 孟嘉落帽, 庾敳墮幘

230-① 孟嘉落帽
바람에 모자가 날아가도 모른 맹가

《진서晉書》에 실려 있다.

맹가孟嘉는 자가 만년萬年이며 강하江夏 사람이다. 젊어서 이름이 났으며, 정서장군征西將軍 환온桓溫의 참군參軍이 되자, 환온은 그를 아주 중히 여겼다. 9월 9일 중양절에 환온이 용산龍山에서 잔치를 벌였는데, 관료와 보좌들이 모두 모였다. 당시 보좌들과 관리들은 모두 군복을 입고 있었다. 그런데 바람이 불어 맹가의 모자가 흩날려 땅에 나뒹굴고 말았으나, 맹가는 이를 알아차리지 못하고 있었다. 환온이 이를 보고 좌우에게 일러주지 말도록 지시하고는 그가 어떤 행동을 하는지를 살펴보고자 하였다.

맹가가 한참 뒤에 화장실에 가게 되었을 때, 환온은 그 모자를 가져오게 하고, 손성孫盛에게 명하여 맹가를 조소하는 글을 짓도록 한 다음, 이를 함께 맹가의 자리에 놓아두도록 하였다. 맹가가 화장실에서 돌아와 이를 보고는 즉시 답문答文을 지었는데, 그 문장이 심히 훌륭하였다. 맹가는 만취하기를 좋아하였으나 그럴수록 더욱 흐트러짐이 없었다. 이에 환온이 물었다.

"술이 무엇이 그리 좋기에 그대는 이를 즐기십니까?"

그러자 맹가는 이렇게 대답하였다.

"공께서는 술 취했을 때의 맛을 모르실 따름입니다."

환온이 다시 물었다.

"기생의 노래를 들을 때 현악기의 음이 관악기의 음만 못하고, 관악기의 음은 육성만 못하니 무슨 까닭이오?"

맹가는 이렇게 대답하였다.

"점점 자연스러움에 기끼이 가기 때문이겠지요."

《晉書》: 孟嘉字萬年, 江夏人. 少知名, 爲征西桓溫參軍, 溫甚重之. 九月九日, 溫燕龍山, 寮佐畢集. 時佐吏竝著戎服, 有風至吹嘉帽墮落, 嘉不之覺. 溫使左右勿言, 欲觀其擧止. 嘉良久如廁, 溫令取還之, 命孫盛作文嘲嘉. 著嘉坐, 嘉還見, 卽答之, 其文甚美. 嘉好酣飮, 愈多不亂.

溫問:「酒有何好而卿嗜之?」

嘉曰:「公未得酒中趣耳」

又問曰:「聽妓絲不如竹, 竹不如肉何也?」

答曰:「漸近使之然」

【孟嘉】 자는 萬年. 뒤에 桓溫의 參軍을 거쳐 從事中郞과 長史를 지냄. 陶淵明의 〈晉故征西大將軍長史孟府軍傳〉 참조. 《晉書》(98) 桓溫傳의 부록 및 《世說》 識鑒篇의 주 참조.

【桓溫】 자는 元子(312~373). 明帝의 사위. 荊州刺史를 지냈으며, 蜀을 정벌하고 前秦을 쳐부숨. 簡文帝를 세우고 자신이 다시 왕위를 빼앗고자 하였었음. 시호는 武侯. 그의 아들 桓玄이 드디어 제위를 찬탈하여 楚나라를 세운 다음 아버지 환온을 宣武皇帝로 추존함. 《晉書》(98)에 전이 있음. '桓溫奇骨'[109] 참조.

【孫盛】 자는 安國(302?~373). 어릴 때 渡江하여 殷浩와 이름을 같이함. 차례로 陶侃·庾亮·桓溫의 막부에서 일하였고 秘書監을 거쳐 侍中에 오름. 학문에 뛰어나 《魏氏春秋》, 《晉陽秋》, 《易象妙於見形論》 등을 지음. 《晉書》(82)에 전이 있음.

【其文甚美】 本傳과 《世說》에는 다음에 '四坐差歎'이라는 네 글자가 있음.

【酒中趣】 취중의 정취. 陶潛의 〈桃花源記〉에 "此中人語云, 不足爲外人道也"라 함.

【絲不如竹】 '絲'는 현악기, '竹'은 관악기. 이 말은 孟嘉가 아니라 晉嘉가 한 말로 전해지고 있음.

1. 《晉書》(98) 孟嘉傳

孟嘉字萬年, 江夏鄳人, 吳司空宗曾孫也. 嘉少知名, 太尉庾亮領江州, 辟部廬陵從事. 嘉還都, 亮引問風俗得失, 對曰:「還傳當問吏.」亮擧麈尾掩口而笑, 謂弟翼曰:「孟嘉故是盛德之人.」轉勸學從事. 褚裒時爲豫章太守, 正旦朝亮, 裒有器識, 亮大會州府人士, 嘉坐次甚遠, 裒問亮:「聞江州有孟嘉, 其人何在?」亮曰:「在坐, 卿但自覓.」裒歷觀, 指嘉謂亮曰:「此君小異, 將無是乎?」亮欣然而笑, 喜裒得嘉, 奇嘉爲裒所得, 乃益器焉. 後爲征西桓溫參軍, 溫甚重之. 九月九日, 溫燕龍山, 僚佐畢集. 時佐吏並著戎服, 有風至, 吹嘉帽墮落, 嘉不之覺. 溫使左右勿言, 欲觀其擧止. 嘉良久如厠, 溫令取還之, 命孫盛作文嘲嘉, 著嘉坐處. 嘉還見, 卽答之, 其文甚美, 四坐嗟歎. 嘉好酣飲, 愈多不亂. 溫問嘉:「酒有何好, 而卿嗜之?」嘉曰:「公未得酒中趣耳.」又問:「聽妓, 絲不如竹, 竹不如肉, 何謂也?」嘉答曰:「漸近使之然.」一坐咨嗟. 轉從事中郎, 遷長史. 年五十三卒于家.

2. 《世說》識鑒篇의 주에 인용된 《孟嘉別傳》

嘉字萬年, 江夏鄳人. 曾祖父宗, 吳司空. 祖父揖, 晉廬陵太守. 宗葬武昌陽新縣, 子孫家焉. 嘉少以淸操知名. 太尉庾亮領江州, 辟嘉部廬陵從事. 下郡還, 亮引問風俗得失. 對曰:「待還, 當問從事吏」亮擧麈尾掩口而笑, 語弟翼曰:「孟嘉故是盛德人!」轉勸學從事. 太傅褚裒有器識, 亮正旦大會, 裒問亮:「聞江州有孟嘉, 何在?」亮曰:「在坐, 卿但自覓.」裒歷觀久之, 指嘉曰:「將無是乎!」亮欣然而笑, 喜裒得嘉, 奇嘉爲裒所得, 乃益器之. 後爲征西桓溫參軍, 九月九日, 溫遊龍山, 參寮畢集, 時佐史並箸戎服, 風吹嘉帽墮落, 溫戒左右勿言, 以觀其擧止. 嘉初不覺, 良久如厠, 命取還之; 令孫盛作文嘲之, 成, 箸嘉坐. 嘉還見卽答, 四坐嗟嘆. 嘉善酣暢, 愈多不亂 溫問:「酒有何好, 而卿嗜之?」嘉曰:「明公未得酒中趣爾.」又問:「聽伎, 絲不如竹, 竹不如肉, 何也?」答曰:「漸近自然.」轉從事中郎, 遷長史. 年五十三而卒.

3. 《陶淵明集》〈晉故征西大將軍長史孟府軍傳〉

君諱嘉, 字萬年, 江夏鄳人也. 曾祖父宗, 以孝行稱, 仕吳司空. 祖父揖, 元康中爲廬陵太守. 宗葬武昌新陽縣, 子孫家焉; 遂爲縣人也. 君少失父, 奉母, 二弟居. 娶大司馬長沙桓公陶侃第十女, 閨門孝友, 人無能間, 鄕閭稱之. 沖黙有遠量, 弱冠, 儔類咸敬之. 同郡郭遜, 以淸操知名, 時在君右; 常歎君溫雅平曠, 自以爲不及. 遜從弟立, 亦有才志, 與君同時齊譽, 每推服焉. 由是名冠州里, 聲流京邑. 太尉潁川庾亮, 以帝舅民望, 受分陝之重, 鎮武昌, 並領江州, 辟君部廬陵從事. 下郡還, 亮引見, 問風俗得失; 對曰:「嘉不知, 還傳當問從吏.」亮以麈尾掩口而笑. 諸從事既去, 喚弟翼語之曰:「孟嘉故是盛德人也.」君既辭出外, 自除吏名, 便步歸家; 母在堂, 兄弟共相歡樂, 怡怡如也. 旬有餘日, 更版爲勸學從事. 時亮崇修學校, 高選儒官, 以君望實, 故應尙德之擧. 太傅河南褚裒, 簡穆有器識, 時爲豫章太守, 出朝宗亮, 正旦大會, 州府人士, 率多時彦, 君在坐次甚遠, 裒問亮:「江州有孟嘉, 其人何在?」亮云:「在坐, 卿但自覓.」裒歷觀, 遂指君謂亮曰:「將無是耶?」亮欣然而笑. 喜裒之得君, 奇君爲裒之所得; 乃益器焉. 擧秀才, 又爲安西將軍庾翼府功曹, 再爲江州別駕, 巴丘令, 征西大將軍譙國桓溫參軍. 君色和而正, 溫甚重之. 九月九日, 溫游龍山, 參佐畢集. 四弟二甥咸在坐. 時佐吏並著戎服, 有風吹君帽墮落, 溫目左右及賓客勿言, 以觀其擧止. 君初不自覺, 良久如厠, 溫命取以還之. 廷尉太原孫盛爲諮議參軍, 時在坐, 溫命紙筆, 令嘲之. 文成示溫, 溫以著坐處; 君歸, 見嘲笑, 而請筆作答. 了不容思, 文辭超卓, 四座歎之. 奉使京師, 除尙書刪定郎, 不拜. 孝宗穆皇帝聞其名, 賜見東堂; 君辭以脚疾, 不任拜起, 詔使人扶入. 君嘗爲刺史謝永別駕; 永, 會稽人, 喪亡, 君求赴義. 路由永興, 高陽許詢有雋才, 辭榮不仕, 每縱心獨往, 客居縣界; 嘗乘船近行, 適逢君過. 歎曰:「都邑美士, 吾盡識之, 獨不識此人; 唯聞中州有孟嘉者, 將非是乎? 然亦何由來此!」使問君之從者, 君謂其使曰:「本心相過, 今先赴義, 尋還就君.」及歸, 遂止信宿; 雅相知得, 有若舊交. 還至, 轉從事中郎, 俄遷長史; 在朝隤然, 仗正順而已. 門無雜賓, 嘗會神情獨得, 便超然命駕, 逕之龍山; 顧景酣宴, 造夕乃歸. 溫從容謂君曰:「人不可無勢, 我乃能駕御卿.」後以疾終於家, 年五十一. 始自總髮, 至於知命, 行不苟合, 言無夸矜; 未嘗有喜慍之容. 好酣飲, 逾多不亂; 至於任懷得意, 融然遠寄, 傍若無人. 溫嘗問君:「酒有何好, 而君嗜之?」君笑而答曰:「明公但不得酒中趣爾!」又問聽妓絲不如竹, 竹不如肉; 答曰:「漸近自然.」中散大夫桂陽羅含賦之曰:「孟生善酣, 不愆其意.」光祿大夫南陽劉耽, 昔與君同在溫府, 淵明從父大常夔嘗問耽:「君若在, 當已作公不?」答云:「此本是三司人.」爲時所重如此. 淵明先親, 君之第四女也; 凱風「寒泉」之思, 實鍾厥心. 謹按採行事, 撰爲此傳. 懼或乖謬, 有虧大雅君子之德, 所以戰戰兢兢, 若履深薄云爾. 贊曰:『孔子稱進德修業, 以及時也. 君清蹈衡門, 則令聞孔昭; 振纓公朝, 則德音允集. 道悠運促, 不終遠業. 惜哉! 仁者必壽, 豈斯言之謬乎!』

4. 《世說新語》 識鑑篇

武昌孟嘉作庾太尉州從事, 己知名. 褚太傅有知人鑒, 罷豫章還, 過武昌, 問庾曰:
「聞孟從事佳, 今在此不?」庾云:「試自求之.」褚眄睞良久, 指嘉曰:「此君小異,
得無是乎!」庾大笑曰:「然.」于時旣歎褚之黙識, 又欣嘉之見賞.

230-② 庾敳墮幘
술에 취해 모자를 떨어뜨린 유애

《진서晉書》에 실려 있다.

유애庾敳는 자가 자숭子嵩이며 영천潁川 언릉鄢陵 사람이다. 키가 7척에
미치지 못하였으나, 허리둘레는 5척이나 되었다. 단아하여 원대한 아취가
있었으며 동해왕東海王 사마월司馬越의 군사에 참여하여 자리를 거듭한
끝에 군자좨주軍諮祭酒가 되었다. 당시 유여劉輿가 사마월에게 임용되어
많은 인사들이 그에게 죄다 얽혀들곤 하였다. 그러나 오직 유애만은 마음
대로 행동하고 세상일에 뜻을 두지 않았으며 그와 틈이 벌어질 흔적을
남기지 않았다.

뒤에 유애가 성격은 검약하면서 집안이 부유하다는 것을 안 유여는
사마월에게 그에게 천만 금을 꾸어달라고 말하도록 하여 그때 유애가
인색한 모습을 보이기를 바랐다. 그렇게 되면 그러한 사건을 이용하여
그를 해코지할 참이었다.

이에 사마월이 좌중에서 유애에게 물었다. 그때 유애는 술에 만취하여
흐트러진 모습으로 모자를 책상에 떨어뜨리고 말았다. 그리하여 그는

머리를 모자에 넣어 이를 뒤집어쓰면서 천천히 이렇게 말하였다.

"낮은 이 관리는 집에 2천만 냥이 있습니다. 공께서 원하시는 대로 가져 가십시오."

유여는 이에 감복하였고 사마월도 매우 기꺼워하면서 이렇게 말하였다.

"소인의 마음으로 군자의 마음을 헤아릴 수는 없구나!"

뒤에 그는 석륵石勒의 난 때 살해되고 말았다.

《晉書》: 庾敳字子嵩, 潁川鄢陵人. 長不滿七尺, 而腰帶十圍, 雅有遠韻. 參東海王越軍事, 轉軍諮祭酒.

時劉輿見任於越, 人士多爲所構. 惟敳縱心事外, 無迹可間. 後以其性儉家富, 說越, 令就換錢千萬, 冀其有吝, 因此可乘. 越於衆坐中問敳, 敳頹然已醉, 幘墮机上, 以頭就穿取, 徐答云:「下官家故有兩千萬, 隨公所取矣.」

輿於是乃服. 越甚悅, 因曰:「不可以小人之慮, 度君子之心!」

後石勒亂被害.

【庾敳】 자는 子嵩(261~311). 王衍의 중시를 받아 吏部郞. 東海王(司馬越)의 太傅가 되었으며 石勒의 난에 왕연과 함께 피살됨. 《晉書》(50)에 전이 있음.

【司馬越】 진나라 八王 중의 東海王 司馬越. 《八王故事》에 "司馬越字元超, 高密王泰次子. 少尙布衣之操, 爲中外所歸. 累遷司空, 太傅"라 함.

【劉輿】 자는 慶孫. 劉琨의 형. 한 때 東海王(司馬越)의 左長史를 지냄. 형제가 평소 孫秀를 경멸하였는데 趙王(司馬倫)이 찬위하여 손수가 득세하자 면직당함. 뒤에 齊王(司馬冏)을 보좌하여 中書侍郎, 散騎常侍 등을 역임함. 《晉書》(62)에 전이 있음. 劉璵로도 표기하며 《晉書》에는 劉輿로 되어 있음.

【幘】 두건. 머리를 감싸는 모자와 같은 것.

【以小人之慮, 度君子之心】《國語》晉語(9)에 "以小人之服, 爲君子之心"라 함. 《左傳》昭公 29년에도 실려 있음.

【石勒】五胡十六國 중 後趙의 첫 번째 임금인 明帝. 石勒·石虎 등. 石勒은 자는 世龍(274~333). 上黨人으로 羯奴의 후예. 石虎는 자가 季龍(295~349)이며 석륵과 함께 五胡十六國 중의 後趙를 건립함. 석륵은 어려서 洛陽으로 팔려와 노예가 되었다가 八王의 난을 틈타 成都王(司馬穎)의 부장이 됨. 그 뒤 흉노족의 劉淵, 劉聰 등과 세력을 다투었으며 晉 成帝 咸和 5년(330)에 칭제하여 연호를 建平이라 함. 뒤에 석호는 석륵의 아들 石弘을 폐위하고 자립하여 수도를 鄴으로 옮기고 大趙天王이라 하여 15년간 재위하였음.

참고 및 관련 자료

1.《晉書》(50) 庾峻傳(庾敳)

庾敳字子嵩, 長不滿七尺, 而腰帶十圍, 雅有遠韻. 爲陳留相, 未嘗以事嬰心, 從容酣暢, 寄通而已. 處衆人中, 居然獨立. 嘗讀〈老莊〉, 曰:「正與人意闇同.」太尉王衍雅重之. ……參東海王越太傅軍事, 轉軍諮祭酒. ……時劉輿見任於越, 人士多爲所構. 惟敳縱心事外, 無迹可間. 後以其性儉家富, 說越令就換錢千萬, 冀其有吝, 因此可乘. 越於衆坐中問於敳, 而敳乃頹然已醉, 幘墮机上, 以頭就穿取, 徐答云:「下官家有二千萬, 隨公所取矣.」輿於是乃服. 越甚悅, 因曰:「不可以小人之慮, 度君子之心!」王衍不與敳交, 敳卿之不置. 衍曰:「君不得爲耳.」敳曰:「卿自君我, 我自卿卿. 我自用我家法, 卿自用卿家法.」衍甚奇之. 石勒之亂, 與衍俱被害, 時年五十.

2.《世說新語》雅量篇

劉慶孫在太傅府, 于時人士, 多爲所構, 唯庾子嵩縱心事外, 無迹可間. 後以其性儉家富, 說太傅令換千萬, 冀其有吝, 於此可乘. 太傅於衆坐中問庾, 庾時頹然已醉, 幘墮几上, 以頭就穿取; 徐答云:「下官家故可有兩娑千萬, 隨公所取.」於是乃服. 後有人向庾道此, 庾曰:「可謂以小人之慮, 度君子之心!」

231. 龍逢板出, 張華台坼

231-① 龍逢板出
관룡봉이 죽고 땅에서 나온 금판

구주舊注에 인용된 《논어음희참論語陰嬉讖》에 실려 있다.

경자庚子일 아침 금판金板에 글씨가 새겨진 것이 정원의 땅 속에서 나오리라. 거기에는 이렇게 씌어 있으리라.

"신臣의 일족으로 학왕虐王이 사로잡히리라."

송균宋均은 이렇게 풀이하였다.

"이는 관룡봉關龍逢이 죽은 뒤 경자일 아침, 마당의 땅 속에서 이와 같은 금판이 나온 기이한 사건이다. 관룡봉은 하夏나라와 같은 사씨姒氏 성이었으며, 그 때문에 걸桀을 '학왕'이라 부른 것이다. 걸왕이 자신을 죽였기 때문에 틀림없이 탕湯에게 사로잡히게 될 것임을 말한 것이다."

舊注引《論語陰嬉讖》曰: 庚子之旦, 金板剋書, 出地庭中. 曰: 『臣族虐王禽.』

宋均曰: 「謂殺關龍逢之後, 庚子之旦, 庭中地有此板異也. 龍同姓, 稱族虐王. 王殺我, 必見禽也.」

【論語陰嬉讖】緯書의 하나. 《文選》(40) 任彦昇의 〈百辟勸進今上牋〉의 본문에 "金版出地, 告龍逢之怨"이라 함. 이의 주를 인용한 것임.
【虐王】夏나라 末王 걸을 가리킴. 殷 紂와 함께 잔혹한 왕으로 널리 알려짐.
【宋均】인명.

【關龍逢】夏나라 말기의 어진 신하. 관룡방(關龍逄)으로도 표기하며 桀에게
간언하다가 죽음을 당하였음.

1.《文選》(40) 任彦昇〈百辟勸進今上牋〉

近以朝命蘊策, 冒奏丹誠, 奉被還命, 未蒙虛受, 搢紳顒顒, 深所未達. 蓋聞受金
於府, 通人之弘致; 高蹈海隅, 匹夫之小節. 是以履乘石而周公不以爲疑, 增玉瓚
而太公不以爲讓. 況世哲繼軌, 先德在民; 經綸草昧, 嘆深微管. 加以朱方之役,
荊河是依, 班師振旅, 大造王室. 雖累繭救宋, 重胝存楚. 居今觀古, 曾何足云?
而惑甚盜鍾, 功疑不賞, 皇天后土, 不勝其酷. 是以玉馬駿奔, 表微子之去; 金版
出地, 告龍逢之怨. 明公據鞍輟哭, 厲三軍之志; 獨居掩涕, 激義士之心. 故能
使海若登祇, 罄圖效祉; 山戎孤竹, 束馬景從. 伐罪弔民, 一匡靖亂, 匪叨天功,
實勤濡足. 且明公本自諸生, 取樂名教, 道風素論, 坐鎮雅俗, 不習孫吳, 遘茲
神武. 驅盡誅之氓, 濟必封之俗, 龜玉不毀, 誰之功歟? 獨爲君子, 將使伊周何地?
某等不達通變, 實有愚誠, 伏願時膺典冊, 式副民望.

2.《文選》(40) 任彦昇〈百辟勸進今上牋〉「金版出地」注

劉璠《梁典》曰: 東昏荒滛, 歸政閹豎. 尙書令懿於中書省飮鴆薨.《論語比考讖》
曰: 殷惑女妲己, 玉馬走. 宋均曰: 女妲己, 有美色也. 玉馬, 喩賢臣奔去也.
《論語陰嬉讖》曰: 庚子之旦, 金版克書出地庭中, 曰: 臣族虐王禽. 宋均曰:
謂殺關龍之後, 庚子旦, 庭中地有此版異也. 龍同姓, 稱族, 王虐殺我, 必見禽也.

231-② 張華台坼
중태성이 갈라져 벼슬을 그만두었어야 할 장화

《진서晉書》에 실려 있다.

장화張華는 자가 무선茂先이며 범양范陽 방성方城 사람이다. 학업이 우수하고 박식하였으며, 문장의 꾸밈은 온아하고 아름다웠고 기량과 식견은 넓고 컸다. 처음에는 그의 이름이 알려지지 않았으나, 그가 〈초료부鷦鷯賦〉라는 작품을 짓자 완적阮籍이 보고 이렇게 말하였다.

"왕의 보좌가 될 인재로다."

이로써 성가와 이름이 비로소 드러나게 되었다.

진晉나라가 위나라로부터 선양을 받자 그는 황문시랑黃門侍郞에 올랐다. 장화는 기억력과 암기력이 뛰어나 나라 안의 모든 일은 손바닥 안을 가리키듯 훤히 꿰고 있었다. 무제武帝가 어느 날 한漢나라 때의 궁실제도에 대하여 묻자, 장화의 응답이 마치 물 흐르듯하여 듣는 이들이 싫증을 느끼지 못할 정도였다. 몇 년 뒤 그는 중서령中書令이 되어 오吳나라 정벌 계획을 작성하여 성공시키자, 그 공으로 광무현후廣武縣侯에 봉해졌다. 그의 이름은 한 세대의 중시를 받아 많은 사람들의 추앙과 복종 대상이 되었으며 성가와 명예는 갈수록 높아 태보台輔에 오를 인물이라는 기대를 받았다.

혜제惠帝 때에 중서감中書監에 올라 충성을 다하여 보필하였으며, 나라의 미비한 점을 보충하였다. 그는 비록 당시 혼암한 혜제와 가혹한 가후賈后의 조정이었지만, 나라 안을 편안하게 한 것은 바로 장화의 공이었다.

다시 사공司空에 올랐을 때 제사第舍와 감성監省에 자주 요괴스러운 일이 발생하였다. 그러자 막내아들 장위張韙가 중태성中台星이 갈라졌음을 알고 아버지 장화에게 자리를 양보하고 물러날 것을 권하였다. 그러자 장화는 아들 말을 듣지 않으면서 이렇게 말하였다.

"천도天道는 심오하고 아득하여 오직 덕을 닦음으로써 그에 응험이 있게 되는 것이다. 조용히 기다려 천명을 지켜보며 끝까지 충성과 정직으로 하는 편이 나으리라."

　그러나 조왕趙王 사마륜司馬倫과 손수孫秀 등이 임금의 조서를 위조하여 장화를 죽이고 말았다. 조야에서는 모두 비통해하였다.

　장화는 성격이 남의 인물됨을 좋아하여 선비 중에 한 가지라도 선한 일이 있으면 이를 퍼뜨려 자랑해 주었다. 그는 책을 아끼고 모으기를 즐겨하여 그가 이사를 갈 때면 수레 30대 분의 책을 옮기기도 하였다. 그 책들은 천하에 기이한 내용과 비밀스러운 것들이었으며, 세상에서는 가진 자가 거의 없는 것들이었는데, 이러한 책 모두가 장화에게 있었다. 역시 세상 온갖 만물에 대한 것과 소문으로 들은 것들이었으며, 세상에 그에 비교할 수가 없는 그러한 책들이었다.

《晉書》: 張華字茂先, 范陽方城人. 學業優博, 辭藻溫麗, 器識弘曠. 初未知名, 著〈鷦鷯賦〉, 阮籍見之曰:「王佐才也」由是聲名始著.

　晉受禪, 拜黃門侍郎. 華强記黙識, 四海之內, 若指諸掌.

　武帝嘗問漢宮室制度, 應對如流, 聽者忘倦. 數歲拜中書令, 贊成伐吳之計, 封廣武縣侯, 名重一世, 衆所推服, 聲譽益甚, 有台輔之望.

　惠帝時, 拜中書監, 盡忠匡輔, 彌縫補闕. 雖當闇主虐后之朝, 而海內晏然華之功也. 進司空, 第舍及監省, 數有妖怪. 少子韙以中台星坼, 勸華遜位.

　華不從曰:「天道玄遠. 惟脩德以應耳. 不如靜以待之, 以候天命, 卒之以忠正」

　爲趙王倫·孫秀等, 矯詔害之. 朝野悲痛. 華性好人物, 士有一介之善, 爲之延譽.

　雅愛書籍, 嘗徒居, 載書三十乘, 天下奇秘, 世所稀有者, 悉在華處. 博物洽聞, 世無與比.

【張華】자는 茂先(232~300). 詩, 書, 文章 등에 고루 능하였던 晉나라 때의 문호이며 학자. 司空을 지냈으며 趙王 司馬倫에게 해를 입음. 후인이 집일한 《張茂先集》이 있으며 저서로는 유명한 《博物志》가 전함. 《晉書》(36)에 전이 있음. '士衡患多'[011], '雷煥送劍'[220] 등 참조.

【鷦鷯賦】《文選》(13)에 실려 있음. '초료'는 굴뚝새. 《莊子》에 "鷦鷯巢深林, 不過一枝"라 함.

【阮籍】자는 嗣宗(210~263). 陳留의 尉氏人. 阮瑀의 아들. 老莊에 밝았으며 거문고, 바둑, 시문 등에 능하였음. 步兵校尉를 역임하여 흔히 '阮步兵'이라 불림. '竹林七賢' 중의 하나. 〈豪傑詩〉, 〈詠懷詩〉, 〈達莊論〉, 〈大人先生傳〉 등이 있으며 《三國志》(21), 《晉書》(49)에 전이 있음. 유유자적하며 휘파람을 잘 불었음.

【武帝】晉 武帝. 司馬炎. 西晉의 개국군주. 司馬昭의 長子. 자는 安世. 咸熙 2年(265)에 魏나라로부터 禪讓의 형식으로 나라를 이어받아 晉나라를 세우고 洛陽을 도읍으로 함. 재위 26년(265~290). 묘호는 世祖. 《晉書》(3)에 紀가 있음.

【台輔】'태'는 三台星. 三公에 비유함.

【惠帝】西晉의 제2대 황제 司馬衷. 武帝 司馬炎의 아들이며 중국 역대이래 가장 백치에 가까운 군주로 널리 알려진 인물. 290~306년 재위함. 皇后 賈南風에게 조종당하여 나라를 혼란으로 몰아넣었음. '晉惠聞蟆'[164] 참조.

【闇主虐后】암주는 惠帝, 虐后는 賈后(賈南風)을 가리킴. '晉惠聞蟆'[164] 및 '南風擲孕'[198] 참조.

【趙王倫】宣帝 桓夫人 소생으로 趙王에 봉해진 司馬倫. 자는 子彝. 벼슬이 相國에 이름. '趙倫瘤怪'[240] 참조.

【孫秀】자는 俊忠(?~301). 趙王 司馬倫에게 발탁되어 그를 도와 난을 일으켰다가 참살당함. '綠珠墜樓'[140]에 石崇의 여인 祿珠를 빼앗으려 한 사건이 실려 있음.

참고 및 관련 자료

1. 《晉書》(36) 張華傳

張華字茂先, 范陽方城人也. 父平, 魏漁陽郡守. 華少孤貧, 自牧羊, 同郡盧欽 見而器之. 鄕人劉放亦奇其才, 以女妻焉. 華學業優博, 辭藻溫麗, 朗贍多通,圖緯方伎之書莫不詳覽. 少自修謹, 造次必以禮度. 勇於赴義, 篤於周急. 器識弘曠, 時人罕能測之. 初未知名, 著鷦鷯賦以自寄. 其詞曰:『何造化之多端, 播羣形於萬類. 惟鷦鷯之微禽, 亦攝生而受氣, 育翩翾之陋體, 無玄黃以自貴; 毛無施於器用, 肉不登乎俎味. 鷹鸇過猶戢翼, 尙何懼於於罿罻! 翳薈蒙籠, 是焉游集. 飛不飄揚, 翔不翕集. 其居易容, 其求易給: 巢林不過一枝, 每食不過數粒. 栖無所滯, 游無所盤; 匪陋荊棘, 匪榮茝蘭. 動翼而逸, 投足而安. 委命順理, 與物無患. 伊玆禽之無知, 而處身之似智. 不懷寶以賈害, 不飾表以招累. 靜守性而不矜, 動因循而簡易. 任自然以爲資, 無誘慕於世僞. 鵰鶡介其觜距, 鵠鷺軼於雲際, 鵾雞竄於幽險, 孔翠生乎遐裔, 彼晨鳧與歸雁, 又矯翼而增逝, 咸美羽而豐肌, 故無罪而皆斃; 徒銜蘆以避繳, 終爲戮於此世. 蒼鷹鷙而受紲, 鸚䳇慧而入籠, 屈猛志以服養, 塊幽縶於久重; 變音聲以順旨, 思摧翮而爲庸. 戀鍾岱之林野, 慕隴坻之高松. 雖蒙幸於今日, 未若疇昔之從容. 海鳥爰居, 避風而至; 條支巨爵, 踰嶺自致; 提挈萬里, 飄颻逼畏. 夫惟體大妨物, 而形瓌足偉也. 陰陽陶烝, 萬品一區. 巨細舛錯, 種繁類殊. 鷦冥巢於蚊睫, 大鵬彌乎天隅, 將以上方不足而下比有餘. 普天壤而遐觀, 吾又安知大小之所如.』陳留阮籍見之, 歎曰:「王佐之才也!」由是聲名始著. 郡守鮮于嗣薦華爲太常博士. 盧欽言之於文帝, 轉河南尹丞, 未拜, 除佐著作郎. 頃之, 遷長史, 兼中書郎. 朝議表奏, 多見施用, 遂即眞. 晉受禪, 拜黃門侍郎, 封關內侯. 華强記默識, 四海之內, 若指諸掌. 武帝嘗問漢宮室制度及建章千門萬戶, 華應對如流, 聽者忘倦, 畫地成圖, 左右屬目. 帝甚異之, 時人比之子産. 數歲, 拜中書令, 後加散騎常侍. 遭母憂, 哀毁過禮. 中詔勉勵, 逼令攝事. 初, 帝潛與羊祜謀伐吳, 而羣臣多以爲不可, 唯華贊成其計. 其後, 祜疾篤, 帝遣華詣祜, 問以伐吳之計, 語在祜傳. 及將大擧, 以華爲度支尙書, 乃量計運漕, 決定廟算. 衆軍旣進, 而未有克獲, 賈充等奏誅華以謝天下. 帝曰:「此是吾意, 華但與吾同耳.」時大臣皆以爲未可輕進, 華獨堅執, 以爲必克. 及吳滅, 詔曰:「尙書·關內侯將華, 前與故太傅羊祜共創大計, 遂典掌軍事, 部分諸方, 算定權略, 運籌決勝, 有謀謨之勳. 其進封爲廣武縣侯, 增邑萬戶, 封子一人爲亭侯, 千五百戶, 賜絹萬匹.」華名重一世, 衆所推服, 晉史及儀禮憲章並屬於華, 多所損益, 當時詔誥皆所草定, 聲譽益盛, 有台輔之望焉. 而荀勖自以大族, 恃帝恩深, 憎疾之, 每伺間隙, 欲出華外鎭. 會帝問華:「誰可託寄後事者?」對曰:「明德至親, 莫如齊王攸.」旣非上意所在, 微爲忤旨, 間言遂行. 乃出華爲持節, 都督幽州諸軍事, 領護烏桓校尉·安北將軍. 撫納新舊, 戎夏懷之. 東夷馬韓·新彌諸國依山帶海, 去州四千餘里, 歷世未附者二十餘國, 並遣使朝獻. 於是

遠夷賓服, 四境無虞, 頻歲豐稔, 士馬强盛. 朝議欲徵華入相, 又欲進號儀同. 初,
華毀徵士馮恢於帝, 統卽恢之弟也, 深有寵於帝. 統嘗侍帝, 從容論魏晉事, 因曰:
「臣竊謂鍾會之釁, 頗由太祖.」帝變色曰:「卿何言邪!」統免冠謝曰:「臣愚冗
瞽言, 罪應萬死. 然臣微意, 猶有可申.」帝曰:「何以言之?」統曰:「臣以爲善
御者必識六轡盈縮之勢, 善政者必審官方控帶之宜, 故仲由以兼人被抑, 冉求以
退弱被進, 漢高八王以寵過夷滅, 光武諸將由抑損克終. 非上有仁暴之殊, 下有
愚智之異, 蓋抑揚與奪使之然耳. 鍾會才見有限, 而太祖誇獎太過, 嘉其謀猷,
盛其名器, 居以重勢, 委以大兵, 故使會自謂算無遺策, 功在不賞, 鞀張跋扈,
遂搆凶逆耳. 向令太祖錄其小能, 節以大禮, 抑之以權勢, 納之以軌則, 則亂心無
由而生, 亂事無由而成矣.」帝曰:「然.」統稽首曰:「陛下旣已然微臣之言, 宜思
堅冰之漸, 無使如會之徒復致覆喪.」帝曰:「當今豈有如會者乎?」統曰:「東方
朔有言『談何容易』. 易曰『臣不密則失身』」帝乃屏左右曰:「卿極言之.」統曰:
「陛下謀謨之臣, 著大功於天下, 海內莫不聞知, 據方鎭總戎馬之任者, 皆在陛下聖
慮矣.」帝默然. 頃之, 徵華爲太常. 以太廟屋棟折, 免官. 遂終帝之世, 以列侯
朝見. 惠帝卽位, 以華爲太子少傅, 與王戎·裴楷·和嶠俱以德望爲楊駿所忌, 皆不
與朝政. 及駿誅後, 將廢皇太后, 會羣臣於朝堂, 議者皆承望風旨, 以爲「春秋
絶文姜, 今太后自絶於宗廟, 亦宜廢黜」. 惟華議以爲「夫婦之道, 父不能得之於子,
子不能得之於父, 皇太后非得罪於先帝者也. 今黨其所親, 爲不母於聖世, 宜依
漢廢趙太后爲孝成后故事, 貶太后之號, 還稱武皇后, 居異宮, 以全貴終之恩」.
不從, 遂廢太后爲庶人. 楚王瑋受密詔殺太宰汝南王亮·太保衛瓘等, 內外兵擾,
朝廷大恐, 計無所出. 華白帝以「瑋矯詔擅害二公, 將士倉卒, 謂是國家意, 故從
之耳. 今可遣騶虞幡使外軍解嚴, 理必風靡」. 上從之, 瑋兵果敗. 及瑋誅, 華以
首謀有功, 拜右光祿大夫·開府儀同三司·侍中·中書監, 金章紫綬. 固辭開府.
賈謐與后共謀, 以華庶族, 儒雅有籌略, 進無逼上之嫌, 退爲衆望所依, 欲倚以
朝綱, 訪以政事. 疑而未決, 以問裴頠, 頠素重華, 深贊其事. 華遂盡忠匡輔, 彌縫
補闕, 雖當闇主虐后之朝, 而海內晏然, 華之功也. 華懼后族之盛, 作女史箴以
爲諷. 賈后雖凶妒, 而知敬重華. 久之, 論前後忠勳, 進封壯武郡公, 華十餘讓,
中詔敦譬, 乃受. 數年, 代下邳王晃爲司空, 領著作. 及賈后謀廢太子, 左衛率劉
卞甚爲太子所信遇, 每會宴, 卞必預焉. 屢見賈謐驕傲, 太子恨之, 形于言色, 謐亦
不能平. 卞以賈后謀問華, 華曰:「不聞.」卞曰:「卞以寒悴, 自須昌小吏受公成拔,
以至今日. 士感知己, 是以盡言, 而公更有疑於卞邪!」華曰:「假令有此, 君欲
如何?」卞曰:「東宮俊乂如林, 四率精兵萬人. 公居阿衡之任, 若得公命, 皇太子

因朝入錄尚書事, 廢賈后於金墉城, 兩黃門力耳.」華曰:「今天子當陽, 太子,
人子也, 吾又不受阿衡之命, 忽相與行此, 是無其君父, 而以不孝示天下也. 雖能
有成, 猶不免罪, 況權戚滿朝, 威柄不一, 而可以安乎!」及帝會羣臣於式乾殿,
出太子手書, 徧示羣臣, 莫敢有言者. 惟華諫曰:「此國之大禍. 自漢武以來, 每廢
黜正嫡, 恒至喪亂. 且國家有天下日淺, 願陛下詳之.」尚書左僕射裴頠以爲宜先
檢校傳書者, 又請比校太子手書, 不然, 恐有詐妄. 賈后乃內出太子素啓事十餘紙,
重人比視, 亦無敢言非者. 議至日西不決, 后知華等意堅, 因表乞免爲庶人. 帝乃
可其奏. 初, 趙王倫爲鎮西將軍, 撓亂關中, 氐羌反叛, 乃以梁王肜代之. 或說華
曰:「趙王貪昧, 信用孫秀, 所在爲亂, 而秀變詐, 姦人之雄. 今可遣梁王斬秀,
刈趙之半, 以謝關右, 不亦可乎!」華從之, 肜許諾. 秀友人辛冉從西來, 言於肜曰:
「氐羌自反, 非秀之爲.」故得免死. 倫既還, 諂事賈后, 因求錄尚書事, 後又求尚
書令, 華與裴頠皆固執不可, 由是致怨, 倫・秀疾華如讎. 武庫火, 華懼因此變作,
列兵固守, 然後救之, 故累代之寶及漢高斬蛇劍・王莽頭・孔子屨等盡焚焉. 時華
見劍穿屋而飛, 莫知所向. 初, 華所封壯武郡有桑化爲柏, 識者以爲不祥. 又華
第舍及監省數有妖怪. 少子韙以中台星坼, 勸華遜位. 華不從, 曰:「天道玄遠,
惟修德以應之耳. 不如靜以待之, 以俟天命.」及倫・秀將廢賈后, 秀使司馬雅夜
告華曰:「今社稷將危, 趙王欲與公共匡朝廷, 爲霸者之事.」華知秀等必成篡奪,
乃距之. 雅怒曰:「刃將加頸, 而吐言如此!」不顧而出. 華方晝臥, 忽夢見屋壞,
覺而惡之. 是夜難作, 詐稱詔召華, 遂與裴頠俱被收. 華將死, 謂張林曰:「卿欲
害忠臣耶?」林稱詔詰之曰:「卿爲宰相, 任天下事, 太子之廢, 不能死節, 何也?」
華曰:「式乾之議, 臣諫事具存, 非不諫也.」林曰:「諫若不從, 何不去位?」華不
能答. 須臾, 使者至曰:「詔斬公.」華曰:「臣先帝老臣, 中心如丹. 臣不愛死, 懼王
室之難, 禍不可測也.」遂害之於前殿馬道南, 夷三族, 朝野莫不悲痛之. 時年
六十九. 華性好人物, 誘進不倦, 至于窮賤候門之士有一介之善者, 便咨嗟稱詠,
爲之延譽. 雅愛書籍, 身死之曰, 家無餘財, 惟有文史溢于机篋. 嘗徙居, 載書
三十乘. 祕書監摯虞撰定官書, 皆資華之本以取正焉. 天下奇祕, 世所希有者,
悉在華所. 由是博物洽聞, 世無與比. 惠帝中人有得鳥毛長三丈, 以示華. 華見,
慘然曰:「此謂海鳧毛也, 出則天下亂矣.」陸機嘗餉華鮓, 于時賓客滿座, 華發器,
便曰:「此龍肉也.」衆未之信, 華曰:「試以苦酒濯之, 必有異.」既而五色光起.
機還問鮓主, 果云:「園中茅積下得一白魚, 質狀殊常, 以作鮓, 過美, 故以相獻.」
武庫封閉甚密, 其中忽有雉雛. 華曰:「此必蛇化爲雉也.」開視, 雉側果有蛇蛻焉.
吳郡臨平岸崩, 出一石鼓, 槌之無聲. 帝以問華, 華曰;「可取蜀中桐材, 刻爲魚形,

扣之則鳴矣.」於是如其言, 果聲聞數里. 初, 吳之未滅也, 斗牛之間常有紫氣, 道術者皆以吳方强盛, 未可圖也, 惟華以爲不然. 及吳平之後, 紫氣愈明, 華聞豫章人雷煥妙達緯象, 乃要煥宿, 屛人曰:「可共尋天文, 知將來吉凶.」因登樓仰觀. 煥曰:「僕察之久矣, 惟斗牛之間頗有異氣.」華曰:「是何祥也?」煥曰:「寶劍之精, 上徹於天耳.」華曰:「君言得之. 吾少時有相者言, 吾年出六十, 位登三事, 當得寶劍佩之. 斯言豈效與!」因問曰:「在何郡?」煥曰:「在豫章豐城.」華曰:「欲屈君爲宰, 密共尋之, 可乎?」煥許之. 華大喜, 卽補煥爲豐城令. 煥到縣, 掘獄屋基, 入地四丈餘, 得一石函, 光氣非常, 中有雙劍, 並刻題, 一曰龍泉, 一曰太阿. 其夕, 斗牛間氣不復見焉. 煥以南昌西山北巖下土以拭劍, 光芒艷發. 大盆盛水, 置劍其上, 視之者精芒炫目. 遣使送一劍幷土與華, 留一自佩. 或謂煥曰:「得兩送一, 張公豈可欺乎?」煥曰:「本朝將亂, 張公當受其禍. 此劍當繫徐君墓樹耳. 靈異之物, 終當化去, 不永爲人服也.」華得劍, 寶愛之, 常置坐側. 華以南昌土不如華陰赤土, 報煥書曰:「詳觀劍文, 乃干將也, 莫邪何復不至? 雖然, 天生神物, 終當合耳.」因以華陰土一斤致煥. 煥更以拭劍, 倍益精明. 華誅, 失劍所在. 煥卒, 子華爲州從事, 持劍行經延平津, 劍忽於腰間躍出墮水. 使人沒水取之, 不見劍, 但見兩龍各長數丈, 蟠縈有文章, 沒者懼而反. 須臾光彩照水, 波浪驚沸, 於是失劍. 華歎曰:「先君化去之言, 張公終合之論, 此其驗乎!」華之博物多此類, 不可詳載焉. 後倫·秀伏誅, 齊王冏輔政, 摯虞致箋於冏曰:「間於張華沒後入中書省, 得華先帝時答詔本草. 先帝問華可以輔政持重付以後事者, 華答:『明德至親, 莫如先王, 宜留以爲社稷之鎭.』其忠良之謀, 款誠之言, 信於幽冥, 沒而後彰, 與苟且隨時者不可同世而論也. 議者有責華以愍懷太子之事不抗節廷爭. 當此之時, 諫者心得違命之死. 先聖之敎, 死而無益者, 不以責人. 故晏嬰, 齊之正卿, 不死崔杼之難: 季札, 吳之宗臣, 不爭逆順之理. 理盡而無所施者, 固聖敎之所不責也.」冏於是奏曰:「臣聞興微繼絶, 聖王之高政; 貶惡嘉善, 春秋之美義. 是以武王封比干之墓, 表商容之閭, 誠幽明之故有以相通也. 孫秀逆亂, 滅佐命之國, 誅骨鯁之臣, 以斳喪王室; 肆其虐庆, 功臣之後, 多見泯滅. 張華·裴頠各以見憚取誅於時, 解系·解結同以羔羊並被其害, 歐陽建等無罪而死, 百姓憐之. 今陛下更日月之光, 布維新之命, 然此等諸族未蒙恩理. 昔欒郤降在皁隷, 而春秋傳其違; 幽王絶功臣之後, 棄賢者子孫, 而詩人以爲刺. 臣備忝在職, 思納愚誠. 若合聖意, 可令羣官通議.」議者各有所執, 而多稱其寃. 壯武國臣竺道又詣長沙王, 求復華爵位, 依違者久之. 太安二年, 詔曰:「夫愛惡相攻, 佞邪醜正, 自古而有. 故司空·壯武公華竭其忠貞, 思翼朝政,謀謨之勳, 每事賴之. 前以華弼濟之功, 宜同封建, 而華固讓至于八九, 深陳大制不可得爾, 終有顛敗危辱之慮, 辭義懇誠, 足勸遠近. 華之至心, 誓於神明, 華以伐吳之勳, 受爵於先帝. 終封旣非國體, 又不宜以小功踰前大賞. 華之見害, 俱以姦逆圖亂, 濫被枉賊. 其復華侍中·中書監·司空·公·廣武侯及所沒財物與印綬符策, 遣使弔祭之.」初, 陸機兄弟志氣高爽, 自以吳之名家, 初入洛, 不推中國人士, 見華一面如舊, 欽華德範, 如師資之禮焉. 華誅後, 作誄, 又爲詠德賦以悼之. 華著博物志十篇, 及文章並行于世. 二子: 禕·韙.

2. 《文選》(13) 張華 〈鷦鷯賦〉

鷦鷯, 小鳥也, 生於蒿萊之間, 長於藩籬之下, 翔集尋常之內, 而生生之理足矣. 色淺體陋, 不爲人用, 形微處卑, 物莫之害, 繁滋族類, 乘居匹游, 翩翩然有以自樂也. 彼鷲鶚鵾鴻, 孔雀翡翠, 或淩赤霄之際, 或託絕垠之外, 翰擧足以沖天, 觜距足以自衛, 然皆負矰嬰繳, 羽毛入貢. 何者? 有用於人也. 夫言有淺而可以託深, 類有微而可以喩大, 故賦之云爾. 何造化之多端兮, 播群形於萬類. 惟鷦鷯之微禽兮, 亦攝生而受氣. 育翩翾之陋體, 無玄黃以自貴. 毛弗施於器用, 肉弗登於俎味. 鷹鸇過猶俄翼, 尚何懼於罝罦. 翳薈蒙籠, 是焉游集. 飛不飄颺, 翔不翕習. 其居易容, 其求易給. 巢林不過一枝, 每食不過數粒. 棲無所滯, 游無所盤. 匪陋荊棘, 匪榮苣蘭. 動翼而逸, 投足而安. 委命順理, 與物無患. 伊茲禽之無知, 何處身之似智. 不懷寶以賈害, 不飾表以招累. 靜守約而不矜, 動因循以簡易. 任自然以爲資, 無誘慕於世僞. 鷃鷃介其觜距, 鵠鷺軼於雲際. 鶔雞竄於幽險, 孔翠生乎遐裔. 彼晨鳧與歸鴈, 又矯翼而增逝. 咸美羽而豐肌, 故無罪而皆斃. 徒銜蘆以避繳, 終爲戮於此世. 蒼鷹鷙而受緤, 鸚鵡惠而入籠. 屈猛志以服養, 塊幽縶於九重. 變音聲以順旨, 思摧翮而爲庸. 戀鍾岱之林野, 慕隴坁之高松. 雖蒙幸於今日, 未若疇昔之從容. 海鳥鷄袁鶹, 避風而至. 條枝巨雀, 踰嶺自致. 提挈萬里, 飄颻逼畏. 夫唯體大妨物, 而形瑰足瑋也. 陰陽陶蒸, 萬品一區. 巨細舛錯, 種繁類殊. 鷦螟巢於蚊睫, 大鵬彌乎天隅. 將以上方不足, 而下比有餘. 普天壤以遐觀, 吾又安知大小之所如?

232. 董奉活燮, 扁鵲起虢

232-① 董奉活燮
두섭을 살려낸 동봉

《신선전神仙傳》에 실려 있다.

동봉董奉은 자가 군이君異이며 후관候官 사람이다. 두섭杜燮이 교주자사交州刺史가 되어 독한 병에 걸려 죽은 지 사흘이 되었다. 동봉은 당시 남방에 있었는데, 이에 그에게 달려가 세 개의 환약丸藥을 그의 입 안으로 집어넣고 사람들로 하여금 그의 머리를 흔들도록 하였다. 그러자 한 식경食頃쯤 지나자, 두섭은 눈을 뜨고 수족을 움직이더니 얼굴색이 돌아왔으며 반나절이 지나자 일어서 앉더니 드디어 살아나게 되었다.

동봉은 여산廬山 아래로 내려와 살면서 사람들의 병을 치료해 주되 돈이나 물건을 받지 않았다. 그는 대신 병이 고쳐진 사람들로 하여금 한 그루의 살구나무를 심도록 하여 몇 년 뒤 10만여 그루가 되어 울창하게 숲을 이루게 되었다. 살구가 크게 잘 익자 동봉은 숲 속에 창고를 짓고는 살구를 사고 싶은 사람에게 널리 알렸다. 다만 자신이 스스로 가져갈 만큼 가져가되 한 그릇의 곡식만큼 살구를 그만큼만 가져가도록 한 것이다. 매번 곡식은 적게 가져와 살구를 많이 가져가는 자가 있으면 어디선가 호랑이가 나타나 그들을 쫓아갔고, 살구를 훔쳐 가는 자가 있으면 호랑이가 쫓아가 물어 죽이는 것이었다. 그러나 죽은 자의 집안 사람이 이를 알고 살구를 다시 되돌려 갖다 놓으면 죽은 자가 다시 살아나는 것이었다. 이로부터 살구를 사러 오는 자는 스스로 그 양을 맞추어 감히 속이는 일이 없게 되었다.

동봉은 그렇게 하여 얻은 양곡을 가난한 자를 진휼하는 데에 썼으며, 여행으로 고생하는 이들에게 공급해 주었다.

그가 민간에 이렇게 백년을 살고 이에 승천하였다. 그는 안색이 항상 30세의 장년 같았다.

《神仙傳》: 董奉字君異, 候官人. 杜燮爲交州刺史, 得毒病死三日. 奉時在南方, 乃往以三丸藥內其口中, 令人擧其頭捎搖之. 食頃燮開目動手足, 顔色還, 半日能起坐, 遂活.

奉還廬山下居. 爲人治病, 不取錢物. 使病愈者爲種一株杏, 數年有十萬餘株, 鬱然成林. 杏子大熟, 奉於林中作倉, 宣語欲買杏者, 但自取之, 一器穀得一器杏. 每穀少而取杏多者, 有虎逐之. 有偸杏, 虎逐齧死. 家人知送杏還, 死者卽活. 自是買杏者, 自平量之, 不敢欺. 奉以所得粮穀, 賑救貧窮, 供給行旅. 民間僅百年, 乃昇天, 顔色常如年三十時也.

【神仙傳】晉나라 葛洪이 역대 신선들을 모아 쓴 전기.
【董奉】'杏林'(醫療界를 일컫는 말)의 고사로 널리 알려진 신선.
【杜燮】杜變으로도 표기함.

참고 및 관련 자료

1. 《神仙傳》(10)
董奉者, 字君異, 候官縣人也. 昔吳先主時, 有年少作本縣長, 見君異年三十餘, 不知有道也. 罷去五十餘年, 復爲他職, 行經候官. 諸故吏人皆往見故長, 君異亦往, 顔色如昔, 了不異故. 長宿識之, 問曰:「君無有道也? 昔在縣時, 年紀如君輩, 今吾已皓白, 而君猶少也.」君異曰:「偶爾耳.」杜燮爲交州刺史, 得毒病死, 已三日. 君異時在南方, 乃往以三丸藥內死人口中, 令人擧死人頭搖而消之. 食傾, 燮開自動手足, 顔色漸還, 半日中能起坐, 遂活. 後四日, 乃能語, 云:「死時奄然如夢. 見有數十烏衣人來收之, 將載露車上去, 入大赤門, 徑以寸獄, 獄各一戶, 戶纔容一人. 以燮內一戶中, 乃以土從外封之. 不復見外. 恍惚間, 聞有一人言:

『太乙遣使者來召杜燮, 急開出之.』聞人以錪掘其所居戶, 良久, 引出之. 見外有
車馬, 赤蓋, 三人共坐車上, 一人持節呼燮上車, 將還至門而覺.」燮旣活, 乃爲
君異起高樓於中庭. 君異不飮食, 唯啖脯棗, 多少飮酒, 一日三爲君異設之. 君異
輒來就燮處飮食, 下樓時忽如飛鳥, 便來到座, 不覺其下, 上樓亦爾. 如此一年,
從燮求去, 燮涕泣留之, 不許. 燮問曰:「君慾何所之? 當具大船也.」君異曰:
「不用船, 宜得一棺器耳.」燮卽爲具之. 至明日日中時, 君異死, 燮使人殯埋之.
七日, 人有從容昌來, 見君異, 因謝杜侯, 好自愛重. 燮乃開視君異棺中, 但見一帛,
一面畫作人形, 一面丹書符, 君異後還廬山下居. 有一人少便病癩, 垂死, 自載詣
君異, 叩頭乞哀. 君異使此人坐一戶中, 以五重布巾韜病者目, 使勿動搖, 乃勅
家人莫近. 病人云:「聞有一物來舐之, 痛不可堪, 無處不匝. 度此物舌當一尺許,
其氣息大小如牛, 竟不知是何物, 良久乃去.」君異乃往解病人之巾, 以水與飮,
遣去:「不久當愈, 且勿當風.」十數日間, 病者身體通赤, 無皮甚痛, 得水浴, 卽不
復痛. 二十餘日, 卽皮生瘡愈, 身如凝脂. 後常大旱, 百穀燋枯, 縣令丁士彥謂綱紀
曰:「董君有道, 必能致雨.」乃自賫酒脯見君異, 說大旱之意. 君異曰:「雨易得耳.」
因仰視其屋曰:「貧家屋皆見天, 不可以得雨, 如何?」縣令解其意, 因曰:「先生
但爲祈雨, 當爲架好屋.」於是, 明日, 士彥自將吏人, 乃運竹爲起屋. 屋成當泥塗,
作人掘土取壤, 欲取水作泥. 君異曰:「不煩運水, 日暮自當雨也.」其夜, 大雨
高下皆足. 又君異居山間, 爲人治病, 不取錢物, 使人重病愈者, 使栽杏五株,
輕者一株. 如此數年, 計得十萬餘株, 鬱然成林. 而山中百蟲羣獸, 遊戲杏下,
竟不生草, 有如耘治也. 於是杏子大熟, 君異於杏林下作簞倉, 語時人曰:「欲買
杏者, 不須來報, 徑自取之. 得將穀一器置倉中, 卽自往取一器杏云.」每有一穀少
而取杏多者, 卽有三四頭虎噬逐之, 此人怖懼而走, 杏卽傾覆, 虎乃還去, 到家
量杏, 一如穀少. 又有人空往偸杏, 虎逐之到其家, 乃嚙之至死. 家人知是偸杏,
遂送杏還, 叩頭謝過, 死者卽活. 自是已後, 買杏者皆於林中自平量之, 不敢有
欺者. 君異以其所得粮穀賑救貧窮, 供給行旅, 歲消三千斛, 尙餘甚多. 縣令親
故家, 有女爲精邪所魅, 百不能治, 以語君異:「若能得女愈, 當以侍巾櫛.」君異
卽爲君勅諸魅. 有大白鼉, 長丈六尺, 陸行詣病者門, 君異使人斬之, 女病卽愈.
遂以女妻之, 久無兒息. 君異出行, 妻不能獨住, 乃乞一女養之. 女年十歲, 君異
一旦竦身入雲中去, 婦及養女猶守其宅, 賣杏取給, 有欺之者, 虎逐之如故. 養女
長大, 納婿同居, 其婿凶徒也, 常取諸祠廟之神衣物. 廟下神下巫語云:「某甲
恃是仙人女婿, 奪吾衣物, 吾不在此, 但羞人耳. 當爲仙人故無用爲問.」君異
在民間僅百年, 乃昇天, 其顔色常如年三十時人也.

2.《太平廣記》(12) 董奉

董奉者, 字君異, 候官人也. 吳先主時, 有少年爲奉本縣長. 見奉年四十餘, 不知其道, 罷官去. 後五十餘年, 復爲他職, 得經候官. 諸故吏人皆老, 而奉顏貌一如往日. 問言:「君得道邪? 吾昔見君如此. 吾今已皓首 而君轉少, 何也?」奉曰:「偶然耳.」又杜燮爲交州刺史, 得毒病死. 死已三日, 奉時在彼, 乃往. 與藥三丸, 内在口中, 以水灌之. 使人捧擧其頭, 搖而消之. 須臾, 手足似動, 顏色漸還, 半日乃能起坐. 後四十日乃能語, 云:「死時奄忽如夢. 見有十數烏衣人來, 收燮上車去. 入大赤門, 徑以獄中. 獄客一戶, 戶纔容一人, 以燮内一戶中, 乃以土從外封塞之, 不復見外光. 忽聞戶外人言云:‘太乙遣使來召杜燮.’又聞除其戶土, 良久引出. 見有車馬赤蓋, 三人共坐車上. 一人持節, 呼燮上車. 將還至門而覺, 燮遂活.」因起謝曰:「甚蒙大恩, 何以報効?」乃爲奉起樓於庭中. 奉不食他物, 唯啖脯棗, 飲少酒. 燮一日三度設之, 奉每來飲食, 或如飛鳥, 騰空來坐, 食了飛去. 人每不覺, 如是一年餘. 辭燮去. 燮涕泣留之不住. 燮問:「欲何所之? 莫要大船否?」奉曰:「不用船. 唯要一棺器耳.」燮既爲具之. 至明日日中時, 奉死. 燮以其棺殯埋之. 七日後, 有人從容昌來, 奉見囑云:「爲謝燮, 好自愛理.」燮聞之, 乃啓殯發棺視之. 唯存一帛, 一面畫作人形, 一面丹書作符. 後還豫章廬山下居, 有一人中有癩疾, 垂死. 載以詣奉, 叩頭求哀之. 奉使病人坐一房中, 以五重布巾蓋之, 使勿動. 病者云:「初聞一物來舐身, 痛不可忍. 無處不匝, 量此舌廣一尺許, 氣息如牛, 不知何物也, 良久物去.」奉乃往池中, 以水浴之, 遣去. 告云:「不久當愈, 勿當風.」十數日, 病者身赤無皮, 甚痛. 得水浴, 痛卽止. 二十日, 皮生卽愈, 身如凝脂. 後忽大旱, 縣令丁士彦議曰:「聞董君有道, 當能致雨. 乃自齎酒脯見奉, 陳大旱之意.」奉曰:「雨易得耳.」因視屋曰:「貧道屋皆見天, 恐雨至何堪? 令解其意.」曰:「先生但致雨, 當爲立架好屋.」明日, 士彦自將人吏百餘輩, 運竹木, 起屋立成. 方聚土作泥, 擬數里取水. 奉曰:「不須爾. 暮當大雨, 乃止.」至暮卽大雨, 高下皆平, 方民大悅. 奉居山不種田, 日爲人治病, 亦不取錢. 重病愈者, 使栽杏五株; 輕者一株. 如此數年, 計得十萬餘株, 鬱然成林. 乃使山中百禽群獸, 遊戲其下, 卒不生草, 常如芸治也. 後杏子大熟, 於林中作一草倉, 示時人曰:「欲買杏者, 不須報奉. 但將穀一器置倉中, 卽自往取一器杏去.」常有人置穀來少, 而取杏去多者. 林中群虎出吼逐之, 大怖, 急挈杏走, 路傍傾覆. 至家量杏, 一如穀多少. 或有人偷杏者, 虎逐之到家, 囓至死. 家人知其偷杏, 乃送還奉, 叩頭謝過, 乃却使活. 奉每年貨杏得穀, 旋以賑救貧乏, 供給行旅不逮者, 歲二萬餘斛. 縣令有女, 爲精邪所魅, 醫療不効, 乃投奉治之, 若得女愈, 當以侍巾櫛. 奉然之,卽召得一白黿. 長數丈, 陸行詣病者門. 奉使侍者斬之, 女病卽愈. 奉遂納女爲妻, 久無兒息. 奉每出行, 妻不能獨住, 乃乞一女養之, 年十餘歲. 奉一日竦身入雲中去, 妻與女猶存其宅, 賣杏取給. 有欺之者, 虎還逐之. 奉在人間三百餘年乃去, 顔狀如三十時人也.

3.《藝文類聚》(7)

神仙傳曰: 董奉還豫章, 廬山下居, 在山閒. 了不佃作, 爲人治病, 亦不取錢物, 使病愈者, 種杏五株.

4.《藝文類聚》(87)

神仙傳曰: 董奉居廬山, 爲治病, 重者種杏五株, 輕者一株. 於林中所在, 簞食一器, 是換一穀. 少者虎逐之, 乃以穀賑貧窮, 號董仙杏林.

232-② 扁鵲起虢
괵나라 태자를 살려 일어서도록 해준 편작

《사기史記》에 실려 있다.

편작扁鵲은 발해渤海 정현鄭縣 사람으로 성은 진秦 이름은 월인越人이었다. 어릴 때 장상군長桑君이 그를 기이하게 여겨 자신의 품에서 약을 꺼내어 이를 편작에게 주어 마시도록 하였다. 그리고 자신이 가지고 있던 금방서禁方書를 모두 편작에게 주고는 홀연히 사라져 버렸다. 편작은 이 책으로 공부하여 병든 자를 살펴보았더니 오장五臟의 징결癥結도 모두 보였으나 그는 특별히 진맥診脈이라는 명칭을 만들어 알아내었다.

뒤에 그가 괵虢나라를 지날 때 그 괵나라 태자가 죽었다. 편작이 지나다가 이렇게 말하였다.

"제가 능히 살려낼 수 있습니다."

그리고 데리고 가던 제자 자양子陽으로 하여금 침을 숫돌에 갈도록 하여 이로써 몸 밖의 삼양오회三陽五會에 침을 놓았다. 얼마 뒤 태자가 깨어나자 이번에는 자표子豹로 하여금 오푼五分의 뜨거움으로 다림질하고, 팔감八減의 약을 조제하여 달이도록 하고, 번갈아 가며 뜨거운 약을 양 겨드랑이에 붙이도록 하였다. 태자가 일어나 앉자, 이번에는 다시 음양의 기운을 적당히 조절하였다. 그 다음에는 다만 탕약만 복용하여 스무날이 지나자 옛날처럼 완전히 회복되었다. 그러자 천하 모두가 편작은 죽은 사람도 살려낼 수 있다고 믿게 되었다. 그가 한단邯鄲을 지나면서 그곳에서는 부인들을 귀하게 여김을 알고, 그곳에서는 부인병을 치료하는 의술을 폈고, 낙양雒陽을 지나다가는 주周나라 사람들은 노인을 아낀다는 말을 듣고 그곳에서는 귀와 눈이 마비되는 병을 고치는 의술을 폈다. 그런가 하면 함양咸陽을 지날 때는 진秦나라 사람들은 어린아이를 귀히 여긴다는 말을 듣고 그곳에서는 소아과 의업을 열기도 하였다. 이처럼 그는 각 곳의 풍습에 따라 그에 맞추어 의술을 폈던 것이다.

당시 진秦나라 태의령太醫令 이혜李醯가 자신의 의술이 편작만 못함을 알고 사람을 시켜 그를 찔러 죽이도록 하였다.

지금 사람들이 맥脈을 본다고 하는 것은 편작에서 비롯된 것이다.

《사기史記》 편작전扁鵲傳 색은索隱에는 이렇게 말하였다.

"오 푼의 다림질로 하였다고 말한 것은 다림질하되 따뜻한 온도의 기운이 오 푼쯤 들어가도록 함을 말한다. 그리고 팔 감의 조제란 약의 제조에 화합에서 전체의 십 분의 팔만 남도록 감소시킴을 말한다. 편작 진월인이 당시 이와 같은 처방을 사용하였음을 말한다."

《史記》: 扁鵲渤海鄭人. 姓秦, 名越人. 少時長桑君奇之, 出其懷中藥, 予之飮, 乃悉取其禁方書予之, 忽然不見. 扁鵲以此視病, 盡見五臟癥結, 特以診脈爲名耳. 後過虢, 虢太子死.

扁鵲曰: 「臣能生之.」

乃使弟子子陽屬鍼砥石, 以取外三陽五會. 有閒太子蘇, 乃使子
豹爲五分之熨, 以八減之齊和煮之, 以更熨兩脇下. 太子起坐更適
陰陽. 但服湯, 二旬而復故. 天下盡以扁鵲爲能生死人.

過邯鄲, 聞貴婦人, 卽爲帶不醫; 過雒陽, 聞周人愛老人, 卽爲耳
目痺醫; 入咸陽, 聞秦人愛小兒, 則爲小兒醫, 隨俗爲變.

秦太醫令李醯, 自知伎不如扁鵲也, 使人刺殺之. 至今言脈者,
由扁鵲.

《史》〈扁鵲傳〉索隱云:「案言五分之熨者, 謂熨之令溫暖之氣入
五分也. 八減之齊者, 謂藥之齊和所減有八. 越人當時有此方也」

【扁鵲】軒轅氏 때의 명의 이름. 뒤에 의술에 뛰어난 秦越人을 扁鵲이라
  불렀던 것임.
【雒陽】洛陽과 같음.《博物志》(6)에 "舊洛陽字作水邊各. 漢, 火行也, 忌水, 故去
  水而加隹. 又魏於行次爲土, 水得土而流, 上得水而柔, 故復去隹加水, 變雒爲
  洛焉"라 함.
【三陽五會】'三陽'은 小陽·太陽·陽明을 말하며 손발에 각각 있는 陽의 급소.
  '오회'는 百會·胸會·聽會·氣會·노회(臑會)를 말함. '회'도 역시 급소.
【八減之齊】'齊'는 '劑'와 같음. '劑'는 약을 調劑함을 말함.
【李醯】秦始皇 때의 太醫令. 侍醫.

1.《史記》扁鵲列傳
其後扁鵲過虢. 虢太子死, 扁鵲至虢宮門下, 門中庶子喜方者曰:「太子何病,
國中治穰過於衆事?」中庶子曰:「太子病血氣不時, 交錯而不得泄, 暴發於外,
則爲中害. 精神不能止邪氣, 邪氣畜積而不得泄, 是以陽緩而陰急, 故暴蹶而死」
扁鵲曰:「其死何如時?」曰:「鷄鳴至今」曰:「收乎?」曰:「未也, 其死未能半
日也」「言臣齊勃海秦越人也, 家在於鄭, 未嘗得望精光侍謁於前也. 聞太子不幸

而死, 臣能生之.」中庶子曰:「先生得無誕之乎? 何以言太子可生也! 臣聞上古之時, 醫有兪跗, 治病不以湯液醴灑, 鑱石撟引, 案扤毒熨, 一撥見病之應, 因五藏之輸, 乃割皮解肌, 訣脈結筋, 搦腦髓, 揲荒爪幕, 湔浣腸胃, 漱滌五藏, 練精易形. 先生之方能若是, 則太子可生也; 不能若是而欲生之, 曾不可以告咳嬰之兒.」終日, 扁鵲仰天歎曰:「夫子之爲方也, 若以管窺天, 以郄視文. 越人之爲方也, 不待切脈望色聽聲寫形, 言病之所在. 聞病之陽, 論得其陰; 聞病之陰, 論得其陽. 病應見於大表, 不出千里, 決者至衆, 不可曲止也. 子以吾言爲不誠, 試入診太子, 當聞其耳鳴而鼻張, 循其兩股以至於陰, 當尚溫也.」中庶子聞扁鵲言, 目眩然而不瞚, 舌撟然而不下, 乃以扁鵲言入報虢君. 虢君聞之大驚, 出見扁鵲於中闕, 曰:「竊聞高義之日久矣, 然未嘗得拜謁於前也. 先生過小國, 幸而舉之, 偏國寡臣幸甚. 有先生則活, 無先生則棄捐填溝壑, 長終而不得反.」言未卒, 因噓唏服臆, 魂精泄橫, 流涕長潸, 忽忽承睞, 悲不能自止, 容貌變更. 扁鵲曰:「若太子病, 所謂『尸蹶』者也. 夫以陽入陰中, 動胃繵緣, 中經維絡, 別下於三焦　膀胱, 是以陽脈下遂, 陰脈上爭, 會氣閉而不通, 陰上而陽內行, 下內鼓而不起, 上外絕而不爲使, 上有絕陽之絡, 下有破陰之紐, 破陰絕陽, 色廢脈亂, 故形靜如死狀. 太子未死也. 夫以陽入陰支蘭藏者生, 以陰入陽支蘭藏者死. 凡此數事, 皆五藏蹶中之時暴作也. 良工取之, 拙者疑殆.」扁鵲乃使弟子子陽厲鍼砥石, 以取外三陽五會. 有閒, 太子蘇. 乃使子豹爲五分之熨, 以八減之齊和煮之, 以更熨兩脅下. 太子起坐. 更適陰陽, 但服湯二旬而復故. 故天下盡以扁鵲爲能生死人. 扁鵲曰:「越人非能生死人也, 此自當生者, 越人能使之起耳.」

2.《說苑》辨物篇

扁鵲過趙, 趙王太子暴疾而死, 鵲造宮門曰:「吾聞國中卒有壞土之事, 得無有急乎?」中庶子之好方者, 應之曰:「然, 王太子暴疾而死.」扁鵲曰:「入言鄭醫秦越人能活太子.」中庶子難之曰:「吾聞上古之爲醫者曰苗父, 苗父之爲醫也, 以菅爲席, 以芻爲狗, 北面而祝, 發十言耳, 諸扶而來者, 舉而來者, 皆平復如故. 子之方能如此乎?」扁鵲曰:「不能.」又曰:「吾聞中古之爲醫者曰兪柎, 兪柎之爲醫也, 搦腦髓, 束肓莫, 炊灼九竅而定經絡, 死人復爲生人, 故曰兪柎. 子之方能若是乎?」扁鵲曰:「不能.」中庶子曰:「子之方如此, 譬若以管窺天, 以錐刺地, 所窺者甚大, 所見者甚少. 鈞若子之方, 豈足以變駭童子哉?」扁鵲曰:「不然. 物故有昧掫而中蛟頭, 掩目而別白黑白者. 太子之疾, 所謂尸厥者也, 以爲不然, 入診之, 太子股陰當濕, 耳中焦, 焦如有嘯者聲, 然者, 皆可治也.」中庶子入

報趙王, 趙王跣而趨出門曰: 「先生遠辱幸臨寡人, 先生幸而有之, 則糞土之息,
得蒙天履地而長爲人矣. 先生不有之, 則先犬馬塡溝壑矣.」言未已, 涕泣沾襟.
扁鵲遂爲診之, 先造軒光之竈, 八成之湯, 砥針礪石, 取三陽五輸; 子容擣藥,
子明吹耳, 陽儀反神, 子越扶形, 子游矯摩. 太子遂得復生. 天下聞之, 皆曰:
「扁鵲能生死人.」鵲辭曰: 「予非能生死人也, 特使夫當生者活耳, 夫死者猶不可
藥而生也.」悲夫! 亂君之治, 不可藥而息也. 詩曰: 『多將熇熇, 不可救藥!』甚之
之辭也.

3. 《韓詩外傳》(10)

扁鵲過虢侯, 世子暴病而死. 扁鵲造宮門, 曰: 「吾聞國中卒有壤土之事, 得無
有急乎?」曰: 「世子暴疾而死.」扁鵲曰: 「入言鄭醫秦越人能活之.」中庶子之
好方者出應之, 曰: 「吾聞上古醫曰茅父, 茅父之爲醫也, 以莞爲席, 以蒭爲狗,
北面而祝之, 發十言耳, 諸扶輿而來者皆平復如故. 子之方豈能若是乎?」扁鵲曰:
「不能.」又曰: 「吾聞中古之爲醫者曰踰跗. 踰跗之爲醫也, 搦腦髓, 爪荒莫, 吹區
九竅, 定腦脫, 死者復生. 子之方豈能若是乎?」扁鵲曰: 「不能.」中庶子曰:
「苟如子之方, 譬如以管窺天, 以錐刺地, 所窺者大, 所見者小, 所刺者巨, 所中
者少. 如子之方, 豈足以變駭童子哉?」扁鵲曰: 「不然. 事故有昧投而中蟲頭,
掩目而別白黑者. 夫世子病所謂尸蹶者. 以爲不然, 試入診世子股陰當溫, 耳焦焦
如有啼者聲. 若此者, 皆可活也.」中庶子遂入診世子, 以病報虢侯. 虢侯聞之,
足跣而起, 至門曰: 「先生遠辱, 幸臨寡人. 先生幸而治之, 則糞土之息, 得蒙
天載地長爲人. 先生弗治之, 則先犬馬塡溝壑矣.」言未卒而涕泣沾襟. 扁鵲入,
砥鍼礪石, 取三陽五輸, 爲軒光之竈, 八減之湯, 子同擣藥, 子明灸陽, 子游按摩,
子儀反神, 子越扶形, 於是世子復生. 天下聞之, 皆以扁鵲能起死人也. 扁鵲曰:
「吾不能起死人, 直使夫當生者起耳」夫死者猶可藥, 而況生乎? 悲夫! 罷君之治,
無可藥而息也. 詩曰: 『不可救藥.』言必亡而已矣.

233. 寇恂借一, 何武去思

233-① 寇恂借一
백성들이 일 년만 더 꾸어달라고
청원을 한 군수 구순

후한後漢의 구순寇恂은 자가 자익子翼이며 상곡上谷 평창昌平 사람이다. 광무제光武帝가 그를 하내태수河內太守로 삼으면서 대장군大將軍의 업무를 함께하도록 하였다. 그리고 이렇게 말하였다.

"옛날 고조高祖께서 소하蕭何로 하여금 관중關中에 남아 지키도록 하였소. 지금 나는 이 하내를 그대에게 맡기고 떠나오. 군량을 보급하고 운반하는 일을 굳게 지켜 병사와 말들을 잘 독려하고 인솔해 주되, 다른 관할 병사들이 들어오지 못하도록 막는 일에만 힘쓸 것이며 하북河北 쪽까지 넘어가지 않도록 해 주시오."

뒤에 그는 영천태수潁川太守를 거쳐 집금오執金吾가 되어 조정에 들어오게 되었다. 이듬해 영천에 도적이 일어나자 광무제가 이렇게 말하였다.

"영천은 서울에 인접한 곳이니 의당 지금 평정해야 할 것이오. 내 생각건대 오직 그대만이 능히 이를 평정할 수 있을 것이라 여기오."

그는 구경九卿의 지위에서 다시 출정을 나섰으니 우국의 충정을 가히 알 수 있었다. 그리하여 그날 즉시 수레를 몰아 남쪽 정벌에 나서서 임금을 따라 영천에 도착하였다. 그러자 도적들이 모두 항복하였다. 그러자 구순은 그곳 군수를 하지 않고자 하였다. 백성들은 길을 막고 이렇게 말하였다.

"원컨대 폐하의 의견에 따라 구순을 1년만 이곳에 남도록 꿔주시기 바랍니다."

그리하여 광무제는 그를 장사長社에 남아 관리와 백성을 진무하며 나머지 투항해 오는 이들을 받아들이도록 하였다.

구순은 바르고 명확하며 행동을 잘 닦아 그 이름이 다시금 조정에 알려지게 되었다. 그는 받은 봉급과 관직을 친구와 아는 사람들 및 자신을 따르던 관리와 선비들에게 고루 베풀며 늘 이렇게 말하였다.

"나는 사대부들로 인해 이렇게 성공한 것인데 가히 나 홀로 누릴 수가 있겠는가?"

당시 사람들은 그를 어른으로 여겨 귀탁하였으며 재상이 될 도량이 있다고 여겼다.

後漢, 寇恂字子翼, 上谷昌平人. 光武拜恂河內太守, 行大將軍事, 謂曰:「昔高祖留蕭何鎮關中, 今吾委公以河內. 堅守轉運給足軍粮, 率屬士馬, 防遏他兵, 勿令北度而已.」

後拜潁川太守, 入爲執金吾.

明年潁川盜賊起, 帝謂曰:「潁川迫近京師, 當以時定. 惟念獨卿能平之耳.」

從九卿復出, 以憂國可知也. 卽日車駕南征, 從至潁川. 盜賊悉降, 而竟不拜郡.

百姓遮道曰:「願從陛下復借寇君一年.」

乃留恂長社, 鎮撫吏人, 受納餘降. 恂經明行修, 名重朝廷.

所得秩奉, 厚施朋友故人及從吏士, 常曰:「吾因士大夫以致此可獨享乎?」

時人歸其長者, 以爲有宰相器.

【寇恂】 자는 子翼. 후한 광무제 때의 인물.《後漢書》에 전이 있음.
【光武帝】 世祖光武皇帝. 光武帝. A.D.25~57년 재위. 東漢(後漢)의 첫 황제. 劉秀. 자는 文叔. 長沙 定王 劉發의 후손. 漢 景帝가 유발을 낳고, 유발이

春陵節侯 劉買를 낳았으며 뒤에 封地가 南陽 白水鄉으로 옮겨져 그곳을 春陵이라 하고 가문을 이루었음. 그리고 유매의 막내아들이 劉外였으며 그가 劉回를 낳았고, 유회가 南頓令 劉欽을 낳았으며 유흠이 유수를 낳았음. 이가 동한을 일으켜 낙양에 도읍을 하여 유씨 왕조를 이은 것이며 이를 東漢(後漢)이라 부름.

【蕭何】蕭相國(?~B.C.193). 沛縣(현재는 江蘇省內에 있음) 사람으로 秦 말기에 劉邦을 도와 병사를 일으켜 공을 세움. 후에 유방은 漢王이 되고 소하는 丞相이 되었으며 高帝 11년에 승상을 相國으로 개칭함.《史記》蕭相國世家 참조.

【執金吾】관직 이름. '金'은 兵器로, '吾'는 禦. 항상 무기를 가지고 비상시를 대비한다는 뜻.

【九卿】奉常·光祿勳·衛尉·太僕·廷尉·大鴻臚·宗正·大司農·少府를 함께 일컫는 칭호. 높은 관직을 말함.

참고 및 관련 자료

1.《後漢書》寇恂

寇恂字子翼, 上谷昌平人也, 世爲著姓. 恂初爲郡功曹, 太守耿況甚重之. 王莽敗, 更始立, 使使者徇郡國, 曰「先降者復爵位」. 恂從耿況迎使者於界上, 況上印綬, 使者納之, 一宿無還意. 恂勒兵入見使者, 就請之. 使者不與, 曰:「天王使者, 功曹欲脅之邪?」恂曰:「非敢脅使君, 竊傷計之不詳也. 今天下初定, 國信未宣, 使君建節銜命, 以臨四方, 郡國莫不延頸傾耳, 望風歸命. 今始至上谷而先墮大信, 沮向化之心, 生離畔之隙, 將復何以號令它郡乎? 且耿府君在上谷, 久爲吏人所親, 今易之, 得賢則造次未安, 不賢則祇更生亂. 爲使君計, 莫若復之以安百姓.」使者不應, 恂叱左右以使者命召況. 況至, 恂進取印綬帶況. 使者不得已, 乃承制詔之, 況受而歸. 及王郎起, 遣將徇上谷, 急況發兵. 恂與門下掾閔業共說況曰:「邯鄲拔起, 難可信向. 昔王莽時, 所難獨有劉伯升耳. 今聞大司馬劉公, 伯升母弟, 尊賢下士, 士多歸之, 可攀附也.」況曰:「邯鄲方盛, 力不能獨拒, 如何?」恂對曰:「今上谷完實, 控弦萬騎, 舉大郡之資, 可以詳擇去就. 恂請東約漁陽, 齊心合衆, 邯鄲不足圖也.」況然之, 乃遣恂到漁陽, 結謀彭寵. 恂還, 至昌平, 襲擊邯鄲使者, 殺之, 奪其軍, 遂與況子弇等俱南及光武於廣阿. 拜恂爲偏將軍, 號承義侯, 從破羣賊. 數與鄧禹謀議, 禹奇之, 因奉牛酒共交歡. 光武南定河內, 而更始大司馬朱鮪等盛兵據洛陽. 又并州未安, 光武難其守, 問於鄧禹曰:「諸將誰可使守河內者?」禹曰:「昔高祖任蕭何於關中, 無復西顧之憂, 所以得專精山東, 終成大業. 今河內帶河爲固, 戶口殷實, 北通上黨, 南迫洛陽. 寇恂文武備足, 有牧人御衆之才, 非此子莫可使也.」乃拜恂河內太守, 行大將軍事. 光武謂恂曰:「河內完富, 吾將因是而起. 昔高祖留蕭何鎮關中, 吾今委公以河內, 堅守轉運, 給足軍糧, 率厲士馬, 防遏它兵, 勿令北度而已.」光武於是復北征燕·代. 恂移書屬縣, 講兵肄射, 伐淇園之竹, 爲矢百餘萬, 養馬二千匹, 收租四百萬斛, 轉以給軍. 朱鮪聞光武北而河內孤, 使討難將軍蘇茂·副將賈彊將兵三萬餘人, 度鞏河攻溫. 檄書至, 恂卽勒軍馳出, 並移告屬縣, 發兵會於溫下. 軍吏皆諫曰;「今洛陽兵度河, 前後不絶, 宜待衆軍畢集, 乃可出也.」恂曰:「溫, 郡之藩蔽, 失溫則郡不可守.」遂馳赴之. 旦日合戰, 而偏將軍馮異遣救及諸縣兵適至, 士馬四集, 幡旗蔽野. 恂乃令士卒乘城鼓噪, 大呼言曰:「劉公兵到!」蘇茂軍聞之, 陳動, 恂因奔擊, 大破之, 追至洛陽, 遂斬賈彊. 茂兵自投河死者數千, 生獲萬餘人. 恂與馮異過河而還. 自是洛陽震恐, 城門晝閉. 時光武傳聞朱鮪破河內, 有頃恂檄至, 大喜曰:「吾知寇子翼可任也!」諸將軍賀, 因上尊號, 於是卽位. 時軍食急乏, 恂以輦車驪駕轉輸, 前後不絶, 尚書升斗以稟百官. 帝數策書勞問恂, 同門生茂陵董崇說恂曰:「上新卽位, 四方未定, 而君侯以此時據大郡, 內得人心, 外破蘇茂, 威震鄰敵, 功名發聞, 此讒人側目怨禍之時也. 昔蕭何守關中, 悟鮑生之言而高祖悅. 今君所將, 皆宗族昆弟也, 無乃當以前人爲鏡戒.」恂然其言, 稱疾不視事. 帝將攻洛陽, 先至河內, 恂求從軍. 帝曰:「河內未可離也.」數固請, 不聽, 乃遣兄子寇張·姊子谷崇將突騎願爲軍鋒. 帝善之, 皆以爲偏將軍. 建武二年, 恂坐繫考上書者免. 是時潁川人嚴終·趙敦聚衆萬餘, 與密人賈期連兵爲寇. 恂免數月, 復拜潁川太守, 與破姦將軍侯進俱擊之. 數月, 斬期首, 郡中悉平定. 封恂雍奴侯, 邑萬戶. 執金吾賈復在汝南, 部將殺人於潁川, 恂捕得繫獄. 時尚草創, 軍營犯法, 率多相容, 恂乃戮之於市. 復以爲恥, 歎. 還過潁川, 謂左右曰:「吾與寇恂並列將帥, 而今爲其所陷, 大丈夫豈有懷侵怨而不決之者乎? 今見恂, 必手劍之!」恂知其謀, 不欲與相見. 谷崇曰:「崇, 將也, 得帶劍侍側. 卒有變, 足以相當.」恂曰:「不然. 昔藺相如不畏秦王而屈於廉頗者, 爲國也. 區區之趙, 尚有此義, 吾安可以忘之乎?」乃勑屬縣盛供具, 儲酒醪, 執金吾軍入界, 一人皆兼二人之饌. 恂乃出迎於道, 稱疾而還. 賈復勒兵欲追之, 而吏士皆醉, 遂過去. 恂遣谷崇以狀聞, 帝乃徵恂. 恂至引見, 時復先在坐, 欲起相避. 帝曰:

「天下未定, 兩虎安得私鬪? 今日朕分之」於是並坐極歡, 遂共車同出, 結友而去.
恂歸潁川. 三年, 遣使者卽拜爲汝南太守, 又使驃騎將軍杜茂將兵助恂討盜賊.
盜賊淸靜, 郡中無事. 恂素好學, 乃修鄕校, 教生徒, 聘能爲《左氏春秋》者, 親受
學焉. 七年, 代朱浮爲執金吾. 明年, 從車駕擊隗囂, 而潁川盜賊羣起, 帝乃引
軍還, 謂恂曰:「潁川迫近京師, 當以時定. 惟念獨卿能平之耳, 從九卿復出, 以憂
國可(知)也.」恂對曰:「潁川剽輕, 聞陛下遠踰阻險, 有事隴·蜀, 故狂狡乘閒
相誑誤耳. 如聞乘輿南向, 賊必惶怖歸死. 臣願執銳前驅.」卽日車駕南征, 恂從
至潁川, 盜賊悉降, 而竟不拜郡. 百姓遮道曰:「願從陛下復借寇君一年.」乃留恂
長社, 鎭撫吏人, 受納餘降. 初, 隗囂將安定高峻, 擁兵萬人, 據高平第一, 帝使
待詔馬援.招降峻, 由是河西道開. 中郞將來歙承制拜峻通路將軍, 封關內侯,
後屬大司馬吳漢, 共圍囂於冀. 及漢軍退, 峻亡歸故營, 復助囂拒隴阺. 及囂死,
峻據高平, 畏誅堅守. 建威大將軍耿弇率太中大夫竇士·武威太守梁統等圍之,
一歲不拔, 十年, 帝入關, 將自征之, 恂時從駕, 諫曰:「長安道里居中, 應接近便,
安定·隴西必懷震懼, 此從容一處可以制四方也. 今士馬疲倦, 方履險阻, 非萬
乘之固, 前年潁川, 可爲至戒.」帝不從. 進軍及汧, 峻猶不下, 帝議遣使降之,
乃謂恂曰:「卿前止吾此舉, 今爲吾行也. 若峻不卽降, 引耿弇等五營擊之.」恂奉
璽書至第一, 峻遣軍師皇甫文出謁, 辭禮不屈. 恂怒, 將誅文. 諸將諫曰:「高峻
精兵萬人, 率多彊弩, 西遮隴道, 連年不下. 今欲降之而反戮其使, 無乃不可乎?」
恂不應, 遂斬之. 遣其副歸告峻曰:「軍師無禮, 已戮之矣. 欲降, 急降;不欲,
固守.」峻惶恐, 卽日開城門降. 諸將皆賀, 因曰:「敢問殺其使而降其城, 何也?」
恂曰:「皇甫文, 峻之腹心, 其所取計者也. 今來, 辭意不屈, 必無降心. 全之則
文得其計, 殺之則峻亡其膽, 是以降耳.」諸將皆曰:「非所及也.」遂傳峻還洛陽.
恂經明行修, 名重朝廷, 所得秩奉, 厚施朋友·故人及從吏士. 常曰:「吾因士大夫
以致此, 其可獨享之乎!」時人歸其長者, 以爲有宰相器. 十二年卒, 謚曰威侯.
子損嗣. 恂同産弟及兄子·姊子以軍功封列侯者凡八人, 終其身, 不傳於後. 初所
與謀閔業者, 恂數爲帝言其忠, 賜爵關內侯, 官至遼西太守. 十三年, 復封損庶兄
壽爲洨侯. 後徙封損扶柳侯. 損卒, 子釐嗣, 徙封商鄕侯. 釐卒, 子襲嗣. 恂女孫
爲大將軍鄧騭夫人, 由是寇氏得志於永初閒.

2.《十八史略》(3)

建武八年, 上自將征隗囂. 潁川盜起, 上還謂執金吾寇恂曰:「潁川迫近京師,
獨卿能平之耳. 從九卿復出可也?」恂勸上親征, 賊悉降. 恂竟不拜郡, 百姓遮道
曰:「願借寇君一年.」乃留恂鎭撫, 大軍不戰而還.

233-② 何武去思
임지를 떠난 뒤 백성들이 그리워한 하무

전한前漢의 하무何武는 자가 군공君公이며 촉군蜀郡 비현郫縣 사람이다. 현량과賢良科에 천거되어 대책對策을 써서 간대부諫大夫가 되었으며, 성제成帝 때 진급을 거듭하여 대사공大司空에 올랐다. 사람됨이 인후仁厚하고 선비를 추천하기를 좋아하였으며 남의 선행을 칭찬하고 장려하였다.

그가 초楚나라 내사內史가 되자 두 공씨(龔氏, 龔勝)과 龔舍에게 후하게 하였으며 패군沛郡에 있을 때는 두 당唐씨(唐林과 唐遵)를 잘 대해 주었다. 그리고 공경公卿이 되자, 이들을 조정에 추천하여 세상에서는 많은 칭송을 받았다. 그러나 그는 붕당朋黨 짓는 일을 싫어하여 문관의 관리에 관한 질문은 반드시 유자儒者에게 묻고, 유자에 관한 일이라면 반드시 문관 관리에게 물어 서로 이로써 서로 견제하고 참여하며 검속하도록 하였다.

관리를 임명해야 할 경우, 먼저 과목에 지켜야 할 조례를 만들어 청탁을 방비하도록 하였다. 그가 다스리는 임지에서는 혁혁한 명성이 없다가도 그가 떠난 뒤에는 그곳 사람들은 항상 그를 그리워하였다. 뒤에 그는 어사대부御史大夫에 올랐다가 관직을 떠났다. 왕망王莽이 재형宰衡이 되어 자신에게 빌붙지 않는 자를 몰래 죽이고 있을 때, 그는 무고誣告를 입자 자살하고 말았다.

두 공씨란 공승龔勝과 공사龔舍이며, 두 당씨란 당림唐林과 당준唐遵이다.

前漢, 何武字君公, 蜀郡郫人. 擧賢良對策, 拜諫大夫.

成帝時, 累進大司空. 爲人仁厚, 好進士, 獎稱人善. 爲楚內史, 厚兩龔, 在沛郡厚兩唐. 及爲公卿, 薦之朝廷, 世以此多焉. 然疾朋黨, 問文吏必於儒者, 問儒者必於文吏, 以相參檢. 欲除吏, 先爲科例, 以防請託. 其所居亦無赫赫名, 去後常見思, 後爲御史大夫, 免官.

王莽爲宰衡, 陰誅不附己者, 見誣自殺. 兩龔爲勝舍, 兩唐謂林遵也.

【何武】 전한 때 인물. 자는 君公. 성제 때 인물로 諫大夫, 大司空, 御史大夫에 오름. 《漢書》 참조.
【成帝】 西漢의 제9대 황제 劉鷔. 孝成皇帝. 元帝 劉奭의 아들. B.C.32~B.C.7년 재위. 趙飛燕과의 연애 고사로 유명함.
【兩龔】 龔勝과 龔舍. '龔勝不屈'[087] 참조.
【王莽】 字는 巨君(B.C.45~23). 漢 元皇后의 조카. 어려서 고아가 되어 독서 끝에 성망을 얻었음. 뒤에 太傅가 되어 安漢公에 봉해졌으며 平帝가 죽은 후 겨우 두 살인 孺子 嬰을 옹립하고 자신은 攝皇帝가 되었다가 初始 元年(A.D.8) 정권을 찬탈, '新'을 세워 '西漢'의 종말을 고함. 그러나 천하의 혼란이 일어나 地皇 4年(23)에 劉玄·赤眉軍·綠林軍에게 살해되고 말았음. 《漢書》(99)에 그 傳이 있음.
【宰衡】 宰相. 周公인 太宰와 伊尹인 阿衡을 합쳐 王莽이 지은 재상의 칭호.

참고 및 관련 자료

1. 《漢書》 何武王嘉師丹傳

何武字君公, 蜀郡郫縣人也. 宣帝時, 天下和平, 四夷賓服, 神爵·五鳳之間婁蒙瑞應. 而益州刺史王襄使辯士王褒頌漢德, 作《中和》·《樂職》·《宣布》詩三篇. 武年十四五, 與成都楊覆衆等共習歌之. 是時, 宣帝循武帝故事, 求通達茂異士, 召見武等於宣室. 上曰: 「此盛德之事, 吾何足以當之哉!」 以襄爲待詔, 武等賜帛罷.

武詣博士受業, 治《易》. 以射策甲科爲郎, 與翟方進交志相友. 光祿勳擧四行, 遷爲鄠令, 坐法免歸. 武兄弟五人, 皆爲郡吏, 郡縣敬憚之. 武弟顯家有市籍, 租常不入, 縣數負其課. 市嗇夫求商捕辱顯家, 顯怒, 欲以吏事中商. 武曰: 「以吾家租賦繇役不爲衆先, 奉公吏不亦宜乎!」武卒白太守, 召商爲卒吏, 州里聞之皆服焉. 久之, 太僕王音擧武賢良方正, 徵對策, 拜爲諫大夫, 遷揚州刺史. 所擧奏二千石長吏必先露章, 服罪者爲虧除, 免之而已; 不服, 極法奏之, 抵罪或至死. 九江太守戴聖, 《禮經》號小戴者也, 行治多不法, 前刺史以其大儒, 優容之. 及武爲刺史, 行部錄囚徒, 有所擧以屬郡. 聖曰:「後進生何知, 乃欲亂人治!」皆無所決. 武使從事廉得其罪, 聖懼, 自免. 後爲博士, 毀武於朝廷. 武聞之, 終不揚其惡. 而聖子賓客爲羣盜, 得, 繫廬江, 聖自以子必死. 武平心決之, 卒得不死. 自是後, 聖慙服. 武每奏事至京師, 聖未嘗不造門謝恩. 武爲刺史, 二千石有罪, 應時擧奏, 其餘賢與不肖敬之如一, 是以郡國各重其守相, 州中淸平. 行部必先卽學官見諸生, 試其誦論, 問以得失, 然後入傳舍, 出記問墾田頃畝, 五穀美惡, 已乃見二千石, 以爲常. 初, 武爲郡吏時, 事太守何壽. 壽知武有宰相器, 以其同姓故厚之. 後壽爲大司農, 其兄子爲廬江長史. 時武奏事在邸, 壽兄子適在長安, 壽爲具召武弟顯及故人楊覆衆等, 酒酣, 見其兄子, 曰:「此子揚州長史, 材能駑下, 未嘗省見.」顯等甚慙, 退以謂武, 武曰:「刺史古之方伯, 上所委任, 一州表率也, 職在進善退惡. 吏治行有茂異, 民有隱逸, 乃當召見, 不可有所私問.」顯・覆衆强之, 不得已召見, 賜巵酒. 歲中, 廬江太守擧之. 其守法見憚如此. 爲刺史五歲, 入爲丞相司直, 丞相薛宣敬重之. 出爲淸河太守, 數歲, 坐郡中被災害什四以上免. 久之, 大司馬曲陽侯王根薦武, 徵爲諫大夫. 遷兗州刺史, 入爲司隸校尉, 徙京兆尹. 二歲, 坐擧方正所擧者召見槃辟雅拜, 有司以爲詭衆虛僞. 武坐左遷楚內史, 遷沛郡太守, 復入爲廷尉. 綏和[元]年, 御史大夫孔光左遷廷尉, 武爲御史大夫. 成帝欲修辟雍, 通三公官, 卽改御史大夫爲大司空. 武更爲大司空, 封氾鄉侯, 食邑千戶. 氾鄉在琅邪不其, 哀帝初卽位, 襃賞大臣, 更以南陽犨之博望鄉爲氾鄉侯國, 增邑千戶. 武爲人仁厚, 好進士, 獎稱人之善. 爲楚內史厚兩龔, 在沛郡厚兩唐, 及爲公卿, 薦之朝廷. 此人顯於世者, 何侯力也, 世以此多焉. 然疾朋黨, 問文吏必於儒者, 問儒者必於文吏, 以相參檢. 欲除吏, 先爲科例以防請託. 其所居亦無赫赫名, 去後常見思. 及爲御史大夫司空, 與丞相方進共奏言:「往者諸侯王斷獄治政, 內史典獄事, 相總綱紀輔王, 中尉備盜賊. 今王不斷獄與政, 中尉官罷, 職幷內史, 郡國守相委任, 所以壹統信, 安百姓也. 今內史位卑而權重, 威職相踰, 不統尊者, 難以爲治. 臣請相如太守, 內史如都尉, 以順尊卑之序, 平輕重之權.」制曰:「可.」以內史爲中尉. 初武爲九卿時, 奏言宜置三公官, 又與方進共奏罷刺史, 更置州牧, 後皆復復故, 語在《朱博傳》. 唯內史事施行. 多所擧奏, 號爲煩碎, 不稱賢公. 功名略比薛宣, 其材不及也, 而經術正直過之. 武後母在郡, 遣吏歸迎. 會成帝崩, 吏恐道路有盜賊, 後母留止, 左右或譏武事親不篤. 哀帝亦欲改易大臣, 遂策免武曰:「君舉錯煩苛, 不合衆心, 孝聲不聞, 惡名流行, 無以率示四方. 其上大司空印綬, 罷歸就國.」後五歲, 諫大夫鮑宣數稱冤之, 天子感丞相王嘉之對, 而高安侯董賢亦薦武, 武由是復徵爲御史大夫. 月餘, 徙爲前將軍. 先是, 新都侯王莽就國, 數年, 上以太皇太后故徵莽還京師. 莽從弟成都侯王邑爲侍中, 矯稱太皇太后指白哀帝, 爲莽求特進給事中. 哀帝復請之, 事發覺. 太后爲謝, 上以太后故不忍誅之, 左遷邑爲西河屬國都尉, 削千戶. 後有詔舉大常, 莽私從武求舉, 武不敢舉. 後數月, 哀帝崩, 太后卽日引莽入, 收大司馬董賢印綬, 詔有司舉可大司馬者. 莽故大司馬, 辭位辟丁·傅, 衆庶稱以爲賢, 又太后近親, 自大司徒孔光以下舉朝皆舉莽. 武爲前將軍, 素與左將軍公孫祿相善, 二人獨謀, 以爲往時孝惠·孝昭少主之世, 外戚呂·霍·上官持權, 幾危社稷, 今孝成·孝哀比世無嗣, 方當選立親近輔幼主, 不宜令異姓大臣持權, 親疏相錯, 爲國計便. 於是武舉公孫祿可大司馬, 而祿亦舉武. 太后竟自用莽爲大司馬. 莽風有司劾奏武·公孫祿互相稱舉, 皆免. 武就國後, 莽寖盛, 爲宰衡, 陰誅不附己者. 元始三年, 呂寬等事起. 時大司空甄豐承莽風指, 遣使者乘傳案治黨與, 連引諸所欲誅, 上黨鮑宣, 南陽彭偉·杜公子, 郡國豪桀坐死者數百人. 武在見誣中, 大理正檻車徵武, 武自殺. 衆人多冤武者, 莽欲厭衆意, 令武子況嗣爲侯, 諡武曰刺侯. 莽簒位, 免況爲庶人.

234. 韓子孤憤, 梁鴻五噫

234-① 韓子孤憤
한비자의 〈고분편〉

《사기史記》에 실려 있다.

한비韓非는 한韓나라 여러 공자公子 중의 하나이다. 형명법술刑名法術의 학문을 좋아하였으며, 그 근본은 황로黃老에 두고 있었다. 사람됨이 말더듬이로서 자신의 뜻을 제대로 표현해내지 못하지만 저술에는 뛰어났다. 그리하여 이사李斯와 함께 순경荀卿을 모셔 공부하였다. 한비는 자신의 조국 한나라가 깎이고 약해지는 것을 보고, 자주 글을 올려 한왕韓王에게 간언을 하였지만, 한왕은 그를 등용하지 않았다.

이에 흘러간 옛일의 득실에 대한 변화를 관찰하고 〈고분孤憤〉, 〈오두五蠹〉, 〈내외저內外儲〉, 〈설림說林〉, 〈세난說難〉 등 10만 언을 지었다. 사람들이 혹 이를 전하여 그 책이 진秦나라에까지 이르게 되었다. 진나라 왕은 이를 보고 이렇게 말하였다.

"과인이 이러한 사람을 얻어 함께 뜻을 펼친다면 죽어도 한이 없으리라!"

뒤에 한비가 진나라에 사신으로 가자 진왕秦王은 그에게 호감을 가졌으나, 아직 믿고 등용하지는 못하고 있었다. 그때 이사가 그를 헐뜯어 진왕은 옥리를 내려보내어 한비를 취조하게 하였다. 이사는 사람을 시켜 그에게 약을 주어 자살하게 하였다.

《史記》: 韓非韓之諸公子也. 喜刑名法術之學, 而其歸本於黃老. 爲人口吃, 不能道說, 而善著書. 與李斯俱事荀卿. 非見韓之削弱,

數以書諫韓王, 王不能用. 於是觀往者得失之變, 作〈孤憤〉·〈五蠹〉·
〈內外儲〉·〈說林〉·〈說難〉十餘萬言.

　人或傳其書至秦, 王見之曰:「寡人得見此人與之游, 死不恨矣!」
　後非使秦, 秦王悅之, 未信用. 李斯毀之, 王下吏治非. 斯使人
遺藥使自殺.

【韓非】 韓非子. 韓나라 공자 중의 하나로 法家의 대표적인 인물로 대표적
　저술《韓非子》를 남김. 이사의 모함을 입고 죽음을 당함.《史記》老莊申韓
　列傳 참조.
【刑名法術】 전국시대에 韓非 등이 법률과 형벌을 엄하게 세워 나라를 다스
　려야 한다고 주장한 학설.
【黃老】 한나라 초기 黃帝와 老子의 道家 학설에 심취하여 '黃老術'이라
　하였음.
【荀卿】 荀子. 이름은 況. 性惡說을 주장하였으며 한 宣帝의 이름 劉詢을
　피휘하여 孫卿이라 불렀음.

참고 및 관련 자료

1.《史記》老莊申韓列傳

韓非者, 韓之諸公子也. 喜刑名法術之學, 而其歸本於黃老. 非爲人口吃, 不能
道說, 而善著書. 與李斯俱事荀卿, 斯自以爲不如非. 非見韓之削弱, 數以書諫
韓王, 韓王不能用. 於是韓非疾治國不務脩明其法制, 執勢以御其臣下, 富國
彊兵而以求人任賢, 反擧浮淫之蠹而加之於功實之上. 以爲儒者用文亂法, 而俠
者以武犯禁. 寬則寵名譽之人, 急則用介冑之士. 今者所養非所用, 所用非所養.
悲廉直不容於邪枉之臣, 觀往者得失之變, 故作《孤憤》·《五蠹》·《內外儲》·
《說林》·《說難》十餘萬言. 然韓非知說之難, 爲《說難》書甚具, 終死於秦, 不能
自脫. …… 人或傳其書至秦. 秦王見《孤憤》·《五蠹》之書, 曰:「嗟乎, 寡人得見
此人與之游, 死不恨矣!」李斯曰:「此韓非之所著書也」秦因急攻韓. 韓王始不
用非, 及急, 迺遣非使秦. 秦王悅之, 未信用. 李斯·姚賈害之, 毀之曰:「韓非,

韓之諸公子也. 今王欲幷諸侯, 非終爲韓不爲秦, 此人之情也. 今王不用, 久留而歸之, 此自遺患也, 不如以過法誅之.」秦王以爲然, 下吏治非. 李斯使人遺非藥, 使自殺. 韓非欲自陳, 不得見. 秦王後悔之, 使人赦之, 非已死矣.

申子·韓子皆著書, 傳於後世, 學者多有. 余獨悲韓子爲《說難》而不能自脫耳.

2.《十八史略》(2)

斯楚人, 嘗學於荀卿, 秦卒用其謀幷天下. 有韓非者, 善刑名. 爲韓使秦, 因上書, 王悅之. 斯疾而聞之, 遂下吏, 斯遺之藥令自殺.

234-② 梁鴻五噫
다섯 가지를 노래로 탄식한 양홍

후한後漢의 양홍梁鴻이 태학太學에서 공부할 때 집은 가난하였지만 절개를 숭상하면서 널리 책을 보되 장구章句에 얽매이는 공부는 즐겨하지 않았다. 고향으로 돌아오자 권문세가들이 그의 높은 절의를 사모하여 많은 이들이 그에게 딸을 주어 사위로 삼고 싶어하였다. 그러나 양홍은 이를 모두 거절하고 뒤에 맹씨孟氏집 딸을 아내로 맞이하였다.

그리하여 패릉산霸陵山에 은거하며 농사짓고 길쌈하는 것으로써 생업을 삼으면서, 《시서詩書》를 읊으며 거문고 연주로 즐거움을 삼았다.

그러다가 어느 날 동쪽으로 함곡관을 나와 서울에 이르러서 〈오희가五噫歌〉를 지었다.

"저 북망산北芒山을 오르도다, 아!
황제가 계신 서울을 돌아보도다, 아!
궁궐은 높고 높구나, 아!

백성들은 얼마나 고되었을까, 아!
아득히 끝날 줄 모르는 미앙궁未央宮이여, 아!"

숙종肅宗이 이를 듣고 조정을 비방한 것이라 여겨 양홍을 잡아들이려
하였지만 찾을 수 없었다. 그는 이에 성명을 바꾸고 제齊나라와 노魯나라
사이에서 살다가 드디어 오吳나라에 이르러 그곳의 대가 고백통皐伯通의
집에 의탁하여 처마 아래에 살게 되었다. 그는 남의 방아 찧는 품팔이를
하였다. 그가 집으로 돌아와 아내가 음식을 갖추어 올릴 때면 그 아내는
감히 양홍을 앞에서 쳐다보지 못하고, 그 밥상을 눈썹 높이까지 오려
바쳤다. 고백통이 이상히 여겨 이렇게 말하였다.
"저 머슴은 그 아내로 하여금 자신을 존경하기를 이와 같도록 하는 것을
보면 범상한 사람은 아닐 것이다."
이에 자신의 집에 살도록 하였다. 양홍은 바깥출입을 금한 채 문을 걸어
채우고 10여 편을 글을 저술하였으며 오나라에서 생을 마쳤다.

後漢, 梁鴻受業太學, 家貧尙節介, 博覽不爲章句. 歸鄕里, 勢家
慕其高節, 多欲女之, 鴻並不娶, 後娶孟氏. 隱霸陵山中, 以耕織
爲業, 詠詩書, 彈琴以自娛.

因東出關, 過京師, 作〈五噫之歌〉, 曰:『陟彼北芒兮, 噫! 顧覽帝
京兮, 噫! 宮室崔嵬兮, 噫! 人之劬勞兮, 噫!, 遼遼未央兮, 噫!』

肅宗聞而非之, 求鴻不得. 乃易姓名, 居齊魯之間, 遂至吳, 依大
家皐伯通居廡下, 爲人賃舂. 每歸妻爲具食, 不敢於鴻前仰, 擧案
齊眉.

伯通異之曰:「彼傭能使其妻敬之如此, 非凡人也.」

乃舍之於家. 鴻潛閉著書十餘篇, 卒於吳.

【梁鴻·孟氏】 '孟光荊釵'[115] 참조.

【執家】 '執'은 '勢'와 같음. 權勢家, 勢道家를 뜻함.

【五噫之歌】 '噫'는 감탄사. 다섯 개의 '희'자를 써서 백성들이 고통을 한탄한 노래.

【北芒】 '北邙'이라고도 쓰며 洛陽 북쪽에 있는 작은 산으로, 옛날부터 貴人이나 名士의 무덤이 많아 사람이 죽으면 묻히는 묘지를 뜻하는 말로 쓰임.

【未央宮】 漢나라 초기의 궁전. 옛터는 지금의 陝西省 西安市 西北 長安 故城의 서남쪽에 있음. 西漢 말에 戰禍를 입은 후, 東漢·隋·唐 각 朝代에 걸쳐 여러 차례 개축하였으나 唐末에 다시 훼손됨.

【肅宗】 章帝 劉炟. 후한의 제3대 황제. 明帝 劉莊의 아들. 76~88년까지 재위함.

【易姓名】 양홍은 성을 運期, 이름을 燿, 자를 侯光으로 바꾸었음.

【擧案齊眉】 밥상을 자신의 눈썹 높이까지 들어 올려 바침. 남편을 공경하는 마음이 깊음을 말한 것임.

참고 및 관련 자료

1.《後漢書》逸民傳 梁鴻

梁鴻字伯鸞, 扶風平陵人也. 父讓, 王莽時爲城門校尉, 封修遠伯, 使奉少昊後, 寓於北地而卒, 鴻時尙幼, 以遭亂世, 因卷席而葬. 後受業太學, 家貧而尙節介, 博覽無不通, 而不爲章句. 學畢, 乃牧豕於上林苑中. 曾誤遺火及它舍, 鴻乃尋訪燒者, 問所去失, 悉以豕償之. 其主猶以爲少. 鴻曰:「無它財, 願以身居作.」主人許之. 因爲執勤, 不懈朝夕. 鄰家耆老見鴻非恆人, 乃共責讓主人, 而稱鴻長者. 於是始敬異焉, 悉還其豕. 鴻不受而去, 歸鄕里. 勢家慕其高節, 多欲女之, 鴻並絶不娶, 同縣孟氏有女, 狀肥醜而黑, 力擧石臼, 擇對不嫁, 至年三十. 父母問其故, 女曰:「欲得賢如梁伯鸞者.」鴻聞而娉之. 女求作布衣·麻屨, 織作筐緝績之具. 及嫁, 始以裝飾入門. 七日而鴻不答. 妻乃跪牀下請曰:「竊聞夫子高義, 簡斥數婦, 妾亦偃蹇數婦矣. 今而見擇, 敢不請罪.」鴻曰:「吾欲裘褐之人, 可與俱隱深山者爾. 今乃衣綺縞, 傅粉墨, 豈鴻所願哉?」妻曰:「以觀夫子志耳. 妾自有隱居之服.」乃更爲椎髻, 著布衣, 操作而前. 鴻大喜曰:「此眞梁鴻妻也. 能奉我矣!」字之曰「德曜」, 名「孟光」. 居有頃, 妻曰:「常聞夫子欲隱居避患, 今何爲默默? 無乃欲低頭就之乎?」鴻曰:「諾.」乃共入霸陵山中, 以耕織爲業,

詠詩書, 彈琴以自娛. 仰慕前世高士, 而爲四皓以來二十四人作頌. 因東出關,
過京師, 作〈五噫之歌〉, 曰:『陟彼北芒兮, 噫! 顧覽帝京兮, 噫! 宮室崔嵬兮,
噫! 人之劬勞兮, 噫!, 遼遼未央兮, 噫!』肅宗聞而非之, 求鴻不得. 乃易姓運期,
名燿, 字侯光, 與妻子居齊魯之閒. 有頃, 又去適吳. 將行, 作詩曰:『…………』
遂至吳, 依大家皋伯通, 居廡下, 爲人賃舂. 每歸, 妻爲具食, 不敢於鴻前仰視,
舉案齊眉. 伯通察而異之, 曰:「彼傭能使其妻敬之如此, 非凡人也.」乃舍之於家.
鴻潛閉著書十餘篇. 疾且困, 告主人曰:「昔延陵季子葬於嬴博之閒, 不歸鄉里,
愼勿令我子持喪歸去.」及卒, 伯通等爲求葬地於吳要離冢傍. 咸曰:「要離烈士,
而伯鸞清高, 可令相近.」葬畢, 妻子歸扶風. 初, 鴻友人京兆高恢, 少好老子,
隱於華陰山中, 及鴻東游思恢, 作詩曰:『鳥嚶嚶兮友之期, 念高子兮僕懷思,
相念恢兮爰集茲.』二人遂不復相見. 恢亦高抗, 終身不仕.

2. 《高士傳》(下卷)

梁鴻字伯鸞, 扶風平陵人也. 遭亂世, 受業太學, 博覽, 不爲章句. 學畢, 乃牧豕
上林園中. 曾誤遺火延及他舍, 鴻乃尋訪燒者, 問其所去失, 悉以豕償之. 其主
猶爲少. 鴻又以身居作執勤不懈. 隣家耆老見鴻非恒人, 乃共責讓主人, 而稱
鴻長者. 於是始敬異焉, 悉還其豕, 鴻不受而去歸. 鄉里勢家, 慕其高節, 多欲
女之, 鴻並絶不娶. 同縣孟氏有女, 狀醜, 擇對不嫁. 父母問其故. 女曰:「欲得
賢如梁伯鸞者」鴻聞而聘之. 及嫁始以裝飾入門, 七日而鴻不答. 妻乃跪請, 鴻曰:
「吾欲裘褐之人, 可與俱隱深山者爾. 今乃衣綺縞傅粉墨, 豈鴻所願哉!」妻曰:
「以觀夫子之志耳. 妾自有隱居之服.」乃更爲椎髻著布衣操作而前, 鴻大喜曰:
「此眞梁鴻妻也. 能奉我矣!」字之曰'德曜'. 名'孟光'. 居有頃, 乃共入霸陵山中,
以耕織爲業. 詠詩書彈琴以自誤, 仰慕前世高士, 而爲四皓以來二十四人作頌.
因東出關過京師作'五噫之歌'. 肅宗求鴻不得, 乃易姓'運期', 名'燿', 字'侯光',
與妻子居齊魯之間. 有頃, 又去適吳, 居皋伯通廡下, 爲人賃舂. 每歸妻爲具食
舉案齊眉. 伯通察而異之. 乃方舍之於家. 鴻潛閉著書十餘篇. 疾且困, 告主人曰:
「昔延陵季子, 葬子於嬴博之間, 不歸鄉里, 愼勿令我子持喪歸去.」及卒伯通等
爲求葬地於吳要離冢傍.

3. 《列女傳》(續集)

梁鴻之妻, 右扶風梁伯淳之妻, 同郡孟氏之女也. 其姿貌甚醜, 而德行甚脩. 鄉里
多求者, 而女輒不肯, 行年三十, 父母問其所欲, 對曰:「欲節操如梁鴻者」時鴻
未娶, 扶風世家, 多願妻者, 亦不許. 聞孟氏女賢, 遂求納之. 孟氏盛飾入門, 七日
而禮不成. 妻跪問曰:「竊聞夫子高義, 斥數妻; 妾亦偃蹇數夫, 今來而見擇,

請問其故?」

鴻曰:「吾欲得衣裘褐之人, 與共遁世避時, 今若衣綺繡, 傅黛墨, 非鴻所願也.」

妻曰:「竊恐夫子不堪, 妾幸有隱居之具矣.」乃更粗衣椎髻而前, 鴻喜曰:「如此者誠鴻妻也.」字之曰德曜, 名孟光, 自名曰運期, 字俟光, 共遯逃霸陵山中. 此時王莽新敗之後也. 鴻與妻深隱耕耘, 織作以供衣食, 誦書彈琴, 忘富貴之樂. 後復相將至會稽, 賃舂爲事, 雖雜庸保之中, 妻每進食, 舉案齊眉, 不敢正視. 以禮脩身, 所在敬而慕之. 君子謂:「梁鴻妻好道安貧, 不汲汲於榮樂.」《論語》曰:『不義而富且貴, 於我如浮雲.』此之謂也.

4.《文選》(59)〈劉先生夫人墓誌〉注

梁鴻妻者, 同郡孟氏之女也. 德行甚脩. 鴻納之, 共逃遁霸陵山中. 後復相將至會稽, 賃舂爲事. 雖雜傭保之中, 妻每進食, 常舉案齊眉, 不敢正視. 以禮脩身, 所在敬而慕之. 復有令德, 一與之齊.

5.《幼學瓊林》

○ 不棄糟糠, 宋弘回光武之語; 舉案齊眉, 梁鴻配孟光之賢.

○ 孟光力大, 石臼可擎; 飛燕身輕, 掌上可舞.

○ 曹大家續完漢帙, 徐惠妃援筆成文, 此女之才者; 戴女之練裳竹笥, 孟光之荊釵裙布, 此女之貧者.

○ 梁鴻葬要離冢側, 死後芳鄰; 鄭泉殯陶宅舍傍, 生前宿願.

235. 蔡琰辯琴, 王粲覆棊

235-① 蔡琰辯琴
끊어진 거문고 줄을 알아낸 채염

후한後漢의 채염蔡琰은 자가 문희文姬이며 중랑장中郞將 채옹蔡邕의 딸이다. 박학하였으며, 재능과 말솜씨가 있었고, 음률音律에 지극히 묘하였다.

구주舊注에는 이렇게 말하였다.

채염이 나이 아홉일 때 아버지 채옹이 밤에 거문고를 연주하다가 그만 줄이 끊어지고 말았다. 그러자 채염이 이렇게 말하였다.

"두 번째 줄이 끊어졌습니다."

아버지 채옹은 이에 고의로 줄 하나를 끊고 물어 보았다. 채염은 이를 알아맞히고는 이렇게 대답하였다.

"네 번째 줄입니다."

채옹이 말하였다.

"우연히 맞춘 것이겠지."

그러자 채염은 말하였다.

"지난날 계찰季札은 그 나라의 풍속을 보고 나라의 존망을 알았으며, 사광師曠은 율律을 불어보고는 남풍南風은 매섭지 않음을 알았습니다. 이로써 헤아려 보건대 어찌 알 수 없다 하십니까?"

後漢, 蔡琰字文姬, 中郞將邕之女. 博學有才辯, 妙於音律.

舊注云: 琰年九歲時, 邕夜鼓琴, 絃絶.

琰曰:「第二絃.」

邕故絶一絃以問之.

琰曰:「第四絃.」

邕曰:「爾偶中耳.」

琰曰:「昔季札觀風知國之存亡, 師曠吹律, 識南風之不競. 以此推之, 何不知也?」

【蔡琰】 자는 文姬. 蔡邕의 딸이며 董祀의 아내. 문학과 음악에 뛰어났던 여인.

【中郞將邕】 蔡邕을 말함. 자는 伯喈(132~192). 박학하고 文學에도 뛰어났음. 漢나라 靈帝 때 楊賜 등과 六經의 문자를 확정하여 太學門 앞에 六經碑를 세움. 董卓에게 동조하여 中郞將이 되었으나 동탁이 패하자 그에 연좌되어 옥사함. 辭章과 音律, 書法 등에 모두 뛰어났으며 저술로 《獨斷》을 남김. 《後漢書》(60)에 전이 있음. '蔡邕倒屣'[151] 참조.

【季札】 延陵季子. 춘추시대 吳나라의 현명한 왕족.

【觀風】 계찰이 國風을 듣고 그 나라의 풍속을 알아냄.

【師曠】 춘추시대 晉 平公 때의 유명한 樂師.

【吹律】 고대 樂律의 음계를 조절하는 기구로써 대나무나 금속관으로 만들었으며 모두 12개. 그 구멍의 크기에 따라 음의 고도를 정하여 다른 악기의 음가를 정하는 것. 그 중 홀수 6개를 '律', 짝수 6개를 '呂'라 하며 이를 합하여 '율려'라 함. 이를 12달과 배합하여 《呂氏春秋》 音律에는 黃鐘, 大呂, 太簇, 夾鐘, 姑洗, 仲呂, 蕤賓, 林鐘, 夷則, 南呂, 無射, 應鐘이라 하였으며, 이에 따라 "仲冬日短至, 則生黃鐘; 季冬生大呂, 孟春生太簇, 仲春生夾鐘, 孟夏生仲呂, 仲夏日長至, 則生蕤賓, 季夏生林鐘, 孟秋生夷則, 仲秋生南呂, 季秋生無射, 孟冬生應鐘"이라 함. 한편 고대 동짓날 바람이 통하지 않는 밀실에서 갈대 껍질을 태운 재로 六律에 맞게 대롱을 책상에 올려놓은 다음 어느 율에 재가 흩날리는가를 보고 절기를 예측했다 함. 《漢書》 律曆志(上) 참조. 《幼學瓊林》에 "冬至到而葭灰飛, 立秋至而梧葉落"라 함.

【南風之不競】 師曠이 律을 불어보고 곧 봄이 올 것을 알아냄.

1. 《後漢書》列女傳(董祀妻)

陳留董祀妻者, 同郡蔡邕之女也, 名琰, 字文姬. 博學有才辯, 又妙於音律. 適河東衛仲道. 夫亡無子, 歸寧於家. 興平中, 天下喪亂, 文姬爲胡騎所獲, 沒於南匈奴左賢王, 在胡中十二年, 生二子. 曹操素與邕善, 痛其無嗣, 乃遣使者李金璧贖之, 而重嫁於祀.(하략)

2. 《後漢書》董祀妻 注에 인용된 劉昭의 《幼童傳》

邕夜鼓琴, 絃絶. 琰曰:「第二絃.」邕曰:「偶得之耳.」故斷一絃問之, 琰曰:「第四絃.」並不差謬.

3. 《左傳》襄公 29년

吳公子札來聘, 見叔孫穆子, 說之. 謂穆子曰:「子其不得死乎! 好善而不能擇人. 吾聞君子務在擇人. 吾子爲魯宗卿, 而任其大政, 不愼擧, 何以堪之? 禍必及子!」請觀於周樂. 使工爲之歌周南‧召南, 曰:「美哉! 始基之矣, 猶未也, 然勤而不怨矣.」爲之歌邶‧鄘‧衛, 曰:「美哉淵乎! 憂而不困者也. 吾聞衛康叔‧武公之德如是, 是其衛風乎!」爲之歌王, 曰:「美哉! 思而不懼, 其周之東乎!」爲之歌鄭, 曰:「美哉! 其細已甚, 民弗堪也. 是其先亡乎!」爲之歌齊, 曰:「美哉, 泱泱乎! 大風也哉! 表東海者, 其大公乎! 國未可量也」爲之歌豳, 曰:「美哉, 蕩乎! 樂而不淫, 其周公之東乎!」爲之歌秦, 曰:「此之謂夏聲. 夫能夏則大, 大之至也, 其周之舊乎!」爲之歌魏, 曰:「美哉, 渢渢乎! 大而婉, 險而易行, 以德輔此, 則明主也.」爲之歌唐, 曰:「思深哉! 其有陶唐氏之遺民乎! 不然, 何憂之遠也? 非令德之後, 誰能若是?」爲之歌陳, 曰:「國無主, 其能久乎!」自鄶以下無譏焉. 爲之歌小雅, 曰:「美哉! 思而不貳, 怨而不言, 其周德之衰乎? 猶有先王之遺民焉.」爲之歌大雅, 曰:「廣哉, 熙熙乎! 曲而有直體, 其文王之德乎!」爲之歌頌, 曰:「至矣哉! 直而不倨, 曲而不屈, 邇而不偪, 遠而不攜, 遷而不淫, 復而不厭, 哀而不愁, 樂而不荒, 用而不匱, 廣而不宣, 施而不費, 取而不貪, 處而不底, 行而不流. 五聲和, 八風平. 節有度, 守有序, 盛德之所同也」見舞象箾‧南籥者, 曰:「美哉! 猶有憾」見舞大武者, 曰:「美哉! 周之盛也, 其若此乎!」見舞韶濩者, 曰:「聖人之弘也, 而猶有慚德, 聖人之難也.」見舞大夏者, 曰:「美哉! 勤而不德, 非禹, 其誰能修之?」見舞韶箾者, 曰:「德至矣哉, 大矣! 如天之無不幬也, 如地之無不載也. 雖甚盛德, 其蔑以加於此矣, 觀止矣. 若有他樂, 吾不敢請已」其出聘也, 通嗣君也. 故遂聘于齊, 說晏平仲, 謂之曰:「子速納邑與政. 無邑無政, 乃免於難.

齊國之政將有所歸, 未獲所歸, 難未歇也.」故晏子因陳桓子以納政與邑, 是以免於欒·高之難. 聘於鄭, 見子産, 如舊相識. 與之縞帶, 子産獻紵衣焉. 謂子産曰:「鄭之執政侈, 難將至矣, 政必及子. 子爲政, 愼之以禮. 不然, 鄭國將敗.」適衛, 說蘧瑗·史狗·史鰌·公子荊·公叔發·公子朝, 曰:「衛多君子, 未有患也.」自衛如晉, 將宿於戚, 聞鐘聲焉, 曰:「異哉! 吾聞之也, 辯而不德, 必加於戮. 夫子獲罪於君以在此, 懼猶不足, 而又何樂? 夫子之在此也, 猶燕之巢于幕上. 君又在殯, 而可以樂乎?」遂去之. 文子聞之, 終身不聽琴瑟. 適晉, 說趙文子·韓宣子·魏獻子, 曰:「晉國其萃於三族乎!」說叔向. 將行, 謂叔向曰:「吾子勉之! 君侈而多良, 大夫皆富, 政將在家. 吾子好直, 必思自免於難.」

4.《左傳》襄公 18년

鄭子孔欲去諸大夫, 將叛晉而起楚師以去之. 使告子庚, 子庚弗許. 楚子聞之, 使楊豚尹宜告子庚曰:「國人謂不穀主社稷而不出師, 死不從禮. 不穀卽位, 於今五年, 師徒不出, 人其以不穀爲自逸而忘先君之業矣. 大夫圖之, 其若之何?」子庚嘆曰:「君王其謂午懷安乎! 吾以利社稷也.」見使者, 稽首而對曰:「諸侯方睦於晉, 臣請嘗之. 若可, 君而繼之. 不可, 收師而退, 可以無害, 君亦無辱.」子庚帥師治兵於汾. 於是子蟜·伯有·子張從鄭伯伐齊, 子孔·子展·子西守. 二子知子孔之謀, 完守入保. 子孔不敢會楚師. 楚師伐鄭, 次於魚陵. 右師城上棘, 遂涉潁. 次于旃然. 蔿子馮·公子格率銳師侵費滑·胥靡·獻于·雍梁, 右回梅山, 侵鄭東北, 至于蟲牢而反. 子庚門于純門, 信于城下而還. 涉於魚齒之下. 甚雨及之. 楚師多凍, 役徒幾盡. 晉人聞有楚師, 師曠曰:「不害. 吾驟歌北風, 又歌南風, 南風不競, 多死聲. 楚必無功」董叔曰:「天道多在西北. 南師不時, 必無功」叔向曰:「在其君之德也.」

235-② 王粲覆棊
바둑을 정확히 복기한 왕찬의 기억력

《위지魏志》에 실려 있다.

왕찬王粲은 여러 차례 시중侍中을 역임하였으며, 만물에 박식하고 아는 것이 많아 그 어떤 질문에도 대답하지 못하는 것이 없었다. 어떤 사람과 함께 길을 가다가 길가에 있는 비문을 읽게 되었다. 함께 가던 사람이 물었다.

"그대는 이 글을 암송할 수 있소?"

왕찬이 말하였다.

"얼마든지 할 수 있지요."

그리하여 돌아서서 외워보도록 하였더니 한 글자도 놓치지 않는 것이었다.

또 한 번은 다른 사람들이 두는 바둑을 구경하고 있었는데 바둑판이 흐트러지고 말았다. 왕찬은 이를 그대로 복원하였다. 바둑 두던 자가 믿을 수 없다며, 수건으로 바둑판을 가리고 그와 다른 바둑으로써 이를 복원시키도록 하고는 서로 비교해 보았더니, 한 수도 어긋남이 없는 것이었다. 그의 뛰어난 기억력과 암기력은 이와 같았던 것이다. 그는 셈법에도 뛰어나 산술算術에 관한 책을 지어 그 이론을 대략 모두 밝혀내었다. 그리고 문장에도 뛰어나 붓을 들었다하면 곧바로 완성하고 더 이상 고치지도 않았다. 당시 사람들은 그가 오랫동안 구상하여 이미 초안을 가지고 있었던 것이라 여겼지만 아무리 다시 생각하고 깊이 구상한다 해도 더 이상 보탤 수가 없는 것들이었다.

《전략典略》에는 이렇게 기록되어 있다.

"왕찬은 이미 재능이 높고 변론에 있어서도 임기응변에 능하였다. 종요鍾繇나 왕랑王朗 등이 비록 경상卿相의 높은 지위에 있었지만 조정朝廷의 주의奏議의 문장에 이르면 왕찬 앞에서는 모두가 붓을 꺾고 능히 손을 대지 못하였다."

《魏志》: 王粲累拜侍中. 博物多識, 問無不對. 與人共行, 讀道邊碑.

人問曰:「卿能闇誦乎?」

曰:「能.」

因使背而誦之, 不失一字. 觀人圍棋, 局壞, 粲爲覆之. 碁者不信, 以帊蓋局, 使更以他局爲之, 用相比校, 不誤一道. 其强記黙識如此.

性善算, 作算術, 略盡其理. 善屬文, 擧筆便成, 無所改定. 時人以爲宿構, 然正復精意覃思, 亦不能加也.

《典略》曰:「粲旣才高, 辯論應機. 鍾繇·王朗等, 雖爲卿相, 至於朝廷奏議, 皆閣筆不能措手.」

【王粲】 자는 仲宣(177~217). 어려서 蔡邕의 칭찬을 받아 17세에 司徒辟, 黃門侍郎을 지냈으며 西京에 난이 일어나자 荊州로 가서 劉表에게 의탁함. 그러나 유표는 왕찬이 못생긴 것을 두고 그를 중히 여기지 않았음. 왕찬은 유표의 아들 劉琮을 曹操에게 항복하도록 권하였으며 이로써 조조에게 발탁되어 丞相掾이 되었으며 關內侯에 봉해짐. 魏나라가 들어서자 왕찬은 나라의 제도와 문물을 제정하였으며 建安七子 중의 하나가 됨. 王弼의 조부이며 문장에도 뛰어나 60여 편의 글이 있으며 그 중 〈七哀詩〉와 〈登樓賦〉가 가장 유명함. 《三國志》(21)에 전이 있음. '仲宣獨步'[192] 및 '蔡邕倒屣'[151] 참조.

【覃思】 깊이 생각함.

【典略】 魏 文帝 曹丕가 지은 글. 그 중 〈論文〉은 문학 이론에 대한 평론으로 높이 평가를 받고 있음.

【鍾繇】 자는 元常(151~230). 潁川人. 《周易》과 《老子》 연구에 깊었으며, 大理 相國 太傅 벼슬을 지냄. 글씨로도 유명하여 唐 張彦遠의 《法書要錄》(8)과 張懷瓘의 《書斷》(中)에 그에 관한 기록이 전함. 《三國志》(13)에 전이 있음.

【王朗】 자는 景興(?~228). 삼국시대 위나라 사람으로 王肅의 아버지. 학문이 넓어 《易》·《春秋》·《孝經》·《周官》 등의 경서에 傳을 지음. 《三國志》(13)에 전이 있음.

【閣筆】 '각'은 '擱'과 같음. 글 쓰는 일을 중단함. 絶筆과 같음.

1. 《三國志》(21) 魏志 王粲傳

初, 粲與人共行, 讀道邊碑, 人問曰:「卿能闇誦乎?」曰:「能.」因使背而誦之, 不失一字. 觀人圍棋, 局壞, 粲爲覆之. 棊者不信, 以帊蓋局, 使更以他局爲之, 用相比校, 不誤一道. 其彊記默識如此. 性善算, 作算術, 略盡其理. 善屬文, 擧筆便成, 無所改定. 時人以爲宿構, 然正復精意覃思, 亦不能加也. 著詩賦論議垂六十篇. 建安二十一年, 從征吳. 二十二年春, 道病卒, 是年四十一.

236. 西門投巫, 何謙焚祀

236-① 西門投巫
무당을 하수에 던져 넣은 서문표

《사기史記》에 실려 있다.

위魏 문후文侯 때에 서문표西門豹가 업령鄴令이 되었다. 서문표가 임지에 닿아 백성들이 느끼는 고통을 물었다. 그러자 그곳 장로가 이렇게 말하였다.

"하백河伯이 아내를 맞이하는 미신이 있는데 이 때문에 가난에 떨어야 합니다. 이곳 풍속의 떠도는 말에 '하백에게 처녀를 바치지 아니하면 물이 넘쳐 백성들을 모두 익사시킨다'라고 합니다."

이에 서문표가 말하였다.

"그 행사를 치를 때가 되면 내게 알려주십시오. 나 역시 함께 신부를 보내드리는 행사에 참여하겠습니다."

그 날짜가 되자 서문표도 가서 하수河水가에 모였다. 그곳 삼로三老와 관리, 부호와 어른들, 마을의 늙은이들이 모두 모여들었다. 그리고 그 행사를 집전하는 무당은 나이가 든 여인으로 제자 여인들 10명이 뒤따랐고 이들은 모두가 비단옷 홑겹을 입은 채 큰무당의 뒤에 서 있었다. 서문표가 하백에게 시집가기로 선택된 처녀를 불러 살펴본 다음 이렇게 말하였다.

"이 여인은 예쁘게 생기지 않았군. 번거롭겠지만 큰무당께서 하백에게 가서 다시 예쁜 여자를 구해 오겠노라 보고해 주시오."

그리고 이졸吏卒로 하여금 큰무당 할멈을 잡아 하수에 던져 넣도록 하였다.

조금 시간이 흐르자 서문표가 말하였다.

"어찌 이리도 시간을 끄는가? 그렇다면 제자를 급히 보내어라."

그리하여 세 명 제자를 던져 넣었다.

그리고 다시 서문표가 말하였다.

"무녀가 여자이기 때문에 능히 일을 잘 보고드리지 못하는 것이로구나. 번거롭겠지만 삼로께서 우리를 위해 가서 보고해 주시오."

다시 삼로를 하수에 던져 넣었다.

그리고 서문표는 비녀대신 붓을 머리에 꽂고 허리를 굽혀 하수를 향하여 한참을 서 있었다. 그리고 다시 입을 열었다.

"삼로들도 아직 돌아오지 않고 있으니 이는 정연廷掾과 부호, 어른들 중 한 사람을 급히 들여보내도록 하라는 것이리라."

그러자 모두들 머리를 땅에 찧으며 피를 흘렸다.

서문표가 말하였다.

"상황을 보니 하백께서 그 손님들을 오래 붙잡아 둘 모양이다. 그대들은 모두 흩어져 돌아가는 것이 좋겠다."

관리와 백성들은 모두가 놀라 겁을 내었다. 이로부터 감히 하백에게 처녀를 보내 주어야 한다는 말을 누구도 감히 꺼내지 못하였다.

서문표는 백성을 징발하여 12개의 관개수로를 파고, 하수의 물을 끌어들여 백성의 논에 물을 대어 그 물의 이익으로 풍족한 부를 거두게 되었다. 서문표의 명성은 천하에 퍼졌으며 그 혜택은 후세까지 전해지게 되었다.

《史記》: 魏文侯時, 西門豹爲鄴令. 豹到問民所病苦.

長老曰:「苦爲河伯娶婦, 以故貧. 俗語『不爲娶婦, 水來漂溺人民.』」

豹曰:「至時幸來告, 吾亦往送女.」

至其時, 豹往會河上. 三老·官屬·豪長者·里父老皆會. 其巫老女子後弟子女十人, 皆衣繒單衣, 立大巫後.

豹呼河伯婦, 視之曰:「是女不好. 煩大巫嫗, 爲報河伯, 更求好女.」

使吏卒拘大巫嫗投之河中, 有頃曰:「何久也? 弟子趣之.」

凡投三弟子, 豹曰:「巫嫗女子, 不能白事. 煩三老, 爲人白之.」

復投三老河中, 豹簪筆磬折, 嚮河立良久.

又曰:「三老不還. 欲使廷掾與豪長者, 一人入趣之.」

皆叩頭血流, 豹曰:「狀河伯留客之久, 若皆罷去.」

吏民大驚恐. 從是不敢復言河伯娶婦.

豹卽發民鑿十二渠, 引河水灌民田, 皆得水利, 民人足富. 豹名聞天下, 澤流後世.

【魏文侯】戰國時代 魏나라의 영명한 君主. 재위 50년(B.C.445~396).

【西門豹】전국시대 魏 文侯 때의 미신을 타파하고 관개수로를 개척한 뛰어난 행정가. 《史記》 滑稽傳 참조.

【河伯】水神. 이름은 馮夷. 원래 華陰 사람으로 하수에 빠져 죽자 天帝가 河伯에 명했다고 함. 《博物志》(권7)에 "馮夷, 華陰潼鄕人也, 得道成水仙, 是爲河伯. 豈道同哉? 仙人乘龍虎, 水神乘魚龍. 其行恍惚, 萬里如室"이라 하였으며, 《搜神記》卷四에는 "宋時, 弘農馮夷, 華陰潼鄕堤首人也. 以八月上庚日渡河, 溺死. 天帝署爲河伯"이라 함.

【三老】중국 고대부터 鄕, 縣 등에 경험과 학식이 있는 노인을 지정하여 이들로 하여금 그 고을의 교화를 담당하게 했던 직책(명예직). 《漢書》 高帝紀(上)에 "擧民年五十以上, 有修行, 能帥衆爲善, 置爲三老, 鄕一人. 擇鄕三老一人爲縣三老"라 함.

【磬折】'磬'은 악기로 한가운데가 굽은 모습으로 되어 있음. 구부러진 모양으로 허리를 굽혀 절함을 뜻함.

참고 및 관련 자료

1. 《史記》 滑稽傳

魏文侯時, 西門豹爲鄴令. 豹往到鄴, 會長老, 問之民所疾苦. 長老曰:「苦爲河伯娶婦, 以故貧.」豹問其故, 對曰:「鄴三老·廷掾常歲賦斂百姓, 收取其錢得數百萬, 用其二三十萬爲河伯娶婦, 與祝巫共分其餘錢持歸. 當其時, 巫行視小家女好者, 云是當爲河伯婦, 卽娉取. 洗沐之, 爲治新繒綺縠衣, 閒居齋戒; 爲治齋宮河上, 張緹絳帷, 女居其中. 爲具牛酒飯食, (行)十餘日. 共粉飾之, 如嫁女

床席, 令女居其上, 浮之河中. 始浮, 行數十里乃沒. 其人家有好女者, 恐大巫祝
爲河伯取之, 以故多持女遠逃亡. 以故城中益空無人, 又困貧, 所從來久遠矣.
民人俗語曰『卽不爲河伯娶婦, 水來漂沒, 溺其人民』云.」西門豹曰:「至爲河伯
娶婦時, 願三老·巫祝·父老送女河上, 幸來告語之, 吾亦往送女.」皆曰:「諾.」
至其時, 西門豹往會之河上. 三老·官屬·豪長者·里父老皆會, 以人民往觀之者
三二千人. 其巫, 老女子也, 已年七十. 從弟子女十人所, 皆衣繒單衣, 立大巫後.
西門豹曰:「呼河伯婦來, 視其好醜.」卽將女出帷中, 來至前. 豹視之, 顧謂三老·
巫祝·父老曰:「是女子不好, 煩大巫嫗爲入報河伯, 得更求好女, 後日送之.」
卽使使卒共抱大巫嫗投之河中. 有頃, 曰:「巫嫗何久也? 弟子趣之!」復以弟子
一人投河中. 有頃, 曰:「弟子何久也? 復使一人趣之!」復投一弟子河中. 凡投
三弟子. 西門豹曰:「巫嫗弟子是女子也, 不能白事, 煩三老爲入白之.」復投
三老河中. 西門豹簪筆磬折, 嚮河立待良久. 長老·吏傍觀者皆驚恐. 西門豹顧曰:
「巫嫗·三老不來還, 柰之何?」欲復使廷掾與豪長者一人入趣之. 皆叩頭, 叩頭
且破, 額血流地, 色如死灰. 西門豹曰:「諾, 且留待之須臾.」須臾, 豹曰:「廷掾
起矣. 狀河伯留客之久, 若皆罷去歸矣.」鄴吏民大驚恐, 從是以後, 不敢復言爲
河伯娶婦. 西門豹卽發民鑿十二渠, 引河水灌民田, 田皆溉. 當其時, 民治渠少
煩苦, 不欲也. 豹曰:「民可以樂成, 不可與慮始. 今父老子弟雖患苦我, 然百歲
後期令父老子孫思我言」至今皆得水利, 民人以給足富. 十二渠經絕馳道, 到漢
之立, 而長吏以爲十二渠橋絕馳道, 相比近, 不可. 欲合渠水, 且至馳道合三渠爲
一橋. 鄴民人父老不肯聽長吏, 以爲西門君所爲也, 賢君之法式不可更也. 長吏終
聽置之. 故西門豹爲鄴令, 名聞天下, 澤流後世, 無絕已時, 幾可謂非賢大夫哉!
傳曰:「子產治鄭, 民不能欺; 子賤治單父, 民不忍欺; 西門豹治鄴, 民不敢欺.」
三子之才能誰最賢哉? 辨治者當能別之.

236-② 何謙焚祀
사당을 불 질러버린 하겸

《진서晉書》에 실려 있다.

하겸何謙은 자가 자공子恭이며 동해東海 사람이다. 사현謝玄을 따라 정벌에 나서면서 무예와 용맹을 갖추었고 권모와 지략이 뛰어났다.

구주舊注에는 하겸은 신사神祠를 두려워하지 않았으며, 매번 영험하다는 사당을 만나면 모두 불을 질러 버렸다고 하였다.

《晉書》: 何謙字子恭, 東海人. 從謝玄征伐, 驍果多權略.

舊注云: 謙不畏神祠. 遇有靈廟, 皆焚之.

【何謙】 진나라 때 미신을 배척하였던 인물. 자는 子恭.《晉書》謝玄傳에 함께 실려 있음.

【謝玄】 자는 幼度(343~388). 어릴 때의 자는 遏(羯). 謝奕의 아들이며 謝靈運의 조부. 謝安의 조카. 徐州刺史로서 謝石, 謝琰 등과 肥水(淝水)에서 苻堅을 대파함. 그로 인해 康樂侯公에 봉해졌으며, 죽은 뒤 車騎將軍으로 추증됨.《晉書》(79)에 전이 있음.

┌─────────────────────┐
│ 참고 및 관련 자료 │
└─────────────────────┘

1.《晉書》(79) 謝玄傳

時苻堅遣軍圍襄陽, 車騎將軍桓沖御之. 詔玄發三州人丁, 遣彭城內史何謙游軍淮泗, 以爲形援.

237. 孟嘗還珠, 劉昆反火

237-① 孟嘗還珠
진주를 되돌아오게 한 맹상

후한後漢의 맹상孟嘗은 자가 백주伯周이며 회계會稽 상우上虞 사람이다. 합포태수合浦太守가 되었는데, 그 군에서는 곡식이 생산되지 않았지만, 대신 바다에서 진주와 같은 보물이 출산되었다. 교지交阯와 경계를 맞대어 늘 장사꾼들이 왕래하며 이를 팔아 식량을 사와 조달하였다.

그러나 그보다 앞서 그곳의 군재郡宰나 태수를 역임하였던 이들은 거의가 탐욕을 부리거나 때묻은 짓을 하며, 진주를 채취하도록 속이고 닦달하여 기강도 끝도 없었다. 그러자 진주들은 점점 교지군의 경계 쪽으로 옮겨갔고 그 고을을 찾아오던 사람들도 발길을 끊게 되었다. 그리하여 사람과 물자가 교역을 멈추어 가난한 자는 길에서 굶어죽는 지경에 이르고 말았다.

맹상이 그때 그곳에 부임하자, 전날의 폐해를 혁신하여 백성에게 해가 되는 것과 이익이 되는 것을 찾아주었다. 그러자 한 해가 지나기도 전에 떠났던 진주가 다시 찾아왔으며, 백성들도 모두가 생업을 되찾게 되었고 상품과 화물이 유통되었다. 그리하여 사람들은 그가 신령스럽고 밝은 덕을 이루었다고 칭송하였다.

조정에서 그를 불러 돌아가게 되자, 그곳 관리와 백성들은 수레에 올라 유임해 주기를 청원하여 할 수 없이 밤에 몰래 그곳을 떠나야 했다.

뒤에 그는 은둔하여 스스로 농사지으며 살았다. 그러자 인근 현縣의 선비와 백성들이 그의 덕을 사모하여 그곳을 찾아와 머물며 살겠다는 이들이 백여 호나 되었다.

後漢, 孟嘗字伯周, 會稽上虞人. 遷合浦太守, 郡不産穀實, 而海
出珠寶. 與交阯比境, 常通商販, 貿糴粮食. 先時宰守, 並多貪穢,
詭人採求, 不知紀極. 珠漸徙於交阯郡界, 行旅不至, 人物無資,
貧者餓死於道.

嘗到官, 革易前弊, 求民病利. 未踰歲, 去珠復還, 百姓皆反業,
商貨流通. 稱爲神明. 徵還, 吏民攀車請之, 乃夜遁去. 隱處自耕.
隣縣士民, 慕德就居止者, 百餘家.

【孟嘗】 후한 때 인물로 자는 伯周. 合浦太守를 지내며 선정을 베풀었음.
《後漢書》循吏傳에 실려 있음.
【交阯】 交趾. 지금의 베트남.
【貿糴】 '貿'는 물건을 바꾸는 것. '糴'은 곡식을 사들이는 것.
【宰守】 관리.

1. 《後漢書》 循吏傳 孟嘗

孟嘗字伯周, 會稽上虞人也. 其先三世爲郡吏, 並伏節死難. 嘗少脩操行, 仕郡
爲戶曹史. 上虞有寡婦至孝養姑. 姑年老壽終, 夫女弟先懷嫌忌, 乃誣婦厭苦
供養, 加鴆其母, 列訟縣庭, 郡不加尋察, 遂結竟其罪. 嘗先知枉狀, 備言之於
太守, 太守不爲理. 嘗哀泣外門, 因謝病去, 婦竟冤死. 自是郡中連旱二年, 禱請
無所獲. 後太守殷丹到官, 訪問其故, 嘗詣府具陳寡婦冤誣之事, 因曰:「昔東
海孝婦, 感天致旱, 于公一言, 甘澤時降. 宜戮訟者, 以謝冤魂, 庶幽枉獲申, 時雨
可期.」丹從之, 卽刑訟女而祭婦墓, 天應澍雨, 穀嫁以登. 嘗後策孝廉, 擧茂才,
拜徐令. 州郡表其能, 遷合浦太守, 郡不産穀實, 而海出珠寶. 與交阯比境, 常通
商販, 貿糴糧食. 先時宰守, 並多貪穢, 詭人採求, 不知紀極. 珠遂漸徙於交阯
郡界. 於是行旅不至, 人物無資, 貧者餓死於道. 嘗到官, 革易前敝, 求民病利.
曾未踰歲, 去珠復還, 百姓皆反其業, 商貨流通. 稱爲神明. 以病自上, 被徵當還,

吏民攀車請之, 嘗旣不得進, 乃載鄕民船夜遁去. 隱處躬澤, 身自耕傭, 隣縣士民
慕旣德, 就居止者百餘家. 桓帝時, 尙書同郡楊喬上書薦嘗曰:「……」嘗竟不
見用, 年七十, 卒于家.

237-② 劉昆反火
화재를 물리친 유곤

후한後漢의 유곤劉昆은 자가 환공桓公이며 진류陳留 동혼東昏 사람이다.
건무建武 초년에 강릉령江陵令이 되었다. 그때 마침 그 현에 연이어 화재가
발생하는 것이었다. 이에 유곤이 곧바로 불나는 곳을 향하여 머리를 조아
리면 흔히 비가 내리고 바람이 멎었다. 점차 자리를 옮겨 홍농태수弘農
太守가 되었다.

이에 앞서 효산崤山과 맹지澠池 사이의 역도驛道에 호환虎災이 많아
여행객들의 통행이 끊어지고 말았다. 유곤이 그곳을 다스리기 3년, 인풍
仁風이 크게 행해지자 호랑이들은 모두가 새끼를 업고 하수河水를 건너
사라지는 것이었다. 황제가 기이하게 여겨 그를 불러 광록훈光祿勳으로
삼고, 조서를 내려 유공에게 이렇게 물었다.

"지난날 강릉에서 바람을 되돌려 화재를 진압하였고, 뒤에 홍농태수를
역임할 때는 호랑이가 북쪽으로 하수를 건너갔다 하였는데 어떠한 덕정을
베풀었기에 그러한 일이 일어난 것이오?"

그러자 유곤은 이렇게 대답하였다.

"우연일 뿐입니다!"

　좌우는 모두 그의 이러한 질박함과 목눌함을 두고 한바탕 웃었다. 황제는 이렇게 감탄하였다.

"이것이 바로 어른 된 자의 말이로다."

　그리고 이를 책策에 기록하도록 명하였다.

　後漢, 劉昆字桓公, 陳留東昏人.

　建武初, 除江陵令. 時縣連年火災, 昆輒向火叩頭, 多能降雨止風, 稍遷弘農太守.

　先是崤黽驛道多虎災, 行旅不通. 昆爲政三年, 仁風大行, 虎皆負子渡河.

　帝異之徵爲光祿勳, 詔問:「昆前在江陵反風滅火, 後守弘農, 虎北渡河. 行何德政而致是事?」

　昆對曰:「偶然耳!」

　左右笑其質訥.

　帝歎曰:「此乃長者之言也.」

　命書諸策.

【劉昆】 후한 초기의 인물로 자는 桓公. 江陵令을 지내며 인정을 베풀었던 고사로 유명함.《後漢書》儒林傳에 실려 있음.

【建武】 東漢 光武帝 劉秀의 첫 연호. A.D.25~55년까지 31년간.

【反風】 바람을 되돌려 불이 번지지 않게 함.

<table><tr><td>참고 및 관련 자료</td></tr></table>

1.《後漢書》儒林傳(上) 劉昆

劉昆字桓公, 陳留東昏人, 梁孝王之胤也. 少習容禮. 平帝時, 受《施氏易》於沛人戴賓. 能彈雅琴, 知淸角之操. 王莽世, 敎授弟子恆五百餘人. 每春秋饗射,

常備列典儀, 以素木瓠葉爲俎豆, 桑弧蒿矢, 以射菟首. 每有行禮, 縣宰輒率吏
屬而觀之. 王莽而昆多聚徒衆, 私行大禮, 有僭上心, 乃繫昆及家屬於外黃獄.
尋莽敗得免. 旣而天下大亂, 昆避難河南負犢山中. 建武五年, 舉孝廉, 不行,
教授於江陵. 光武聞之, 卽除爲江陵令. 時縣連年火灾, 昆輒向火叩頭, 多能降
雨止風, 徵拜議郎, 稍遷侍中·弘農太守. 先是崤黽驛道多虎宰, 行旅不通. 昆爲
政三年, 仁風大行, 虎皆負子渡河. 帝聞而異之. 二十二年, 徵代杜林爲光祿勳,
詔問昆曰:「前在江陵, 反風滅火, 後守弘農, 虎北渡河. 行何德政而致是事?」
昆對曰:「偶然耳!」左右皆笑其質訥. 帝歎曰:「此乃長者之言也.」顧命書諸策.
乃令入授皇太子及諸王小侯五十餘人. 二十七年, 拜騎都尉. 三十年, 以老乞骸骨,
詔賜洛陽第舍, 以二千石祿終其身. 中元二年卒. 子軼, 字君文, 傳昆業, 門徒
亦盛. 永平中, 爲太子中庶子. 建初中, 稍遷宗正, 卒官, 遂世掌宗正焉.

2.《十八史略》(3)

劉昆爲令江陵, 有火, 叩頭向之, 反風滅火. 後守弘農, 虎北渡河, 上問:「行何
德政而至是?」昆曰:「偶然耳.」上曰:「長者之言也.」命書之策.

3.《幼學瓊林》(204)

劉昆宰江陵, 昔日反風滅火; 龔遂守渤海, 令民賣刀買牛.

238. 姜肱共被, 孔融讓果

238-① 姜肱共被
한 이불을 덮고 잔 강굉 가족

후한後漢의 강굉姜肱은 자가 백회伯淮이며 팽성彭城 광척廣戚 사람이다. 아우 중회仲海, 계강季江과 함께 효행으로 이름이 났었다. 그러면서 형제 간의 우애는 하늘이 내린 것이었으며, 항상 함께 자고 함께 일어날 정도로 붙어살았다. 강굉은 오경五經에 박통하였고 아울러 천문의 성위星緯에 대해서도 밝았다. 그리하여 선비들로서 그에게 찾아와 배우는 자가 3천여 명에 이르렀다. 두 아우의 명성은 그 다음이었다. 이들 셋은 모두 조정의 부름이나 초빙에 응하지 않았다. 강굉이 한번은 막내 계강과 밤길을 가다가 도적을 만났는데, 그 중 하나를 죽이고자 하였다. 형제가 서로 대신 죽겠다고 다투자 도적도 결국 둘 모두를 풀어주고 말았다.

환제桓帝가 불러도 오지 않자 화공畫工으로 하여금 그의 형상을 그려 오도록 하였다. 그러자 강굉은 이불을 뒤집어쓰고 얼굴을 감추어 끝내 그 얼굴을 드러내지 않았다. 뒤에 그는 은둔하여 멀리 배를 타고 바닷가에 숨어살면서 점치는 일로써 밥벌이를 하였다. 그가 돌아와 집에서 생을 마치자 제자 유조劉操가 그의 덕을 찬양하여 글을 지었다.

사승謝承의 《후한서後漢書》에는 이렇게 실려 있다.

"강굉은 성품이 독실하고 효성스러워 계모를 섬겼다. 계모는 나이가 어린데다가 엄하고 지독하였다. 강굉은 이에 〈개풍凱風〉에 감동하여 그래도 효성을 다하였다. 형제들은 한 이불을 덮고 자면서 자신들 아내의 침실에 들어가지 않아 계모의 마음을 위로하였다."

後漢, 姜肱字伯淮, 彭城廣戚人. 與弟仲海·季江俱以孝行著聞.
其友愛天至, 常共臥起. 肱博通五經, 兼明星緯. 士之就學者三千
餘人, 二弟名聲相次, 皆不應徵聘. 肱嘗與季江夜遇盜, 欲殺之.
兄弟更相爭死, 遂兩釋焉.

桓帝徵不至, 使畫工圖其形狀. 肱臥以被韜面, 竟不得見之.

後隱遯, 遠浮海濱竄伏, 賣卜給食. 還卒於家, 弟子劉操頌德.

謝承《書》曰:「肱性篤孝, 事繼母, 年少嚴屬, 肱感凱風之孝. 兄弟
同被而寢, 不入房室, 以慰母心.」

【姜肱】 후한 때 인물로 자는 伯淮. 형제간의 우애와 계모에 대한 효성으로
이름을 날렸음.《後漢書》에 실려 있음.
【五經】 儒家의 경전. 漢나라 때는《易》,《詩》,《書》,《禮》,《春秋》를 오경으로
삼았음.
【桓帝】 東漢 제11대 황제. 劉志. 劉翼의 아들이며 147~167년 재위함.
【劉操】 강굉의 제자 이름.
【凱風之孝】《詩經》邶風 凱風篇에서 노래한 효성.
【不入房室】 계모의 마음을 자극하지 않으려고 자신들의 아내 방으로 들어
가지 않은 것임.

참고 및 관련 자료

1.《後漢書》姜肱

姜肱字伯淮, 彭城廣戚人也. 家世名族. 肱與二弟仲海·季江, 俱以孝行著聞.
其友愛天至, 常共臥起. 及各娶妻, 兄弟相戀, 不能別寢, 以係嗣當立, 乃遞往
就室. 肱博通《五經》, 兼明星緯, 士之遠來就學者三千餘人. 諸公爭加辟命, 皆
不就. 二弟名聲相次, 亦不應徵聘, 時人慕之. 肱嘗與季江謁郡, 夜於道遇盜,
欲殺之. 肱兄弟更相爭死, 賊遂兩釋焉, 但掠奪衣資而已. 既至郡中, 見肱無衣服,
怪問其故, 肱託以它辭, 終不言盜. 盜聞而感悔, 後乃就精廬, 求見徵君. 肱與

相見, 皆叩頭謝罪, 而還所略物. 肱不受, 勞以酒食而遣之. 後與徐稺俱徵, 不至.
桓帝乃下彭城使畫工圖其形狀. 肱臥於幽闇, 以被韜面, 言患眩疾, 不欲出風.
工竟不得見之. 中常侍曹節等專執朝事, 新誅太傅陳蕃·大將軍竇武, 欲借寵賢德,
以釋衆望, 乃白徵肱爲太守. 肱得詔, 乃私告其友曰:「吾以虛獲實, 遂藉聲價.
明明在上, 猶當固其本志, 況今政在閹豎, 夫何爲哉!」乃隱身遁命, 遠浮海濱.
再以玄纁聘, 不就. 卽拜太中大夫, 詔書至門, 肱使家人對云「久病就醫」. 遂羸服
間行, 竄伏靑州界中, 賣卜給食. 召命得斷, 家亦不知其處, 歷年乃還. 年七十七,
熹平二年終于家. 弟子陳留劉操追慕肱德, 共刊石頌之.

2.《十八史略》(3)

肱彭城人, 與二弟仲海·季江俱孝友, 常共被. 嘗遇盜. 兄弟爭死. 盜兩釋之.
稺肱被徵. 皆不至.

3.《詩經》邶風 凱風

凱風自南, 吹彼棘心. 棘心夭夭, 母氏劬勞. 凱風自南, 吹彼棘薪. 母氏聖善, 我無
令人. 爰有寒泉, 在浚之下. 有子七人, 母氏劬勞. 睍睆黃鳥, 載好其音. 有子七人,
莫慰母心.

238-② 孔融讓果
배를 형에게 양보한 공융

　　후한後漢의 공융孔融은 자가 문거文擧이며 노국魯國 사람으로 공자孔子의
20세손이었다. 어려서부터 기이한 재능이 있었다. 열 살 때 아버지를 따라
수도로 갔을 때 당시 하남윤河南尹 이응李膺은 간오하고 신중하여 마구
선비를 만나는 일이 없었다. 따라서 당세의 명인이거나 그와 집안끼리
관련이 있는 사람이 아니면 누구도 그를 찾아가 면담을 요청할 수가
없었다. 이에 공융이 그의 문에 이르러 이렇게 말하였다.

"나와 이군과는 집안끼리 통하는 자제이다."

문지기가 이를 알리자 이응이 공융을 들어오도록 청하며 물었다.

"고명高明하신 그대의 조부는 일찍이 저희에게 무슨 묵은 은혜를 베푸신 것이 있습니까?"

공융이 말하였다.

"그렇습니다. 저의 선군이신 공자孔子와 그대 이씨 집안의 이이李耳 노군(老君, 老子)께서는 덕이 같고 의가 견줄만하다 하여 서로 스승과 친구가 되셨었습니다. 그렇다면 저 공융과 그대는 수많은 세대를 두고 서로 통교가 있는 집안입니다."

앉았던 많은 이들이 감탄하며 숨을 죽였다. 이때 태중대부太中大夫 진위陳煒가 뒤늦게 들어와 이를 보고 말하였다.

"무릇 어린아이일 때 총명하다고 해서 어른이 되어 반드시 똑똑하란 법은 없지."

그러자 공융이 즉시 되받았다.

"그대의 말씀을 듣고 보니 그대는 일찍 총명하지 않으셨습니까?"

이응은 크게 웃으며 공융에게 이렇게 말하였다.

"고명하신 그대는 틀림없이 위대한 그릇이 될 것입니다."

〈융가전融家傳〉에는 이렇게 실려 있다.

"공융은 형제가 일곱이었는데 공융은 그 중 여섯째였다. 네 살 때 매번 형들과 함께 배를 먹을 때면 문득 가장 작은 것을 집는 것이었다. 어떤 사람이 그 이유를 묻자 그는 이렇게 대답하는 것이었다.

"나는 작은 아이입니다. 법으로 보아 의당 작은 것을 먹어야지요."

이로써 종족들이 모두 기특하게 여겼다.

後漢, 孔融字文擧, 魯國人, 孔子二十世孫. 幼有異才, 十歲隨父詣京師. 時河南尹李膺, 簡重不妄接士. 自非當世名人及與通家, 皆不得白.

融造門曰:「我是李君通家子弟.」

門者言之, 膺請融問曰:「高明祖父嘗與僕有舊恩乎?」

融曰:「然. 先君孔子與李老君, 同德比義而相師友, 則融與君累世通家.」

衆坐歎息. 太中大夫陳煒後至, 曰:「夫人小而聰了, 大未必奇.」

融曰:「觀君所言, 將不早慧乎?」

膺大笑曰:「高明必爲偉器.」

〈融家傳〉曰: 兄弟七人, 融第六. 四歲時, 每與諸兄共食梨, 輒引小者.

人問其故, 答曰:「我小兒. 法當取小者.」

由是宗族奇之.

【孔融】자는 文擧(153~208). 建安七子 중의 하나. 東漢 魯國人. 孔子의 20세손. 문장에 능하였고 기지가 있었음. 뒤에 曹操의 미움을 받아 가족이 모두 피살됨. 아버지 孔宙는 泰山都尉를 지냄. 《後漢書》(70)에 전이 있음. '孔融坐滿' [248] 참조.

【李膺】字는 元禮(110~169). 인물 품평에 가장 뛰어났던 사람. 孔融과의 '小時了了', 그리고 본장의 '登龍門' 등의 고사를 남김. 뒤에 당쟁의 얽혀 자결함. 《後漢書》(67)에 전이 있음. '元禮模楷'[063] 및 '李郭仙舟'[050] 참조.

【相師友】孔子가 老子에게 禮에 대해서 물었던 일화는 《史記》 老子傳과 《孔子家語》에 기록되어 있음.

【陳煒】李膺의 문인이며 당시 太中大夫였음.

【梨】〈四庫全書〉本에는 '梨棗'로 되어 있음.

참고 및 관련 자료

1. 《後漢書》孔融傳

孔融字文擧, 魯國人, 孔子二十世孫也. 七世祖霸, 爲元帝師, 位至侍中. 父宙, 太山都尉. 融幼有異才. 年十歲, 隨父詣京師. 時河南尹李膺以簡重自居, 不妄接士賓客, 勅外自非當世名人及與通家, 皆不得白. 融欲觀其人, 故造膺門.

語門者曰:「我是李君通家子弟.」門者言之. 膺請融, 問曰:「高明祖父嘗與僕有恩舊乎?」融曰:「然. 先君孔子與君先人李老君同德比義, 而相師友, 則融與君累世通家.」衆坐莫不歎息. 太中大夫陳煒後至, 坐中以告煒. 煒曰:「夫人小而聰了, 大未必奇.」融應聲曰:「觀君所言, 將不早惠乎?」膺大笑曰:「高明必爲偉器」年十三, 喪父, 哀悴過毀, 扶而後起, 州里歸其孝. 性好學, 博涉多該覽. 山陽張儉爲中常侍侯覽所怨, 覽爲刊章下州郡, 以名捕儉. 儉與融兄褒有舊, 亡抵於褒, 不遇. 時融年十六, 儉少之而不告. 融見其有窘色, 謂曰:「兄雖在外, 吾獨不能爲君主邪?」因留舍之. 後事泄, 國相以下, 密就掩捕, 儉得脫走, 遂幷收褒·融送獄. 二人未知所坐. 融曰:「保納舍藏者, 融也, 當坐之.」褒曰:「彼來求我, 非弟之過, 請甘其罪.」吏問其母, 母曰;「家事任長, 妾當其辜.」一門爭死, 郡縣疑不能決, 乃上讞之. 詔書竟坐褒焉. 融由是顯名, 與平原陶丘洪·陳留邊讓齊聲稱. 州郡禮命, 皆不就. 辟司徒楊賜府. 時隱覈官僚之貪濁者, 將加貶黜, 融多舉中官親族. 尚書畏迫內寵, 乃掾屬詰責之. 融陳對罪惡, 言無阿撓. 河南尹何進當遷爲大將軍, 楊賜遣融奉謁賀進, 不時通, 融卽奪謁還府, 投劾而去. 河南官屬恥之, 私遣劍客欲追殺融. 客有言於進曰:「孔文舉有重名, 將軍若造怨此人, 則四方之士引領而去矣. 不如因而禮之, 可以示廣於天下.」進然之, 旣拜而辟融, 舉高第, 爲侍御史. 與中丞趙舍不同, 託病歸家. 後辟司空掾, 拜中軍候. 在職三日, 遷虎賁中郎將. 會董卓廢立, 融每因對荅, 輒有匡正之言. 以忤卓旨, 轉爲議郎. 時黃巾寇數州, 而北海最爲賊衝, 卓乃諷三府同舉融爲北海相. 融到郡, 收合士民, 起兵講武, 馳檄飛翰, 引謀州郡. 賊張饒等羣輩二十萬衆從冀州還, 融逆擊, 爲饒所敗, 乃收散兵保朱虛縣. 稍復鳩集吏民爲黃巾所誤者男女四萬餘人, 更置城邑, 立學校, 表顯儒術, 薦舉賢良鄭玄·彭璆·邴原等. 郡人甄子然·臨孝存知名早卒, 融恨不及之, 乃命配食縣社. 其餘雖一介之善, 莫不加禮焉. 郡人無後及四方游士有死亡者, 皆爲棺具而斂葬之. 時黃巾復來侵暴, 融乃出屯都昌, 爲賊管亥所圍. 融逼急, 乃遣東萊太史慈求救於平原相劉備. 備驚曰:「孔北海乃復知天下有劉備邪?」卽遣兵三千救之, 賊乃散走. 時袁·曹方盛, 而融無所協附. 左丞祖者, 稱有意謀, 勸融有所結納. 融知紹·操終圖漢室, 不欲與同, 故怒而殺之. 融負其高氣, 志在靖難, 而才疎意廣, 迄無成功. 在郡六年, 劉備表領青州刺史. 建安元年, 爲袁譚所攻, 自春至夏, 戰士所餘裁數百人, 流矢雨集, 戈矛內接. 融隱几讀書, 談笑自若. 城夜陷, 乃奔東山, 妻子爲譚所虜. 及獻帝都許, 徵融爲將作大匠, 遷少府. 每朝會訪對, 融輒引正定議, 公卿大夫皆隸名而已. 初, 太傅馬日磾奉使山東, 及至淮南, 數有意於袁術. 術輕侮之,

遂奪取其節, 求去又不聽, 因欲逼爲軍帥. 日磾深自恨, 遂嘔血而斃. 及喪還,
朝廷議欲加禮. 融乃獨議曰:「日磾以上公之尊, 秉髦節之使, 銜命直指, 寧輯
束夏, 而曲媚姦臣, 爲所牽率, 章表署用, 輒使首名, 附下罔上, 姦以事君. 昔國佐
當晉軍而不撓, 宜僚臨白刃而正色. 王室大臣, 豈得以見脅爲辭! 又袁術僭逆,
非一朝一夕, 日磾隨從, 周旋歷歲.《漢律》與罪人交關三日已上, 皆應知情.
《春秋》魯叔孫得臣卒, 以不發揚襄仲之罪, 貶不書日. 鄭人討幽公之亂, 斲子家
之棺. 聖上哀矜舊臣, 未忍追案, 不宜加禮」朝廷從之. 初, 女年七歲, 男年九歲,
以其幼弱得全, 寄它舍. 二子方弈棊, 融被收而不動. 左右曰:「父執而不起, 何也?」
荅曰:「安有巢毀而卵不破乎!」主人有遺肉汁, 男渴而飲之. 女曰:「今日之禍,
豈得久活, 何賴知肉味乎?」兄號泣而止. 或言於曹操, 遂盡殺之. 及收至, 謂兄曰:
「若死者有知, 得見父母, 豈非至願!」乃延頸就刑, 顏色不變, 莫不傷之.

2.《後漢書》孔融傳 注

《融家傳》曰:「兄弟七人, 融第六, 幼有自然之性. 年四歲時, 每與諸兄共食梨,
融輒引小者. 大人問其故, 荅曰:『我小兒, 法當取小者.』由是宗族奇之」

3.《世說新語》言語篇

孔文舉年十歲, 隨父到洛; 時李元禮有盛名, 爲司隷校尉; 詣門者皆儁才清稱,
及中表親戚乃通. 文舉至門, 謂吏曰:「我是李府君親.」既通, 前坐. 元禮問曰:
「君與僕有何親?」對曰:「昔先君仲尼, 與君先人伯陽, 有師資之尊; 是僕與君
奕世爲通好也」元禮及賓客莫不奇之. 太中大夫陳煒後至, 人以其語語之. 煒曰:
「小時了了, 大未必佳!」文舉曰:「想君小時, 必當了了!」煒大踧踖.

4.《孔融別傳》

融四歲, 與兄食梨, 輒引小者. 人問其故? 答曰:「小兒, 法當取小者」年十歲,
隨父詣京師. 河南君李膺有重名, 融欲觀其爲人, 遂造之. 膺問:「高明父祖,
嘗與僕周旋乎?」融曰:「然. 先君孔子, 與君先人李老君同德比義, 而相師友;
則融與君, 累世通家也」衆坐莫不歎息, 僉曰:「異童子也!」太中大夫陳煒後至,
同坐以告. 煒曰:「人小時了了者, 長大夫未必能奇」融應聲曰:「卽如所言, 君之
幼時, 豈實慧乎?」膺大笑, 顧謂融曰:「長大必爲偉器」

5.《孔子家語》觀周篇

孔子謂南宮敬叔曰:「吾聞老聃博古知今, 通禮樂之原, 明道德之歸, 則吾師也,
今將往矣」對曰:「謹受命」遂言於魯君曰:「臣受先臣之命, 云孔子聖人之後也,
滅於宋, 其祖弗父何始有國而授厲公, 及正考父佐戴, 武, 宣, 三命玆益恭, 故其

鼎銘曰:『一命而僂, 再命而傴, 三命而俯. 循牆而走, 亦莫余敢侮. 饘於是, 以餬其口.』其恭儉也若此. 臧孫紇有言:『聖人之後, 若不當世, 則必有明君而達者焉.』孔子少而好禮, 其將在矣. 屬臣曰:『汝必師之.』今孔子將適周, 觀先王之遺制, 考禮樂之所極, 斯大業也, 君盍以乘資之? 臣請與往.」公曰:「諾」與孔子車一乘馬二疋, 豎子侍御, 敬叔與俱至周, 問禮於老聃, 訪樂於萇弘, 歷郊社之所, 考明堂之則, 察廟朝之度, 於是喟然曰:「吾乃今知周公之聖與周之所以王也.」及去周, 老子送之曰:「吾聞富貴者送人以財, 仁者送人以言. 言雖不能富貴, 而竊仁者之號, 請送子以言乎! 凡當今之士, 聰明深察而近於死者, 好譏議人者也; 博辯閎達而危其身, 好發人之惡者也. 無以有己, 爲人子者; 無以惡己, 爲人臣者.」孔子曰:「敬奉教.」自周反魯, 道彌尊矣, 遠方弟子之進, 蓋三千焉.

239. 端康相代, 亮陟隔坐

239-① 端康相代
대를 이어 재상을 한 위단과 위강

《삼보결록三輔決錄》에 실려 있다.

위강韋康은 자가 원장元將이며 경조京兆 사람이다. 아버지 위단韋端이 양주목凉州牧의 직위에서 서울로 불려 태복太僕이 되고 위강이 대신 양주자사凉州刺史가 되어 당시 사람들이 영예로운 일로 여겼다.

공융孔融이 일찍이 위단에게 이렇게 편지를 준 적이 있었다.

"옛날 원장이 왔을 때 그는 깊은 재주에 밝은 지혜가 있었으며 아량과 도량이 넓고 의연하여 세상에 위대한 그릇으로 보았었소. 그런데 어제 그의 아우 중장仲將이 다시 왔는데 그는 아름다운 성품에 곧은 실질이 있고 문장에 민첩하여 돈독하고 성실하여 가정을 보위할 인물로 보았습니다. 이처럼 쌍진주雙珍珠가 그대처럼 늙은 조개에서 나리라고는 생각지도 못하였습니다그려!"

중장은 이름이 탄誕이며 문재文才가 있었고 문장에 뛰어났다. 관직이 광록대부光祿大夫에 이르렀다.

《三輔決錄》: 韋康字元將, 京兆人. 父端從凉州牧徵爲太僕, 康代爲凉州刺史, 時人榮之.

孔融嘗與端書曰:「前日元將來, 淵才亮茂, 雅度弘毅, 偉世之器也. 昨日仲將又來. 懿性貞實, 文敏篤誠, 保家之主也. 不意雙珠近出老蚌!」

仲將名誕. 有文才. 善屬辭章. 官至光祿大夫.

【韋康】자는 元將. 後漢 때 인물. 凉州刺史를 지냄. 凉州는 涼州로도 표기함.
【韋端】위강의 아버지로 涼州牧을 거쳐 太僕에 이름.
【孔融】자는 文擧(153~208). 建安七子 중의 하나. 東漢 魯國人. 孔子의 20세손. 문장에 능하였고 기지가 있었음. 뒤에 曹操의 미움을 받아 가족이 모두 피살됨. 아버지 孔宙는 泰山都尉를 지냄. 《後漢書》(70)에 전이 있음. '孔融坐滿'[248] 및 '孔融讓果'[238] 참조.
【仲將】韋誕. 字는 仲將. 韋康의 아우. 삼국시대 魏나라 京兆人으로 처음 漢나라 때 上計吏였으나 魏나라 明帝와 齊王(曹芳)시절에 侍中과 光祿大夫를 지냄. 楷書에 아주 능하여 위나라 寶器는 거의 이 위탄의 글씨였음. 《三國志》魏書 劉劭傳 注에 인용된 衛恒의 《文章敍錄》과 《晉書》衛恒傳에 인용된 《文章敍錄》을 참조할 것.
【出老蚌】'방'은 민물조개. 아버지를 '老蚌'에 비유하고, 자식을 진주에 비유하여 자식이 뛰어남을 말한 것임. '明珠出於老蚌'이라고도 함.

참고 및 관련 자료

1.《世說新語》方正篇

太極殿始成, 王子敬時爲謝公長史; 謝送版, 使王題之. 王有不平色, 語信云:「可擲箸門外!」謝後見王曰:「題之上殿何若? 昔魏朝韋誕諸人, 亦自爲也」王曰:「魏祚所以不長!」謝以爲名言.

2.《世說新語》巧藝篇

韋仲將能書, 魏明帝起殿, 欲安榜, 使仲將登梯題之. 旣下, 頭鬢皓然; 因敕兒孫勿復學書.

3.《文章敍錄》

韋誕字仲將, 京兆杜陵人, 太僕端子. 有文學, 善屬辭. 以光祿大夫卒.

4.《四體書勢》衛恒

誕善楷書, 魏宮觀多誕所題. 明帝立陵霄觀, 誤先釘榜, 乃籠盛誕, 轆轤長絚引上, 使就題之. 去地二十五丈, 誕甚危懼; 乃戒子孫絶此楷法, 箸之家令.

서로 자리를 떨어져 앉은 기량과 기척 부자

《오록吳錄》에 실려 있다.

기척紀陟은 자가 자상子上으로 단양丹陽 사람이다. 오吳나라 임금 손휴孫休 때에 그의 아버지 기량紀亮이 상서尚書 벼슬에 있었으며 기척은 중서령中書令이었다. 매번 조회 때가 되면 부자가 서로 마주 보지 못하도록 병풍을 가려 앉도록 하였다.

구주舊注에는 《선성기宣城記》를 인용하여 "운모 병풍을 쳐서 격리시켰다" 하였고, 척陟자를 척隲자로 잘못 표기하였다.

《吳錄》: 紀陟字子上, 丹陽人. 吳主孫休時, 其父亮爲尚書. 而陟爲中書令. 每朝會, 詔以屛風隔其坐.

舊注引《宣城記》云: 「隔以雲母屛風.」 陟誤作隲.

【紀陟】 자는 子上. 삼국시대 吳나라 때의 인물. 中書令을 지냄.
【孫休】 三國 때 吳의 大帝 孫權의 여섯째 아들. 자는 子烈(233~263. 혹은 235~264). 처음에는 琅邪王에 봉해짐. 孫琳이 少主(孫亮)를 폐하고 이를 맞아 제왕으로 등극시킴. 그러나 재위 8년 동안 독서와 꿩 사냥으로 정신이 없었음. 시호는 景皇帝. 《三國志》(48)에 전이 있음.
【紀亮】 기척의 아버지. 尚書 벼슬을 지냄.
【雲母】 광물(鑛物)의 이름.

240. 趙倫瘤怪, 梁孝牛禍

240-① 趙倫瘤怪
조왕 사마륜의 괴이한 종기

《진서晉書》에 실려 있다.

조왕趙王 사마륜司馬倫은 자가 자이子彛이며 선제宣帝의 아홉째 아들이다. 거기장군車騎將軍에 올라 중궁中宮을 아첨으로 받들어 가후賈后에게 크게 친함과 신임을 받았다. 폐인嬖人 손수孫秀가 사건을 얽어 민회태자愍懷太子를 죽이고 드디어 가후까지 폐위하여 서인으로 강등시키고 말았다. 그러자 사마륜은 조서를 날조하여 스스로 지절대도독중외제군사持節大都督中外諸軍事가 되고 손수를 대군大郡에 봉한 다음 병권을 장악하였다. 그리하여 백관百官은 자신의 업무를 총괄하여 모든 것을 사마륜에게 그 명령을 듣게 되었다.

사마륜은 본래 용렬하고 낮은 인물로 아무런 지혜나 책략이 없어 그저 손수에게 조종을 당하고 있었다. 손수의 권위는 조정에 드날렸고 천하의 모든 일은 손수가 결정할 뿐 사마륜에게 의논하는 자는 없었다.

손수는 낭야외사琅邪外史에서 시작하여 여러 차례 조왕 사마륜의 나라인 조나라에서 벼슬을 하다가 아첨과 유혹으로 이렇게 현달한 것이었다.

이윽고 나라의 중요한 기형機衡을 손아귀에 넣자 손수는 제멋대로 농간을 부렸다. 그리하여 간악한 음모를 저지르며 충성스럽고 선량한 관리를 마구 죽여 자신의 사사로운 욕구를 드러내었다. 사마륜이 제위帝位를 참칭하여 등극하나 손수를 중서감中書監, 표기장군驃騎將軍에 앉혔다. 그리고 자신과 함께 모의에 참여하였던 자들은 진급 순서를 뛰어 넘어 노비의 졸개나 마구간 청소지기의 천한 신분일지라도 역시 작위를 받게 되었다. 그리하여 매번 조회가 열리 때면 담비꼬리와 매미 날개로 장식한 복장의 신하들이 자리를 가득 메우곤 하였다. 이에 당시 사람들은 이렇게 비꼬았다.

"담비 꼬리가 부족하니 개꼬리로 대신 장식하였구나."

사마륜이 태묘太廟에 제사를 올릴 때 큰 바람이 불어 그 바람이 깃발과 수레 지붕이 꺾이고 날아가 버렸다. 그런가 하면 때때로 꿩이 궁전 안으로 날아들기도 하고, 궁전 위에 이상한 새가 날아와 앉기도 하였다. 이 새에 대해 물어보았으나 아무도 그 이름을 모르는 것이었다. 며칠이 지난 뒤 저녁 무렵 궁궐의 서쪽에 흰옷을 입은 어린아이 하나가 나타나 그 새는 복류조服劉鳥라는 것이었다. 사마륜이 사람을 시켜 그 아이를 붙들어 새와 함께 닫힌 방 안에 가두어 버렸다. 이튿날 문을 열고 살펴보았더니 창문과 빗장은 전혀 이상이 없었으나 새와 아이는 감쪽같이 사라지고 없는 것이었다. 사마륜은 눈 위에 유종瘤腫이 있었는데 당시 이 일이 있고 나서 그것이 요괴가 되었던 것이다. 혜제惠帝가 복위하자 그에게 죽음을 내리고 말았다.

《晉書》: 趙王倫字子彝, 宣帝第九子. 拜車騎將軍, 諂事中宮, 大爲賈后所親信. 嬖人孫秀構害愍懷太子, 遂廢賈后爲庶人. 倫矯詔自爲使持節大都督中外諸軍事, 秀封大郡, 據兵權, 百官總己, 聽於倫. 倫素庸下, 無智策, 受制於秀. 秀威權振朝廷, 天下皆事秀, 無求於倫.

秀起自琅邪外史, 累官於趙國 以諂媚自達. 旣執機衡, 遂恣其姦謀. 多殺忠良, 以逞私慾. 倫僭卽帝位, 以秀爲中書監·驃騎將軍. 餘同謀者超越階次, 奴卒廝役, 亦加爵位. 每朝會, 貂蟬盈坐.

時人諺曰:「貂不足狗尾續.」

倫祠太廟, 遇大風, 飄折麾蓋. 時有雉入殿中, 又於殿上得異鳥, 問皆不知名. 累日向夕, 宮西有素衣小兒, 言是服劉鳥. 倫使錄小兒,

竝鳥閉置牢室. 明日開視, 戶扃如故, 竝失所在. 倫目上有瘤, 時以
爲妖, 惠帝復位賜死.

【趙王倫】宣帝 桓夫人 소생으로 趙王에 봉해진 司馬倫. 자는 子彝. 벼슬이
  相國에 이름. 惠帝 永寧 元年(301)에 趙王(司馬倫)이 惠帝를 쫓아내고 칭제함.
【孫秀】자는 俊忠(?~301). 趙王 司馬倫에게 발탁되어 그를 도와 난을 일으켰
  다가 참살당함. '綠珠墜樓'[140]에 石崇의 애첩 綠珠를 빼앗으려 한 일이
  고사로 실려 있음.
【愍懷太子】惠帝의 큰아들. 어머니는 謝才人.
【賈后】賈充의 딸. 이름은 南風. 惠帝의 皇后. 악독하고 교활하였음. '南風
  擲孕'[198] 참조.
【百官總己】《論語》憲問篇에 "百官總己以聽冢宰三年"이라 함.
【倫僭卽帝位】司馬倫은 宣帝 桓夫人 소생으로 趙王에 봉해짐. 자는 子彝.
  벼슬이 相國에 이름. 宣帝의 아홉째 아들. 惠帝 때 모반을 기도하였던 일은
  '嵆紹不孤'[139]를 볼 것. '趙倫瘤怪'[240] 참조.
【貂蟬】侍中과 中常侍가 쓰는 관. 담비의 꼬리로 장식하고 매미의 털을
  꽂았었음.
【貂不足狗尾續】'狗尾續貂'의 고사임.
【服劉鳥】올빼미의 일종이며 상서롭지 못한 징조를 의미함. 특히 '劉'는
  사마륜이 앓고 있던 '瘤'와 음이 같아 죽음을 상징한 것임.
【惠帝】西晉의 제2대 황제 司馬衷. 武帝 司馬炎의 아들이며 중국 역대이래
  가장 백치에 가까운 군주로 널리 알려진 인물. 290~306년 재위함. 皇后
  賈南風에게 조종당하여 나라를 혼란으로 몰아넣었음. '晉惠聞蟆'[164] 참조.

참고 및 관련 자료

1. 《晉書》(59) 趙王倫傳(司馬倫)

趙王倫字子彝, 宣帝第九子也. 母曰柏夫人. 魏嘉平初, 封安樂亭侯. 五等建,
改封東安子, 拜諫議大夫. ……尋拜車騎將軍·太子太傅. 深交賈郭, 諸事中宮,
大爲賈后所親信. 嬖人孫秀構害愍懷太子, 遂廢賈后爲庶人. ……倫尋矯詔自
爲使持節·大都督·督中外諸軍事·相國. ……孫秀等封皆封大郡, 竝據兵權,

文武官封侯者數千人, 百官總己聽於倫. 倫素庸下, 無智策, 復受制於秀. 秀之
威權振於朝廷, 天下皆事秀而無求於倫. 秀起自琅邪外史, 累官於趙國 以諂媚
自達. 旣執機衡, 遂恣其姦謀, 多殺忠良, 以逞私欲. ……乃倫僭卽帝位, 大赦,
改元建始. ……孫秀爲侍中·中書監·驃騎將軍. ……其餘同謀者咸超階越次,
不可勝紀, 至於奴卒厮役亦加以爵位. 每朝會, 貂蟬盈坐. 時人爲之諺曰:
「貂不足, 狗尾續」……倫親祠太廟, 遇大風, 飄折麾蓋. ……時有雉入殿中, 自太
極東階上殿, 驅之, 更飛西鍾下, 有頃, 飛去. 又倫於殿上得異鳥, 問皆不知名.
累日向夕, 宮西有素衣小兒, 言是服劉鳥. 倫使錄小兒, 幷鳥閉置牢室. 明日開視,
戶扃如故, 並失人鳥所在. 倫目上有瘤, 時以爲妖焉. 惠帝復位賜死.

2.《搜神記》(17)「服留鳥」

晉惠帝永康元年, 京師得異鳥, 莫能名. 趙王倫使人持出, 周旋城邑匝以問人.
卽日, 宮西有一小兒見之, 遂自言曰:「服留鳥」持者還白倫. 倫使更求, 又見之,
乃將入宮, 密籠鳥, 幷閉小兒於戶中. 明日往視, 悉不復見.

3.《晉書》五行志(中)

惠帝永康元年, 趙王倫旣篡, 京師得異鳥, 莫能名. 倫使人持出, 周旋城邑市以
問人. 積日, 宮西有小兒見之, 逆自言曰:「服留鳥翳」持者卽還白倫. 倫使更求,
又見之, 乃將入宮, 密籠鳥, 幷閉小兒戶中, 明日視之, 悉不見. 此羽蟲之孽. 時趙王
倫有目瘤之疾, 言服留者, 謂倫留將服其罪也. 尋而倫誅.

4.《宋書》五行志(三)

晉武帝泰始四年八月, 翟雉飛上閶闔門. 趙倫旣篡, 洛陽得異鳥, 莫能名. 倫使人
持出, 周旋城邑匝以問人. 積日, 宮西有小兒見之, 逆自言曰:「服留鳥翳」持者
卽還白倫. 倫使更求小兒. 至, 又見之, 將入宮, 密籠鳥, 閉兒戶中, 明日視之,
悉不見. 此羽蟲之孽, 又妖之甚者也.

5.《太平廣記》(359) 趙王倫

永康初. 趙王倫簒位, 京師得一鳥, 莫能名. 倫使人持出, 周旋城邑以問人. 積日,
有一小兒見之, 自言曰鶹鷅: 卽還白倫. 倫使更求, 又見之, 乃將入宮, 密籠鳥,
幷閉小兒. 明日視之, 封閉如故, 悉不見. 時倫有目瘤之疾. 故言鶹鷅. 倫尋被誅.
(《廣古今五行記》)

6.《十八史略》(3)

倫自加九錫, 逼帝禪位. 黨與皆爲卿相, 奴卒亦加爵位. 每朝會, 貂蟬盈坐. 時人
語曰:「貂不足, 狗尾續」

240-② 梁孝牛禍
소 꿈으로 재앙을 예고받은 양효왕

전한前漢의 양梁 효왕孝王 유무劉武는 문제文帝의 아들이다. 경제景帝 초에 입조하였을 때였다. 당시 황제는 아직 태자를 결정하지 않고 있었다. 경제가 동생 양 효왕과 술을 마시면서 조용히 이렇게 말하였다.

"천추만세 뒤 내 죽고 나면 제위를 그대에게 넘겨 주겠다."

양 효왕은 내심 즐거웠다.

뒤에 다시 그가 입조하였을 때 그는 들어가자마자 황제를 모시고 함께 손수레를 타고, 함께 큰 수레를 탔으며, 상림원上林苑의 사냥을 나서는 등 모든 일을 함께하였다. 그런데 율태자栗太子가 폐위되자 태후太后는 마음속으로 양 효왕을 후사로 삼고자 바라고 있었다. 그러자 대신들과 원앙袁盎 등이 이에 관한 일을 황제에게 설명하여 무산되고 말았다. 양 효왕은 원앙을 원망하여 몰래 사람을 시켜 원앙을 암살해 버렸다. 임금은 이 일로 인해 양 효왕에게 원망을 품은 채 갈수록 그를 멀리하게 되었다. 뒤에 양 효왕이 입조하여 궁궐에 머물고자 하였지만, 황제는 이를 허락하지 않았다. 양 효왕은 귀국하였지만 즐거움이 없어 북쪽 양산梁山에 사냥을 나섰다. 그때 어떤 이가 등에 발이 난 소를 바쳤다. 왕은 심히 혐오감을 느껴 그만 병으로 죽고 말았다. 양 효왕은 생전에 재산이 거만금이었다. 그가 죽을 때 창고에 소장한 황금이 무려 40여 만 근이었으며 다른 재물도 이에 맞먹을 정도였다.

〈찬贊〉에는 이렇게 말하였다.

"가까운 친척을 믿고 욕심을 버리지 못하더니 등에 발 달린 소가 화근이 되어 벌 받을 일을 예고하였네."

漢, 梁孝王武, 文帝子. 景帝初入朝, 是時上未置太子, 與王宴飲, 從容言曰:「千秋萬歲後, 傳於王」

王心內喜. 後復入朝, 入則侍帝同輦, 出則同車, 遊獵上林中.

及栗太子廢, 太后心欲以王爲嗣. 大臣及袁盎等有所關說於帝.

王怨盎, 陰使人刺殺之. 上由此怨望於王, 益疎之. 後入朝, 欲留弗許. 歸國意不樂. 北獵梁山, 有獻牛足上出背上. 王惡之, 病薨. 王不死時, 財巨萬. 及死藏府黃金尚四十餘萬斤. 他財物稱是.

贊曰:「怙親亡厭, 牛禍告罰」

【梁孝王】 文帝의 아들이며 景帝의 아우. 이름은 劉武. 梁나라에 諸侯王으로 봉해짐. 지극히 사치를 부렸음. 《史記》 梁孝王世家 및 《漢書》 文三王傳 참조.

【孝文帝】 전한 제3대 황제 劉恒. 太宗孝文皇帝. 高祖 劉邦의 庶子로써 薄太后의 아들. B.C.179~B.C.157년 재위함. 한나라 초기 文景之治를 이루어 제국의 기틀을 다짐.

【景帝】 西漢 4대 황제. 劉啓. B.C.156~B.C.141년까지 16년간 재위함. 文帝의 아들이며 梁孝王(劉武)의 형. 文景之治를 이루어 한나라 기반을 다짐.

【栗太子】 당시 태자였던 劉榮. 어머니가 栗姬였음. 뒤에 폐위되어 臨江王이 되었다가 자살함. '臨江折軸'[182] 참조.

【太后】 竇太后. 景帝와 孝帝의 어머니.

【袁盎】 ?~B.C.148. '爰盎'으로도 표기하며 자는 絲. 前漢 文帝 때 인물로 직언을 잘하였으며 太常에 올랐으나 梁孝王의 원한을 사서 피살됨. 《漢書》에 전이 있음. '袁盎卻座'[042] 참조.

【牛足上出背上】 《漢書》 張晏의 주에 "足當處下, 所以轉身也. 今出背上, 象孝王背朝而干上也. 北者, 陰也. 又在梁山, 明爲梁也. 牛者, 丑之畜, 衡在六月. 北方數六, 故六月六日王薨也"라 함.

1. 《史記》梁孝王世家

梁孝王武者, 孝文皇帝子也, 而與孝景帝同母. 母, 竇太后也. 孝文帝凡四男: 長子曰太子, 是爲孝景帝; 次子武; 次子參; 次子勝. 孝文帝卽位二年, 以武爲代王, 以參爲太原王, 以勝爲梁王. 二歲, 徙代王爲淮陽王. 以代盡與太原王, 號曰代王. 參立十七年, 孝文後二年卒, 諡爲孝王. 子登嗣立, 是爲代共王. 立二十九年, 元光二年卒. 子義立, 是爲代王. 十九年, 漢廣關, 以常山爲限, 而徙代王王淸河. 淸河王徙以元鼎三年也. 初, 武爲淮陽王十年, 而梁王勝卒, 諡爲梁懷王. 懷王最少子, 愛幸異於他子. 其明年, 徙淮陽王武爲梁王. 梁王之初王梁, 孝文帝之十二年也. 梁王自初王通歷已十一年矣. 梁王十四年, 入朝. 十七年, 十八年, 比年入朝, 留, 其明年, 乃之國. 二十一年, 入朝. 二十二年, 孝文帝崩. 二十四年, 入朝. 二十五年, 復入朝. 是時上未置太子也. 上與梁王燕飮, 嘗從容言曰:「千秋萬歲後傳於王」 王辭謝. 雖知非至言, 然心內喜. 太后亦然. …… 二十九年十月, 梁孝王入朝. 景帝使使持節乘輿駟馬, 迎梁王於關下. 旣朝, 上疏因留, 以太后親故. 王入則侍景帝同輦, 出則同車游獵, 射禽獸上林中. 梁之侍中·郎·謁者著籍引出入天子殿門, 與漢宦官無異. ……三十五年冬, 復朝. 上疏欲留, 上弗許. 歸國, 意忽忽不樂. 北獵良山, 有獻牛, 足出背上, 孝王惡之. 六月中, 病熱, 六日卒, 諡曰孝王.

2. 《漢書》文三王傳 梁孝王武(劉武)

梁孝王武, 以孝文二年與太原王參·梁王揖同日立. 武爲代王, 四年徙爲淮陽王, 十二年徙梁, 自初王通歷已十一年矣. 孝王十四年, 入朝. 十七年, 十八年, 比年入朝, 留. 其明年, 乃之國. 二十一年, 入朝. 二十二年, 文帝崩. 二十四年, 入朝. 二十五年, 復入朝. 是時, 上未置太子, 與孝王宴飮, 從容言曰:「千秋萬歲後傳於王.」 王辭謝. 雖知非至言, 然心內喜. 太后亦然. 其春, 吳·楚·齊·趙七國反, 先擊梁棘壁, 殺數萬人. 梁王城守睢陽, 而使韓安國·張羽等爲將軍以距吳·楚. 吳·楚以梁爲限, 不敢過而西, 與太尉亞夫等相距三月. 吳·楚破, 而梁所殺虜略與漢中分. 明年, 漢立太子. 梁最親, 有功, 又爲大國, 居天下膏腴地, 北界泰山, 西至高陽, 四十餘城, 多大縣. 孝王, 太后少子, 愛之, 賞賜不可勝道. 於是孝王築東苑, 方三百餘里, 廣睢陽城七十里, 大治宮室, 爲復道, 自宮連屬於平臺三十餘里. 得賜天子旌旗, 從千乘萬騎, 出稱警, 入言蹕, 儗於天子. 招延四方豪桀, 自山東游士莫不至: 齊人羊勝·公孫詭·鄒陽之屬. 公孫詭多奇邪計, 初見日, 王賜千金, 官至中尉, 號曰公孫將軍. 多作兵弩弓數十萬, 而府庫金錢且百鉅萬,珠玉寶器多於京師. 二十九年十月, 孝王入朝. 景帝使使持乘輿駟, 迎梁王於關下. 旣朝, 上疏, 因留. 以太后故, 入則侍帝同輦, 出則同車遊獵上林中. 梁之侍中·郎·謁者著引籍出入天子殿門, 與漢宦官亡異. 十一月, 上廢栗太子, 太后心欲以梁王爲嗣. 大臣及爰盎等有所關說於帝, 太后議格, 孝王不敢復言太后以嗣事. 事祕, 世莫知, 乃辭歸國. 其夏, 上立膠東王爲太子. 梁王怨爰盎及議臣, 乃與羊勝·公孫詭之屬謀, 陰使人刺殺爰盎及他議臣十餘人. 賊未得也. 於是天子意梁, 逐賊, 果梁使之. 遣使冠蓋相望於道, 覆案梁事. 捕公孫詭·羊勝, 皆匿王後宮. 使者責二千石急, 梁相軒丘豹及內史安國皆泣諫王, 王乃令勝·詭皆自殺, 出之. 上由此怨望於梁王. 梁王恐, 乃使韓安國因長公主謝罪太后, 然後得釋. 上怒稍解, 因上書請朝. 旣至關, 茅蘭說王, 使乘布車, 從兩騎入, 匿於長公主園. 漢使迎王, 王已入關, 車騎盡居外, 外不知王處. 太后泣曰:「帝殺吾子!」(弟)[帝]憂恐. 於是梁王伏斧質, 之闕下謝罪. 然後太后·帝皆大喜, 相與泣, 復如故. 悉召王從官入關. 然帝益疏王, 不與同車輦矣. 三十五年冬, 復入朝. 上疏欲留, 上弗許. 歸國, 意忽忽不樂. 北獵梁山, 有獻牛, 足上出背上, 孝王惡之. 六月中, 病熱, 六日薨. 孝王慈孝, 每聞太后病, 口不能食, 常欲留長安侍太后. 太后亦愛之. 及聞孝王死, 竇太后泣極哀, 不食, 曰:「帝果殺吾子!」帝哀懼, 不知所爲. 與長公主計之, 乃分梁爲五國, 盡立孝王男五人爲王, 女五人皆令食湯沐邑. 奏之太后, 太后乃說, 爲帝壹餐. 孝王未死時, 財以鉅萬計, 不可勝數. 及死, 藏府餘黃金尙四十餘萬斤, 他財物稱是. 贊曰: 梁孝王雖以愛親故王膏腴之地, 然會漢家隆盛, 百姓殷富, 故能殖其貨財, 廣其宮室車服. 然亦僭矣. 怙親亡厭, 牛禍告罰, 卒用憂死, 悲夫!

3. 《搜神記》(6)「牛足出背」

景帝十六年, 梁孝王田北山, 有獻牛足上出背上者. 劉向以爲近牛禍. 內則思慮霿亂, 外則土功過制, 故牛禍作. 足而出于背, 下奸上之象也.

4. 《漢書》五行志 卷27(下之上)

景帝中六年, 梁孝王田北山, 有獻牛, 足上出背上. 劉向以爲近牛禍. 先是孝王驕奢, 起苑方三百里, 宮館閣道相連三十餘里. 納於邪臣羊勝之計, 欲求爲漢嗣, 刺殺議臣爰盎, 事發, 負斧歸死. 旣退歸國, 猶有恨心, 內則思慮霿亂, 外則土功過制, 故牛禍作. 足而出於背, 下奸上之象也. 猶不能自解, 發疾暴死, 又凶短之極也.

5. 《法苑珠林》(87)

漢景帝中六年, 梁孝王田北山, 有獻牛, 足出背上者, 劉向以爲牛禍, 思慮霿亂之咎也.

임동석(苗浦 林東錫)

慶北 榮州 上苗에서 출생. 忠北 丹陽 德尙골에서 성장. 丹陽初中 졸업. 京東高 서울 敎大 國際大 建國大 대학원 졸업. 雨田 辛鎬烈 선생에게 漢學 배움. 臺灣 國立臺灣師範大學 國文硏究所(大學院) 博士班 졸업. 中華民國 國家文學博士(1983). 建國大學校 敎授. 文科大學長 역임. 成均館大 延世大 高麗大 外國語大 서울대 등 大學院 강의. 韓國中國言語學會 中國語文學硏究會 韓國中語中文學會 會長 역임. 저서에 《朝鮮譯學考》(中文) 《中國學術槪論》 《中韓對比語文論》. 편역서에 《수레를 밀기 위해 내린 사람들》 《栗谷先生詩文選》. 역서에 《漢語音韻學講義》 《廣開土王碑硏究》 《東北民族源流》 《龍鳳文化源流》 《論語心得》 〈漢語雙聲疊韻硏究〉 등 학술 논문 50여 편.

임동석중국사상100

몽구 蒙求

李瀚 撰·徐子光 註 / 林東錫 譯註
1판 1쇄 발행 / 2010년 6월 1일
발행인 고정일
발행처 동서문화사
창업 1956. 12. 12. 등록 16-3799(윤)
서울강남구신사동540-22 ☎546-0331~6 (FAX)545-0331
www.epascal.co.kr
잘못 만들어진 책은 바꾸어 드립니다.

✱

✱

사업자등록번호 211-87-75330
ISBN 978-89-497-0625-2 04080
ISBN 978-89-497-0542-2 (세트)